EL
INTERNET
PARA
DUMMIES™
3RA EDICIÓN

EL INTERNET PARA DUMMIES™

3RA EDICIÓN

John R. Levine,
Carol Baroudi y
Margaret Levine Young

Traducción
Erna von der Walde

GRUPO
EDITORIAL

norma

Barcelona, Bogotá, Buenos Aires, Caracas, Guatemala,
México, Miami, Panamá, Quito, San José, San Juan,
San Salvador, Santiago de Chile

Edición original en inglés:
The Internet for Dummies, 3rd Edition
de John R. Levine, Carl Baroudi, & Margaret Levine Young.
Una publicación de IDG Books Worldwide, Inc.
Copyright del texto y del material gráfico © 1995 por
IDG Books Worldwide, Inc.

Edición publicada mediante acuerdo con el editor original,
IDG Books Worldwide, Inc., Foster City, California, USA.

Editor, Bernardo Mz.-Recamán
Armada electrónica, Samanda Sabogal Roa

ISBN 958-04-3307-0

Acerca de los autores

John R. Levine fue miembro del club de computadores en su colegio mucho antes de que fuera corriente que los colegios tuvieran computadores. Conoció entonces a Theodor H. Nelson, el autor de *Computer Lib/ Dream Machines* y el inventor del hipertexto y quien nos recuerda que los computadores no deben tomarse en serio y que todo el mundo debe entender y usar los computadores.

John escribió su primer programa en 1967 en un IBM 1130, un computador tan poderoso como un reloj digital de pulsera pero más difícil de manejar. Comenzó a trabajar para un compañía de computadores en 1977 y desde entonces ha estado vinculado a ese negocio de una u otra manera.

Carol Baroudi comenzó a jugar con computadores en 1971 en la universidad en donde tenía acceso a un PDP-10. En la universidad dio cursos de Algol y colaboró en desarrollar el currículo para los cursos de ciencias de la computación y estudios de la mujer.

En 1975, Carol comenzó a trabajar desarrollando software y escribió su primer manual. Desde 1984 ha estado dedicada a escribir sobre toda clase de programas. En los últimos años se ha especializado en libros para gente común y corriente que quiere usar computadores.

Margy Levine Young ha estado usando pequeños computadores desde los años setenta. Ha tenido toda clase de trabajos explicándole a la gente cómo los computadores no son tan misteriosos como parece. Es autora de numerosos libros y manuales sobre el tema incluyendo *UNIX For Dummies* y *WordPerfect For Windows For Dummies*. Margy tiene un título de ciencias de la computación de la Universidad de Yale.

Contenido

Prefacio

● ●

*H*ace un año yo era la versión original de un Dummy de Internet.

Aun cuando me había estado ocupando de una forma u otra, como periodista, de cuestiones tecnológicas durante 10 años, me parecía que la mayoría de los computadores eran máquinas de escribir en esteroides. Lo único que necesitaba era un buen editor de texto, unos 15 megabytes de capacidad de memoria y un teléfono de botones de presión.

Además, también pensaba que la mayoría de mis compañeros de trabajo que realmente hundían sus cabezas en sus computadores personales eran los equivalentes en la sala de redacción de los ingenieros de la calefacción y el aire acondicionado. Yo tenía cosas más importantes que hacer que maravillarme acerca de "herramientas de productividad personal" o "desempeño de la hoja". Pensaba que esto era hacer computación en una burbuja de cristal.

Pero, durante unas vacaciones, un colega extendió unos cables telefónicos hacia la parte de atrás de mi computador, cargó un paquete de comunicaciones y me dejó una nota acerca de cómo lanzar la operación.

Queridos lectores: esa nota está enmarcada ahora en mi oficina. Gradualmente ese cable telefónico me condujo a Internet y a la experiencia más asombrosa, entretenida y educativa de toda mi carrera.

Sencillamente, Internet ha revolucionado la forma en que interactúo con el mundo exterior, alteró mis hábitos de trabajo y reventó la burbuja de cristal que rodeaba mi PC. También ha cambiado mi forma de pensar acerca del futuro de la tecnología de comunicación personal. Y creo que, más temprano que tarde, estos cambios van a haber modificado la forma como se organiza la sociedad en su totalidad.

Piense en lo siguiente: mi PC de $1.000 dólares es ahora una estación personal de transmisión que le llega a más personas que la seccional de CBS en Washington D.C. Puedo tener más espectadores locales con un envío de correo electrónico a Internet que Sally Jessey Raphael puede lograr en un mes entero.

O lo siguiente: voy a enviar esta nota a mi editor por una cifra que equivale a un sesentavo de un centavo, y tomará aproximadamente la sexta parte de un segundo en llegarle. (Una sugerencia al sindicato de carteros: inviertan en escuelas nocturnas, ahora.)

O lo siguiente: cuando el Vice Presidente Al Gore lanzó su propuesta de la National Information Infrastructure (Infraestructura Nacional de Información), su visión personal de la superautopista informativa) ésta llegó rápidamente a mi buzón de correo electrónico esa misma mañana, cortesía del grupo de Internet al cual pertenezco y que se interesa en puntos de este orden. (Señores del Washington Post: ¡Ustedes son apenas una circular!)

También he tenido interacciones asombrosas en Internet, cuyas implicaciones aún estoy tratando de entender. Por ejemplo, hace unos meses entré al equivalente en Internet de un foro en vivo en línea en el cual hablaban otras dos personas. Esto no es extraño, si se tiene en cuenta la popularidad de tales foros que funcionan en servicios privados en línea que son mucho más sofisticados. Pero uno de ellos me mandó en esa ocasión una fotografía. Realmente, era algo un poco más complicado que eso: puesto que se estaba utilizando hardware y software, tuve que ejecutar algunos comandos, copiar el archivo y hacer una serie de maniobras con él. Pero esto es básicamente lo que sucedió. En lugar de intercambiarnos mensajes de texto, estábamos intercambiando gráficas.

Aun cuando era una transacción sencilla, teniendo en cuenta que yo estaba en Washington D.C. y las otras dos personas estaban posiblemente en Wheaton, Illinois, y Durban, Suráfrica, fue una interacción asombrosa. Imagínese lo que sucederá cuando los coleccionistas de tarjetas de béisbol se enteren de esto.

Este es uno de los placeres de Internet. El conjunto de aplicaciones de Internet está evolucionando constantemente, empujado no tanto por los que desarrollan programas, como por sus usuarios, todos interactuando, hablando y ensayando cosas nuevas.

Y mientras Internet ha cambiado completamente la forma en que yo interactúo con el mundo exterior, también me he interesado más por la tecnología en mi lado del toma-corriente. Estas pequeñas piezas de software que hacen que mi computador personal sea más eficiente tienen todo un poder y significados nuevos cuando entran en contacto con los dos millones de computadores en Internet.

Ahora puedo poner a funcionar películas digitales breves en mi PC. El software y las gráficas están guardadas en los lugares que les corresponde en Internet. Mi PC tiene cantidades de software: Indiana Jones nunca vio tantos iconos. Mi casa y mi oficina están ahora interconectados. Y ahora ya no me parece que sean unos tontos los obsesivos con el PC en la oficina: ahora solamente les ruego que ingresen a Internet.

Por eso mismo le pido a los lectores que lean esta edición de *Internet para dummies*. Los guiará con paciencia y un refrescante sentido del humor a través de la tarea, algunas veces difícil, de navegar por la red. Pero verán las retribuciones. Lo demás es cuestión de imaginación.

Paul McCloskey
Editor Ejecutivo, *Federal Computer Week*

Introducción

● ●

*B*ienvenido a *El Internet para Dummies*. Hoy en día se consiguen muchos libros sobre Internet, pero la mayoría de ellos
parten de la base de que usted tiene un título en ciencia de computadores, desearía aprender todas las cosas extrañas e inútiles
acerca de Internet, y goza memorizando comandos
impronunciables y todo tipo de opciones. Esperamos que este
libro sea algo diferente.

En esta obra, por el contrario, se describe lo que realmente hay
que hacer para convertirse en un internauta (alguien que navega
en Internet con habilidad): cómo iniciarse, cuáles son los comandos que realmente necesita, y cuándo dejar de insistir y pedir
ayuda. Y lo describimos en un lenguaje común y corriente.

Hemos introducido algunos cambios en esta edición. La primera
vez que escribimos *Internet para dummies*, el usuario típico de la
red era un estudiante que se conectaba por medio de su institución educativa o un trabajador técnico que tenía acceso a través
de su trabajo. Pero ahora, dos años después, la red ha crecido
tanto que ya incluye a millones de gente normal, conectada por
su propia cuenta desde sus computadores en casa, junto con los
estudiantes que van desde la escuela primaria hasta la educación
adulta. Ahora entramos en las partes de Internet que son de interés para los usuarios típicos: el correo electrónico para las comunicaciones de persona a persona y la World Wide Web, teniendo
en cuenta Netscape y Mosaic, los programas más conocidos para
navegar en Web y para visitar las maravillas que tiene que ofrecer
Internet.

Acerca de este libro

No somos tan vanidosos como para creer que está lo suficientemente interesado en Internet como para sentarse y leer todo el
libro (aunque debe ser un buen libro para el baño). Cuando tenga
problemas durante su uso de Internet ("creí que estaba usando
un programa que me iba a comunicar con otro computador pero
no me respondió con mensaje alguno..."), use este libro todo lo
que necesite hasta que haya resuelto el problema. Las secciones
más importantes serían:

✔ Qué es Internet

✔ Cómo comunicarse con Internet

✔ Comunicaciones con correo electrónico

✔ Navegación en la World Wide Web

✔ Transferencias de archivos y otro tipo de información

✔ Formas de encontrar cosas útiles en Internet

✔ Los errores más comunes y cómo corregirlos

✔ En dónde encontrar servicios y software

Cómo utilizar este libro

Para comenzar, lea por favor los primeros tres capítulos. Ellos le dan una visión general de Internet y algunas indicaciones importantes y lo ponen al tanto de la terminología. Además, nos parece que son interesantes. Después de eso, utilice este libro como una referencia. Busque su tema o el comando que necesite en el índice de contenidos o en el índice alfabético, que se refiera a la parte del libro en el cual describimos lo que se puede hacer y probablemente definimos unos cuantos términos (si es absolutamente necesario).

Si tiene que digitar algo, aparecerá en el libro de la siguiente manera:

```
comando críptico a escribir
```

Escríbalo tal como aparece. Utilice mayúsculas y minúsculas como lo hacemos nosotros; muchos sistemas son sensibles a la diferencia entre mayúscula y minúscula. Luego presione la tecla **Enter**. El libro le indica lo que sucederá cada vez que se haya tecleado un comando y cuáles son las opciones.

¿Quién es usted?

Al escribir este libro partimos de una base:

✔ Usted tiene o desearía tener acceso a Internet.

✔ Usted desea trabajar de alguna manera con Internet. (Consideramos que el término " trabajo" incluye el concepto "jugar".)

✔ Usted no desea convertirse en el más maravilloso experto de Internet del mundo, por lo menos no esta semana.

Cómo está organizado este libro

Este libro tiene seis partes. Cada una de las partes es independiente; puede comenzar a leer en donde desee, pero realmente debería leer primero la primera parte para familiarizarse con algunos términos inevitables de la jerga de Internet y aprender cómo conectar su computador a la red.

Aquí están las partes del libro con sus contenidos:

Parte I. "Bienvenido a Internet". En esta parte se enterará de lo que es Internet y por qué es interesante (por lo menos de por qué a nosotros nos parece que es interesante). Además hay material acerca de la terminología básica de Internet y de los conceptos que le ayudarán a moverse a medida que avanza el libro. Presenta cómo conectarse a Internet y le brinda algunas reflexiones acerca del uso que le pueden dar los niños a Internet.

Parte II. "Como usar la cuenta de Internet". En la parte dos nos referiremos a dos servicios muy importantes y útiles de Internet: el correo electrónico y la World Wide Web. Aprenderá cómo intercambiar correo electrónico con las personas que están al otro lado del corredor en la oficina o con otros continentes y cómo utilizar las listas de correo electrónico para mantener contacto con personas que tienen intereses similares. Para la Web, describiremos los dos programas más populares de Web: Netscape (para las personas que tienen computadores con ratón y gráficas) y Lynx (para aquellos cuyos computadores no tienen nada de eso.)

Parte III. "El resto de la red". Vamos a ocuparnos de los servicios más importantes de la red en esta parte. Aprenderá cómo utilizar las noticias de Usenet para mantenerse en contacto, e incluso le daremos unas indicaciones de cómo enterarse de los miles de tópicos a los que se refiere Usenet. Aprenderá cómo ingresar a otros computadores, recuperar archivos útiles de computadores en todo el mundo, y aprenderá qué hacer con esos archivos una vez los haya recibido.

Parte IV. "Cuatro rampas de entrada". Aprenderá acerca de las cuatro rampas más populares para ingresar a la red, entre las que se cuentan los servicios más populares en línea como América Online (AOL), CompuServe, Prodigy, y Microsoft Network. Si utiliza una cuenta shell de UNIX, hay también un capítulo para usted.

Parte V. "La parte de las decenas". En esta parte hay un compendio de referencias rápidas y de datos útiles (que, nos imaginamos, sugiere que el resto del libro está lleno de datos inútiles).

Parte VI. "Referencias". En esta parte se enterará de dónde encontrar proveedores de Internet, software de Internet y más fuentes de información acerca de Internet.

Los iconos utilizados en este libro

Este icono le indica que vamos a presentar información bastante específica y técnica y que se la puede saltar si lo desea (por otro lado, puede que desee leerla).

Indica que hay un camino más corto o una forma de economizar tiempo .

No deje que esto le suceda.

Señala el punto en el World Wide Web que puede utilizar con Netscape o con otro software de Web.

Le informa acerca de alguna información especialmente interesante relacionada con la ubicación de algo o alguien en la red.

¿Y ahora qué?

Esto es todo lo que necesita saber para arrancar. Cada vez que tenga alguna dificultad utilizando Internet, busque el problema en la lista de contenidos o en el índice de este libro. Tendrá una solución para el problema muy rápidamente o sabrá en donde encontrar a alguien que le dé ayuda experta.

Porque el Internet ha estado evolucionando durante veinte años, y bajo la influencia de personas claramente obsesivas, no fue diseñado para que lo utilizaran con facilidad personas comunes y corrientes. No se sienta decepcionado si tiene que buscar una serie de temas antes de sentirse cómodo en el uso de Internet.

Parte I
Bienvenido a Internet

La 5ª ola   **por Rich Tennant**

¡AH! ESA COSA, HOMBRE FUE UNA DE ESAS OFERTAS
ESPECIALES EN UNA DE LAS PÁGINAS DE LA RED
CURIOSIDADES.

En esta parte...

Internet es un lugar grande, donde suceden muchas cosas. Pero está lleno de computadores. Es decir, nada en ese lugar es tan sencillo como debiera ser. Primero vamos a echar una mirada a lo que es Internet, cómo se convirtió en lo que es, y cómo descifrar la forma de entrar en contacto con la Red. Luego vamos a dar un vistazo breve pero importante al tema de los niños y los jóvenes en relación con la Red.

Capítulo 1

¿Qué es la Red?

¿Qué es Internet?

La respuesta a esta pregunta depende en gran parte de la persona a la que se dirija. Internet y sus tecnologías asociadas están cambiando mucho más rápido de lo que cualquier persona pueda seguir. En este capítulo vamos a empezar con los elementos básicos y le vamos a contar qué es y, lo que es igualmente importante, qué ha cambiado durante los últimos años, de tal manera que pueda empezar a tener una idea acerca de lo que es esto. Si apenas está empezando a entrar en contacto con Internet y, sobre todo, si no tiene mucha experiencia con computadores, tenga paciencia. Muchas de las ideas que se presentan aquí son completamente nuevas. Tómese su tiempo para leer y releer. Es un mundo completamente nuevo, con lenguaje propio, y acostumbrarse a él requiere algún tiempo. Mucha gente considera que es útil leer todo el libro una vez, rápidamente, para obtener una perspectiva amplia de lo que estamos tratando. Otros van pasando página por página. Independientemente de cuál sea su estilo, recuerde que se trata de una materia nueva; nadie espera que sepa algo ni que entienda desde el principio. Incluso para muchos usuarios experimentados de Internet, éste es un mundo nuevo.

Internet, también conocido como "la Red", es la red de computación más grande del mundo. "Y, ¿qué es una red?", se preguntará usted. Incluso si ya lo sabe, es probable que quiera leer los próximos párrafos para asegurarse de que estamos hablando el mismo idioma.

Una red de computadores es básicamente una cantidad de computadores que están interconectados de alguna manera. (Aquí, en el mundo de los computadores, nos encantan estas definiciones precisas y al punto.) La idea es que se trata de algo parecido a una red de radio o de televisión que conecta una cantidad de estaciones radiales o televisivas de tal manera que puedan compartir el último episodio de "Los Simpsons".

Pero no llevemos la analogía demasiado lejos. Las redes televisivas envían la misma información a todos los receptores al mismo tiempo (esto es lo que se llama una red de transmisión, por razones obvias); en las redes de computador, cada mensaje en particular es conducido a un computador en particular. A diferencia de las redes de televisión, las redes de computación funcionan invariablemente en doble vía; es decir que si el computador A le puede enviar un mensaje al computador B, B le puede enviar una respuesta a A.

Algunas redes de computación consisten en un computador central y una cantidad de estaciones remotas que acuden a él (por ejemplo, un computador central para las reservas de líneas aéreas, con miles de pantallas y teclados en aeropuertos y agencias de viajes). Otras, entre las que se cuenta Internet, son más igualitarias y permiten que cualquier computador en la red se comunique con cualquier otro.

Así pues, como venimos diciendo, Internet es la red de computadores más grande del mundo. "¿Y a mí qué?", dirá usted, probablemente. "Alguna vez yo vi el nabo más grande del mundo en televisión y no me pareció que fuera muy interesante, y estoy seguro de que además no tenía muy buen sabor". En el mundo de las redes, a diferencia del mundo de las verduras, el tamaño es de gran importancia, porque mientras más grande sea una red, más elementos puede ofrecer.

Internet, en realidad, no es una red, sino una red de redes que están intercambiando información libremente entre todas. Las redes van desde las grandes y formales, como las redes corporativas AT&T, Digital Equipment, y Hewlett-Packard, hasta redes pequeñas e informales, como la de Ignacio en su cuarto de atrás (con una cantidad de computadores viejos que compró por medio de un aviso en el periódico). En medio de estos dos extremos se puede ubicar cualquier otra cosa. Las redes de las universidades e instituciones educativas vienen formando parte de Internet desde hace tiempo, y ahora también están ingresando los colegios de educación superior y elemental. En los últimos dos años, el uso de Internet ha venido aumentando a un ritmo equivalente al de la televisión al principio de los años 50; la Red tiene ahora un estimado de 35 millones de usuarios, con tasas de crecimiento que habrán añadido otros 16 millones hacia mediados de 1996.

Pero bueno, ¿de qué se trata todo este escándalo?

Por donde uno vaya, todo el mundo está hablando de la Red, como si todos tuvieran una relación amistosa con ella. En los programas de radio dan la dirección de correo electrónico y muchas personas extrañas le preguntan a uno si tiene una *home page*. La gente está "en línea y se está conectando." ¿Están realmente todos hablando sobre esta misma "red de redes"? Sí, y hay todavía más por venir.

Internet es una nueva tecnología de comunicación que está afectando nuestras vidas a un nivel tan significativo como el teléfono y la televisión. Si usted usa un teléfono, escribe cartas, lee diarios o revistas, hace negocios o investiga, Internet puede cambiar radicalmente toda su visión de mundo.

Cuando la gente habla acerca de Internet, generalmente está hablando acerca de lo que pueden hacer en la red y de a quiénes han conocido. Las capacidades de Internet son tan amplias que no tenemos aquí el espacio suficiente para dar una lista completa (de hecho, llenaría varios libros más grandes que éste), pero he aquí una visión rápida:

✔ **Correo electrónico(e-mail).-** Este servicio es sin duda el más utilizado; se puede intercambiar correo electrónico con millones de personas alrededor del mundo. La gente está utilizando el correo electrónico para muchas cosas que, en su lugar, haría por correo corriente o por teléfono: chismorrear, intercambiar recetas, rumores, cartas de amor, lo que quiera. (Se dice incluso que hay gente que lo utiliza para cosas relacionadas con el trabajo.) Las *listas de correo* del correo electrónico permiten ingresar a grupos de discusión en los que participan personas que comparten ciertos intereses y además conocer gente en toda la Red. Los *mail servers* (programas que contestan mensajes de correo electrónico automáticamente) permiten recuperar todo tipo de información. Vea los capítulos 6, 7, 8 y 17 para más detalles.

✔ **World Wide Web.-** Cuando hoy en día se dice que uno va a navegar por la Red, lo que se está diciendo es que se va a pasear por los lugares de esta base de datos multimedial e hiperconectada que se extiende por todo el globo. La Web (telaraña), a diferencia de otros servicios de red anteriores, combina texto, imagen, sonido e incluso animación, y le permite moverse por todas partes con solo apretar el ratón del computador. A cada instante, y con una velocidad insólita, se están creando nuevos lugares en la Web (*Web sites*). El programa que se utiliza para navegar en esta red se conoce como *browser*. Los browsers más populares hoy en día son Netscape y Mosaic, pero a cada rato están saliendo nuevos, incluso en el momento en que estamos escribiendo estas palabras (ver capítulos 4 y 5).

✔ **Obtención de información.-** Muchos computadores tienen archivos de información que están a disposición de todo el mundo. Estos archivos van desde las decisiones de la Corte Suprema de Justicia de los Estados Unidos hasta catálogos de libros de bibliotecas, pasando por el texto de libros antiguos, imágenes digitalizadas (casi todas aptas para ser vistas en familia), y una variedad enorme de programas, que va desde juegos hasta sistemas operacionales. Muchos de los instrumentos discutidos en este libro permiten hacer un uso razonable de la información disponible en la Red y descifrar qué está disponible y dónde. Tal como se mencionó en la introducción, se encontrarán, en distintas partes, iconos de la Web que indican recursos que el usuario puede obtener de la Red por su propia cuenta (ver capítulos 10 y 11).

✔ **Carteleras (Bulletin Boards).-** Un sistema llamado *Usenet* es una enorme cartelera en línea, con cerca de 700 millones de caracteres de mensajes en más de 12 mil grupos temáticos diferentes, que fluyen diariamente. Los temas van desde cosas relacionadas con computadores hasta hobbies tales como montar bicicleta o tejer, pasando por discusiones políticas interminables o, sencillamente, tonterías. El grupo más leído de Usenet es uno que presenta una selección de chistes, muchos de los cuales son, de hecho, muy divertidos (vea capítulo 9).

✔ **Juegos y chismes.-** Hay un juego llamado MUD (*Multi-User Dungeon-*Caverna de los multiusuarios) que fácilmente puede absorber todas sus horas; en este juego, el usuario puede desafiar a otros jugadores, los cuales pueden estar en cualquier otra parte del mundo. Internet Relay Chat (IRC) es una línea de fiesta a través de la cual se pueden sostener conversaciones más o menos interesantes con otros usuarios en todas partes. Según parece, IRC es utilizado ante todo por estudiantes aburridos, pero uno nunca sabe con quién se va a encontrar. Muchos proveedores de Internet (las personas que lo conectan con Internet, vea el capítulo 2) brindan facilidades para "conversar", que le permiten sostener conversaciones en línea con una cantidad de personas al mismo tiempo.

Unas historias de la vida real

Unos alumnos de séptimo grado en San Diego utilizan Internet para intercambiar cartas e historias con niños en Israel. En parte, sólo lo hacen por diversión y para hacer amigos en un país extranjero, pero un estudio académico serio mostró que los niños escriben mejor cuando tienen una verdadera audiencia para las cosas que quieren contar. Fue una gran sorpresa.

En algunas partes del mundo, Internet es la forma más rápida y más confiable de transmitir información. Durante el golpe soviético de 1991, un pequeño proveedor de Internet llamado Relcom, que tenía un lazo con Finlandia y desde ahí con el resto del mundo de Internet, se encontró en la posición de ser el único camino confiable para obtener información desde Moscú, porque los teléfonos estaban cortados y no se estaban publicando periódicos. Los miembros de Relcom enviaron información que de otra manera habría aparecido en los periódicos, como las declaraciones de Boris Yeltsin (que habían recibido de la mano de amigos), así como sus propias observaciones desde el centro de Moscú.

Los investigadores médicos en todo el mundo utilizan Internet para mantener bases de datos de mucha información que cambia rápidamente.

Internet también tiene usos más prosaicos. Aquí hay algunos de nuestra propia cosecha:

El año pasado, cuando empezamos nuestro libro *Internet Secrets,* pusimos avisos en la Red pidiendo contribuciones. Recibimos respuestas de todas partes del mundo. Muchos de estos contribuyentes se convirtieron en amigos. Ahora tenemos amigos que podemos visitar en todas partes del mundo. Esto podría sucederle a usted.

Recibimos correo de los lectores de los libros *...para dummies* de todas partes del mundo y con frecuencia recibimos el primer mensaje de correo electrónico de algunos de nuestros lectores.

Internet es su mejor fuente de software. Cuando llega a nuestros oídos que hay un nuevo servicio, generalmente sólo toma unos minutos que nos llegue el programa a uno de los computadores (un laptop 486 con Windows); inmediatamente lo bajamos, y empezamos a trabajar con él. Y casi todos los programas que se reciben por Internet son gratis.

Internet también tiene áreas locales y regionales. Cuando Ignacio quiso vender un minibús, en buen estado, pero algo viejo, encontró un comprador en el término de dos días gracias a una nota en Internet en un área local de ventas. El marido de María vendió su computador en menos de media hora, por medio de un mensaje en el grupo de noticias de Usenet correspondiente.

¿Por qué es diferente este medio?

Internet es distinto a los otros medios de comunicación que conocemos. En él se encuentran personas de todas las edades, razas, creencias y países, y pueden intercambiar libremente ideas, anécdotas, datos y opiniones.

Todo el mundo puede tener acceso a él

Una de las cosas más inusitadas de Internet es que probablemente es la red más abierta en el mundo. Millones de computadores brindan facilidades que están a disposición de cualquiera que tenga un acceso a la Red. Esta situación no es corriente; la mayoría de las redes son muy restrictivas en cuanto a lo que le permiten hacer a los usuarios y exigen acuerdos especiales y claves para cada servicio. Aunque ya hay algunos que son pagados (y cada día hay más), la gran mayoría de los servicios de Internet sigue siendo gratis. Si todavía no tiene acceso a Internet a través de su empresa, su institución educativa o un amigo, es probable que tenga que pagar para obtenerlo utilizando uno de los proveedores de acceso a Internet. Vamos a referirnos a ellos en el capítulo 2.

Es política, social y religiosamente correcto

Otro aspecto nada corriente de Internet es que podría afirmarse que "no tiene estratos sociales". Es decir, no hay un computador que sea mejor que otro, ni una persona que sea mejor que otra. Lo que cada cual es, en Internet depende única y exclusivamente de cómo se presenta a través de su teclado. Si lo que dice lo hace parecer una persona inteligente e interesante, eso es exactamente lo que es. No importa qué edad tenga o cuál sea su aspecto físico o si es un estudiante, una ejecutiva de negocios o un trabajador de la construcción. Los problemas físicos no importan; podemos comunicarnos con personas ciegas o sordas. Si no nos han querido contar que lo son, nunca lo sabremos. Hay personas en la Red que se han vuelto famosas, algunas favorablemente, otras menos favorablemente, pero como quiera que sea, ha sido por su propio esfuerzo.

¿De dónde viene Internet?

Si usted no está interesado en la historia de la Red, sencillamente pase al capítulo 2.

El antecedente de Internet fue ARPANET, un proyecto creado por el Departamento de Defensa de los Estados Unidos en 1969. Se trataba de un experimento de conexión de una red que funcionara bien cuyo fin era conectar el Departamento de Defensa con los contratantes de proyectos de investigación militar, entre los que se contaba un gran número de universidades haciendo investigación financiada por los militares. (ARPA significa Advanced Research Projects Administration - Administración de proyectos de investigación avanzada-, el área de Defensa encargada de otorgar dineros para la investigación. Para mayor confusión, la agencia se conoce hoy en día como DARPA, y la D adicional significa "Defensa", en caso de que alguien no sepa de dónde proviene el dinero.) ARPANET empezó como algo pequeño, que conectaba tres computadores en California con uno en Utah, pero fue creciendo gradualmente hasta cubrir todo el continente.

Extender la red implicaba un sistema de rutas dinámico (*dynamic routing*). Si uno de los nexos llegaba a interrumpirse a causa de un ataque enemigo, lo que estaba transportándose en ella podría desviarse automáticamente hacia otros nexos. Afortunadamente, esta Red ha sufrido muy pocos ataques de enemigos. Pero un roedor errante cortando el cable puede ser una amenaza igualmente grande, así que es importante que la Red pueda contrarrestar esto.

ARPANET tuvo un éxito increíble, y todas las universidades del país quisieron ingresar. Este éxito implicó que ARPANET empezara a convertirse

¿Cualquier continente?

Después de haber leído que Internet abarca todos los continentes, algunos lectores escépticos podrían señalarnos que la Antártida es un continente, aun cuando su población consiste básicamente de pingüinos, los cuales (hasta donde nosotros sabemos) no tienen ningún interés en redes de computación. ¿Llega Internet hasta allá? De hecho, sí. Hay unas cuantas máquinas en la base Scott en McMurdo Sound en la Antártida, conectadas a la Red a través de un enlace radial en Nueva Zelanda. Se supone que esta base en el Polo Sur tenga un vínculo con los Estados Unidos, pero no publica su dirección electrónica.

En el momento en que estamos escribiendo esto, la parte más grande del mundo sin Internet parece ser Nueva Guinea. (Bali entró a Internet en 1994.)

en algo bastante difícil de administrar, especialmente por la gran cantidad de locaciones universitarias que iban ingresando. Así que se dividió en dos partes: MILNET, que cubría las locaciones militares, y un ARPANET nuevo, más pequeño, que tenía las locaciones no militares. Las dos redes siguieron conectándose gracias a un recurso técnico llamado IP (Internet Protocol - Protocolo de Internet), que permitía que el flujo pasara de una red a la otra en la medida de lo necesario. Todas las redes conectadas a Internet hablan en este lenguaje IP, de tal manera que todas pueden intercambiar mensajes.

Aun cuando sólo había dos redes al mismo tiempo, el IP estaba diseñado para permitir el ingreso de miles de ellas. Un rasgo poco corriente acerca del diseño de IP es que cualquier computador en una red de IP tiene, en principio, la misma capacidad que cualquier otro, de tal manera que cualquier máquina puede comunicarse con cualquier otra. (Este esquema de comunicación puede parecer obvio, pero en aquella época la mayoría de las redes constaban de un número limitado de computadores centrales enormes y un gran número de terminales remotas, que se podían comunicar únicamente con el sistema central, y no con otras terminales.)

Y ahora, de nuevo a las aulas

Hacia principios de los años 80 comenzó la computarización de las universidades. En aquel entonces, ésta consistía en un pequeño número de máquinas grandes de *tiempo compartido (time-sharing),* cada una de las cuales servía a cientos de usuarios simultáneos. Este sistema se fue transformando hacia un número más grande de estaciones de trabajo (*workstations*) personales, más pequeñas y para usuarios individuales. Dado que los usuarios se habían acostumbrado a las ventajas de los sistemas de tiempo compartido, tal como los directorios, los archivos

¿Es cierto que Internet puede resistir el ataque de un enemigo?

Tal parece. Durante la guerra del Golfo, en 1991, el ejército norteamericano tuvo bastantes problemas en desbaratar la red de comando de los iraquíes. Los iraquíes estaban utilizando rutas de red disponibles comercialmente, usando tecnología de Internet para navegar y recuperar datos absolutamente estándar. En otras palabras, la navegación dinámica realmente estaba trabajando. Es muy bueno saber que la navegación dinámica realmente funciona, aunque ésta tal vez no era la forma más oportuna de descubrirlo.

compartidos y el correo electrónico, querían conservar estas mismas facilidades en sus estaciones de trabajo. (Por otro lado, era un placer deshacerse de las desventajas de los sistemas de tiempo compartido. Un sabio dijo alguna vez: "Lo mejor de la estación de trabajo es que no es más rápida a medianoche.")

La mayoría de las nuevas estaciones de trabajo utilizaba una variedad de UNIX, un software de operaciones muy popular (y, en muchas versiones, gratis o casi gratis) que había sido desarrollado por AT&T y la Universidad de California en Berkeley. Los de Berkeley eran grandes aficionados a las redes de computadores, de tal manera que su versión de UNIX incluía todo el software necesario para entrar a una red. Los fabricantes de estaciones de trabajo empezaron a incluir también el hardware necesario para entrar a las redes, de tal manera que todo lo que había que hacer para poner una red a funcionar era conectar el cable de las estaciones de trabajo, algo que las universidades podían hacer de forma muy barata, pues siempre conseguían estudiantes que lo hicieran.

Luego, en lugar de tener uno o dos computadores para anexar al ARPANET, una locación podía tener cientos de computadores. Es más, puesto que cada una de las estaciones de trabajo era mucho más rápida que todo el sistema múltiple de usuarios a esas alturas de los años 70, una estación de trabajo podía generar suficiente tráfico de red como para bloquear ARPANET, el cual estaba debilitándose cada vez más. Era necesario hacer algo.

Entra la Fundación Nacional de Ciencias

El siguiente evento fue que la Fundación Nacional de Ciencias (NSF) decidió instalar cinco centros con supercomputadores para ser usados con fines de investigación. (Un supercomputador es, en realidad, un computador muy rápido y que cuesta bastante, unos 10 millones de dólares por unidad.) Lo que se proponía la NSF era financiar un número de supercomputadores, dar acceso a investigadores en todo el país para que utilizaran ARPANET, que pudieran enviar sus programas para que fueran "supercomputados", y luego recibir de vuelta los resultados.

El plan de utilizar ARPANET para estos fines no funcionó por varias razones, algunas de ellas, técnicas, otras políticas. Así que la NSF, que nunca ha sido temerosa cuando se trata de establecer un nuevo imperio político, construyó su propia red, más rápida que la otra, para conectar los centros de supercomputación: NSFNET. Luego organizó las cosas para instalar una cantidad de redes regionales que conectarían a los usuarios en cada región, y NSFNET se haría cargo de conectar todas las redes regionales.

NSFNET funcionó de maravillas. De hecho, hacia 1990 mucho de lo que circulaba por ARPANET se había trasladado hacia NSFNET, con el resultado de que, casi 20 años después, ARPANET ya no tenía la utilidad que se esperaba y fue cancelada. Los centros de supercomputación que supuestamente sería apoyados por NSFNET resultaron ser un fracaso: algunos de los supercomputadores no funcionaban, y aquellos que sí funcionaban eran tan caros que la mayoría de los clientes potenciales decidieron que unas estaciones de trabajo de alto desempeño les serían igualmente útiles. Afortunadamente, cuando se cayó en cuenta de que los supercomputadores ya se estaban eliminando, la NSFNET se había anclado tanto en Internet que sobrevivió, aun cuando perdió su propósito original. Hacia 1994, varias redes grandes y comerciales de Internet habían crecido dentro de la red misma de Internet, algunas manejadas por organizaciones poderosas y conocidas como IBM y SPRINT, y otras, por empresas especializadas en Internet como Performance Systems International (siempre conocida como PSI) y Alternet. NFSNET ha perdido su posición, y el material que circulaba por esa red ha pasado a las redes comerciales.

Por NSFNET circulaba únicamente material relacionado con investigación y educación; pero los servicios de redes comerciales IP, que son independientes, pueden ser utilizados para otro tipo de tráfico. Las redes comerciales conectan las redes regionales de la misma manera que lo hace NSFNET, y suministran conexiones directas a los clientes. El capítulo 22 presenta una lista de muchos proveedores comerciales IP.

Por fuera de los Estados Unidos, ya han surgido redes IP en muchos países, bien sea financiadas por la empresa de teléfonos local (que es también en muchos casos la oficina local de correos), o manejadas por proveedores independientes a nivel nacional o regional. La primera conexión internacional se estableció en 1973 con Inglaterra y Noruega. Casi todos los países están conectados directa o indirectamente a alguna red norteamericana, lo que implica que todas pueden intercambiar tráfico con las otras.

El término Internet apareció por primera vez en 1982 cuando DARPA lanzó el Protocolo de Internet (IP).

Capítulo 2
Internet: ¡aquí estoy!

• •

En este capítulo

▶ Cómo conectarse a la Red

▶ Cómo saber si ya está conectado a la Red

▶ Acerca de las estrategias de conexión

• •

¿Cuál es el camino hacia Internet?

"Muy bien", dirá usted, "¿Y cómo entro a Internet?". La respuesta es: "Eso depende". Internet no es una red sino 60 mil redes separadas que están todas unidas, cada una con sus propias reglas y procedimientos, y usted puede ingresar a la Red desde cualquiera de ellas. Pero los lectores de ediciones anteriores de este libro nos rogaron que les diéramos instrucciones paso a paso de cómo conectarse. Así que trataremos de hacerlo lo más "paso a paso" posible.

Aquí están los pasos básicos:

1. Averigüe qué tipo de computador tiene usted o cuál puede usar.

2 Averigüe qué tipos de conexiones a Internet están disponibles donde está usted.

3. Calcule cuánto está dispuesto a pagar.

4. Instale su conexión y determine si le gusta.

¿Tiene usted un computador?

Realmente no hay forma de evitar este paso. Internet es una red de computadores La única forma de conectarse es utilizando un computador.

¡Pues no!

Si usted no tiene un computador, todavía tiene, sin embargo, algunas opciones. Si donde trabaja tiene un computador, y especialmente si ya está instalado para manejar correo electrónico, puede ser que ya tenga una conexión a Internet. (Ver el recuadro "¿Está conectado ya a Internet?")

Si usted no tiene la opción de un computador en su lugar de trabajo, la otra posibilidad es que encuentre un acceso a la Red en su biblioteca pública. Esto es muy probable si hay una empresa local de TV por cable que está considerando ingresar al negocio de Internet. Conectarse a Internet a través de TV por cable resulta ser una pesadilla técnica. Por esto, las empresas generalmente prefieren poner una conexión gratis en las bibliotecas para probar el sistema. (Por lo que es gratis, es difícil quejarse si no funciona.) Algunas ciudades también tienen redes gratis, una especie de sistema de computación local para la comunidad que puede tener una conexión con Internet.

Con excepción de la ciudad de Los Ángeles, la red gratis generalmente es gratis (aunque seguramente aceptarían, sin molestarse demasiado, cualquier contribución de apoyo.)

¿Está conectado ya a Internet?

Si usted tiene acceso a un computador o a un terminal de computador es probable que ya tenga Internet. Aquí le mostramos algunas formas de comprobarlo.

Si tiene una cuenta en un servicio en línea, como CompuServe, America Online (AOL), Microsoft Network (MSN), o MCI Mail, ya tiene una conexión a Internet. Por lo menos puede enviar un correo electrónico, y algunos servicios en línea suministran conexiones de Internet relativamente completas.

Si utiliza un sistema de cartelera (BBS) que intercambia mensajes con otros BBS, igualmente es posible intercambiar correo electrónico con Internet.

Si su empresa o colegio tiene un sistema inter-

no de correo electrónico, puede ser que también esté conectado a Internet. Pregúntele a un experto local de correo.

Si su empresa o colegio tiene una red de computador local, puede ser que esté conectada directa o indirectamente a Internet, bien sea para correo o para una variedad más amplia de servicios. Las redes de estaciones de trabajo generalmente usan el mismo tipo de red que Internet, de tal manera que la conexión es muy fácil. Las redes de PCs o de Macs utilizan con frecuencia tipos diferentes de instalaciones de red (los más frecuentes son Novell Netware o Apple Talk), de tal manera que es un poco más difícil, pero sigue siendo posible que la gente que está funcionando dentro de esa red se conecte a Internet.

Otra posibilidad es que la universidad de su comunidad o el centro de educación continuada tenga Internet. (Llevan distintos nombres: en Nueva York, por ejemplo, nuestra red local se llama BOCES.) Generalmente ofrecen cursos breves y económicos de "Introducción a Internet". A estas alturas usted se debe estar preguntando "¿Qué tipo de libro es éste que le dice a uno que vaya y tome un curso?". Hay dos cosas que usted puede obtener de un curso, que sencillamente no va a obtener de un libro: una demostración en vivo de lo que es Internet y, más importante aún, alguien con quién hablar y que conozca la situación local de Internet. Ciertamente, uno puede ingresar a la Red sin tomar clases (de hecho fue lo que hicimos nosotros), pero si consigue unas clases económicas, tómelas.

Los cibercafés se están expandiendo a una velocidad impresionante. Ahora puede uno navegar por la Red mientras está tomando su bebida favorita y compartir su experiencia cibernética. Los cibercafés son un lugar maravilloso "para ensayar antes de comprar", si usted quiere mirar cómo funciona Internet.

¡Pues sí!

Con que sí tiene un computador. (O tal vez está pensando en adquirir uno.)

Una forma de conectarse a Internet (llamémoslo una forma "demente" de hacerlo) es pasar cables de red (que se sostienen en su lugar con cinta aislante, por supuesto) por toda la casa, treparse al tejado, instalar varias antenas de radio, y llenar la azotea con cantidades de cajas llenas de rutas y subredes y canales de servicio y vaya a saber Dios qué otras cosas más. Es posible que este sistema funcione (Ignacio ya lo hizo más de una vez), pero si usted es este tipo de demente que gusta hacer este tipo de cosas, lo más probable es que no esté leyendo este libro.

La otra forma de hacerlo, llamémosla "normal", es utilizar un computador y una línea telefónica para marcar a un servicio de Internet en el cual los dementes ya han instalado todas las cosas. (Juan y María prefieren este sistema.)

Seamos normales

Para que el sistema "normal" funcione, se necesitan cuatro elementos: un computador, un módem que conecte su computador a una línea telefónica, una cuenta con un proveedor de Internet para darle a su módem un lugar a donde llamar, y un software para instalar en su computador. Vamos a echarle una mirada a cada uno de estos puntos.

Cualquier computador sirve

Se discute muchísimo acerca de las ventajas y desventajas de los distintos tipos de computador. No vamos hacer eso aquí (aunque si nos compra la cerveza, nos encantará discutirlo después de las horas de trabajo). Básicamente, cualquier computador personal fabricado después de 1980 es adecuado para algún tipo de conexión a Internet, aunque algunos computadores facilitan la tarea más que otros.

Los mejores son afortunadamente los más populares: los computadores compatibles de IBM que tienen Windows, y los Macintosh. En cualquiera de los dos se puede lograr el tipo más maravilloso de conexión a Internet (conocido como SLIP o PPP, pero de eso nos ocuparemos más tarde), que permite utilizar los mejores programas de señalar y hacer clic, y obtener imágenes, sonidos e incluso películas de la Red.

En cualquier otro tipo de computador se puede obtener una conexión de sólo texto con Internet, que no es ni tan maravillosa ni tan sofisticada, pero que sirve para lograr una gran cantidad de navegación por la Red.

¿Y de los módem qué?

Un módem es el objeto que conecta al computador con la línea de teléfono. La forma corriente de conectarse con Internet es a través del teléfono, por lo tanto necesitará uno. Hay módem de todas las formas y tamaños. Algunos son una cajita separada, y se conocen como módems externos, con cables que se conectan al computador y a la línea telefónica. Algunos se encuentran dentro del computador con tan sólo un cable para el teléfono; los más nuevos son pequeños objetos del tamaño de una tarjeta de crédito que se insertan a un lado del computador. (Pero siguen teniendo un cable para el teléfono; ciertas cosas nunca cambian.)

Además de la variedad de tamaños físicos, hay una enorme variedad de características internas. La velocidad a la cual opera un módem (es decir, la velocidad a la cual puede meter información del computador en la línea telefónica) va desde unos 2.400 bits por segundo (*bps,* que se conocen equivocadamente como bauds) hasta unos 28.800 bps. Algunos módem pueden funcionar como máquinas de fax y otros no. Algunos tienen características aún más exóticas, como una máquina contestadora de teléfono incorporada.

Básicamente, cualquier módem que haya sido fabricado en los últimos diez años sirve para hacer un intento inicial con Internet, de tal manera que si ya tiene uno, úselo. Si no tiene un módem, aquí le sugerimos cuál comprar.

Obtenga un módem externo no muy caro, de 14.400 bps, que sirva para ser utilizado en cualquier tipo de computador.

En el lenguaje de los sabelotodos, un módem de 14.400 bps se llama un V.32 bis, que, a propósito, recibe su nombre de una norma oficial estándar a nivel internacional que describe cómo se supone que ese módem funciona. (Curiosamente *bis* quiere decir, en francés, "y un medio"). Pida uno en su tienda de computadores y van a creer que es un experto.

Sugerimos que compre uno de 14.400 porque cualquier cosa más lenta no es mucho más barata. Preferimos los módem externos porque se pueden instalar sin abrir el computador y porque tienen unas lucecitas indicadoras que pueden ser útiles cuando uno está tratando de hacer que las cosas funcionen. Hay diferencias entre los módem baratos y los más caros (trate de lanzarlos al aire y vea qué sucede cuando toquen el suelo), pero estas diferencias no son de mayor importancia, a no ser que usted planee estar en línea 24 horas al día o sea un usuario de computadores inusualmente violento, o (la razón más seria) su casa está en una vía de líneas telefónicas muy ruidosa, por allá en el campo. Se pueden obtener módem que van hasta los 28.800 bps, que se conocen como V.34, pero cuestan mucho más y no tienen tanto soporte por parte de los proveedores de Internet. Su proveedor de Internet, quien quiera que sea, también tiene un módem en su lado de la línea telefónica, y la conexión real se hace a la menor velocidad entre su módem y el de ellos.

La mayoría de los módem de 14.400 son también módem para fax, lo cual quiere decir que con un programa adecuado, que viene muchas veces incluido en el módem, se puede enviar y recibir faxes con el computador. Esta característica es bastante útil, pero no tanto como para pagar extra por tenerla.

Asegúrese de obtener un cable que conecte el módem al computador, y de que tiene conectores que encajan en la toma adecuada; puede haber tres tipos de ellas en la parte de atrás del computador.

Nota para los dueños de laptop: Si su computador tiene ranuras del tamaño de una tarjeta de crédito PCMCIA, obtenga un módem PCMCIA que encaje en una ranura de éstas. De esta manera no tendrá que cargar un módem por separado cuando salga a viajar.

Programa normal de terminal: ¿Es esto contagioso?

Junto con su módem va a necesitar software que le permita usar los computadores de otras personas. La mayoría de los servicios en línea, y muchos proveedores de Internet, le dan o le venden los programas para Windows y para Macintosh. Sin embargo, si tiene otro tipo de computador o quiere algo sencillo, puede utilizar un programa mucho más simple, que generalmente viene con el computador o con el módem.

El software más simple se llama Software de Emulación de Terminal porque hace que su computador se parezca a cualquier otra terminal (es decir, un teclado y una pantalla de sólo texto) de ese computador remoto. *Módems para Dummies* describe este programa, cómo obtenerlo y ponerlo a funcionar en su computador. La figura 2.1 le muestra una pantalla típica del emulador de terminal.

Los usuarios de Windows pueden utilizar el Terminal de Windows, un emulador de terminal rudimentario pero utilizable, que es una parte estándar de Windows 3.1.

Para los usuarios de Mac y de Windows que deseen tener algo más sofisticado que un emulador de terminal, hablaremos un poco más sobre

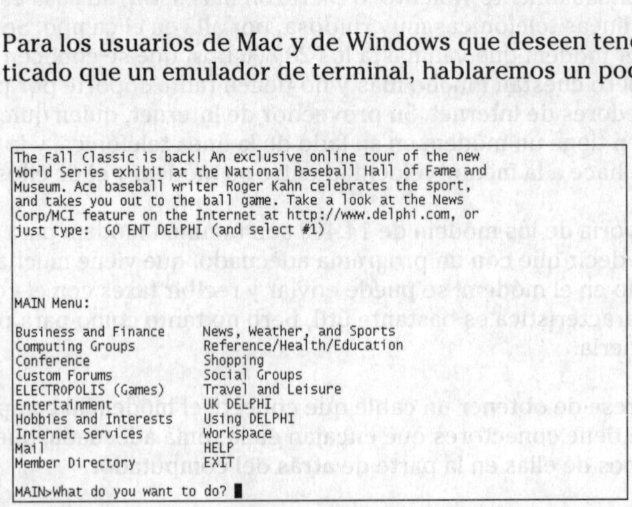

Figura 2-1.
Su emulador
de terminal
normal en
acción.

```
The Fall Classic is back! An exclusive online tour of the new
World Series exhibit at the National Baseball Hall of Fame and
Museum. Ace baseball writer Roger Kahn celebrates the sport,
and takes you out to the ball game. Take a look at the News
Corp/MCI feature on the Internet at http://www.delphi.com, or
just type: GO ENT DELPHI (and select #1)


MAIN Menu:

Business and Finance   News, Weather, and Sports
Computing Groups       Reference/Health/Education
Conference             Shopping
Custom Forums          Social Groups
ELECTROPOLIS (Games)   Travel and Leisure
Entertainment          UK DELPHI
Hobbies and Interests  Using DELPHI
Internet Services      Workspace
Mail                   HELP
Member Directory       EXIT

MAIN>What do you want to do? ▮
```

software una vez hayamos discutido los posibles proveedores de Internet, porque el software y el proveedor tienen que ser correspondientes.

Siempre y cuando...

Es necesario suscribirse a un proveedor para obtener una conexión con Internet. Se utiliza el computador y el módem para llamar al sistema del proveedor, y el proveedor se encarga de todos los demás detalles de la conexión de Internet.

Hay (¿cómo lo supo?) muchos tipos diferentes de proveedores de Internet, con características variables entre la facilidad de uso, el rango de las características y el precio.

Los grandes proveedores comerciales

Se puede elegir uno de los grandes servicios comerciales en línea, como CompuServe, America Online (AOL), Microsoft Network (MSN), o Delphi. Cada uno tiene su paquete de programas para instalar en el computador que conecta al usuario con el servicio. Los servicios en línea tienen versiones de los paquetes para Windows, Mac y, en muchos casos, incluso para DOS. Si se tiene otro tipo de computador, se puede utilizar CompuServe y Delphi con un emulador de terminal, pero AOL requiere que uno utilice sus programas; MSN requiere que se trabaje con Windows 95 e incluso los servicios que se pueden utilizar a través del emulador de terminal se ven mucho mejor si se usa un paquete de programas.

Todos los proveedores comerciales empezaron en el negocio como "facilidades de información", es decir que en un principio brindaban un servicio únicamente para sus propios usuarios, sin conectar al exterior. Gradualmente, todos empezaron a conectarse a Internet, pero una gran parte de lo que ofrecen los proveedores comerciales es material específico que es propiedad únicamente de ese proveedor.

Aquí presentamos algunas de las cosas buenas de los grandes servicios comerciales:

✔ Son relativamente fáciles de obtener, de conectarse y de usar.

✔ Tienen una cantidad de personas amables que prestan ayuda cuando uno tiene problemas.

✔ Ofrecen programas con pantalla vistosa y que se manejan con el ratón, lo cual facilita su uso.

✔ Ofrecen servicios de propiedad e informáticos que no se consiguen en otras partes de la Red. (Si uno quiere utilizar el sistema de reservas aéreas Easy Sabre, por ejemplo, tiene que utilizar uno de los proveedores comerciales.)

✔ Muchos le brindan a uno formas de controlar el material al cual tienen acceso los niños.

Y aquí hay algunas cosas malas de los servicios comerciales:

✔ Limitan el conjunto específico de servicios de Internet que ellos eligen ofrecer; si uno desea algo distinto, pues mala suerte.

✔ Dificultan, y en muchos casos hacen que sea imposible, llegar a partes de la Red que se consideran polémicas o controvertidas. (Algunas personas consideran que esto es una ventaja, por supuesto.)

✔ Son relativamente caros si uno pasa más de unas cuantas horas al mes en línea.

Las figuras 2.2 a 2.4 le muestran las pantallas típicas de los mayores servicios comerciales.

Figura 2-2.
America
Online en
pantalla.

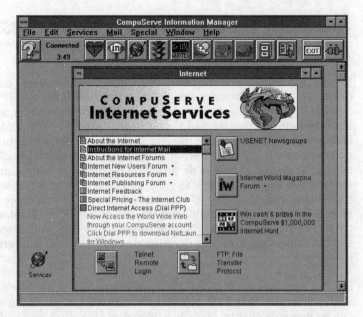

Figura 2-3.
CompuServe
a sus
órdenes.

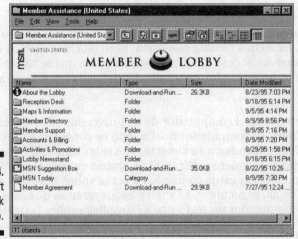

Figura 2-4.
Microsoft
Network
trabajando.

Internet, todo Internet y nada más que Internet, y que Dios nos ayude...

El otro tipo de proveedor que tenemos que tener en cuenta es el proveedor de servicio de Internet, generalmente abreviado como ISP (*Internet Service Provider*). (Los fanáticos de los computadores amamos los ATL: abreviaciones de tres letras.) Un ISP es una especie de servicio comercial, pero con la importante diferencia de que su negocio principal es el de conectar a la gente a Internet. Resulta que casi todos los ISP compran su equipo y sus programas de un grupo pequeño de fabricantes, de tal manera que las características y los servicios ofrecidos por un ISP se parecen mucho a los de cualquier otro, salvo las importantes diferencias en precio, servicio y confiabilidad. Piense que es como la diferencia entre un Ford y un Buick: las diferencias entre los concesionarios locales son tan importantes para la decisión de compra como la diferencia entre los carros.

Los proveedores ISP ofrecen dos tipos diferentes de acceso: el *acceso shell* y el acceso SLIP/PPP. Muchos ISP ofrecen ambos. Algunos los ofrecen en una sola cuenta; otros le exigen que elija entre uno y otro.

Shell

El tipo de cuenta más viejo de ISP, y el que suele ser más barato, es el *acceso shell*. Es menos flexible que otros, pero mucho más fácil de instalar. Para utilizar un acceso shell, el único software que se necesita en el computador es un emulador de terminal, tal como el que mostramos en la figura 2.1.

Con un acceso shell, el computador de su proveedor se considera parte de Internet, pero su computador no. Cuando se conecta a su proveedor, hay que digitar comandos a su sistema, que le indican cuál Internet o qué otras funciones quiere realizar. El programa en el computador de su proveedor, que recibe estos comandos y actúa sobre ellos, se conoce como *shell* (de ahí el nombre). El shell y los programas que éste ejecuta envían a su computador un texto que se despliega sobre la pantalla.

Casi sin excepción, los proveedores del acceso shell están utilizando un software del sistema UNIX, así que sería útil aprender algo acerca de los sistemas

¿Y cuánto cuesta todo esto?

Se puede gastar muchísimo dinero en una conexión de Internet. O prácticamente nada. Aquí hay una serie de cosas que hay que tener en cuenta.

Los costos del proveedor

Las tarifas varían muchísimo. Algunos proveedores cobran la hora y otros tienen sencillamente una tarifa mensual. Muchos tienen sistemas combinados: por una tarifa mensual se obtiene un número de horas, y se paga la hora si se utiliza más de eso. Los principales servicios en línea en los Estados Unidos le cobran aproximadamente US$ 10 al mes, que incluyen aproximadamente cinco horas. Si usted utiliza más de eso, tiene que pagar entre US$ 2 y US$ 4 por hora adicional. Muchos proveedores del servicio de Internet tienen planes de tarifas fijas: por un precio que oscila entre los US$ 10 y 50 por mes, usted puede utilizar sus servicios todo lo que quiera. Otros tienen planes compuestos: por una cifra mensual usted obtiene suficientes horas para cualquier persona que no sea un absoluto fanático de Internet. Hay estudios que han mostrado que el uso promedio de Internet es de aproximadamente 18 horas por mes.

Unos cuántos proveedores cobran más por el uso durante el día que por el uso durante la noche y los fines de semana, aunque esto ya es mucho menos corriente de lo que solía ser.

Advertencia: Si sus hijos se están convirtiendo en usuarios en línea, notará que el tiempo se detiene mientras está en línea y que utiliza mucho más tiempo del que cree. Aunque le parezca que sólo van a estar ahí por uno minutos, puede llegar a tener sorpresas cuando le llegue el recibo a final de mes.

Tarifas telefónicas

Hay que cuidarse de no resultar pagando más por la llamada telefónica de lo que se paga por el servicio de Internet. Una de las cosas que está haciendo cuando se inscribe a un servicio en línea es determinar el número de teléfono al cuál va a llamar. En lo posible, utilice un proveedor cuyo número sea una llamada gratis o local sin restricciones de tiempo. Si usted utiliza un proveedor de Internet local o regional, ese proveedor va a tener una corta lista de números telefónicos que podrá utilizar. Entre los proveedores nacionales, IBM, Advantis y CompuServe tienen sus propias redes nacionales de números para conectarse; los otros sencillamente se cuelgan a sus redes con nombres tales como Sprintnet y Tymnet. (Para que la confusión sea aún mayor, muchos proveedores distintos a CompuServe utilizan también la red de CompuServe.) Si un proveedor nacional tiene un número local, es probable que esté utilizando un número de Sprintnet, Tymnet o CompuServe.

Si no puede conseguir un proveedor al que se acceda por medio de una llamada local, sus opciones son limitadas. Algunos proveedores tienen acceso 800 (el acceso gratuito en Estados Unidos y otros países), pero generalmente eso no es muy buen negocio porque pagará más por hora si está utilizando un número 800. (Alguien tiene que pagar por esa llamada 800 y esa persona es usted.) Si tiene un plan de larga distancia tal como el "The Most" de Sprint o el "Friends and Family" de MCI, puede poner el número de su proveedor en la lista de los números que utiliza frecuentemente y obtener una tarifa baja, que será del orden de 10 centavos por minuto por la noche y en fines de semana. (Pero esto sigue siendo más de $5 dólares por hora.)

Si en su caso, llamar es algo caro desde cualquier parte, observe la parte que se refiere a MCI Mail, descrita más adelante en este capítulo, que ofrece un solo servicio (correo electrónico), pero que tiene un acceso 800 desde cualquier parte de Estados Unidos y sin tarifas horarias.

Deslizándose por Slip

El más reciente tipo de conexión a Internet se conoce como el acceso SLIP, o PPP. (Hay diferencias técnicas entre SLIP y PPP, pero no son de importancia para los usuarios normales, así que cuando digamos SLIP/PPP significa cualquiera de los dos.) Con SLIP/PPP, cuando se conecta a su proveedor, su computador se convierte en parte de Internet. Puede teclear directamente en los programas que están pasando a su computador, y esos programas se van comunicando con la Red para hacer lo que quiere que hagan.

La gran ventaja de este tipo de acceso es que los programas pueden aprovechar al máximo las facilidades del computador, de tal manera que pueden hacer gráficas, presentar ventanas, tocar sonidos, recibir clics del ratón y hacer todo ese tipo de cosas sofisticadas que hacen los programas modernos. (Con el acceso shell, recuerde que los programas de Internet están pasando por el computador de su proveedor y se restringen únicamente a enviar textos.) Si su sistema de computador puede manejar más de un programa a la vez, tal como lo hacen Macintosh y los sistemas de Windows, puede tener varias aplicaciones de Internet funcionando al mismo tiempo, lo cual puede ser muy útil. Puede leer su correo electrónico, por ejemplo, y recibir un mensaje que describa un nuevo tipo de página absolutamente maravillosa en el World Wide Web. Puede pasarse inmediatamente al programa de Web (muy probablemente un programa Netscape), echarle una mirada a la página y luego volver al programa de correo para seguir trabajando el texto en el punto en que lo había dejado.

Otra ventaja del acceso SLIP/PPP es que el usuario no tiene que limitarse a utilizar los programas que su proveedor de Internet le dé. Puede descargar una nueva aplicación de Internet de la Red y empezar a utilizarla inmediatamente; su proveedor es únicamente un canal de datos entre su computador y el resto de la Red.

La desventaja del acceso SLIP/PPP es que es un poco más difícil de instalar porque tiene que cargar todo un paquete de acceso a Internet y configurarlo en su computador, y en algunos casos los ISP cobran más por un acceso SLIP/PPP que por un acceso shell.

La elección de un ISP

Una vez haya decidido que va a inscribirse a un ISP, la siguiente pregunta es *¿cuál ISP?* Esta pregunta es relativamente complicada porque hay varios miles de ISP para elegir. En el capítulo 20 hay una lista de algunos de ellos.

Hay unos cuantos ISP nacionales, tales como IBM Internet Connection, Netcom, Portal, y PSI. Cuando se estaba escribiendo este libro, MCI y AT&T anunciaron que iban a ingresar al negocio de Internet, de tal manera que cuando usted esté leyendo esto, puede ser que ya lo hayan hecho. Los ISP nacionales tienen cantidades de números telefónicos para ingresar a través de todo el país, lo cual puede ser muy útil si viaja mucho y generalmente (pero desafortunadamente no siempre) tiene mucho personal que lo ayuda. Sus precios varían, pero tienden a ser relativamente altos. (Una excepción es Netcom, que ha ofrecido durante años un acceso shell ilimitado por 20 dólares al mes.)

Generalmente se obtiene un mejor servicio de un ISP regional o local. La competencia de precios tiende a ser mayor que entre los servicios nacionales, y en muchos casos, por lo que se limitan a un área geográfica, ofrecen también material orientado hacia la comunidad en línea. Cuando esté comparando para comprar, tenga en cuenta los siguientes puntos:

✔ Precio

✔ Servicio (llame y hable con el personal de servicio antes de registrarse)

✔ Carga (la longitud de tiempo de respuesta durante las horas pico)

✔ Velocidad del módem (algunos proveedores no han puesto al día su equipo).

Cabos sueltos del ISP

Algunos proveedores de Internet no corresponden a ninguna de las categorías que hemos discutido:

Pipeline.- Es un proveedor de Internet en la ciudad de Nueva York que brinda un paquete de acceso a Internet en el que está todo incluido. Tiene licencia de otros proveedores en todo el país. Es una forma decente de ingresar a la Red, relativamente fácil de instalar y relativamente completa.

Netcruiser.- Es otro paquete de todo en uno de Netcom. Si está utilizando Netcom como proveedor, ensaye Netcruiser y mire si le gusta, pues el programa es gratis.

UUCP.- Un sistema de marcado un poco anticuado que le ofrece sólo correo electrónico y noticias de la red (que en realidad, a pesar de su nombre, es más bien como una cartelera). Es un sistema "*batch*" (su computador marca al proveedor, intercambia datos con el proveedor a una velocidad enorme y luego cuelga). Después puede utilizar, a su gusto, todo el material que ha recibido de su proveedor. Si el proveedor tiene un sistema de llamado sin recargo, el acceso UUCP puede ser la forma de mantener bajas las cuentas telefónicas, aun cuando no le brinde todo lo divertido que suministran los servicios interactivos de Internet.

Volvamos al software

El tipo de acceso que elija está íntimamente relacionado con el tipo de software que necesita.

Proveedores comerciales

Casi todos los proveedores comerciales le entregan disquetes de programas con los programas que funcionan para sus sistemas particulares. Algunos de ellos, entre los que se cuentan CompuServe y Delphi, todavía le ofrecen acceso para solo texto utilizando el software del emulador de terminal.

La parte IV describe cómo utilizar los servicios comerciales en línea más populares y cómo obtener e instalar el programa que se necesita para acceder a ellos.

Acceso Shell

Si está utilizando un ISP y elige un acceso shell, trabajará con un emulador de terminal: ese software que hace que su computador funcione como si sólo fuera una pantalla y un teclado conectado al computador de su ISP. Esto no es algo que le exija pensar demasiado, pero en el capítulo 15 le contamos qué es lo que necesita saber.

Acceso SLIP o PPP

Si va a utilizar un ISP con acceso SLIP o PPP, va a necesitar un programa para SLIP/PPP. Hay varias alternativas:

✔ El software de acceso más popular para Windows es Trumpet
Winsock. Es un shareware (programa compartido), y muchos ISP le
entregan a sus clientes disquetes con copias de él. (Desafortunadamente, la mayoría de ellos olvida mencionar que si utiliza el programa en el disquete, le debe una tarifa de registro al autor del programa en Tasmania.)

✔ Algunos paquetes de programas de acceso son gratis y están disponibles; el más conocido de ellos es el *Chameleon Sampler*, que viene
incluido al final de muchos libros de Internet (pero no de éste). Es
una versión más vieja, más complicada y sin servicio del paquete
del programa comercial de Chameleon, pero funciona suficientemente bien para muchos usuarios.

✔ También se pueden conseguir distintos paquetes comerciales para
Windows. Muchos son caros, pero dos de los menos caros son el de
Spry Inc., que puede obtener por Internet en una caja por un costo
aproximado de US$ 100 (O'Reilly) y el Internet Chameleon, que se
consigue, entre otras, en *The Internet For Windows For Dummies
Starter Kit* (IDG Books Worldwide): treinta días gratis, 15 dólares por
una licencia permanente, más el costo del libro.

✔ Para los usuarios de Mac, gran parte del software que se necesita
para Internet, llamado MacTCP, es una parte estandarizada del Sistema 7. Faltan el programa de marcación para obtener el acceso y
las aplicaciones, y ambos se obtienen de muchos ISP y se encuentran también anexos en muchos libros.

✔ Si utiliza Linux o una estación de servicio que utilice alguna versión
de UNIX, el software que se necesita es parte del sistema estándar.

El capítulo 21 describe cómo conseguir el programa para utilizar la cuenta SLIP/PPP.

Entrar y salir de la superautopista informativa

Siempre hay una primera vez. Si lo que quiere es tener una superautopista informativa, sencillamente amárrese los cinturones. Si el computador
que está utilizando está conectado a una red, es probable que ya conozca términos como el nombre de Login y su ID de usuario. Si usted todavía no los conoce, aquí le contamos.

Hay más de 35 millones de personas utilizando Internet. Usted es sólo
uno de ellos. Así que sería muy grato que los otros 34.999.999 no pudie-

Unas líneas acerca de Linux

Linux es un sistema nuevo, y completamente gratis, de tipo UNIX, que funciona en los PCs. Muchos de los servidores de la Red utilizan UNIX, de tal manera que la gran parte del software de los servidores utiliza Linux o puede ser fácilmente adaptado por alguien que tenga un poco de experiencia en programación. Puede ser muy difícil obtener la instalación de Linux, pero si está en la situación en que quiere que su computador esté conectado a la Red durante muchas horas al día o quiere probar una serie de páginas interrelacionadas de Web que ha escrito, Linux es el sistema que debe usar. Al utilizar estas técnicas avanzadas de programas de sistema, que se conocen desde 1961 (pero que no se han implementado aún completamente para Windows, ni siquiera para Windows 95), Linux protege los programas que están funcionando, de tal manera que si un programa se descuelga casi nunca arras-

tra todo el sistema consigo. A nadie le parece sorprendente que cuando un sistema Linux está funcionando continuamente durante un mes o más, lo haga sin que tenga que reiniciarse.

Puede bajar Linux de la Red, si es una persona enormemente paciente (pues le toma varios días), pero la forma más usual de hacerlo es comprar o pedir prestados unos CD-ROM de Linux e instalar el programa a partir de ahí. Los CD-ROM no son caros (obtuvimos una serie por 14,95 dólares), y puesto que Linux es gratis, es perfectamente legítimo instalar un conjunto de CD-ROMs comprado o prestado en todos los computadores que quiera.

Linux no es tan fácil de instalar como Windows, pero es mucho más barato y mucho más confiable para su uso como servidor.

ran meterse a sus archivos. Independientemente de cuál sea el tipo de proveedor que utilice, tendrá que pasar por el procedimiento de seguridad para demostrar que es la persona que dice ser.

Por favor, ¿puede usted escribir su nombre aquí?

Tal como en el show de TV "What´s my line", los proveedores de todo servicio quieren saber quién está entrando al sistema. Para llevar un registro del uso que se hace, los usuarios reciben una cuenta parecida a una cuenta bancaria. Esta cuenta tiene su nombre y una palabra clave asociada a ella.

El nombre de su cuenta también se llama el ID (la identidad) del usuario o el nombre de Login o Logon. Su nombre debe ser único entre todos los nombres que se han asignado a los usuarios de su proveedor.

La palabra clave, como aquellas asociadas con las tarjetas ATM, no debería ser una palabra común o algo fácil de adivinar. Evite los nombres y las fechas de nacimiento, a no ser que las mezcle. Nos hemos enterado de que la palabra clave más comúnmente usada en el mundo es "Sue". Para obtener mejores resultados, mezcle números con letras, de tal manera que una persona malévola no logre encontrar la palabra clave que ha registrado utilizando el diccionario. Definitivamente, nadie quiere que haya personas extrañas utilizando su cuenta, y la palabra clave es su mejor protección.

Por favor no toque el cristal

Una vez empiece a explorar en Internet, puede encontrarse en tierras lejanas y no tan lejanas de muchos computadores ajenos. Estos computadores tienen información disponible para cualquier Pedro Pérez, pero generalmente también se utilizan para una cantidad de cosas distintas. Y estas otras cosas no le conciernen a usted (ni a nosotros).

Para proteger información de los curiosos, los ignorantes y los malvados, se utiliza un sistema muy elaborado de permisos. Los permisos, también conocidos como controles de acceso, determinan quién puede hacer qué. Cada archivo de datos o cualquier otro recurso de los computadores en la Red tiene una serie de permisos que asignan y que determinan, por ejemplo, que cualquiera puede mirar un archivo, pero sólo el dueño del archivo puede cambiarlo. O, para datos más privados, puede establecer que nadie, con excepción del dueño del archivo, puede mirarlo. Cuando explore la Red, encontrará recursos cuyos nombres están visibles, pero en realidad no podrá entrar a verlos; esto quiere decir únicamente que los permisos no le admiten echarles una mirada.

Si tiene información en un sistema conectado a la red, es probable que quiera protegerlo de alguna manera. Aunque puede dejar por fuera a los usuarios corrientes, recuerde que los administradores de sistemas y algunas veces intrusos muy hábiles pueden saltarse por encima de los permisos. Si tiene algo que es de naturaleza extremadamente personal y considera que debe dejarlo en la red, vale la pena aprender cómo protegerlo de tal manera que nadie pueda decodificar la clave críptica que ha utilizado. Para todo lo concerniente a la privacidad y a las claves crípticas utilice uno de nuestros libros favoritos, *Internet Secrets* (IDG Books Worldwide, 1995).

Y ¿cómo salir?

Una vez dentro de Internet, se encontrará inevitablemente en una situación en la que va a querer salir. Hay maneras más o menos elegantes de salirse (y dependiendo de qué tan lejos haya llegado, puede haber capas de sistemas que tiene que ir abandonando).

Si utiliza un módem para conectarse, siempre existe la posibilidad de colgar el teléfono desde el programa de terminal. Una forma más elegante, más educada, de salir del sistema es despedirse de cada uno de los sistemas que ha saludado. El problema es que no todos los computadores se despiden en el mismo idioma. La siguiente lista muestra algunas de las palabras más usadas para salir del sistema:

- ✔ Digitar **Exit**
- ✔ Presionar Ctrl-D (muy usado en los sistemas UNIX generalmente muy delicados)
- ✔ Digitar **Logout**
- ✔ Digitar **Bye**

Si no le funciona ninguno de éstos, entonces ensaye digitando **Help** para ver si el sistema tiene alguna clave que le ayude. Si no le brinda ayuda, use el programa de terminal para colgar el teléfono y no se sienta mal por haberlo hecho.

Si utiliza el comando Telnet, que le permite entrar a otros computadores en Internet, es probable que haya entrado a otros sistemas además del que marcó originalmente. Los programas Telnet de Unix reconocen la secuencia de salida Ctrl-] (presione la tecla de Ctrl y luego el corchete cuadrado de la derecha al mismo tiempo que mantiene la tecla de Ctrl presionada). Recuerde que hay que salir de todos los sistemas a los cuales se ha entrado. Realmente, uno no ha salido hasta que no lo ha hecho por su propia cuenta de Internet de su proveedor de servicio. En ese momento puede empezar a ver una serie de caracteres dispersos generados alrededor de su pantalla a la vez que su módem está escuchando una línea desocupada. O, lo cual también es muy probable, el módem se colgará por su propia cuenta con un sonido de clic muy agradable.

Otras formas de conectarse a la Red

Antes de abandonar el tema de la conexión a la Red, echémosle una mirada a otras formas menos conocidas de conectarse.

Carteleras...

Los sistemas electrónicos de cartelera, abreviados BBS o BBSs en plural, suministran servicios en línea generalmente en una escala menor y teniendo con frecuencia un foco particular. Decimos "generalmente", porque Usenet, una cartelera que es parte de lo que ofrece Internet, no puede considerarse de ninguna manera ni pequeña ni limitada en su enfoque. (El capítulo 9 le informa más acerca de Usenet.) De cualquier manera, los sistemas de cartelera son con frecuencia locales, también muy baratos y algunas veces incluso gratuitos. Pueden brindarle correo electrónico, conversaciones (con otros usuarios en línea), foros acerca de intereses especiales, juegos, avisos limitados y muchísimo más. Hemos encontrado que los usuarios de la carteleras son muy amables y les encanta recibir personas nuevas. La parte menos buena es que, puesto que no tienen demasiada financiación, pueden ser fluctuantes y no tienen muchos recursos para resolver problemas.

Las carteleras locales le ofrecen a la gente diferentes formas de conocerse. Una vez haya conocido a una persona en estas carteleras, no tiene que limitarse a usarla. Muchos de los usuarios regulares de las carteleras encuentran que hay cosas interesantes que pueden hacer juntos y que no tienen absolutamente nada que ver con computadores.

Correos

Varios sistemas comerciales en el mercado, entre los que se cuentan AT&T Easylink Mail, Sprint Mail y MCI Mail, ofrecen únicamente correo electrónico. Parece haber una conexión mística entre las llamadas a larga distancia y el correo electrónico. MCI empezó con MCI Mail por su cuenta, pero las otras dos heredaron sus sistemas de correo cuando compraron otros negocios de redes de computación. Todas funcionan a bajo nivel, pero son bastante grandes; se cree que Easylink es más grande que America Online.

MCI Mail tiene una característica única: brinda un acceso 800 en todos los Estados Unidos, sin recargos, por el tiempo que se está en línea. Si vive en un área en el que no hay ningún proveedor local o si usted viaja frecuentemente, el acceso gratis de MCI Mail es bastante atractivo. Estos sistemas también son muy especiales en el sentido de que paga una tarifa anual y un recargo por mensaje que envíe. El correo que reciba es gratis. Es tan sólo un correo electrónico, no ofrece ninguno de los otros servicios de Internet, pero es mucho mejor que no tener nada.

Inalámbrico

El cable es uno de los problemas más graves para la computación móvil. La gente que carga su propio computador laptop quiere conectarse desde el lugar en el que está, pero no siempre es fácil comunicarse. Se ha progresado bastante hacia conexiones inalámbricas de Internet; algunos proveedores ya la suministran.

¿WinSock? ¿Como en un aeropuerto?

No, WinSock es la forma corta de *Windows Sockets*. Se trata de lo siguiente: en la edad media de las redes de PC, hace unos cinco años, diferentes vendedores de programas escribieron paquetes de Internet. En cada caso, el vendedor documentaba las funciones que su paquete brindaba, de tal manera que otras personas pudieran escribir aplicaciones de Internet propias que funcionaran con el paquete del vendedor.

Desafortunadamente, las funciones de cada vendedor eran ligeramente diferentes en los detalles, aunque funcionalmente todas hacían las mismas cosas, de tal manera que las aplicaciones que funcionaban con uno no servían para otro. Algunos vendedores se preciaban de que tenían bibliotecas de compatibilidad para otros cuatro o cinco vendedores. Por lo tanto, los programas que querían utilizar las bibliotecas de otros vendedores funcionarían. (Esto se parece a la situación con los aparatos eléctricos en Europa: la corriente eléctrica es la misma, pero todos los tomacorrientes son diferentes. Si se lleva una máquina de coser inglesa a Francia, por ejemplo, no puede utili-

zarla a no ser que encuentre un adaptador de tomacorrientes.)

En 1991, todos los proveedores de redes estaban agrupándose para producir paquetes de Internet para Windows. Un día, un grupo de ellos se reunió en una feria comercial y trazó un conjunto común estándar de funciones para las aplicaciones Internet para Windows. Todos los proveedores de programas para Internet, incluso Microsoft, se pusieron de acuerdo rápidamente para apoyar este estándar, que se llamó Windows Sockets o WinSock. (Se llama Sockets porque su diseño se basa en un paquete de Unix que lleva ese nombre y que todos los proveedores conocen.)

En la práctica, por lo tanto, cualquier aplicación de Internet para Windows que encuentre utiliza WinSock (bien sea si es comercial, compartida, o gratis), y debería funcionar con cualquier paquete de Internet para Windows. En los anales del desarrollo de software, este grado de compatibilidad prácticamente no tiene precedentes, por lo que esperamos que sea un precedente para las cosas por venir.

Algunos números telefónicos

Aquí están los teléfonos de voz de algunos de los proveedores que hemos mencionado en esté capítulo. El Capítulo 20 tiene una lista mucho más larga de proveedores de Internet regionales y locales.

America OnLine	(800) 827-6364
Ardis	(800) 494-1728
CompuServe	(800) 380-9535
Delphi Internet	(800) 544-4005

IBM Internet	(800) 888-4103
MCI Mail	(800) 444-6245
Microsoft Network	(800) 386-5550
Netcom	(800) 501-8649
Prodigy	(800) 776-3449
Skytel	(800) 395-5840

Fuego en la Pared

En las empresas grandes, cantidades de PCs están cargados con software de Internet y tienen conexiones de red que se enlazan con Internet, de tal manera que si tiene suerte, puede hacer funcionar programas en su propio computador y conectarse directamente a la Red. ¿Correcto? No del todo.

Si usted está en una organización grande a la que le preocupa (no sin razón) que se filtren secretos confidenciales de la empresa por medio de Internet, se habrá colocado un sistema de *pared contra incendios* entre la red de la compañía y el mundo exterior, que puede limitar el acceso externo a la red interna.

La *pared contra incendios* está conectada tanto a la red interna como a Internet, de tal manera que cualquier tráfico entre los dos tiene que pasar por ella. La programación especial de la *pared contra incendios* limita el tipo de conexiones que se pueden hacer entre el interior y el exterior, y quién puede hacerla.

En la práctica, se puede utilizar cualquier servicio de Internet disponible en el interior de la empresa, pero para servicios externos hay limitaciones con respecto a lo que puede

pasar por el sistema de la *pared contra incendios*. La mayoría de los servicios externos estándar, tales como conectarse a computadores remotos, copiar archivos de un computador a otro y correo electrónico, deberían estar disponibles, aunque es posible que los procedimientos sean un poco más complicados de lo que se describe en este libro, y pueden comprender algo que se llama un *proxy server*.

Con frecuencia hay que entrar primero al sistema de la *pared contra incendios*, desde donde se puede salir al exterior. Generalmente es imposible para cualquier persona ajena a la compañía acceder a los sistemas o servicios en el interior de la red (para eso es que sirve la *pared contra incendios*). Con excepción de las organizaciones más paranoicas, el correo electrónico fluye sin impedimentos en ambas direcciones.

Recuerde que es probable que usted tenga que obtener una autorización para utilizar el sistema de pared contra incendios antes de utilizar cualquier servicio externo diferente al correo electrónico.

Capítulo 3

Internet, sus hijos y usted

●●

En este capítulo

▶ Internet y la vida familiar: ¿Qué le brinda al usuario?

▶ Preocupaciones acerca del Internet

▶ Cómo elegir lo mejor para usted

▶ Internet en el colegio

▶ Ayuda para los padres de hijos con problemas

▶ Listas de correo para niños y padres

▶ Grupos de noticias para niños y padres

▶ Locaciones del Web para niños

●●

En busca de sentido

Todos estamos tratando de entender de qué se trata Internet y lo que significa para nosotros y nuestras familias. Nadie tiene la respuesta definitiva, pero podemos discutir algunos de los asuntos más polémicos que han surgido, los beneficios que le vemos y los posibles problemas que presenta Internet. Internet tiene implicaciones definitivas en la educación, el tiempo libre y la socialización de nuestros hijos. Mientras más conozcamos y nos involucremos activamente, mejores elecciones haremos.

¿Qué nos ofrece?

Apenas estamos empezando a descubrir la cantidad de formas en que Internet puede traer emociones a nuestra vida familiar. Aquí hay algunas en las que creemos que Internet mejora nuestras vidas:

✔ Nos brinda un contacto personal con otra gente y otras culturas.

✔ Nos ayuda a desarrollar y mejorar nuestras actividades de lectura, escritura, investigación, y en el uso del lenguaje.

✔ Brinda apoyo a familias con necesidades especiales.

✔ Es un canal nuevo y excitante para nuestra expresión artística.

No todo lo nuevo es maravilloso, y no todo lo maravilloso es nuevo. Cuando estamos hablando de niños, tenemos que hacer distinciones: ¿se trata de niños de preescolar o de bachillerato? Lo que sirve para un grupo en este caso, generalmente no funciona para el otro, de tal manera que sería útil mirar cómo funciona Internet para los distintos grupos de edades.

El Internet para niños pequeños

De antemano debemos decir que somos absolutos defensores de que los niños sean niños y que creemos que los niños son mejores profesores que los computadores. Ni John ni Carol poseen un televisor, y ninguno de nuestros niños ve televisión. Ahora que usted conoce nuestra predisposición seguramente va adivinar lo que vamos a decir: no estamos a favor de sentar niños pequeños frente a una pantalla. Pero, ¿qué tan pequeño es ser pequeño? Nos parece que cualquier menor de siete años es pequeño. Muchos pedagogos consideran que pasar un tiempo no estructurado frente al computador cuando se es menor de los once es inadecuado. Nosotros recomendamos que los niños tengan toda la atención que se pueda de otras personas y consideramos que los computadores son pésimas niñeras. A esa edad, los niños se benefician más si juegan con árboles, balones, barro, crayolas, pintura, greda, barras en el parque, bicicletas, y sobre todo con otros niños.

Honestamente, incluso si usted quiere que los niños pequeños usen el Internet, en ella no encontrará mayor cosa para quienes no saben leer.

Internet para los niños de kinder en adelante (K-12)

K-12 es la etiqueta que se le ha dado en los Estados Unidos a la educación que se brinda desde preescolar hasta el final del bachillerato. Es una categoría amplia. La usamos aquí porque muchas listas de correo y grupos de noticias utilizan la designación K-12, y parece ser un lugar común para mucha gente. Nosotros somos de la opinión de que el acceso a Internet es más apropiado para niños algo más grandes (de cuarto o de quinto grado y mayores), pero sus formas de medición pueden ser distintas.

Internet es una forma increíble de expandir las paredes del colegio. Internet puede conectarlo con otros colegios y bibliotecas, investigaciones, museos y con otra gente. Puede visitar el Louvre y la Capilla Sixtina; practicar francés o inglés, ruso o japonés; escuchar música nueva y hacer amigos.

Existen proyectos escolares como Global Schoolhouse (colegio global), que conectan niños alrededor del mundo por medio de trabajos de colaboración en todo tipo de proyectos. Puede enviar un mensaje de correo electrónico al Global Schoolhouse: la dirección es `andresyv@cerf.net`, o buscar la locación de la fundación en el Web en `http://gsn.org`. (Explicaremos qué significan estas locaciones con este aspecto tan curioso en el capítulo 4; puede volver más tarde a este punto para utilizarlas.) También se puede suscribir a una lista de correo (en el capítulo 8 encontrará todos los detalles) enviando a `lists@gsn.org` un mensaje de correo electrónico que contenga en el cuerpo del texto la siguiente línea:

```
suscribe global-watch Nombre del usuario
```

El colegio e Internet

El hogar de Internet ha sido, por mucho tiempo, las universidades, pero lo que está sucediendo con el World Wide Web es una novedad para todos. Gran parte de la inspiración y de la transpiración de los voluntarios que están elaborando la información que se pone a disposición de todo el mundo proviene de las universidades, tanto de estudiantes como de docentes, que ven el potencial tan impresionante que Internet tiene para el aprendizaje.

Muchos campus brindan acceso gratuito a Internet para sus estudiantes y el personal. Los campus que permiten un registro temprano en algunos casos también le dan el acceso a Internet cuando se registra, incluso con meses de anticipación. Si sabe que ese es el campus al que va a ir de todas maneras, puede obtener un ingreso a su educación por Internet, incluso antes de haber llegado al campus.

Internet (pero más específicamente el correo electrónico) se está convirtiendo muy rápidamente en una forma popular para que los padres se mantengan en contacto con los hijos que están en la universidad. Es mucho más barato que llamar a casa y es más fácil que coordinar horarios. Si se pasa el mensaje a otros miembros de la familia se obtiene una comunicación más amplia. Hemos notado un beneficio adicional sorprendente: en nuestra experiencia, las familias tienden a pelearse menos

Internet le ayuda a elegir su universidad

La mayoría de los colleges y universidades tiene o está creando locaciones en la Web. Si es principiante, busque la siguiente locación:

```
http:www.mit.edu:8001/people/
   cdemello/univ.html
```

Esta locación lo conecta con más de 600 locaciones universitarias en todo el mundo. Si no entiende qué significa "buscar una locación en la Web", no se asuste; le explicamos todo esto en el capítulo 4. Solamente queremos que sepa algo acerca de la cantidad de cosas que están a su disposición.

Cuando ya sepa mejor cómo utilizar Internet, podrá buscar las clases y los profesores para hacerse una mejor idea de lo que le atrae.

cuando se comunican permanentemente por medio del correo electrónico. De alguna manera, cuando las personas tienen tiempo para pensar lo que van a decir antes de decirlo, todo resulta mejor.

Cómo obtener trabajo por medio de Internet

No sólo para estudiantes, sino en general, Internet es un instrumento increíble para encontrar trabajo. Es especialmente bueno para estudiantes porque brinda una forma poderosa y económica de llevar a cabo un verdadero trabajo de búsqueda. Se puede publicar una hoja de vida en línea para los posibles empleadores. Puede buscar en el Monsterboard, una recopilación impresionante de información relacionada con el trabajo, que le permite buscar según la disciplina (es decir, el área de estudio; todos los que estén buscando necesitan también ese otro tipo de disciplina) o según la ubicación geográfica o bajo una cantidad increíble de criterios. Monsterboard se encuentra en `http://www.monster.com/`. Y puede mirar las empresas para encontrar aquellas con las que le gustaría trabajar. John obtuvo su segundo trabajo (no el que obtuvo apenas salió del colegio, sino el que obtuvo inmediatamente después de ése) y su primer contrato para un libro a través de los contactos que había hecho en Usenet, que discutiremos en el capítulo 9.

Cuando Internet es el colegio

No estamos exagerando cuando decimos que mucha gente está aprendiendo más en Internet de lo que jamás lo hizo en el colegio. Son muchos factores que hay que tener en cuenta, pero Internet requiere de motivación y el aprendizaje motivado es mucho más agradable. Internet brinda las mismas oportunidades a todos, más allá de lo que pueden imaginar aquellos confinados a locaciones físicas. Internet está a disposición de todos, independientemente del color, la altura, la creencia o la descripción. Los que antes estaban excluidos de las oportunidades educativas a causa de inhabilidades físicas, económicas o geográficas encuentran que Internet es una experiencia poderosa que ha cambiado sus vidas.

Más allá de la educación informal que ya se puede obtener, hay organizaciones que están trabajando activamente para establecer universidades formales en línea. La *Virtual Online University* (VOU, la Universidad virtual en línea) acaba de completar su primer semestre. Todavía no ha sido acreditada, pero todos los colegios y universidades comienzan así. Para mayor información se puede enviar un mensaje de correo electrónico a `billp@showme.missouri.edu`.

Preocupaciones mayores

Tal vez la primera de las preocupaciones que tienen los padres con respecto al acceso a Internet para sus hijos es el problema del acceso a materiales inadecuados. Decimos "tal vez" el más importante por dos razones:

✔ Los padres que se han tomado un tiempo para aprender algo acerca de los problemas de acceso comprenden que la amenaza no es tan grande como muchos les quieren hacer creer, y que prestando una atención adecuada, este problema deja de serlo.

✔ Los padres que han pensado acerca de estos problemas a mayor escala están más preocupados ante la posibilidad de que el sentimiento reaccionario y una actitud exagerada se conviertan en una amenaza real a nuestra libertad de expresión y porque, a la larga, esto es una mayor amenaza para nuestros hijos

Pero en la revista Time dijeron...

Si usted es parte de la mayoría silenciosa en los Estados Unidos, es probable que haya visto o escuchado algo sobre el artículo de portada de la revista *Time* de verano de 1995: "Cyberporn". Lo que tal vez no vio fue cómo esta publicación se retractó, porque lo hizo en letra pequeña.

Si no estuvo al tanto de todos los detalles, aquí le presentamos un resumen: Un estudiante de Carnegie-Mellon, que se convirtió en empresario, le echó una mirada a la pornografía en línea. Luego escribió un libro sensacionalista acerca del mercadeo de pornografía y vendió un programa para conectarse a un sistema de carteleras de computador para ayudar a los usuarios a cubrir sus necesidades pornográficas. Luego "recopiló información" acerca de la proliferación de pornografía en estas carteleras, pero, por alguna razón, llegó a la conclusión, difícilmente sostenible, de que lo que se brinda en Internet es lo mismo que se brinda en estas carteleras locales, cuyo acceso está limitado a los miembros y tienen un costo.

Es como si hubiera afirmado que porque ciertas revistas que se encuentran en cierto tipo de tiendas están llenas de fotos pornográficas, *Reader's Digest*, que también es una revista después de todo, también está llena de fotos pornográficas. Aun cuando este informe del estudiante no había sido revisado por personas que conocen esta área de estudio (un prerrequisito estándar para toda publicación académica), la *Georgetown Law Review* decidió publicarlo y *Time* lo recogió como "exclusiva".

El verdadero problema es la burda malinterpretación de los hechos. Internet no está lleno de pornografía. La pornografía no es de fácil acceso para los niños que se divierten con Internet. (Efectivamente se encuentra en ciertas áreas, fácilmente identificables, y para acceder a la mayor parte de ellas hay que registrarse y pagar con una tarjeta de crédito.) Los padres de familia, si guían a sus hijos, pueden brindarles experiencias sanas y constructivas por Internet.

Se han propuesto algunas leyes para prohibir los contenidos "indecentes" en Internet, pero ése no es el punto (sin mencionar que es probable que no sean constitucionales). El énfasis debería hacerse en cómo esta manipulación de datos fraudulentos se está utilizando para presionar una regulación y una censura de un simple medio de comunicación. Vale la pena preguntarse quién se beneficia mayormente con el control del contenido de Internet. Vale la pena preguntarse si alguien tiene derecho a leer su correo personal o escuchar sus llamadas personales. Si uno considera que la privacidad es algo precioso, es comprensible que la respuesta para proteger a nuestros hijos no consiste en tener a *Big Brother*, el hermano mayor, regulando el contenido de Internet, sino en diseñar formas para guiar el acceso de nuestros hijos a la Red y sus escogencias.

Muchas personas están trabajando para resolver estos problemas, y la mayoría cree que estamos ya en un buen camino hacia el suministro de accesos a Internet con pautas para los padres. Nos referiremos a algunas de estas formas de guía, y confiamos en que todos encontrarán la solución que más convenga a su familia.

¡Uf! Dejemos la seriedad.

Se requiere guía de los padres

Los padres, educadores y defensores de la libertad de expresión están de acuerdo en que no hay forma de reemplazar la guía que los padres le pueden dar a sus hijos cuando se trata del acceso a Internet. Así como queremos que nuestros hijos lean buenos libros y vean películas de calidad, también queremos que encuentren cosas buenas en Internet. Si usted se toma el tiempo de aprender con sus hijos, tiene la oportunidad de compartir la experiencia y de impartir valores críticos y un criterio de elección que le puede servir a sus hijos en todas las áreas de su vida.

Recuerde que las cosas buenas en Internet son muchas más que las cosas malas. Existe material explícitamente sexual, pero constituye un porcentaje minúsculo de todo lo que se encuentra (representa un porcentaje mucho menor comparado con el que se encuentra en una librería corriente), y, sobre todo, no es fácilmente accesible. Hay que trabajar mucho para acceder a él, y últimamente hay que pagar, cada vez más, para obtenerlo

Hoy por hoy se están desarrollando ayudas de programas para asistir a los padres y educadores a encontrar los invaluables recursos de Internet sin tener que abrir la caja de Pandora. Recuerde que cada niño es diferente y que lo que puede ser apropiado para los suyos puede no serlo para los de otra persona. Cada cual tiene que encontrar qué es lo que más le conviene.

Cómo evaluar las evaluaciones

Se han propuesto varios proyectos para evaluar el contenido de Internet. Pero, ¿quién va a evaluar el material y cuáles evaluaciones pueden servir? ¿Es el autor de una página de Web o de otro material en línea la persona correcta para hacer las evaluaciones? Probablemente no. Los diseñadores de programas de Internet están añadiendo disposiciones para que haya evaluaciones de terceros, de tal manera que si uno lo desea, puede seleccionar o excluir material a partir de estas evaluaciones, aun cuando las pautas que los evaluadores utilizan no son necesariamente las mismas que uno utilizaría.

Otro tipo de programa que se está desarrollando le permitirá a los padres limitar el acceso según su propio criterio. Quienes tengan una repulsión especial contra las verrugas o los espárragos, por ejemplo, pueden bloquear todo el material relacionado con estos temas. O, siendo más realistas, pueden bloquear violencia altamente ficticia, pero permitir el acceso a información médica acerca de las enfermedades que se transmiten sexualmente.

La selección del cliente

Puesto que los padres de familia están pagando los servicios en línea, éstos quieren seguir siendo competitivos y aspiran a captar el dinero de los padres brindando características que le permitan a las familias controlar el acceso a Internet:

✔ **America Online.-** Le permite bloquear el acceso a los grupos de conversación que no sean apropiados para niños y restringir el acceso a los grupos de debate y de noticias basados en las palabras claves que usted elija. Está forma de bloquear está disponible sin costo adicional.

✔ **CompuServe.-** Ha anunciado planes para brindar servicios en línea "seguros para niños" a partir de 1996. Consulte con CompuServe para ver si ya están disponibles estos servicios.

✔ **Prodigy.-** Tiene una restricción general de enviar material inapropiado a los niños en foros públicos o los cuartos de conversación. Restringe el acceso a Internet exigiendo una aprobación de los padres cuya tarjeta de crédito solicita. Prodigy muestra cuáles son las locaciones que han visitado los niños y le brinda un informe a los padres.

✔ **Microsoft Network.-** Brinda un mínimo de bloqueo. Al tratar de bajar de Internet cualquier material clasificado para mayores de 18 o más, se le exige llenar un formulario y enviarlo antes de realizar la operación correspondiente.

Centinelas del software

Cada vez están apareciendo más productos en el mercado que le permiten a los padres restringir el acceso o monitorear el uso de Internet, brindando algún tipo de informe de actividades. Si se decide por uno de ellos, recuerde que no son un sustituto de su cuidado directo de la experiencia que tengan sus hijos con Internet: todos ellos filtran por medio de palabras claves y listas fijas de sistemas que se considera (por parte de los autores de los programas) que tienen materiales no adecuados. Aquí hay una lista de algunos de estos programas.

Cybersitter, un programa de filtro para Internet en Windows, bloquea las locaciones del WWW y los grupos de noticias, y filtra el correo electrónico. Cybersitter también genera un informe de las locaciones visitadas:

Solid Oak Software, Inc.
P.O.Box 6826
Santa Barbara, CA 93160
(800) 388-2761
E-mail: info@solidoak.com
URL: http://www.solidoak.com

Net Nanny es un producto para PC que monitorea toda la actividad del
PC, tanto en línea y por fuera de Internet, en tiempo real. Los padres,
(patrones o profesores) pueden definir un diccionario que les permite
determinar qué es lo adecuado en su hogar. Net Nanny crea un diario
que registra las actividades de los niños:

Trove Investment Corporation
525 Seymour St., Main Floor
Vancouver, B.C., Canadá, V6B 3H7
E-mail: netnanny@netnanny.com.
URL: http://giant.mindlink.net/netnanny/

SurfWatch se consigue tanto para PC como para Macintosh y sondea los
grupos de noticias que puedan tener material sexual explícito y evita que
un computador acceda a ciertas locaciones especificadas en el WWW,
FTP, Gopher y de conversación:

SurfWatch Software
105 Fremont Avenue, Suite F
Los Altos, CA 94022
(415) 948-9500
E-mail: press@surfwatch.com

Ayudas para los padres de niños con problemas

Una de las experiencias humanas más profundas y conmovedoras de
Internet es aquella que tiene que ver con la ayuda que se están brindando personas completamente extrañas. Los lazos tan increíbles que se
crean entre las personas que están compartiendo sus experiencias, lu-
chas, fuerza y esperanza, redefinen la idea de lo que significa extender la
mano y tocar a alguien. Invitamos a todo el que tenga una preocupación
a que busque personas con quienes compartirla. Nuestra experiencia de
participación en listas de correo y grupos de noticias que se relacionan
con nuestros propios problemas nos obliga a invitarlo con entusiasmo
para que revise las ofertas en línea. Usted lo puede hacer de manera

completamente anónima. Puede mirar y aprender por un buen tiempo, o sencillamente puede saltar al agua y pedir ayuda.

Advertimos, sin embargo, que no todo el que le está dando consejos es un experto. Tiene que consultar con sus médicos, involucrarlos en el proceso. Un hecho irrefutable es que muchas personas han recibido gran ayuda de otras que han tenido experiencias similares antes que ellos. A muchos nos ha cambiado completamente la vida.

En este capítulo le ofrecemos una lista de las listas de correo y los grupos de discusión en línea. Muy seguramente habrá una lista de correo o un grupo que se adecúe a sus necesidades, aunque no sea uno de los que presentamos aquí, cuyo número aumenta día a día. Si está utilizando un proveedor comercial como America Online, Prodigy, MSN o CompuServe, su proveedor tiene foros especiales que le pueden interesar también.

Más adelante, en este libro (en los capítulos 8 y 9), describimos cómo utilizar las listas del correo electrónico y los grupos de noticias de Usenet. Si encuentra algo de interés en el resto de este capítulo, es una buena razón para aprender a hacerlo.

Hay que notar que algunas de éstas son listas de conversación, que se caracterizan por una discusión de libre flujo; algunas listas contienen discusiones muy enfocadas y otras son puramente académicas. No siempre se puede deducir esto del nombre. Si parece interesante, suscríbase y mire cuál es el tipo de discusión que se está llevando a cabo. Es muy fácil salirse de ella si no le gusta. La tabla 3-1 presenta algunas listas interesantes en Internet.

Internet en los colegios

Se está debatiendo fuertemente si se debe brindar acceso a Internet para los alumnos de los colegios. Los profesores y los padres discuten mucho este tema, y lo que parece ser el rasgo dominante es la ignorancia. Aprenda todo lo que pueda e intervenga. Mientras más sepa, más fácil le será abogar por un acceso adecuado.

Hay un libro magnífico que se llama *The Internet for Teachers*, de Bard Williams (publicado por IDG Books Worldwide, 1995), que puede ayudarle a comprender todo lo que se puede obtener de Internet y le brinda toda la información que pueda necesitar para enfrentar a las hordas de cínicos, incluyendo los administradores del colegio, profesores y otros padres. El libro enfoca las cuestiones de Internet desde la perspectiva de

Tabla 3-1. Listas de correo de autoayuda en Internet

Nombre del recurso	Descripción	Contacto
add-parents	Apoyo e información para padres de niños con deficiencias de concentración o desórdenes de hiperactividad.	Enviar un correo electrónico a add-parents-request@mv.mv.com.
our-kids	Apoyo para padres y otros con respecto al cuidado, diagnóstico y terapia para niños pequeños con retardos de desarrollo.	Enviar un mensaje por correo electrónico que diga subscribe our kids a majordomo @tbag.osc.edu.
behavior	Apoyo para desórdenes emocionales y de comportamiento en los niños.	Enviar el mensaje subscribe behavior a listserv@astuvm.inre.asu.edu.
deafkids	Apoyo a niños sordos.	Enviar el mensaje subscribe deafkids a listserv@sjuvm.stjohns.edu.
cshcn-l	Apoyo para niños con necesidad de cuidados especiales de salud.	Enviar el mensaje subscribe cshcn-l a listserv@nervm.nerdc.ufl.edu .v
dadvocat	Apoyo para niños con deficiencias.	Enviar el mensaje subscribe dadvocat. a listserv@ukcc.uky.edu
ddline	Lista de deficiencias de infantes.	Enviar el mensaje subscribe ddline a listserv@uicvm.uic.edu.
ds-c-imp	Visión general de asuntos de problemas de infantes.	Enviar el mensaje subscribe ds-c-imp a listserv@list.nih.gov.
ds-c-sb1	Ayuda a personas con *spina bifida*.	Enviar el mensaje subscribe ds-c-sb1 a listserv@list.nih.gov.
ds-c-00	Discusiones de los principales temas relacionados con medidas sobre la infancia.	Enviar el mensaje subscribe ds-c-00 a listserv@list.nih.gov.

un educador, y trata de temas como la importancia de Internet, cómo usarlo y en dónde encontrar recursos específicos para fines educativos. Aun cuando se dirige más bien a profesores, es una gran ayuda para los padres de familia.

Contractualmente hablando

Los niños son ingeniosos. Los niños ingeniosos pueden burlar las reglas, y siempre pueden encontrar una forma de evitar los programas concebidos para "proteger" a los niños. Muchas instituciones, por lo tanto, tienen contratos firmados por los estudiantes que detallan explícitamente cuál es el uso apropiado del sistema y cuál no. Los estudiantes que violen uno de estos contratos pierden sus privilegios de Internet o de computador.

Consideramos que esto es una buena forma de resolver el problema. La experiencia nos ha demostrado que los niños son más rápidos, están más motivados y tienen más tiempo para buscar cómo saltarse una regulación para entrar y salir del sistema que la mayoría de los adultos que conocemos, y este método los estimula a hacer cosas más productivas que romper chapas electrónicas.

Protección cibernética de la fortaleza industrial

No sólo los colegios están tratando de restringir el acceso a Internet. Algunas corporaciones, temiendo que sus empleados gasten tiempo en intereses personales, están buscando programas que limiten el uso únicamente a aquello que el patrón considere adecuado. Nuestra experiencia personal nos ha demostrado que los ambientes más altamente creativos y productivos son los menos restrictivos, pero es algo que hay que comprobar personalmente.

Web Track, un producto de software institucional, crea diarios del acceso al Internet y le niega el acceso a ciertas categorías de locaciones (se obtiene gratis para escuelas K-12):

Webster Networks Strategies
1100 5th Avenue South, Suite 308
Naples, FL 33940
(800) WNS-0066 o (813) 261-5503
E-mail: info@webster.com
URL: http://www.webster.com/

Listas de correo para padres e hijos

El capítulo 8 describe cómo suscribirse a las listas de correo. En lo que queda de este capítulo brindamos tan sólo el nombre de la lista y su descripción. Hay muchas más en el lugar de donde sacamos éstas, de tal manera que si no le gusta ninguna, no se desespere.

kidmedia

Esta lista de correo es un grupo de discusión a nivel profesional para personas interesadas en los medios de comunicación que utilizan los niños (televisión, radio, imprenta y bancos de datos). Para suscribirse, envíe su correo a `kidmedia-request@airwaves.chi.il.us`, para obtener artículos individuales, o a `kidmedia-d-request@airwaves.chi.il.us`, para resúmenes diarios. En la línea de tema escriba **SUBS-CRIBE**, **UNSUBSCRIBE**, o **HELP** (para recibir la carta de registro y la información).

kidsphere

La lista `kidsphere` se estableció en 1989 para estimular el desarrollo de una red internacional de computación para niños y sus profesores. Envíe su solicitud de suscripción a `kisdsphere-request@vms.cis.pitt.edu`.

kids

En esta lista, los niños pueden enviar mensajes a otros niños. Envíe la solicitud de suscripción a `kids-request@vms.cis.pitt.edu`.

dinosaurio

Para solicitar la suscripción a esta pequeña lista que trata de dinosaurios, envíe un mensaje a `listproc@lepomis.psych.upenn.edu` en el siguiente formato:

```
SUBSCRIBE DINOSAUR <su nombre>
```

Corresponsales (pen-pals)

Esta lista es un foro en el cual los niños pueden llevar una corresponden-cia electrónica. La lista no está moderada, pero se monitorea para con-trolar su contenido. Envíe la solicitud de suscripción a `pen-pals-request@mainstrem.com`.

y-derechos (y-rights)

Este grupo, abierto a todo el mundo, discute los derechos de los niños y los adolescentes. Envíe un mensaje de correo electrónico a `LISTERV@ SJUVM.BITNET`. En el texto del mensaje, incluya una de estas líneas:

✔ **Para suscribirse a la lista**: `SUB Y - RIGHTS` *nombre apellido* (ponga su propio nombre y apellido)

✔ **Para recibir un resumen diario de la lista**: `SET Y - RIGHTS DIGEST` *nombre apellido*

✔ **Para recibir la lista de discusiones previas**: `GET Y - RIGHTS FILELIST` *nombre y apellido*

Cafés juveniles (Kid cafés)

Kid cafés son listas de correos que existen para niños y niñas de edades comprendidas entre los diez y quince años para tener conversaciones con otros niños y niñas. Los niños pueden encontrar "amigos de teclado" con intereses parecidos y pueden intercambiar mensajes con ellos. Hay varios tipos de *kid cafés*, que dependen de si el niño está ingresando como individuo o como parte de una clase de colegio. Los cafés de la siguiente lista son todos listas de LISTSERVE y se administran en `LISTSERVE@VM1.NODAK.EDU`. (vea el capítulo 8 para ver más detalles acerca de la suscripción):

KIDCAFE-INDIVIDUAL	Participantes individuales que están buscando compañeros de tecla
KIDCAFE-SCHOOL	Grupos de clase buscando compañeros de tecla
KIDCAFE-TOPICS	Discusiones abiertas de cualquier tema apropia-do
KIDCAFE-QUERY	Preguntas planteadas por otros participantes de kid cafés

Otra lista de correo

La tabla 3-2 muestra otras listas de correo orientadas a los niños que pueden ser disfrutadas por usted y su familia.

Tabla 3-2.	Listas de correo para y sobre niños	
Nombre del recurso	*Descripción*	*Cómo contactarla*
kidlit-l	Una lista de literatura infantil y juvenil.	Enviar el mensaje *subscribe* *kidlit-l* a `listserv@bingvmb.cc.binghamton.edu`.
kids-act	¿Qué puedo hacer?	Enviar el mensaje *subscribe* *kids-act* a `listserv@vm1.nodak.edu`.
kidzmail	Para niños que exploran asuntos e intereses por vía electrónica.	Enviar el mensaje *subscribe* *kidzmail* a `listserv@asuvm.inre.asu.edu`.
childlit	Literatura infantil: crítica y teoría.	Enviar el mensaje *subscribe* *childlit* a `listserv@rutvm1.rutgers.edu`.
childri-l	Discusión sobre la Convención de las Naciones Unidas sobre los derechos de los niños.	Enviar el mensaje *subscribe* *childri-l* a `listserv@nic.surfnet.nl`.
ecenet-l	Educación de la primera infancia y de niños menores (0-8 años).	Enviar el mensaje *subscribe* *ecenet-l* a `listserv@vmd.cso.uiuc.edu`.
eceol-l	Educación de la primera infancia.	Enviar el mensaje *subscribe* *eceol-l* a `listserv@maine.maine.edu`.
father-l	La importancia del padre en la vida de los niños.	Enviar el mensaje *subscribe* *father-l* a `listserv@vm1.spcs.umn.edu`.

Grupos de noticias para padres e hijos

Los grupos de noticias de Usenet le brindan a los usuarios de Internet en todo el mundo una forma de conversar, y también es una manera muy apropiada para que los niños conversen entre sí. Usenet también contiene una serie de noticias para padres y profesores. Describimos cómo leer grupos de noticias en el capítulo 9. La tabla 3-3 muestra algunos grupos de noticias que pueden ser de interés para usted y su familia.

Tabla 3-3   Grupos de noticias para y acerca de niños

Grupo de noticias	*Tema*
misc.kids	Comportamiento y actividades de niños
misc.kids.computer	El uso de los computadores por parte de los niños
misc.kids.health	La salud de los niños
misc.kids.pregnancy	La época del embarazo
misc.kids.vacation	Esplendores y miserias de las vacaciones con niños
rec.games.chess	Ajedrez y ajedrez por computador
rec.games.corewar	El desafío Core War por computador
rec.games.design	El diseño de juegos y temas relacionados
rec.roller.coaster	Montañas rusas y otras diversiones de parques y ferias
rec.railroad	Para los aficionados a las carrileras reales
rec.scouting	Organizaciones de scouting juvenil en todo el mundo
soc.college	El college, actividades de los colleges y la vida en campus
alt.parents-teens	Relaciones entre padres y adolescentes

Algunos proveedores de Internet brindan un conjunto enorme de grupos para K-12, orientados hacia los profesores y los alumnos de primaria y bachillerato. La primera parte de los nombres de estos grupos de noticias es k-12.

Locaciones para niños en Internet

Está bien, lo reconocemos: las locaciones en Internet pueden ser la cosa más maravillosa del mundo. Aquí hay algunas locaciones de distintas partes del mundo especiales para niños. Para acceder a ellas, hay que saber utilizar un browser, como Netscape, Mosaic o Linx (le contamos acerca de esto en el capítulo 4).

Una palabra de advertencia: cuando uno quiere divertirse, la tendencia es a creer que el color y las gráficas son lo que más importa. Si pasa una gran parte del tiempo en Internet, es probable que no le vaya a gustar estar mucho tiempo intercambiando texto únicamente: para obtener lo mejor de Internet se necesita un monitor de color y una conexión SLIP/PPP. Si no dispone de estos elementos, de todas maneras intente las cosas que le interesen, pero lo más probable es que le parezcan más divertidos los mundos a base de texto o las listas de correo y los grupos de noticias, en donde el contenido es más importante que la forma.

Kids' Space

Una locación para niños que sirve para mejorar las habilidades básicas de computación a través de la participación real y el uso del Internet:

```
http://plaza.interport.net/kids_space/
```

KidPub WWWPublishing

Una página de Web llena de historias escritas por y para niños. Publique sus cuentos aquí. ¡Y conviértase en alguien (un poco) famoso!

```
http://www.en-garde.com/kidpub
```

The Canadian kid's page

Es una página acerca y para niños en Canadá y para sus padres:

```
http://www.onramp.ca/~lowens/107kids.htm
```

The Italy Children's page

Una página para niños en Padua, Italia (en inglés):

```
http://www.pd.astro.it/forms/dearlife.shtml
```

The East Palo Alto, Plugged In group

Plugged In es un grupo sin ánimo de lucro que trata de brindar los recursos de alta tecnología de Silicon Valley a los niños en la ciudad de East Palo Alto y sus alrededores, una zona empobrecida de Silicon Valley. Esta página describe Plugged In y muestra algunos de los proyectos de los niños.

```
http://www.pluggedin.org/
```

Premieres pas sur Internet

Una página para niños en Francia, en francés y para niños que hablen en francés en todo el mundo:

```
http://www.cnam.fr/momes/
```

La página del Wangaratta Primary School

Ésta es la página de un colegio de primaria del nordeste de Melbourne, Australia. Este colegio existe desde 1851, pero la página en el Web data de julio de 1995. Averigüe cuál es el sonido que produce un kookaburra. (No es ningún espectáculo verlo, pero su grito es bastante impresionante.)

```
http://www.ozemail.com.au/~ctech/wps.htm
```

El KidsWeb de los estudiantes de GATE

Éstos son los profesores y los niños de un programa de educación para dotados y talentosos en Virginia:

```
http://wwwp.exis.net/~gatelab/kidspage.htm
```

Parte II
Cómo usar su cuenta de Internet

La 5ª ola   por Rich Tennant

NO TENGO CORREO ELECTRÓNICO

POR EL AMOR DE DIOS.

En esta parte...

Rumores, chismes, chistes malos, dibujos artísticos: Internet lo tiene todo. En está sección vamos a echárle una mirada a uno de los servicios más viejos de Internet, el correo electrónico, y a uno de los más nuevos, la World Wide Web. Éstas son las dos partes más importantes y más útiles del Internet, y aquí le mostramos cómo meterse en ellas rápidamente.

Capítulo 4

Netscape, Mosaic y la salvaje, maravillosa y loca World Wide Web

En este capítulo

▶ ¿De qué se trata todo esto?

▶ Cómo conseguir Netscape

▶ Cómo utilizar Netscape

▶ La navegación por la Web para aquéllos que aceptan el desafío gráfico

▶ Cómo encontrar otras rutas hacia la Web

Sin duda, habrá escuchado mucho acerca de Netscape, la "aplicación mortal" de Internet. Bueno, aquí se la mostramos. Empezamos enumerando brevemente las características de Netscape que la han llevado al puesto número uno de los hits de Internet:

✔ Combina texto, dibujos, gráficas, sonidos y animación de formas muy atractivas.

✔ Funciona bastante bien incluso en conexiones baratas de discado.

✔ La última versión (2.0) maneja muchos servicios de Internet nuevos, además de la Web.

✔ Tiene un icono animado muy atractivo (una mejora sustancial comparada con una pesadísima letra *N* en las versiones anteriores).

✔ Sus creadores la dan gratis.

No vamos a decir absolutamente nada de cuál de estas características es la más importante.

Usted podrá utilizar Netscape únicamente si tiene una conexión SLIP/
PPP a Internet. Afortunadamente, muchos otros programas hacen más o
menos lo mismo que Netscape, incluyendo uno que se llama Lynx, que
funciona perfectamente para una conexión de texto y marcación. Regre-
saremos a Lynx al final de este capítulo.

Hiper-¿qué?

Netscape es un browser (ojeador) de la World Wide Web. La World Wide
Web (WWW, W3 o, de aquí en adelante, Web) es una pila de "páginas" de
información. Cada página puede ser una combinación de texto, dibujo y
cualquier otra cosa. (Conservamos cierta vaguedad acerca del cualquier
otra cosa porque están añadiendo otra cosa todos los días.) Lo que hace
que las páginas de Web sean tan atractivas es que contienen hipercade-
nas, llamadas generalmente sólo cadenas, pues Internet ya tiene una
cantidad de "hipers". Cada cadena se refiere a otra página de la Web, y
cuando usted hace clic en una de ellas, su browser agarra la página que
se está conectando a la cadena. La página tendrá, a su vez, más cadenas
que lo llevan a usted a otras partes. Este sistema de documentos interconectados se conoce como *hipertexto*.

El hipertexto es la palabra clave que hace que la Web funcione. Es una de
esas ideas tan sencillas que resultan teniendo un efecto mucho más
grande del que uno jamás se imaginó.

Bueno, ¿y de qué se trata todo esto?

Cuando uno investiga algo en un área de la que conoce muy poco, va a
una biblioteca y empieza a mirar en el archivo. Uno empieza con un poquito de información, tal como un tema o un nombre; mira un tema y
empieza a leer las fichas del catálogo. Así, empieza a tener todo tipo de
ideas acerca de cómo continuar la búsqueda con otros temas u otros
nombres. Incluso si anota todas las ideas, inevitablemente tiene que
decidirse por una para seguir por ese camino y abandonar el cajón en el
que se encuentra en el momento, para dirigirse al siguiente. Luego comienza otra vez y de nuevo su búsqueda lo puede enviar a una dirección
enteramente distinta.

A medida que uno va siguiendo más y más indicaciones, es probable que
tenga que respaldarlas, revisar las elecciones que se hizo anteriormente
y ver qué resultados depararía tomar otro camino. Si uno toma notas

cuidadosas, este proceso puede ser relativamente fácil, pero también puede suceder que uno pierda el rastro de los pasos que dio.

El hipertexto organiza los datos para ayudar a recuperar este tipo de información. Mantiene un dedo en un cajón y otro dedo en otro, y así en otros, de tal manera que uno puede tomar un camino y después regresar para intentar otro. El hipertexto puede tener cien o más dedos en los cajones alrededor de todo el *planeta*. (Puede imaginárselo como un ciempiés gigantesco hecho de información.)

En las bibliotecas tradicionales (tanto aquéllas con libros como las de computadores), la información se organiza en una jerarquía relativamente arbitraria, en el orden en que se encuentra o en orden alfabético. Estos órdenes no reflejan absolutamente nada acerca de la relación que existe entre las diferentes partes de la información. En el mundo del hipertexto, la información se organiza en relación con otra información. De hecho, las relaciones entre las diferentes partes de la información son muchas veces más valiosas que las partes mismas.

El hipertexto también le permite arreglar la misma cantidad de información de múltiples maneras al mismo tiempo. En una biblioteca convencional, un libro puede estar en un estante a la vez; un libro acerca de salud mental, por ejemplo, está guardado bajo medicina o bajo psicología, pero no puede estar en ambos lugares al mismo tiempo. El hipertexto no tiene estas limitaciones y no hay problema alguno en encadenar tanto los temas médicos como los psicológicos en un mismo documento.

Supongamos que uno está interesado en lo que influyó el pensamiento de cierto personaje histórico. Puede empezar mirando la información biográfica básica: en dónde y cuándo nació, los nombres de sus padres, su religión y otros datos básicos. Después se puede expandir en cada uno de los datos averiguando qué más estaba sucediendo en esa época en la parte del mundo en la que esa persona vivía, qué estaba sucediendo en otras partes del mundo y qué influencia pudo haber tenido la religión en su personalidad. Reuniendo todos estos aspectos juntos y comprendiendo cómo se conectan, se traza una imagen aproximada, cosa que sería muy difícil de hacer a partir tan sólo de una lista de nombres y fechas.

Un sistema de hipertexto crea las conexiones entre las partes de la información que le permiten encontrar la información fácilmente relacionada. A medida que va trazando las conexiones entre las distintas partes de la información, puede empezar a visualizar el tejido que se va creando a partir de las conexiones entre las mismas. Lo notable de la Web es que conecta fragmentos de información de todas partes del mundo, en diferentes máquinas, a partir de diferentes bases de datos, y todo esto de manera bastante fluida (una tarea que sería muy difícil de hacer con un fichero).

¿Y del browser qué?

Crear browsers para la Web es muy divertido y por lo tanto hay varios tipos de software disponibles. Vamos a referirnos a los dos más populares: Netscape, que es el que utiliza cualquiera que tenga algo mejor que una conexión de discado para solo texto, y Lynx, para la gente que utiliza discado.

Hipertexto: una reminiscencia

Escribe John:

El término y el concepto de hipertexto fueron inventados hacia 1969 por Ted Nelson, un famoso visionario de los computadores que ha dedicado los últimos 25 años a pensar la relación que existe entre los computadores y la literatura; empezó en aquella época en que la mayoría de la gente habría considerado que era perfectamente estúpido que pudiera existir tal relación. Hace 20 años afirmaba que dentro de poco tiempo la gente tendría computadores en sus bolsillos, con portafolios de cuero y rayitas. (Todavía no he visto ningún portafolio con rayitas, pero en todo lo demás tenía toda la razón.)

En 1970, Tom me contó que en el futuro todos tendríamos computadores con pantallas baratas en nuestros escritorios y con magníficos sistemas gráficos de hipertexto. "Qué va", dije "para un hipertexto se necesita un computador gigantesco con cantidades de memoria y una pantalla de alta resolución." Ambos teníamos razón, por supuesto, porque lo que empezamos a tener en nuestros escritorios en los años 90 eran pequeños computadores mucho más rápidos que los grandes de 1970 y con mayor memoria y mejores pantallas.

Varios proyectos de hipertexto han ido y venido a lo largo de los años, entre los que se cuenta uno de Brown University (del cual participó Ted) y uno en el Stanford Research Institute (que es probablememte el proyecto que más influencia ha tenido en la historia de la computación porque se inventó las ventanas para las pantallas y el ratón).

El sistema de hipertexto de Ted, el Proyecto *Xanadu*, ha estado funcionando durante unos 15 años bajo una variedad de organizaciones financieras y administrativas, pero con más o menos la misma gente trabajando y haciéndolo funcionar. Este proyecto se dirige a muchas cuestiones que otros sistemas no tocan. En particular, Ted encontró una forma para pagarle a los autores su trabajo en un sistema de hipertexto, incluso cuando un documento tiene piezas sacadas de otros y el documento que resulta consiste casi en su totalidad en un compendio de partes de otros documentos. Durante una década, he estado oyendo todos los años que *Xanadu*, y ahora una unidad más pequeña que se llama *Xanadu light* y que hace uso de una cantidad de programas ya existentes, van a aparecer el próximo año. Espero que este año sea cierto.

Margy agrega:

Ahora que World Wide Web le ha brindado una versión limitada de hipertexto a las masas, Ted está esperando poder construir un sistema parecido al Xanadu en la Web. No se pierda el final de esta historia.

Si usted tiene otro browser para Windows, tal como cualquiera de las versiones que hay de Mosaic, prácticamente todo lo que vamos a decir sobre Netsacape también sirve para éste. (Lo cual no es ninguna coincidencia, porque Netscape fue creado por muchas de las personas que también estuvieron involucradas en la creación de Mosaic.) Internet Explorer, el browser de la Web de Windows 95 de Microsoft, se parece también a Netscape, así como WebSurfer, y como los browsers para Web que vienen integrados a America Online y Prodigy.

La instalación de Netscape

Si tiene suerte, probablemente Netscape ya esté instalado en su computador. Si no la tiene, quiere decir que no está instalado, pero por fortuna no es difícil de instalar.

Incluso si ya tiene una copia de Netscape, cada tantos meses están saliendo nuevas versiones, y vale la pena saber cómo poner al día la que tiene, porque de vez en cuando las versiones nuevas son mejores que las viejas. Los pasos a seguir son relativamente sencillos:

1. Obtenga una copia del paquete de instalación de Netscape en su computador.

2. Desempaque el paquete de instalación.

3. Instale el software.

Por supuesto, como se trata de computadores, cada uno de estos pasos es un poco más difícil de lo necesario.

Cómo obtener el paquete

Es probable que su proveedor le haya dado una copia de Netscape en un disco. (Este regalo es de dudosa legalidad, pero la mayoría lo hace de cualquier forma.) Si no lo tiene, lo puede copiar de Internet. Por lo que Netscape es tan popular, lo va a encontrar en distintos lugares, muchos de los cuales están listados en la tabla 4-1. Todos estos servidores ofrecen archivos por medio del sistema FTP, lo cual implica que necesitará un programa FTP para poder copiar esos archivos. En el capítulo 10 discutimos los detalles de FTP.

Tabla 4-1. Servidores de distribución de Netscape

Anfitrión (Host)	Directorio	Dónde
ftp.netscape.com	/netscape/	E.E.U.U.
ftp.netscape.com	/netscape/	E.E.U.U.
ftp.netscape.com	/netscape/	E.E.U.U.
ftp.netscape.com	/netscape/	E.E.U.U.
ftp.netscape.com	/netscape/	E.E.U.U.
ftp.netscape.com	/netscape/	E.E.U.U.
ftp.netscape.com	/netscape/	E.E.U.U.
ftp.netscape.com	/netscape/	E.E.U.U.
ftp.cs.umn.edu	/packages/X11/contrib/netscape/	E.E.U.U.
server.berkeley.edu	/pub/netscape	E.E.U.U.
ftp.pu-toyama.ac.jp	/pub/net/WWW/netscape	Japón
ftp.eos.hokudai.ac.jp	/pub/WWW/netscape	Japón
ftp.leo.chubu.ac.jp	/pub/WWW/netscape	Japón

Ahora que ya le echó una mirada al capítulo 10 y sabe cómo utilizar el FTP, conéctese al servidor de FTP más cercano a usted (que esté por lo menos en el mismo país). Entre al directorio del servidor donde está instalado Netscape. Verá tres subdirectorios: windows, unix y mac. Pase al subdirectorio apropiado para su tipo de computador y obtenga el archivo de distribución de Netscape para su sistema. Para usuarios de Windows, la distribución es un archivo con un nombre tal como N16E200.EXE o N32E200.EXE. (La última parte del nombre del archivo cambia cuando se actualiza Netscape). Obtenga el archivo N16 si utiliza Windows 3.1, o el N32, si utiliza Windows 95 o NT.

Si ya tiene otro browser, tal como Mosaic, Websurfer o una versión más vieja de Netscape, puede utilizar el browser existente para obtener una nueva versión de Netscape y se evita la necesidad de luchar con el programa FTP. Pídale a su browser que vaya a la siguiente dirección y siga las instrucciones:

```
http://home.netscape.com/comprod/mirror/index.html
```

Llegamos a casa: desempaquemos e instalemos

Una vez tenga el archivo de distribución de Netscape, debe desempacarlo antes de poder instalarlo. Las siguientes instrucciones son para Windows:

1. Cree un directorio que se llame \ NSINST.

Este directorio es temporal y se necesita únicamente para instalar el programa; no es el lugar en el que Netscape queda instalado. Abra el administrador de archivos de Windows, elija en la opción Archivo ⇨ Crear Directorio. En Windows 95, utilice minicomputador o explorador y elija Archivo ⇨ Nuevo.

2. Coloque el archivo de distribución de Netscape en ese directorio.

El nombre del archivo comienza con N16 o N32. Sencillamente, desplácelo al administrador de archivos, a minicomputador o explorador.

3. El archivo de distribución contiene un programa, ejecútelo.

El programa extrae una cantidad de archivos del archivo de distribución. (En la jerga se llama un *archivo autoextractor.*)

Hay varias formas de ejecutar un programa, pero la más sencilla es hacer clic dos veces sobre el nombre del archivo en el administrador de archivos, minicomputador o explorer. Encontrará ahora varias docenas de archivos en el directorio\ NSINST, incluyendo un archivo que se llama SETUP.EXE.

4. Ejecute el programa de instalación para instalar Netscape.

Ése es el archivo SETUP.EXE. Haga un doble clic en el nombre de archivo para ejecutarlo. El programa de instalación instala Netscape para usted. Le va a hacer una serie de preguntas, pero las respuestas de todas ellas es OK. Esto instala Netscape en el directorio \ NETSCAPE, a no ser que se le indique otra cosa.

5. Ensaye Netscape.

Haga un clic en el nuevo y atractivo icono que Netscape instaló. Le va a mostrar una cantidad insoportable de cosas legales donde se le describe la licencia de Netscape. Si puede soportar las condiciones que le impone (y la mayoría de la gente puede), haga clic para indicar que acepta. Y en ese momento empieza Netscape.

6. Si está satisfecho con el Netscape instalado, elimine el directorio \NSINST.

Ya no requerirá los archivos de instalación que utilizan una gran cantidad del espacio del disco.

Si está actualizando una versión más vieja de Netscape, puede instalar la nueva y ésta reemplazará a la vieja. Cuando el programa de instalación le pregunte si quiere remplazar NETSCAPE.INI diga "No" para conservar las instalaciones de Netscape existentes.

Si ha instalado el excelente programa shareware WinZIP, puede utilizarlo para automatizar todo el proceso de instalación. Una vez haya recuperado el archivo N16 o N32, ábralo con WinZIP. (Aun cuando la terminación es .EXE, en realidad es un archivo de ZIP.) Luego haga un clic en Install. WinZIP crea un directorio temporal, sustrae los archivos, y ejecuta la instalación. Más adelante, cuando regrese a WinZIP, éste se deshace de toda la basura. Consulte el capítulo 10 para más información de WinZIP.

¡A navegar!

¡Qué maravilla! Ahora que Netscape ya está instalada, salgamos a pasear con ella. (Aquí hay demasiadas metáforas, ¿estamos manejando o estamos navegando?)

La página que aparece en la pantalla cuando comienza Netscape depende mucho de cómo se haya instalado; muchos proveedores hacen que aparezca su página de empresa.

En la parte superior de la pantalla se encuentra una serie de botones y la ubicación de la línea, que contiene el *Uniform Resource Locator* (localizador de recursos uniformes) o URL, para la página actual. Los URL son una parte importante del patrimonio del Web porque son los códigos secretos que le dan nombre a todas las páginas en la Web. En el recuadro llamado "Duque de URL", más adelante en este capítulo, encontrará más detalles.

Para moverse

La habilidad básica requerida (si algo tan básico como hacer clic en el ratón puede considerarse una habilidad) es aprender a moverse de página a página en la Web. Es fácil: sencillamente hay que hacer clic en cualquiera de los nexos que considere interesantes. Los textos subrayados en azul y los dibujos que tengan bordes en azul son los nexos. Si no está seguro si algo es un nexo o no, haga clic sobre él de todas maneras, porque si no es, nada va a pasar. (Si hace clic por fuera de un nexo, seleccionará el texto en el que haga clic, como en cualquier otro programa de Windows.)

Y echar para atrás

Los browsers de Web recuerdan las últimas páginas que visitó, así que si hace clic en un nexo y decide que no le gusta tanto, es fácil volver a la página anterior. Para regresar, hay que hacer clic en el botón de regreso (su icono es una flecha que señala hacia la izquierda) o presionar ALT-←.

En todo el mapa

Algunos nexos gráficos son mapas de imagen, como el enorme dibujo de la figura 4-1. Con un nexo normal no importa en qué parte haga clic, pero en un mapa de imagen, sí. El mapa de imagen que se presenta acá es típico y tiene una serie de lugares obvios en donde se puede hacer clic

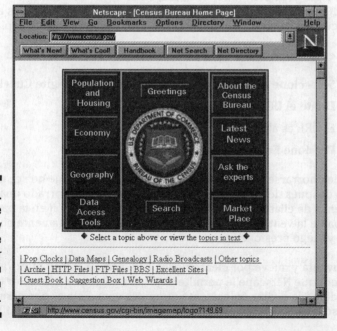

Figura 4-1. Póngase de pie y alístese para ser contado en la oficina de censos.

para obtener distintos tipos de información. (Todos los datos del censo de 1990 en Estados Unidos, con excepción de la información privada individual, se encuentra en línea con Internet.) Algunos mapas de imagen son reales; por ejemplo, un mapa de los Estados Unidos en la oficina meteorológica muestra el pronóstico del tiempo en el lugar que haga clic (para buscarlo en el URL hay que marcar http://ww.nnic.noaa.gov/.)

A medida que mueve el cursor del ratón alrededor de la página de Netscape, cuando apunte hacia un nexo, el lugar que haya anexado aparece en letra pequeña en la parte de abajo de la pantalla. Si el nexo es un mapa de imagen, va a seguir un signo de interrogación y dos números que son las posiciones X y Y en el mapa en que se encuentra. Los números en realidad no son importantes (es la Web la que los descifra); en cambio, lo que sí hay que tener en cuenta es que si ve unos números subiendo y bajando cuando mueve el ratón, es porque está en un mapa de imagen.

Paseando un rato

Hoy en día, todo el mundo y su perro tiene una página. (Vea http:// users.aimet.com/~carver/cindy.html. o http://www.sdsmt. edu/other/dogs/groups/working/samoyed/pictures/joey. html, por ejemplo.) Muchas veces, en un mensaje de correo va a recibir un URL (el nombre de una página de la Web; para más detalles consulte el recuadro llamado "Duque de URL", más adelante en este capítulo.)

Ésta es la forma oficial de llegar a una página si se tiene el URL:

1. **Seleccione Archivo y luego abrir Locación, o digite Ctrl+L.**

2. **Digite el URL en la ventana que resalta.**

   El URL es algo del tipo http://dummies.com/.

3. **Presione Enter.**

Puede ahorrarse una tecleada (una tecleada puede que no sea mucho, pero después de un día entero puede que se haya ahorrado unas dos docenas de ellas) si hace clic en la ventana de locación en la parte de arriba de la ventana de Netscape. Digite el URL directamente en esa ventana y luego presione Enter.

El noventa y nueve por ciento de los URL comienza con http://, de tal manera que Netscape le permite dejar esa parte por fuera. Por ejemplo, usted puede digitar únicamente dummies.com. Ésta es una característica que sólo ofrece Netscape; con otras browsers tiene que digitar todo.

El Duque de URL

Parte del plan de World Wide Web es conectar toda la información en el universo conocido, empezando por todo el material que está en Internet, y de ahí en adelante añadir más. (Esto parece una exageración, pero no lo es.) Una de las claves para el control global es adjudicarle a cada cosa un nombre (por lo menos cualquier cosa que pueda ser un recurso en la Web) y, en particular, un nombre consistente, de tal manera que independientemente de aquello de lo que se refiera el nexo, un browser de Web lo pueda encontrar y sepa qué hacer con esto.

Observe este URL típico:

```
http://dummies.com/dummies.htm
```

La primera parte de un URL, la palabra antes de los dos puntos, *es el esquema*, que describe la forma en que el browser puede llegar al recurso. Hay diez esquemas definidos, pero hasta ahora el más común, sin duda, es `http`, el Protocolo de Transferencia de Hipertexto, que es la técnica original de transferencia del Web. (No confundir `http`, que es la forma en que se envían muchas de las páginas hacia Internet, con HTML, que es la forma como se codifican internamente las páginas. Nos referiremos a esto en el capítulo 5.)

Los detalles del resto de URL dependen del esquema, pero la mayoría de los esquemas utilizan una sintaxis consistente. Después de los dos puntos hay dos líneas (siempre líneas hacia la derecha, nunca hacia la izquierda, ni siquiera en máquinas que operen con DOS) y el nombre del computador receptor en el cual vive el recurso; en este caso, `dummies.com`. Luego hay otra raya y un sendero, que le da el nombre al recurso en ese computador receptor (en este caso, un archivo que se llama `dummies.htm`).

Los URL de la Web permiten que se incluyan otras partes opcionales. Éstas pueden ser un número de puerto, el cual, en términos generales, dice cuál de los diversos programas que se están operando en el receptor debería manejar lo que se está requiriendo. El número de puerto viene después de los dos puntos y antes del nombre del receptor de esta manera:

```
http://dummies.com.:80
  dummies.htm
```

El número de puerto estándar `http` es 80, así que si ése es el puerto que busca (generalmente lo es) puede dejarlo por fuera. Por último, un URL de Internet puede tener una *parte de búsqueda* al final, después de un signo de interrogación, de está manera:

```
http://dummies.com:80
  dummies.htm?plugh
```

No todas las páginas tienen parte de búsqueda, pero para aquéllas que lo tienen, esto le dice al receptor qué es lo que debe buscar (muy rara vez uno digita una parte para buscar personalmente; generalmente están construidas con campos para rellenar en la página de la Web.)

Otros dos esquemas útiles en URL son `mail to` y `file`. Un *URL* `mail to` tiene el siguiente aspecto:

```
mail to:ninternet@dummies.com
```

Es decir, una dirección de correo electrónico. Si elige un URL `mail to` en Netscape, va a resaltar una ventana en la que puede digitar un mensaje *e-mail* a la dirección en el URL. Generalmente se utiliza para enviarle comentarios al dueño de la página. El *URL* `file` especifica un archivo en su computador. Su aspecto es el siguiente:

```
file:///C|/WWW/INDEX.HTM
```

En un computador que utiliza DOS, es decir que la página de Web está archivada en un archivo C:\WWW\INDEX.HTM, los dos puntos se convierten en una barra vertical (porque los dos puntos en URL significan otra cosa), y las rayas hacia la izquierda se convierten en ra-

yas hacia la derecha. Los URL de archivos son útiles generalmente para buscar archivos de gráficas GIF y JPG y una página en la Web que acaba de escribir y de depositar en un archivo en su disco.

Hay otra cantidad enorme de tipos de URL, pero esto ya es suficiente por ahora.

Si recibe URLs en correo electrónico, noticias de Usenet o de cualquier otra parte en su computador con Windows, puede utilizar las técnicas de cortar y pegar para evitar tener que digitar cosas dos veces:

1. **Marque el URL en el programa que lo esté mostrando.**

2. **Presione Ctrl+C para copiar esto en el Clipboard de Windows.**

3. **Haga clic sobre la ventana URL en Netscape.**

4. **Digite Ctrl+V para pegarlo en el URL, y luego presione Enter.**

Los pequeños trucos de Netscape

Hay una cuestión que evita que Netscape sea el programa perfecto de Internet. Y es que puede ser lento. Realmente, muy, muy lento. Los lectores de cierta edad pueden recordar un programa de radio de Bob y Ray. Esos son los habladores... lentos...de... América. El líder (cuyo rol desempeñaba Bob) realizaba pausas... muy largas... entre.... sus... palabras, de tal manera que uno siempre quería que se apurara para terminar rápidamente sus frases. Algunas veces tiene uno esa sensación cuando está en Netscape.

Hay dos problemas de lentitud por separado. Uno es que las pantallas de multimedia muy sofisticadas requieren una cantidad enorme de datos, es decir que necesitan un tiempo bastante prolongado para transferir estos datos, a no ser que sea una de las redes más

rápidas. El otro problema es que Netscape es, para utilizar un término muy de computadores, una especie de cerdo. (No es tan asqueroso como otros browsers de Internet, pero es bastante malo.) La norma estándar dice que uno necesita un computador 486/33 MHz con 8 megabytes de RAM para obtener un desempeño aceptable, pero nosotros sabemos por experiencia que si está utilizando Netscape en un computador de ese tamaño va a gastar una cantidad de tiempo pasando partes de sí mismo de un lado a otro del disco. Si tiene Pentium y 32 megabytes de RAM, entonces sí es rápido.

Hay un par de cosas que se pueden hacer para acelerar un poco el desempeño de Netscape, a las que nos referiremos en el capítulo 5. (Éste es un truco para mantenerlo leyéndonos.)

Bueno, ya es suficiente

Tarde o temprano incluso el navegante de Web más dedicado tiene que parar para comer o atender otras necesidades corporales. Uno sale de Netscape de la misma manera que lo hace de otros programas de Windows: se elige Archivo ⇨ Salir o se presiona Alt+F4. Por alguna razón, después de que desaparece la ventana de Netscape, Netscape sigue haciendo algo durante unos 10 ó 15 segundos antes de devolverle al computador (un viaje de poder digital, sin duda), de tal manera que si su computador pareciera que no está funcionando apenas ha salido de Netscape, espere unos segundos antes de renunciar a él.

Hey, ¿se olvidaron de nosotros, los usuarios de Shell?

Ah, cierto. Para ustedes que siguen viviendo en esa existencia libre de ratón, hay algunas formas de navegar seriamente por Internet. De hecho, teniendo en cuenta cómo puede ser de lento cargar todas las ventanas de Netscape, Lynx, que no tiene imágenes, puede ser muy agradable.

Puesto que Lynx es un browser de sólo texto, hay algunas cosas que no se pueden hacer con él. Teniendo en cuenta estas limitaciones, es un buen software.

La vida con Lynx

Todos los proveedores de shell Unix seguramente tienen Lynx, porque es gratis. Para empezar Lynx, hay que digitar Lynx en el apuntador de shell Unix. Entonces empieza y presenta una página como la de la figura 4-2 en la pantalla.

Puesto que muchas de las pantallas de texto no pueden subrayar, los nexos (links) se muestran en video en reversa. El texto entre paréntesis o la palabra [IMAGE] aparece donde debería haber una imagen. Hay un nexo en la pantalla, que es corriente y que está resaltado en un color diferente. (En nuestra pantalla, es amarillo en lugar de ser un texto blanco, lo cual no se ve muy claramente en una página en blanco y negro. Utilice su imaginación.) Lynx incluye alguna información de ayuda, lo cual hace que sea un poquito más fácil de usar.

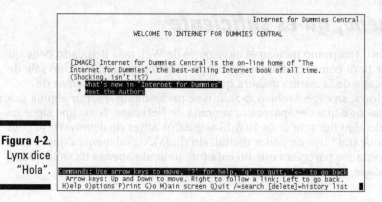

```
                                        Internet for Dummies Central
                 WELCOME TO INTERNET FOR DUMMIES CENTRAL

     [IMAGE] Internet for Dummies Central is the on-line home of "The
     Internet for Dummies", the best-selling Internet book of all time.
     (Shocking, isn't it?)
       * What's new in "Internet for Dummies"
       * Meet the Authors




 Commands: Use arrow keys to move, '?' for help, 'q' to quit, '<-' to go back
  Arrow keys: Up and Down to move. Right to follow a link; Left to go back.
  H)elp O)ptions P)rint G)o M)ain screen Q)uit /=search [delete]=history list
```

Figura 4-2.
Lynx dice
"Hola".

Paseándose

Casi todos los comandos de Lynx son golpes de teclas sencillos.

Las flechas para arriba y para abajo se mueven de nexo a nexo en la página en que se encuentra. Si la página utiliza más de una pantalla, se necesitan las teclas para hacer rodar la página. Para moverse a la siguiente pantalla de la página en que se está, hay que presionar la barra de espacio o presionar + y - para moverse hacia adelante y hacia atrás en una pantalla a la vez.

Se utilizan las flechas para subir y para bajar, para moverse de nexo a nexo, incluso cuando los nexos están juntos en una línea. Por ejemplo: puede ser que encuentre una serie de líneas en la pantalla como éstas:

```
Filósofos famosos:

[Moe]   [Larry]   [Curly]   [Sócrates]
```

Si Larry está resaltado, hay que presionar la tecla para subir el cursor si se quiere ir a Moe, y presionar la tecla para bajar el cursor si se quiere ir a Curly. Las flechas que van a la izquierda y a la derecha quieren decir otra cosa a la que nos referimos inmediatamente.

Una vez se ha obtenido un nexo que se desea, hay que presionar la flecha que va hacia la derecha o Enter para seguir ese nexo. Cuando Lynx obtiene la nueva página, se puede presionar las teclas de flecha para moverse en ella. Si se presiona la flecha de la izquierda, se regresa a la página anterior. Se puede presionar la flecha hacia la izquierda varias veces para regresar varias páginas.

Hay algunas cosas, sobre todo mapas de imágenes, que Lynx no puede hacer. Le señala que hay una imagen, pero puesto que no se puede ver esa imagen y no se puede utilizar un ratón, no hay forma de abrirla. Afortunadamente, cualquier página de la Web que tenga un mapa de imágenes le ofrece otras formas de llegar a los lugares a los que lo conduciría el mapa de imágenes. Existen unos nexos de texto bajo la imagen, o en algunos casos un nexo dice algo como "Haga clic aquí para una versión de sólo texto de está página". Lynx le brinda así una página agradable, limpia y sin imágenes en la cual usted puede trabajar.

Para pasar a un URL específico, hay que presionar **g**, que quiere decir *goto* (vaya a), y luego digitar el URL en la línea que brinda Lynx, seguido de Enter.

Para salir de Lynx

Una vez termine de trabajar con Lynx, hay que presionar **q** para salir. Lynx va a preguntar si está seguro de que quiere salir; teclee **y**.

¿Eso es todo?

Por supuesto que no. Lynx esta lleno de características, como cualquier otro programa de computador. Prácticamente cualquier golpe de tecla quiere decir algo en Lynx. Vamos a discutir alguno de ellos en el capítulo 5. Pero las teclas de flecha y g y q son, por ahora, los únicos comandos que necesita para arrancar.

Y si todo lo demás falla...

Si ni siquiera se tiene acceso a Lynx en su sistema, algunos sistemas ofrecen un acceso público a él. Si tiene acceso a Telnet, estos sistemas le permiten entrar a Lynx:

✔ `lynx.cc.ukans.edu` (Kansas, inscríbase como *www*)

✔ `sunsite.unc.edu` (North Carolina, inscríbase como *lynx*)

✔ `gopher.msu.edu` (Mississippi, inscríbase como *web*)

✔ `sailor.lib.md.us` (Maryland, inscríbase como *guest*)

✔ `gopher.msu.edu` (Michigan, inscríbase como *web*)

Estos programas no son tan buenos como tener Lynx en el sistema de su proveedor (son más lentos y algunas de las opciones no funcionan), pero son mejores que no tener nada.

La 5ª ola   por Rich Tennant

¡VENGAN RÁPIDO NIÑOS! SU MAMÁ ESTÁ DESOLLANDO VIVO A ALGUIEN EN EL INTERNET.

Capítulo 5

Trucos tontos para moverse por Netscape

• •

En este capítulo

▶ Cómo lograr que Netscape cante y baile

▶ Cómo hacer murmurar y barajar a Lynx

▶ Cómo crear sus propias páginas de Web

▶ Más allá de Netscape

• •

A medida que Netscape ha pasado de ser un desconocido recién llegado al Web, y se ha ido convirtiendo gradualmente en un gorila enorme, ha ido obteniendo nuevas características. Cantidades y cantidades de características. Netscape 1.2 ya tenía tantas características como puede entender un solo ser humano, pero en caso de que alguien en algún lugar pudiera entender todo lo que traía, la versión 2.0 añadió otra camionada de rasgos, de tal manera que ya está más allá del alcance de cualquiera.

En este capítulo vamos a echarle una mirada a las habilidades más útiles y comprensibles de Netscape. Puesto que Lynx puede hacer muchas de las mismas cosas que Netscape (menos elegantemente, pero muy eficientemente), vamos a cubrir los equivalentes de Lynx.

Cómo acelerar a Netscape

Lo primero que hay que hacer es acelerar a Netscape un poco. Hay una serie de trucos que se pueden usar.

Cuando Netscape arranca, a falta de otra cosa, carga la página de introducción de Netscape que es muy grande y muy atractiva. Después de una o dos veces, por muy hermosa que sea está página, encontrará que puede prescindir de ella. Elija en Opciones ⇨ General y haga clic en la barra de apariencia. Bajo los estilos de Windows verá Empezar con (Start with). Elija bien página blanca (Blank page) para evitar un inicio automático, o bien marque el nombre de la página que preferiría ver (la página de su proveedor, por ejemplo). Luego haga clic en OK.

También en el menú de Opciones, deseleccione Auto Load Images (cargar imágenes automáticamente). Es decir, elija Opciones del menú y si aparece una marca a la izquierda de ese comando, teclee @ para quitarla. Si no hay marca, no elija el comando; presione en cambio ESC.

Al desconectar Auto Load Images, Netscape entiende inmediatamente que tiene que cargar la parte de texto de las páginas de Web, que es pequeña, pero que tiene que retener las imágenes grandes. Para hacerlo, despliega un gracioso icono, que es a donde van las imágenes. Los usuarios de Windows pueden hacer clic en una imagen con el botón *derecho* del ratón y elegir Load this Image (cargar esta imagen) para atrapar una imagen en particular. Los usuarios de Mac usan doble clic.

Cuando Netscape recupera una página que quiere ver, guarda la página en el disco. Si usted pide la misma página cinco minutos después, Netscape no tiene que recuperarla de nuevo. El espacio que Netscape utiliza para guardar las páginas se llama *cache* (se pronuncia "cash" porque es una palabra francesa). Mientras más espacio se le pida a Netscape para su cache, mas rápido aparecerán las páginas la segunda vez que uno las quiera ver. Elija Opciones ⇨ Network y haga clic en la barra de cache para encontrar cuál es el tamaño máximo de cache: preferimos instalar el cache de disco en 1024 KB (1MB). En su defecto, 5 MB están bien, a no ser que uno tenga un disco muy pequeño.

 Dado que Netscape coloca las páginas y las imágenes recuperadas de Internet en el cache, incluso si usted le pide que cargue las imágenes, de todos modos va a obtener un número considerable de ellas, porque ya fueron cargadas y se encuentran en el cache.

Otra manera de acelerar las cosas es elegir Opciones ⇨ Network y hacer clic en la barra de conexiones. En su defecto, Netscape puede tener hasta cuatro recuperaciones simultáneas en marcha, y ése es el límite. Hemos encontrado que si uno las reduce a dos, las cosas funcionan mucho más rápido.

Forma y función

En el medioevo de la Web (1993), las páginas de Web eran únicamente páginas que uno podía mirar. Pero eso no era ni suficientemente diverti-do ni suficientemente complicado, de tal manera que se inventaron las formas de Web. Una *forma* es una especie de formulario de papel, con campos que se pueden rellenar y luego enviar. La figura 5-1 presenta un formulario típico.

Las dos líneas superiores en el formulario son los recuadros de texto para rellenar, donde usted teclea su nombre y su dirección de correo electrónico. Debajo se encuentra una serie de cajas para rellenar en las cuales usted selecciona la que rige (esperamos que todas ellas). Debajo de ellas aparece una serie de *botones de radio*, que son como las cajitas de marcar, excepto que, en este caso, sólo puede elegir una de ellos. Más abajo se encuentra una caja con una lista, en la cual se puede elegir una de las posibilidades. En la mayoría de los casos, hay más entradas de las que caben en la caja, de tal manera que hay que subir o bajar. General-mente sólo se puede elegir una opción, pero algunas de las cajas con listado le permiten elegir más.

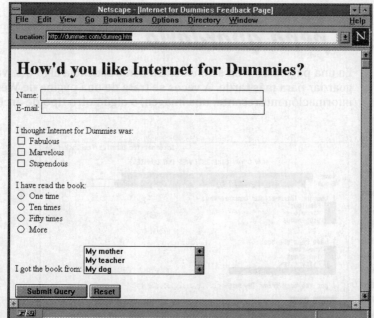

Figura 5-1.
Un
formulario
dialogando

En la parte de abajo del formulario hay dos botones: el de la izquierda le envía el formulario rellenado de nuevo al servidor de Web para que lo procese; el de la derecha limpia los campos del formulario y los deja en su estado inicial y no envía nada.

Una vez que se ha enviado la información del formulario de nuevo al servidor de Web, éste se encarga de interpretarla.

Lynx maneja los formularios de la misma manera que lo hace Netscape (una de las mejores características de Lynx), tal como se muestra en la figura 5-2. En Lynx se mueve uno de campo en campo presionando las flechas hacia arriba y hacia abajo, como siempre se ha hecho. Para presentar un formulario, muévase al botón de Submit y presione Enter.

Algunas páginas de Web tienen *search items* (ítems de búsqueda), que son formularios simplificados de una sola línea que le permiten a usted escribir un texto, el cual se interpreta invariablemente como palabras claves a ser buscadas. Dependiendo del browser, puede que aparezca un botón de Submit a la derecha del área de texto; de lo contrario, hay que presionar Enter para enviar las palabras que se buscan al servidor.

Cuando una página tiene un sólo campo para rellenar, se puede presionar Enter para continuar. Si existe más de un campo hay que presionar el botón Submit.

Vale la pena guardarlo

En una página de Web se encuentra con frecuencia algo que vale la pena guardar para más tarde. A veces se trata de una página de Web llena de información interesante, una imagen, o algún otro tipo de archivo.

Figura 5-2.
Un
formulario
dialogando
en el
lenguaje
Lynx.

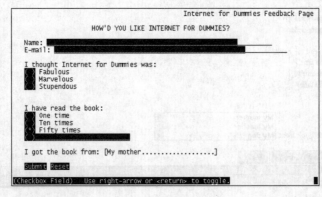

Afortunadamente, guardar cosas de Netscape es muy fácil: hay que presionar la tecla de Shift mientras se presiona el vínculo del objeto que se desea. Netscape presenta el cuadro de diálogo estándar de Windows para hacer una selección de archivo, en el cual se puede especificar el nombre para guardar el archivo que ingresa.

Para guardar páginas de Lynx

Guardar archivos de Lynx es algo más complicado, pero sigue siendo bastante fácil. Cómo se haga depende de si se quiere guardar una página que Lynx sabe cómo desplegar o si se quiere hacer alguna otra cosa.

Cuando Lynx guarda algo, lo guarda en el disco de su proveedor. Si lo quiere en su propio PC, tiene que cargarlo usted mismo. (Vea la sección "Cargando y descargando" del capítulo 15).

Para guardar en un archivo la página que Lynx despliega, mueva primero la página de tal manera que aparezca en su pantalla. Luego presione **d** para bajarla. Lynx le presentará diversas maneras de guardar la página; generalmente, la única opción es guardarla en el disco, lo cual le permite especificar en el sistema de su proveedor un nombre de archivo donde guardarlo. Otra posibilidad es presionar **p** para imprimir; esto le ofrece tres alternativas:

✔ Guardar en el disco, exactamente como **d**.

✔ Remitírselo a usted mismo (con frecuencia, la forma más conveniente).

✔ Imprimir en la pantalla. Active "screen capture" en el programa terminal de su PC, con lo que guardará los contenidos de la página a medida que va pasando por la pantalla.

Para guardar cualquier otra cosa en Lynx

Ésta es la parte más fácil. Si se elige un vínculo que va a una imagen, a un programa o cualquier otro tipo de documento de los que Lynx no puede manejar, éste se detiene y le avisa que no puede desplegar este nexo. Presione **d** para bajarlo a un archivo local, para el cual especificará un nombre, o **c** para cancelar y olvidarse de ese nexo.

Cómo cómo hacer hacer dos dos cosas cosas a a la la vez vez

Netscape se conoce en el gremio como un programa de múltiples hilos. Lo que esto quiere decir en la práctica es que con él es posible hacer varias cosas a la vez.

Algo muy útil es que cuando Netscape empieza a bajar un archivo muy grande, presenta una pequeña ventana en un rincón de la pantalla con un "termómetro" que muestra el progreso de descarga. Algunas personas consideran que ver cómo va creciendo el termómetro es suficiente diversión (nosotros lo hacemos cuando estamos muy cansados). En realidad, gracias a esa utilidad, uno puede hacer un clic hacia la pantalla principal de Netscape y continuar navegando. También se puede tener varias ventanas browser de Web abiertas a la vez si se elige Window ⇨ New Netscape Browser para crear una nueva ventana. Nos parece que ésta es la forma más útil de mirar dos páginas relacionadas y ponerlas una al lado de la otra (o superponerlas) en la pantalla.

Hacer dos o tres cosas a la vez en Netscape cuando uno tiene una conexión de Red de marcado se parece bastante al intento de sacarle sangre a un nabo: hay una cantidad limitada de sangre que se le puede sacar. Y, en este caso, la sangre es la cantidad de información que puede pasar a través de su módem. Una sola tarea de bajar información puede ocupar su módem casi hasta el 100%; cualquier otra cosa que haga compartirá este proceso de carga con el módem. Por lo tanto, cuando haga dos cosas a la vez, cada una será más lenta de lo que sería si se estuviera haciendo una sola.

Si una de las tareas es bajar algo muy grande y la otra es un browser de Web, generalmente funciona muy bien porque usted se pasa bastante tiempo mirando lo que está desplegando el browser de Web; es decir que la carga de datos puede estar funcionando mientras piensa. Por otro lado, aun cuando Netscape le permite cargar dos cosas a la vez (o una docena si así lo desea), no tiene mucho sentido hacer más de una a la vez: no se gana tiempo alguno y puede prestarse a confusiones.

Los usuarios de Lynx están en una situación algo diferente porque Lynx despliega tan sólo una ventana a la vez. Teóricamente, se pueden llevar dos copias de Lynx y se puede cambiar de una a otra, pero en la práctica el esfuerzo no vale la pena. Puesto que Lynx está funcionando en el sistema de su proveedor, puede tomar ventaja de la conexión de su proveedor que tiene una velocidad muy alta y puede cargar incluso archivos muy grandes y bastante rápido.

Marcalibros

Todos los browsers de Web tienen marcalibros, también llamados *Hot List*. Independientemente del nombre que se les dé, son la lista de las páginas de Web que uno quiere visitar, para que no tenga que digitar varias veces los URL cada vez que quiera volver a cualquiera de ellos.

En general, hay dos formas de manejar los marcalibros: una es concebirlos como un menú y elegir marcalibros individuales de esa barra de menú en el browser. La otra es concebirlos como una página de Lynx en la que se puede ir a esa página y después elegir el nexo que desee. Lynx utiliza esta última forma, la de la página de Web. Netscape, un ejemplo impresionante de lo que es el diseño de software, hace ambas.

Marcando a Netscape

Los marcalibros de Netscape se encuentran en el menú de Bookmarks. Para añadir un marcalibros a la página de Web que se encuentra en la pantalla, hay que elegir <u>B</u>ookmarks ⇨ <u>A</u>dd Bookmark o presionar Ctrl+A. Los marcalibros aparecen como entradas en el menú de Bookmarks. Para ir a una de las páginas en su lista de marcalibros, elija su entrada en el menú de Bookmarks.

Si usted es como la mayoría de los usuarios, su menú de marcalibros va a aumentar y a ocupar una cantidad impresionante de su pantalla e irá bajando gradualmente hasta tocar el piso, lo que es a la vez poco atractivo y poco sano. Afortunadamente puede manejar ese menú de una forma más amable. Elija <u>B</u>ookmarks ⇨ <u>G</u>o to Bookmarks o presione Ctrl+B para desplegar su página de Bookmarks como se presenta en la figura 5-3.

Dado que todos estos marcalibros están activos, se puede ir a cualquiera de ellos con sólo hacer clic. (Esta ventana puede estar abierta mientras se mueve en la Web en su ventana principal del browser.) También se pueden añadir líneas de separación y submenúes para organizar los marcalibros y crear menúes individuales que sean menos inmanejables. En la ventana de marcalibros, elija <u>I</u>tem ⇨ Insert <u>S</u>eparator para añadir una línea de separación, e <u>I</u>tem ⇨ Insert <u>H</u>eader para añadir un título o un submenú. (Antes de crear el título, esta utilidad le pide que teclee el nombre del submenú .) Los marcalibros, separadores y subtítulos pueden desplazarse de arriba a abajo, hasta donde se desee tenerlos en la ventana de marcalibros. Si quiere llevar algún elemento al título de un submenú, póngalo ahí, en ese título, y haga un doble clic en él para desplegar o esconder el submenú. Cualquier cambio que se haga en la ventana de marcalibros se reflejará inmediatamente en el menú de Bookmarks,

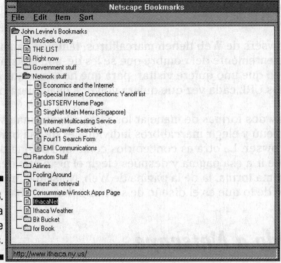

Figura 5-3.
Una ventana
de
marcalibros.

de tal manera que es bastante fácil jugar con los marcalibros hasta obtener lo que se desea.

En cuanto haya terminado de jugar con su marcalibros, elija File ⇨ Close para cerrar la ventana.

Para marcar Lynx

El marcalibros de Lynx es un anticlímax comparado con Netscape. Se controla con dos letras.

Para añadir la página actual a su lista de marcalibros, presione **a**. Lynx le da la posibilidad de añadir un nexo a la página que está en la pantalla (**d** para documento), o copiar el nexo resaltado (**c** para el actual).

Para mirar su lista de marcalibros actual, presione **v**. Cuando esté mirando la lista de marcalibros, se puede mover en ella y elegir Lynx de la misma manera que se hace en cualquier otra página de Web. Se puede eliminar los nexos de la página de marcalibros presionando **r**. (Perdón, son cinco letras. Mentimos.)

Si está utilizando Lynx en su propia cuenta UNIX, los marcalibros serán guardados en un archivo entre las sesiones de Lynx.

Por otro lado, si está utilizando Telnet para conectarse a un sistema de Lynx en alguna otra parte, los marcalibros existen sólo durante esa sesión de Lynx y serán descartados una vez que usted abandone el programa.

Y para imprimir

En el primer año de existencia de los browsers de Web, todos tenían comandos de impresión que no funcionaban. Finalmente, los usuarios se las ingeniaron para imprimir páginas de Web, de tal manera que ahora todo el mundo sabe hacerlo.

Para imprimir una página de Netscape, sencillamente haga un clic en el botón de Print o elija File ⇨ Print. Si se quiere definir un nuevo formato para la página que se va a imprimir, la operación puede tomar algún tiempo, de tal manera que se requiere mucha paciencia. Afortunadamente, Netscape va presentando una ventana del progreso para mantenerlo fascinado con lo que está haciendo.

Imprimir en Lynx es, en principio, fácil: hay que presionar **p.** Pero si está conectado con el número de su proveedor, imprimir en el computador de su proveedor no le sirve de mucho. Para eso Lynx le ofrece algunas opciones; entre ellas, las más útiles son la de guardar la página en el disco (así puede cargarla e imprimirla localmente) o mandársela por correo electrónico a sí mismo (así puede cargarla e imprimirla localmente). ¿No va notando un patrón de comportamiento en todo esto?

Cómo volverse famoso en la Web

Después de un tiempo, todo usuario de Web empieza a jugar con la idea de crear sus propias páginas de Web. Hacer una no es muy difícil, aunque sí lo es muy difícil crear una buena página de Web. La mayoría de los proveedores tiene algún dispositivo que le permite instalar sus páginas en su servicio de tal manera que si su código de entrada (*login*) es *elvis*, su página de presentación (*home page*) será algo así como `http://www.dummies.net/~elvis`. En algunos casos, esto es parte del paquete básico; en otros puede tener un costo adicional. Si sus páginas se vuelven muy populares, el proveedor le va a cobrar algo adicional por la recarga que esto causa en el sistema.

Los detalles de cómo crear páginas de Web se escapan a las intenciones de este libro, pero en términos generales esto es lo que tiene que hacer.

✔ Cree las páginas como archivos en su disco, utilizando un editor de texto (si realmente es un especialista) o en un editor HTML especializado (si es más normal).

✔ Ensáyelos con Netscape y con otros browsers para asegurarse de que funcionan como desea.

✔ Envíelas al computador de su proveedor y póngalas en la locación adecuada (es decir, donde el proveedor disponga).

✔ Actualice las páginas con suficiente frecuencia para que sigan siendo interesantes.

Las páginas de Web se guardan como archivos de texto que contienen una mezcla de comandos de texto de HTML tal como se puede ver a continuación:

```
<HTML>
<HEAD>
<TITLE>Margy Levine Young's Home Page</TITLE>
</HEAD>
<BODY>
<H1>Who Cares Who Margy Levine Young Is?</H1>
Why do you care who I am? Because I've co-written a bunch
    of the "...For Dummies" <A
  HREF="books.htm">books</A> for IDG Books World-
    wide, that's why. One of my co-authors is none
    other than the internationally famous John
    Levine (alias my brother)!

<P>
```

Más allá de Netscape

Netscape es el browser de Web más conocido, pero hay muchos más, algunos de los cuales pueden ser mejores que Netscape en ciertos aspectos. He aquí algunos cuantos que vale la pena tener en cuenta:

Mosaic.- El browser original de Web de la Universidad de Illinois. El grupo de estudiantes original que creo Mosaic fue cautivado para trabajar en las compañías comerciales de Web, pero una nueva generación de estudiantes ha seguido trabajando y lo ha convertido en un programa bastante agradable. Lo encontramos mucho menos dispendioso que Netscape:

```
http://www.ncsa.uiuc.edu/
```

Internet Explorer.- La entrada de Microsoft en el mundo de los browsers de Web. Es muy rápido y está lleno de características. Sólo funciona con Windows 95 (¡oh sorpresa!). Se puede cargar de MSN si se tiene una cuenta o viene como una parte de Microsoft PLUS. También se puede conseguir en :

```
http://www.windows.mocrosoft.co/windows/ie/ie.htm
```

Netshark.- Un browser de Intercon, un vendedor comercial de software para Internet. La versión 1.03 que ensayamos es extremadamente molesta, pero cuando se arregle puede llegar a ser un buen programa.

```
http://netshark.inter.net/
```

Spry Mosaic.- La versión de Mosaic que está en *Internet in a Box* y que es distribuida ahora por CompuServe. Si tiene una cuenta de CompuServe, puede cargar una copia de ésta gratis como parte de la instalación de Internet. Otros usuarios pueden obtener una versión de demostración algo pasada de moda.

Más trucos de Netscape

Apenas hemos tocado la superficie de todo lo que puede hacer Netscape, particularmente ahora que están terminando la versión Netscape 2.0 (la cual acaba de salir en una versión incompleta de prueba.)

✔ Transacciones seguras (que ya están presentes en Netscape 1.1): Los formularios y otros mensajes que se pueden enviar a servidores de WWW están codificados, de tal manera que se puede enviar números de tarjeta de crédito y otros datos sensibles en una forma que es difícil de interferir. Después de que algunos estudiantes de California encontraron una serie de brechas de seguridad un poco vergonzosas en 1.2, Netscape ofreció premios en dinero a las personas que informen de los problemas que pueda tener la versión 2.0 con el fin de encontrarlos y corregir cualquier error que aún persista.

✔ Mostradores múltiples: Netscape 1.2 puede desplegar cerca de cinco tipos de información y Netscape 2.0 añade muchos más.

En cualquiera de las dos versiones, si Netscape encuentra una página que contiene información de la cual no sabe nada, le ofrece la opción de configurar un mostrador y de informarle cuál es el programa en su sistema donde debería funcionar para poder manejar esa información. Un buen ejemplo es `http://www.realaudio.com`, que le permite cargar un "mostrador" (*viewer*) que en realidad es una forma de escuchar para poner un audio en tiempo real a medida que va llegando por Internet. Muy interesante.

✔ Java: Esto es la más fantástico hasta ahora. Este lenguaje de programación le permite a Netscape 2.0 cargar automáticamente y ejecutar *applets*, que son pequeños programas que permiten que las páginas de Web sean "vivas" y que interactúen con el usuario. Esperamos que Java empiece a funcionar en las versiones de Netscape en 1996.

Capítulo 6

Correo para acá, correo para allá

● ●

En este capítulo

▶ Cómo colocarle la dirección al correo

▶ Enviar correo

▶ Recibir correo

▶ Utilizar una etiqueta de correo adecuada

● ●

*E*l correo electrónico es, sin duda, el servicio de Internet más popu
lar. Cualquier sistema en Internet brinda algún tipo de servicio de
correo; esto significa que, sin importar el tipo de computador que usted
esté utilizando, si está conectado a Internet, puede enviar y recibir correo.

El correo, mucho más que cualquier otro servicio de Internet, está conectado a varios sistemas que no son de Internet. Por eso se puede intercambiar correo con cantidades de personas que no están en Internet,
además de hacerlo con todas las personas que sí lo están. (Vea el capítulo 17, donde encontrará ayuda para las direcciones de correo electrónico).

¿Cuál es mi dirección?

Cualquier persona con un acceso de correo electrónico a Internet tiene
una dirección de correo electrónico, que, en el Ciberespacio, es el equivalente de la dirección postal o del número telefónico. Cuando uno envía un mensaje de correo electrónico, ingresa a las direcciones de los
receptores para que el computador sepa a quién enviárselo.

Antes de intercambiar mucho correo, hay que saber cuál es la dirección
de correo electrónico para poder dársela a las personas con las que se
quiere entrar en contacto. Y también hay que averiguar las direcciones

de estas personas para poderles escribir. (Si usted no tiene amigos o sólo planea enviar mensajes anónimos, puede saltarse esta sección.)

Las direcciones de correo de Internet tienen dos partes separadas por el símbolo @. La parte que viene antes de la @ es el *mailbox*, (el buzón), que es (en términos muy simples) su nombre personal; la parte que viene después es el dominio (*domain*), generalmente el nombre de su proveedor de Internet, que puede ser `aol.com` o `tiac.net`.

El buzón es generalmente su nombre de usuario, es decir, el nombre que su proveedor le asigna a su cuenta. Si tiene suerte, puede elegirlo; en otros casos, los proveedores han estandarizado las convenciones para adjudicar los nombres y sencillamente le adjudican uno a usted. Algunos de los nombres de usuarios incluyen el nombre, el apellido, iniciales, el nombre y la última inicial, la primera inicial y el apellido o cualquier otra cosa, incluyendo nombres inventados. A lo largo de todos estos años, por ejemplo, John ha tenido nombres de usuario tales como `John`, `John1`, `jr1`, `jlevine`, `Jlevine3` (debe haber por lo menos tres personas con el nombre de `Jlevine` por ahí), e incluso `q0246`. Carol ha sido `carol`, `carolb`, `cbaroudi`, y `carol1377` (el proveedor le puso un número al azar); y Margy trata de conservar *margy*, pero le han adjudicado `margy1` o `73727,2305` en algunas ocasiones. Algunos sistemas incluso adjudican nombres tales como `usd31516`. Horrible.

Hace un tiempo, cuando existían muchos menos usuarios del correo electrónico, y la mayoría de los usuarios de un sistema en particular se conocían directamente, no era muy difícil descifrar quién tenía cuál nombre. Hoy en día, debido a que esto se está convirtiendo en un problema, muchas organizaciones están creando nombres de buzones consistentes para todos los usuarios, utilizando con frecuencia el nombre y el apellido del usuario separados por un punto. En este tipo de esquema, el nombre de su buzón puede ser algo como `elvis.presley@bluesuede.org`, aun cuando su nombre de usuario sea algo distinto. (Si su nombre no es Elvis Presley, ajuste el ejemplo correspondiente. Por otro lado, si su nombre sí es Elvis Presley, por favor, contáctenos inmediatamente. Sabemos que hay un poco de gente buscándolo.)

No es ningún problema tener varios nombres para el mismo buzón, de tal manera que los nuevos nombres de usuarios más largos y consistentes se crean invariablemente en adición de –y no en cambio de– los nombres cortos tradicionales.

El *domain* de los proveedores en los Estados Unidos generalmente termina con tres letras (que simbolizan la zona) que le dan una indicación sobre el tipo de lugar en el que se encuentra. *Las organizaciones comerciales* terminan con `.com`, que incluye tanto proveedores tales como

America Online (AOL), CompuServe y muchas compañías que no son proveedores públicos, pero que son entidades comerciales, tales como `amrcomp.com` (American Airlines), `cabotcheese.com` (la Cabot Creamery en Vermont, que hace realmente un muy buen queso Chedar), la `iecc.com` (la Invincible Electric Calculator Company). Las instituciones educativas terminan con `.edu`; las organizaciones de red terminan con `.net`; las locaciones del gobierno de los Estados Unidos con `.gov`; las locaciones militares terminan con `.mil`. Las organizaciones que no entran en ninguna de estas categorías terminan con `.org`. Por fuera del dominio de los Estados Unidos, las direcciones terminan con un código del país, tal como `fr` para Francia, `zm` para Zambia. Hasta septiembre de 1995 se habían registrando cantidades de nuevos dominios, pero en ese momento el registro principal de dominios empezó a cobrar por los registros.

CONSEJO

Demasiados programas de correo

Una de las cosas más agradables de Internet es que se pueden conectar cientos de diferentes tipos de computadores. Pero una de las cosas menos agradables es que en esos cientos de diferentes tipos de computadores hay cientos de diferentes tipos de programas que hacen exactamente lo mismo.

A continuación presentamos una serie de datos para los usuarios de correo:

Si utiliza un PC con Windows o un Mac con una conexión SLIP/PPP, lo más probable es que utilice Eudora (que describiremos más adelante en este capítulo), para enviar y recibir correo electrónico. Eudora funciona bastante bien, y una versión es gratis. Algunas personas utilizan Netscape, que no es un gran programa de correo, pero todo el mundo lo tiene y es gratis.

Si utiliza un proveedor comercial shell o una estación de trabajo UNIX, lo más probable es que utilice Pine (que también describiremos más adelante en este capítulo).

Si utiliza un proveedor comercial tal como AOL

o CompuServe, utilizará el programa de correo que le brinde su proveedor. Si utiliza MSN, está usando Microsoft Exchange, que viene con Windows 95. En la parte IV discutiremos estos sistemas, pero le recomendamos que lea este capítulo antes de saltar al otro en el que se comenta su proveedor particular.

Si está conectado de alguna otra manera, es probable que tenga un programa de correo diferente. Por ejemplo, puede ser que esté utilizando un PC en Internet de su empresa que funciona con cc:Mail o Microsoft Mail y que tiene una conexión de sólo correo con el mundo exterior. No haremos una descripción de cc:Mail aquí.

Independientemente de cuál sea el tipo de correo que esté utilizando, los elementos básicos de leer, enviar, poner dirección y archivar correo funcionan de manera muy similar, así que vale la pena echarle una mirada a este capítulo, aun cuando no esté utilizando ninguno de los programas de correo que describimos aquí.

Los nombres de los dominios se representan tradicionalmente en mayúsculas (`BLUESUEDE.ORG`) y los nombres de los buzones en minúsculas o en letras combinadas (`Elvis`). Si es mayúscula o minúscula no importa para nada en los dominios y rara vez en los nombres de los dominios. Para facilidad visual, por lo tanto, la mayoría de los nombres de los dominios y de los buzones se presentarán en minúsculas en este libro . Si se desea enviar un mensaje a otro usuario en el mismo dominio (la misma máquina o grupos de máquinas), se puede dejar por fuera la parte del dominio cuando se digita la dirección. Por ejemplo, si usted y su amigo utilizan AOL, se puede dejar por fuera la parte `@aol.com` en la dirección cuando se estén escribiendo.

Si no sabe cuál es su dirección de correo electrónico, es aconsejable enviarse un mensaje a sí mismo y utilizar su nombre de acceso (*login*) como nombre de buzón. Luego revise la dirección que aparece en el mensaje. O puede enviar un mensaje a Internet For Dummies Mail Central en `ninternet@dummies.com`, y un amable robot le enviará un mensaje de vuelta con su dirección. (Y si lo hace, díganos si le gusta este libro porque los autores también vemos ese correo.) En el capítulo 17 encuentra más indicaciones para ubicar una dirección de E-mail.

¿Dónde está mi correo?

Ya tiene su dirección de correo electrónico. Magnífico. Ahora le vamos a contar cómo enviar y recibir correo y qué hacer con él. Pero, primero, hay un pequeño detalle acerca del lugar donde se guarda su correo. Cuando llega su correo, a no ser que sea uno de esos pocos afortunados (o adinerados) cuyo computador tiene una conexión permanente con Internet, el correo no va a ser despachado hacia su computador automáticamente. En cambio, le llegará a un servi*dor de correo* (mail server), que es, como quien dice, una especie de oficina de correos local. Para recibir realmente su correo, tiene que ir y obtenerlo. Bueno, realmente es su programa de correo el que tiene que ir a buscarlo. Y para enviar correo, su programa tiene que llevarlo a la oficina de correos.

Si está utilizando una cuenta shell o un servicio comercial en línea, el servidor de correo es en realidad el mismo computador al cual se conecta cuando marca (esto es una simplificación de las cosas, pero se parece bastante); así que cuando está utilizando el programa de correo de su proveedor, el correo se encuentra ahí para que lo lea, y puede enviar el correo que sale directamente en el conducto virtual de correo.

Si está utilizando una cuenta SLIP/PPP, cuando su programa recoge el correo, lo saca de su proveedor hacia su PC o su Mac a una velocidad muy alta. Una vez tiene el correo en su computador local, puede desconectarse (una buena cosa si su proveedor cobra por horas). Puede leer y contestar su correo luego, cuando el tiempo no está corriendo, es decir cuando está fuera de línea. Una vez esté listo para enviar su respuesta o nuevos mensajes, puede reconectar y transmitir el correo que sale a una velocidad muy alta en Internet.

Correos, correos en todas partes

Ahora ya sabe su dirección, o por lo menos ha decidido si la sabe o no. Como quiera que sea, ha llegado el momento de entrar en una lucha mano a mano con el sistema de correo electrónico.

La mala noticia es que hay innumerables programas de correo electrónico, es decir, programas que leen y escriben mensajes de correo electrónico. Son tantos que ninguno de nosotros se sintió capaz de hacer una cuenta. Se puede acceder a ellos gratuitamente, por medio de shareware o de una alternativa comercial; y no sólo eso: es probable que cualquiera de ellos venga integrado a su computador. Todos hacen más o menos lo mismo porque todos son al fin y al cabo programas de correo. Si se utiliza un servicio comercial, tal como AOL, ellos, por supuesto, utilizan su propio programa.

Cuando ya esté realmente listo para enviar correo, remítase al capítulo que trata específicamente de su proveedor en la parte IV para más detalles. Mientras tanto, le recomendamos que siga leyendo esto para que obtenga una idea más amplia de todas las cosas que se pueden hacer con el correo electrónico.

Una vez haya entendido lo que se supone que hace un programa de correo electrónico, es mucho más fácil procurar que un programa específico haga lo que uno quiere que haga, así que hemos seleccionado los tres más populares para mostrar los elementos básicos. Para los usuarios de una conexión SLIP/PPP, hemos elegido Netscape y Eudora. Para los usuarios de una cuenta shell, hemos seleccionado Pine.

✔ **Eudora.-** Un programa de correo muy popular que funciona bajo Windows de Microsoft y en los Macintosh. Eudora lleva y baja correo del servidor de correo. Es popular por dos razones: es fácil de usar y realmente barato. Se puede obtener una versión gratis, y una más refinada que cuesta sólo US$ 65. Los ejemplos que presentamos acá son de la versión comercial, pero la versión gratuita se parece bastante, salvo algunas campanitas y pitos.

✔ **Netscape.-** Sí, se trata del mismo Netscape que presentamos en el capítulo 4 mientras estábamos navegando por el World Wide Web. La nueva versión (2.x) de Netscape lo convierte en un programa adecuado, si no maravilloso, de correo, a la vez que es un browser de Web. Funciona en su propio computador y envía y recoge correo del proveedor de correo. Preferimos Eudora, muy por encima de Netscape, pero debido a que hay muchas personas que siguen utilizando Netscape lo mencionamos acá.

✔ **Pine.-** Es un programa de correo bastante agradable, con un intercambio de terminal de pantalla completa. Pine (pino) se llama así porque quiere decir "un pino no es un hongo" (en el momento en que se creó Pine, el programa de correo electrónico estándar se llamaba *Elm* -olmo-) y también puede ser usado para leer las noticias de Usenet (hablaremos más a este respecto en el capítulo 9). Generalmente está disponible en la mayoría de los proveedores de shell porque es gratis. Si está utilizando un sistema de shell, Pine está funcionando en el computador de su proveedor, y uno puede digitar comandos desde su propio computador utilizando un programa de terminal.

¿Tiene instalado un programa de correo?

Si está utilizando un computador con Windows o un Macintosh con SLIP/PPP, muy seguramente hay un programa de correo en el paquete de software que viene instalado en el computador. Si no, siempre queda la posibilidad de utilizar Netscape, que ya discutimos en detalle en el capítulo 4.

Enviar correo es fácil

Enviar correo es tan fácil que, en lugar de perder tiempo explicando la teoría, vamos a mostrar unos ejemplos.

El correo con Eudora

Esta sección explica cómo hacer funcionar a Eudora y enviar correo.

1. **Inicie Eudora desde el PC o el Mac.**

   Si tiene Windows, inicie Eudora haciendo clic en el icono de su administrador de programas, que tiene el aspecto de un sobre de correo. En Windows 95, el icono de Eudora está en el escritorio o en una carpeta. Los usuarios de Mac tiene que hacer clic en el icono de Eudora. A continuación deberá verse una ventana introductoria que desaparece al cabo de unos segundos; luego se despliega una ventana. Lo que exactamente aparece en esta ventana varía y depende de lo que usted estaba mirando la última vez que se utilizó Eudora.

2. **Para enviar un mensaje, elija Message ➪ New Message del menú (o si es perezoso y puede recordar las claves del teclado, utilice Ctrl + N).**

   Eudora presenta una ventana para el nuevo mensaje.

3. **Digite la dirección del receptor (**`ninternet@dummies.com`**, por ejemplo).**

4. **Presione Tab para saltar al campo del tema (ya sabe quién es el usuario, no hay que decírselo), y escriba un tema.**

5. **Presione Tab unas cuantas veces más para saltarse los campos de Cc: y Bcc: (o digite la dirección de las personas a quienes se les debe enviar una copia de carbón o una copia de carbón ciega del mensaje).**

   El término "copia de carbón" debería ser conocido para aquellos que nacieron antes de 1960 y recuerdan aquella anticuada práctica de poner unas hojas de papel carbón entre las hojas de papel corriente para hacer copias adicionales cuando se utilizaba una máquina de escribir. (Por favor, no nos pregunte qué es una máquina de escribir.) En los sistemas de correo electrónico, una copia de carbón es simplemente una copia del mensaje que se envía. Todos los receptores, tanto en el campo que dice To: y en el que dice Cc: ven quién está recibiendo copias del mensaje. Las copias de carbón ciegas son aquellas que se envían a distintas personas, sin incluir el nombre de ellas en el mensaje. Ya podrá usted imaginar para qué uno querría enviarle una copia a un destinatario cuya identidad prefiere mantener en reserva.

6. **Presione Tab para moverse al área amplia y luego digite su mensaje.**

7. **Para enviar el mensaje se presiona el botón en la esquina superior derecha de la ventana de mensajes que, según como esté instalado Eudora, está marcado con Send (envío) o Queue (en turno).**

   Si el botón está marcado con Send, en el momento que usted hace clic, Eudora trata de enviar el mensaje y presenta una pequeña ventana de estatus, que contiene mensajes incomprensibles. Si, en cambio, está marcado Queue, el mensaje es guardado en un buzón para ser enviado después.

La razón por la cual se tiene un botón Queue es que primero hay que marcar la conexión SLIP/PPP para que el computador no permanezca conectado a Internet todo el tiempo. Si tiene una lista de mensajes en espera, puede enviarlos todos a la vez.

8. **Si el computador todavía no está conectado, marque y obtenga la conexión con su proveedor.**

Luego regrese a Eudora y elija File ⇨ Send Queued Messages del menú (Ctrl+T para los perezosos) para transmitir todos los mensajes que ha acumulado.

Incluso si deja el computador conectado mientras escribe el correo, no es mala idea pedirle a Eudora que vaya guardando ese correo hasta que usted decida enviarlo. (Elija Special ⇨ Settings del menú de Eudora, vaya a la categoría Sending Mail y asegúrese de que no esté marcado Immediate Send.) Así tendrá unos minutos después de haber escrito cada mensaje para reflexionar si realmente es ése el que quiere enviar. Aun cuando hemos estado utilizando correo electrónico durante 20 años, todavía descartamos muchos de los mensajes que hemos escrito.

Una vez que se ha enviado un mensaje de correo electrónico, no hay forma de cancelarlo.

La misma idea, pero con Netscape

Los pasos para enviar correo desde Netscape son prácticamente idénticos a los que se siguen para enviar correo desde Eudora (está haciendo lo mismo después de todo):

1. **Inicie Netscape.**

2. **Elija Window ⇨ Netscape Mail.**

Este paso abre la ventana de correo de Netscape. La primera vez que usted activa este comando, Netscape le pide la clave (*password*) para su caja de correo, la cual es generalmente la misma que la clave para su cuenta de Internet.

Netscape tratará de recuperar cualquier correo que haya para usted; haga clic en Cancel o en el signo rojo de Stop si no quiere que se tome ese trabajo. Verá la ventana de Netscape Mail.

CONSEJO

Para obtener ANSI

Si cuando esté tratando de utilizar Pine en su cuenta shell UNIIX, obtiene un extraño mensaje que se parece a éste:

```
Your terminal, of type "ansi,"
is lacking functions needed to
run pine.
```

deberá pronunciar unas palabras mágicas antes de continuar. Digite estas líneas:

```
setenv TERM vt100
```

Si el sistema de su proveedor no le acepta esto, entonces digite:

```
TERM=vt100 ; export TERM
```

Asegúrese de poner los comandos exactamente como los ve acá, incluidas las letras mayúsculas. Ahora inténtelo de nuevo. (Usted le está indicando cuál es el tipo de terminal que se supone es su computador. Confíe en nosotros, no vale la pena que conozca todos los detalles.)

3. **Haga clic en el botón de New Mail en la barra de iconos.**

   Se abrirá otra ventana con una página en blanco para escribir mensajes.

4. **Escriba la dirección del destinatario (o las direcciones), indique el tema y escriba el mensaje.**

5. **Haga clic en Send para enviar el mensaje.**

Desde una cuenta shell de UNIX

Asumimos que su proveedor de shell tiene instalado Pine, y que está listo para funcionar (si no es el caso, llame y quéjese; no hay excusa para no tenerlo).

1. **Para usar Pine hay que digitar** pine

   Verá aparecer el menú principal de Pine, tal como se ve en la figura 6-1.

2. **Presione** c **para componer un nuevo mensaje.**

   Pine presenta una página en blanco, lista para que usted escriba el mensaje.

3. **En la línea que dice To, escriba la dirección a donde quiere enviar el correo y presione Enter.**

   Pine presenta una pantalla como la que aparece en la figura 6-2. En

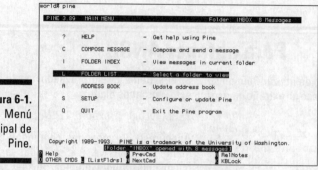

Figura 6-1.
Menú
principal de
Pine.

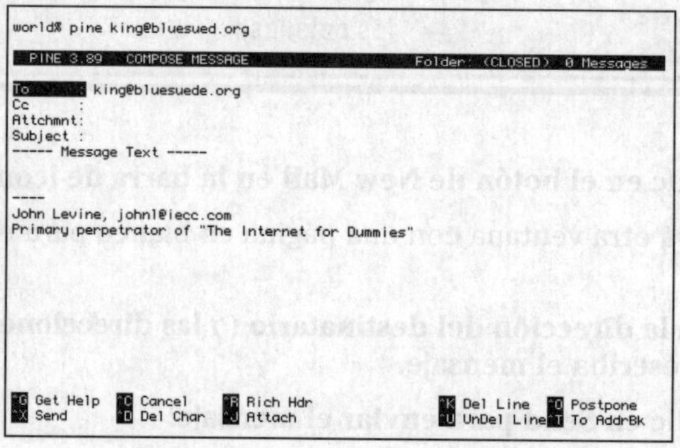

Figura 6-2.
Enviando
correo desde
Pine.

la parte de abajo hay una serie de opciones precedidas por un signo de aspecto gracioso y una letra. Ese signo indica la tecla de control en su teclado. Para elegir una opción, presione la tecla de Ctrl y la letra de la opción que le interese (tal como Ctrl+G, que aparece como ^G, para obtener ayuda).

4. En la línea Cc: puede incluir las direcciones de otras personas a quienes desee enviar la copia de este mensaje.

5. Presione Enter para obtener la línea que dice Attchmnt:

No sabemos por qué la escriben así: si es porque los programadores no la saben escribir, o porque los digitadores son muy perezosos o porque hacen abreviaciones de las cosas para que la gente no se dé cuenta que no saben escribirlas. El caso es que esta línea quiere decir *attachments,* y son archivos que se quieren enviar junto con el mensaje. Se puede incorporar el nombre de un archivo, incluso un archivo que contiene elementos que no son de texto, y Pine lo enviará junto con el mensaje.

6. Presione Enter para obtener el tema del mensaje y luego escriba algo descriptivo acerca del contenido del mensaje.

Temas presentados como "un mensaje de Harley" son muchas veces menos útiles que otros como éste:

```
Subject: Perros cazadores
```

7. Presione Enter para obtener lo que hemos estado esperando todo el tiempo y escriba su mensaje.

Puede ser lo que quiera y tener la extensión que usted desee. Aquí hay un ejemplo:

```
¿Cuando me dijiste que no soy nada más que un perro
cazador, estabas pensando en un greyhound, en un
bassent hound o en otro tipo de perro?

Firmado, un admirador curioso
```

Para incorporar el texto del mensaje, Pine utiliza un editor de texto (pico) muy sencillo, el cual, con suerte, ya usted sabe cómo usar. Si no sabe cómo hacerlo, pero sabe utilizar otro editor de UNIX, pídale al proveedor de su servicio de Internet que le ayude a instalar Pine para utilizar el editor que usted puede manejar. (Algunos proveedores le preguntan al respecto cuando le configuran su cuenta.) Sí es bueno que sepa utilizar algún tipo de editor, así que si no conoce alguno, empezar con pico es tan bueno como hacerlo con cualquier otro.

Digite el mensaje. Si usted no sabe utilizar ninguna de las características del editor, puede utilizar pico perfectamente, sin usar ninguna de ellas. Sencillamente escriba el mensaje. Presione las flechas en el teclado para moverse de un lado a otro si necesita hacer algún cambio.

8. Una vez que haya terminado presione Ctrl-X para guardar el mensaje y regresar a Pine.

Pine responde con este mensaje:

```
Send message? [y] :
```

9. Presione y o Enter para enviar el mensaje.

El programa de Pine responde con un alegre mensaje [Sending mail....] y todo está listo.

Llegó el correo

Si empieza a enviar correo electrónico (en muchos casos incluso si no lo hace), empezará a recibirlo. La llegada del correo electrónico siempre es emocionante, incluso cuando uno recibe más de cien mensajes al día.

Si utiliza Eudora

Una característica realmente buena de Eudora es que usted puede llevar a cabo mucho de lo que quiere hacer con el correo electrónico, sin estar conectado a la cuenta o pagando por minuto. En cambio, si realmente quiere revisar su correo, tiene que estar conectado. Supuestamente Eudora se da cuenta de que no está conectado y marca la conexión, pero de acuerdo a nuestra experiencia, esta característica no siempre funciona.

Si no tiene una conexión de Red de tiempo completo, siga estos pasos para obtener su correo:

1. Conéctese a Internet si todavía no está conectado.

2. Inicie Eudora.

3. Si el programa no recupera el correo automáticamente, elija _F_ile ⇨ _C_heck Mail (o presione Ctrl+M).

Si tiene una conexión de Red de tiempo completo, probablemente Eudora está instalado para recuperar el correo automáticamente, en cuyo caso lo único que tiene que hacer es abrir Eudora y éste recuperará su correo. (Además, si deja Eudora funcionando, aun cuando esté escondido en la parte de abajo de la pantalla en forma de icono, el programa revisará automáticamente cada tanto para ver si hay correo nuevo.)

Si tiene correo en un Macintosh, Eudora hace sonar una trompeta y le muestra un lindo dibujo de un gallo con una carta en su pico. Si no tiene correo, no obtiene ningún efecto de sonido, pero sí el dibujo de una culebrita. Los usuarios de Windows no tienen dibujos de animales. Si usted tiene una tarjeta de sonido, sin embargo, el programa le cantará una cancioncita para anunciar el correo nuevo.

El correo aparece en el _inbox_, una ventana que Eudora denomina In, con una línea por mensaje.

4. Para ver un mensaje, puede hacer doble clic en la línea o un solo clic y presionar Enter.

Si quiere dejar de ver un mensaje, haga doble clic en la caja que hay en la parte superior izquierda de la ventana del mensaje (la forma convencional de bajar una ventana) o presione Ctrl+W.

Los botones en la parte superior de la ventana In, o en la parte superior de su pantalla (según la versión de Eudora que tenga) le permiten disponer de su correo. A partir de Windows, si el mensaje todavía no está en su pantalla, haga primero clic (una vez) en el mensaje que desee, y éste quedará resaltado. Luego haga clic en el botón de la caneca de la basura para deshacerse del mensaje, o en el icono de impresión para imprimirlo. Si utiliza la versión de Eudora para Macintosh, elija un mensaje haciendo clic, presione Delete para borrarlo, o elija Print del menú File para imprimirlo.

Se puede hacer mucho más todavía con los mensajes, pero esto es suficiente por ahora. (Lo demás lo discutiremos en el capítulo 7.)

Una vez que haya terminado de trabajar con su correo, uno sale de Eudora de la misma manera que se sale de cualquier otro programa de Macintosh o de Windows. Antes de hacerlo, es probable que quiera desocupar su caja de correos de deshechos, que es en donde se encuentran los mensajes que ha borrado. Para efectuar la operación hay que elegir Special ⇨ Empty Trash del menú.

Si utiliza Netscape

Leer el correo con Netscape es muy parecido a leerlo con Eudora.

1. **Inicie Netscape.**
2. **Elija Window ⇨ Netscape Mail.**

   Este paso abre la ventana de correo de Netscape. Inmediatamente tratará de recuperar el correo que haya entrado; si no lo hace, haga clic en el botón Get Mail. El correo que va entrando va a quedar archivado en la carpeta INBOX.

3. **Haga clic en el icono de INBOX, en la columna izquierda de la pantalla, para ver los mensajes en el INBOX.**

   La parte superior derecha de la pantalla muestra las líneas de temas de los mensajes que entran.

4. **Haga clic en cada mensaje que quiera leer, o en Next (siguiente) o Previous (anterior) para leer los mensajes en orden.**

Una vez aparezca el mensaje en la pantalla, usted puede hacer clic en imprimir, eliminar y cualquier otro botón para disponer de los mensajes. Vamos a discutir las otras funciones en el capítulo 7.

Si utiliza Pine

Cuando se entra a la cuenta de shell, generalmente se obtiene un mensaje que dice "You have new mail", si tiene correo nuevo, o "You have mail", si todo lo que ya ha visto permanece a su disposición. Siguiendo un oscuro parámetro, el programa revisa periódicamente el correo, y cuando uno tiene correo nuevo, transmite el mensaje "You have new mail". Si le parece que el intervalo en el cual está revisando el correo no es lo suficientemente breve para satisfacer su curiosidad acerca de si realmente tiene correo nuevo, puede pedirle a su proveedor que cambie el parámetro o puede encender Pine cada vez que sienta el deseo de saberlo.

Si es un usuario de PC con Windows o de Macintosh y nunca ha tenido la maravillosa experiencia de manejar un computador sin tener esa facilidad de señalar algo y hacer clic, puede, en este minuto, estar al borde de un momento que le hará agradecer a las estrellas por todo lo que ahora tiene y había dado por sentado. Esconda su ratón. No le va a servir para nada ahora. Solo lo frustrará cada vez que trate de utilizarlo. Toda su navegación requerirá el uso de letras o de las teclas de flecha.

Aquí están los pasos a seguir:

1. **Digite el comando** pine

   El menú principal de Pine le permite elegir una variedad de actividades, pero si tiene correo, aparecerá resaltada la línea L Folder List (vea la figura 6-1).

2. **Presione Enter para ver la lista de carpetaas que puede abrir.**

   Cuando apenas está empezando, no tiene mucho que elegir, pero eso puede ir cambiando. Por ahora estará interesado en la carpeta que se llama INBOX. Y el INBOX debería estar resaltado. Presione Enter para ver su correo.

   Pine presenta una lista de mensajes como la que se observa en la figura 6.3.

Figura 6-3.
Pine hace una lista de los mensajes recién llegados.

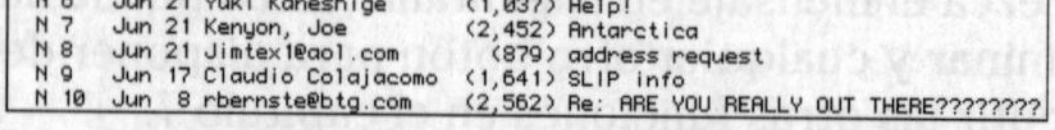

3. **El mensaje que se encuentra resaltado es el mensaje actual. Para elegir uno diferente presione las flechas, o la tecla P para el mensaje anterior, o N para el mensaje siguiente.**

Cuando haya elegido el mensaje que quiere leer, presione Enter.

Pine muestra el mensaje.

Una vez que haya leído el mensaje tiene varias elecciones posibles acerca de lo que puede hacer con él. Vamos a hablar de los detalles de eliminar, enviar a otra persona y archivar mensajes en el capítulo 7.

4. **Para leer el próximo mensaje presione N; para leer el mensaje anterior presione P; para regresar al índice de mensajes en la carpeta que está leyendo (en esté caso INBOX), presione I.**

5. **Cuando haya terminado de leer su correo, presione Q para salir.**

Pine le va a preguntar si realmente quiere hacerlo (¿Qué? ¿Salir de este programa? ¡Pero si es maravilloso!) Confirme presionando **Y**.

Algunas palabras de las damas de la etiqueta

Desafortunadamente, las grandes damas de la etiqueta, como Emily Post y Amy Vanderbilt murieron antes de que se inventara el correo electrónico. Pero aquí están algunas cosas que ellas tal vez habrían sugerido acerca de qué decir, y lo que es más importante, qué no decir en el correo electrónico.

El correo electrónico es un híbrido curioso, algo que se ubica entre una llamada telefónica (o correo oral) y una carta. Por un lado, es rápido y generalmente informal; por otro lado, se escribe y no se habla, así que no se ve el rostro de la persona ni se oye el tono de la voz.

Unos consejos:

✔ Cuando envíe un mensaje, tenga cuidado con el tono de voz.

✔ No utilice mayúsculas, parece que estuviera GRITANDO.

✔ Si alguien le envía un mensaje terriblemente ofensivo, lo más seguro es que sea un error o un chiste que salió mal. En particular, fíjese en lo que puede haber sido un sarcasmo mal logrado.

Cálmese

La indignación excesiva y sin sentido es tan común en el correo electrónico que tiene un nombre propio: Flaming (encenderse). No se encienda. Si lo hace, queda en ridículo.

Cuando obtenga un mensaje ofensivo que siente que debe contestar, póngalo en la parte de atrás del INBOX electrónico por un tiempo y espere hasta después del almuerzo. Después no responda irritado. El que lo envió probablemente no se dio cuenta de cómo se recibiría ese mensaje. En cerca de 20 años de correo electrónico, podemos asegurar que nunca, nunca nos hemos arrepentido de no haber enviado un mensaje furibundo (pero sí nos hemos arrepentido de haber enviado algunos. ¡Qué horror!)

Cuando envíe un mensaje, recuerde que la persona que lo va a leer no tiene por qué saber qué es lo que quería decir; sólo leerá lo que diga. El sarcasmo sutil y la ironía son muy difíciles de usar en el correo electrónico, y generalmente se leen como algo irritante y tonto. (Si es un excelente escritor, puede ignorar este consejo, pero recuerde que se lo advertimos.)

Algunas veces sirve poner un :-) (que se llama *smiley* - sonrisita), que significa "esto es un chiste". (Inclínese bastante hacia la izquierda si no sabe por qué es una sonrisa.) En algunas comunidades, especialmente CompuServe, `<g>` o `<grin>` sirve para el mismo propósito. A continuación hay un ejemplo típico:

```
Quienes no creen que todos somos parte de una cálida y
comprensiva comunidad que ama y apoya a todos no son sino
perros rabiosos y deberían ser cazados y matados. :-)
```

Hey, Mr. Postmaster

Todo anfitrión de Internet que pueda enviar o recibir correo tiene una dirección especial de correo que se llama `postmaster` y que garantiza la obtención del mensaje por parte de la persona responsable de ese anfitrión. Si se envía un correo a alguien y se obtiene de nuevo un mensaje de que falló la transmisión, puede intentarse enviar ese mensaje al postmaster. Si la dirección `king@bluesuede.org`

devuelve un mensaje con un error de parte de bluesuede.org, por ejemplo, se puede intentar preguntarle al postmaster@bluesuede.org. El postmaster generalmente tiene un administrador voluntario del sistema que tiene exceso de trabajo, así que no es muy amable estar pidiéndole favores muy especiales. Basta con pedirle "¿Tiene la persona tal y tal un buzón en este sistema?".

Los smileys algunas veces ayudan, pero si un chiste necesita uno, puede ser que no haya valido la pena hacerlo. Esto suena como si todo el correo electrónico debiera estar desprovisto de humor. No es tan terrible, pero hasta que sepa cómo hacerlo, póngale un límite al humor. Se alegrará de haberlo hecho.

¿Qué tan privado es el correo electrónico?

Relativamente, pero no del todo. Cualquier persona que reciba un correo suyo puede hacérselo llegar a otras personas. Algunas direcciones de correo son, en realidad, listas de correo que redistribuyen mensajes a muchas otras personas. En un caso famoso, una dirección de correo equivocada le envío un mensaje a cientos de miles de lectores. Comenzaba: "Querido, por fin tenemos una forma completamente privada de enviarnos mensajes".

La regla a seguir es no enviar nada que no soportaría ver pegado a la nevera de un vecino o anotado cerca de un teléfono público. Los últimos sistemas de correo electrónico ya incluyen algunas características de codificación que mejoran un poco la situación de privacidad, de tal manera que quien no conozca la palabra clave para descifrar el mensaje no lo puede leer.

Las herramientas más comunes para correo codificado se conocen como PEM (privacy-enhanced mail - correo de privacidad mejorada) y PGP (pretty good privacy - privacidad bastante asegurada). El PGP es uno de los programas de codificación más utilizados, tanto en Estados Unidos como en otros países. Muchos expertos consideran que es tan seguro que ni siquiera la Agencia Nacional de Seguridad lo puede descifrar. No sabemos si esto es cierto, pero si la Agencia Nacional de Seguridad quiere leer su correo, los problemas que tiene son más complicados de lo que nosotros podemos resolver.

PGP se consigue gratis en Internet. Para mayor información acerca de la privacidad y asuntos de seguridad, que incluyen, entre otras, cómo iniciar el PGP, refiérase a nuestro libro Internet Secrets (IDG Books Worldwide, 1995).

La tabla 6.1 explica cómo escribir las direcciones de correo electrónico de personas que utilizan un tipo de cuenta en línea que es diferente de la suya. Ubique la columna que corresponde al servidor en línea que utiliza. Luego ubique la línea del tipo de servicio que tiene su amiga.

Table 6-1   Cómo escribir direcciones de correo electrónico en los distintos servicios en línea

Si tiene este tipo de cuenta	Puede enviar correo a este tipo de cuenta (utilizando este tipo de ID de usuario):				
	Internet	**AOL**	**CompuServe**	**Prodigy**	**MSN**
	santa@northpole.com	Steve Case	77777,7777	A1B2C3	Bill Gates
Internet	santa@northpole.com	Steve Case@aol.com	77777.7777@compuserve.com	A1B2C3@prodigy.com	Bill Gates@msn.com
AOL	santa@northpole.com	Steve Case	77777.7777@compuserve.com	A1B2C3@prodigy.com	Bill Gates@msn.com
CompuServe	INTERNET: santa@ northpole.com	INTERNET:Steve Case@ aol.com	77777,7777	INTERNET:A1B2C3@ prodigy.com	INTERNET: Bill Gates@msn.com
Prodigy	santa@northpole.com	Steve Case@aol.com	77777.7777@compuserve.com	A1B2C3	Bill Gates@msn.com
MSN	santa@northpole.com	Steve Case@aol.com	77777.7777@compuserve.com	A1B2C3@prodigy.com	Bill Gates

Capítulo 7

Cómo colocar el correo en su lugar

* *

En este capítulo

▶ Borrar correo

▶ Responder correo

▶ Pasar correo a otra persona y archivarlo

▶ Ubicar y evitar cartas circulares

▶ Enviar y recibir correo exótico y anexos

▶ Intercambiar correo con robots y máquinas de fax

* *

Muy bien. Ya sabe cómo enviar y recibir correo. Es la hora de presentar una serie de trucos para que se convierta en un verdadero aficionado de correo. Una vez que se ha visto un mensaje, es posible hacer una cantidad de cosas con él (igual que con el correo de papel). Aquí están las opciones más corrientes:

✔ Eliminarlo

✔ Contestarlo

✔ Pasárselo a otras personas

✔ Archivarlo

A diferencia del correo de papel, puede hacer cualquiera o todas estas cosas con cada uno de los mensajes. Si usted no le dice a su programa de correo qué hacer con el mensaje, éste permanece en su caja de correo para que lo utilice después. Algunas veces, si está utilizando Pine, por ejemplo, el mensaje aparecerá guardado en la carpeta de mensajes leídos.

Si su programa de correo guarda automáticamente los mensajes en una carpeta de mensajes leídos (read-messages), asegúrese de revisar esa carpeta cada semana; de lo contrario, se convertirá en algo enorme e inmanejable.

Cómo administrar el correo con Eudora, Netscape y Pine

Cuando se empieza a recibir correo electrónico es tan emocionante que es imposible imaginarse que uno quiera eliminarlo. Pero gradualmente hay que aprender a borrar mensajes o no habrá espacio en el disco para guardarlos. Comience desde temprano. Elimine con frecuencia.

El acto físico de eliminar correo es tan fácil, que es probable que ya lo haya deducido. Si está utilizando la versión de Windows de Eudora, haga clic en el mensaje y luego clic en la caneca, o presione Ctrl+D. En la versión Macintosh de Eudora, se puede hacer clic en el mensaje y presionar Delete. Si el mensaje está abierto, presione æ+D o elija Delete del menú del mensaje. En Netscape, seleccione el mensaje y haga clic en el botón de Delete, en la barra de herramientas, o presione la tecla Delete. En Pine presione D para Delete.

Muchas veces se puede eliminar correo sin siquiera haberlo leído. Si usted está suscrito a listas de correo, ciertos tópicos pueden no interesarle. Una vez que haya visto la línea del tema, puede ser que quiera eliminarlo sin haberlo leído. Si usted es el tipo de persona que lee cualquier cosa que le envíen por correo electrónico, va a tener problemas con una cantidad de basura electrónica también. Piense en obtener ayuda profesional.

Cómo responder correo: De regreso a ti, Sam

Hay que saber una serie de cosas para contestar el correo. Es muy fácil hacerlo: en Eudora, elegir Message ➪ Reply (responder) o hacer clic en el icono que se ve como una señal de regreso en U; en Netscape, hacer clic en el icono de Reply en la barra de herramientas, elegir Message ➪ Reply del Menú o presionar Ctrl+R; en Pine, presionar R.

Preste atención a dos cosas en particular:

✔ ¿A dónde va la respuesta? Fíjese cuidadosamente en la línea que dice To: de su programa de correo, que estará ya rellenada. ¿Es ésta la persona a quien quiere dirigirse? Si está enviando la respuesta a una lista de correo, ¿realmente quiere enviarla a esa lista, o es su mensaje de naturaleza más personal y debería remitirse al individuo que le envió el mensaje? ¿Desea contestarle a todo un grupo? ¿Están incluidas todas las direcciones a las cuales desea enviar la respuesta en la lista To:? Si la lista de To: no es correcta puede mover el cursor hacia ella y editarla como sea necesario.

✔ ¿Desea incluir el contenido del mensaje al cual está respondiendo? Si no se indica nada, Eudora comienza el mensaje de respuesta con el contenido del mensaje al cual está respondiendo. Netscape no hace esto. Pine le pregunta si desea incluirlo. Le sugerimos que comience incluyéndolo; luego edite el texto para conservar únicamente el material relevante. Para personas que manejan una gran cantidad de correo diariamente, su respuesta podría no tener sentido si usted no la ubica en un contexto. Si está contestando una pregunta, incluya la pregunta en la respuesta. No es necesario incluir todo el texto, pero dele algunas pautas al lector. Es probable que haya leído unos cincuenta mensajes desde que le envió ese correo al cual usted está correspondiendo y tal vez no tenga la menor idea de qué se está tratando, a no ser que usted se lo recuerde.

Cuando responda un mensaje, su programa de correo electrónico llenará el campo del tema (Subject) con las letras Re: (forma corta de regarding- respecto de) y el campo de temas al cual está respondiendo.

Papas calientes: cómo enviar correo a terceros

Puede pasarle un correo electrónico a alguna otra persona. Es fácil. Es barato. Pasar correo a otra persona es una de las cosas más agradables que tiene el correo electrónico y, al mismo tiempo, una de las peores. Es bueno porque es muy fácil pasar mensajes a otras personas que necesitan saber acerca de ellos. Es malo porque igualmente es muy fácil enviar cantidades de mensajes a receptores que uno no conoce y que no se sabe qué van a hacer con el mensaje. De tal manera que es bastante importante considerar si realmente vale la pena enviarle el mensaje a ciertas personas.

Lo que generalmente se llama enviar (*forwarding*) un mensaje a otros destinatarios implica envolver el mensaje en un nuevo mensaje propio. Algo así como pegar papeles autoadhesivos con anotaciones en una copia del mensaje y enviar ambas cosas a otra persona.

Envío rápido a terceros

Cuando se está enviando correo a terceros, generalmente es una buena idea eliminar las partes que no son interesantes. Por ejemplo, las palabras iniciales se incluyen frecuentemente de manera automática en el mensaje que se va a enviar a terceros, y casi nada de eso se entiende y tampoco es interesante; así que es mejor eliminarlo.

La parte difícil es editar el texto. Si el mensaje es corto, más o menos del tamaño de una pantalla, tal vez es mejor dejarlo tal cual:

    ¿Hay una enorme demanda por
    pizza de fruta?

    En respuesta a su pregunta, re-
    visé en nuestro departamento
    de investigación y encontré
    que las cubiertas de pizza
    favoritas en el grupo de eda-
    des entre 18 y 34 son pepero-
    ni, salchicha, jamón, piña,
    aceitunas, pimentones,
    champiñones, hamburguesa y
    brócoli. Pregunté específica-
    mente por ciruelas y dijeron
    que no tenían una respuesta
    estadísticamente significati-
    va acerca de ellas.

Si el mensaje es realmente largo y sólo una parte es relevante, por cortesía con el lector, se debería recortar para dejar sólo la parte interesante. Podemos decir por experiencia que la gente le presta mucha más atención a un mensaje conciso, de una sola línea, que a

doce páginas llenas citas seguidas por una pregunta de dos líneas.

En algunas ocasiones puede ser útil editar el material otra vez, en especial para hacer énfasis en una parte específica. Al hacer esto, hay que tener cuidado de no editar hasta el punto de atribuirle palabras propias autor original, o que se enrede tanto el sentido del mensaje como en la siguiente respuesta:

En respuesta a su pregunta, revisé con nuestro departamento de investigación y encontré que las cubiertas de pizzas favoritas... y dijeron que no había una respuesta significativa acerca de ellas.

Ésta es una forma excelente de hacer enemigos. En algunas ocasiones puede ser bueno parafrasear un poco; en ese caso, márquese la parte parafraseada en paréntesis cuadrados de está manera:

[Cuando se le preguntó acerca de las ciruelas en la pizza, el departamento de investigaciones] dijo que no había ninguna respuesta significativa acerca de ellas.

No hay acuerdo en cuanto a si es una buena idea parafrasear para reducir un poco las citas. Por un lado, si se hace bien, se le ahorra tiempo a todo el mundo. Por otro lado, si se hace mal y alguien se ofende, puede verse uno sometido a una semana de acusaciones y disculpas que va a devorarse todo el tiempo ahorrado. Cada cual tiene que decidir qué es lo mejor.

Enviar correo a un tercero con Eudora

Para enviar correo a un tercero con Eudora:

1. **Elija Message ⇨ Forward del menú o haga clic en el icono que tiene una señal de carretera con una flecha orientada hacia arriba.**

   Eudora abre una nueva ventana con el cursor en el campo de To:.

2. **Rellene los campos de To:, Cc:, y Bcc:.**

   Indíquele a Eudora a quién quiere enviarle este mensaje. Compruebe que el campo de Subject se encuentre lleno por el campo de Subject del mensaje que quiere enviar a otras personas.

   Eudora presenta el texto a ser enviado en la parte del mensaje de la ventana. Cada línea viene precedida por un signo *mayor que* (>). Éste es el momento en el que se puede editar el mensaje y añadir los comentarios que uno quiera. En el próximo recuadro, *Envío rápido a terceros*, encontrará sugerencias acerca de cómo recortar el correo que se envía.

3. **Haga clic en Send o en Queue.**

No tan directo: redirigir correo con Eudora

Algunas veces puede que el correo que usted ha recibido haya sido enviado realmente a otra persona. Probablemente querrá pasárselo, sin tener que poner el símbolo de *mayor que* al principio de cada línea. En este caso, se debería dejar intacta la información sobre quién lo envío y a quién respondérselo para que el nuevo receptor de este correo, si quiere responderlo, pueda enviar la respuesta al originador del mensaje y no a usted sólo porque usted se lo pasó. Eudora llama redirección (*redirecting*) a este proceso; se puede redirigir correo eligiendo Message ⇨ Redirect del menú o haciendo clic en el icono de la flecha que indica un giro hacia la derecha. Eudora añade una pequeña nota amable para permitirle saber al nuevo lector cómo le llegó el mensaje.

Otros programas de correo electrónico llaman *remailing* (reenviando) o *bouncing* (rebotando) a está característica. Ésta es la versión electrónica de poner otra dirección en un sobre y devolverlo al buzón de correos. A diferencia del correo de papel, se puede leer un mensaje electrónico sin abrir un sobre (claro que estas analogías nunca son perfectas).

Enviar a terceros con Netscape

Enviar a terceros con Netscape es casi exactamente lo mismo que con Eudora. Cuando un mensaje se encuentra en la pantalla, haga clic en el botón de *Forward* y Netscape abrirá una nueva ventana para el mensaje.

La diferencia principal es que Netscape trata el mensaje viejo como un archivo que ha sido anexado; en consecuencia, no se puede editar, aunque se pueden añadir comentarios propios.

Enviar correo a terceros con Pine

Para enviar un mensaje a terceros con Pine:

1. Presione F para Forward.

Pine comienza un nuevo mensaje, dejando un espacio para el suyo, seguido por una línea cortada que se llama Forwarded Messages con el texto del mensaje que se envía a un tercero al final. Nótese que Pine utiliza el tema (Subject) del mensaje que se envía a un tercero como el tema de este mensaje, marcado con (fwd) para avisar al lector de este mensaje que ha sido enviado a un tercero.

2. Escriba en los campos de To:, y Cc: la dirección a donde quiere enviar el mensaje.

3. Incorpore cualquier comentario que desee en el campo del mensaje. Note que se puede editar el mensaje que se va a enviar a un tercero de la misma manera que se puede editar un mensaje propio.

Vea el recuadro anterior, *Envío rápido a terceros*, que contiene recomendaciones acerca de cómo recortar un mensaje que se envía a terceros.

4. Presione Ctrl-X para enviar.

Papas frías: cómo guardar el correo

Guardar correo para referencia posterior es algo parecido a poner papas frías en el refrigerador para más tarde. Hay mucho correo electrónico que vale la pena guardar, lo mismo que el correo de papel. (Por supuesto, también hay mensajes que no merecen ser guardados.)

Se puede guardar correo electrónico de diferentes maneras:

✔ Guardarlo en una carpeta llena de mensajes.

✔ Guardarlo en un archivo corriente.

✔ Imprimirlo y ponerlo en un archivador con el correo de papel.

El método más fácil es, generalmente, el de poner los mensajes en una carpeta (un archivo lleno de mensajes con un separador entre cada uno de ellos). Si no se les indica otra cosa, muchos de los programas tienen la costumbre desagradable de guardar todos los mensajes. salvo los que uno elimina, en un archivo llamado algo así como mensajes leídos o mbox. Este sistema puede haber sido muy bueno en la era paleozoica, cuando en un día muy agitado uno recibía cinco mensajes. Hoy en día sirve tanto como si uno metiera todo el correo de papel en un cajón. Si permite que su programa de correo le guarde los mensajes de esta manera, el archivo de mensajes leídos crecerá, crecerá y crecerá como un globo en una película de ficción hasta que empiece a devorarse todo lo que esté a la vista. Este método no es lo que se considera una administración efectiva del espacio del disco, así que evite que le suceda.

Para evitar que la bola gigantesca lo mate, tómese el trabajo de archivar o descartar mensajes usted mismo. Primero tiene que asegurarse de que su programa no esté guardando mensajes en alguna parte sin consultárselo. Para desactivar la característica de archivar automáticamente es posible cambiar algún parámetro de la configuración en alguna parte. Pídale ayuda a su proveedor de Internet. Si está desesperado, trate de leer el manual, aunque la mayoría de los manuales hoy en día le aseguran que el programa es muy fácil de usar y que resolver un problema de este tipo es obvio.

Hay dos tipos de sistemas que se utilizan para archivar correo: por personas o por temas. Si utiliza alguno de ellos, o ambos, es cuestión de gustos. Algunos programas de correo (tales como Pine) le ayudan a archivar el material por el nombre de quien lo envió. Así que si su amigo Fred tiene el nombre de usuario `fred@something.or.other`, cuando presione S para guardar el mensaje de él, Pine le va a preguntar si quiere ponerlo en la carpeta llamada `fred`. Por supuesto, si algún administrador del sistema un poco enloquecido le ha dado el nombre de usuario `z921h8t@something.or.other`, la clasificación automática a partir del nombre será algo deficiente, así que invéntese nombres usted mismo.

Para archivar por temas, decida cuáles serán los nombres de las carpetas. La parte más difícil es la de crear nombres que uno recuerde. Si no se fija en esto, al final tendrá cuatro carpetas con nombres escasamente diferentes, cada uno con una cuarta parte de los mensajes acerca de un tema en particular. Trate de crear nombres que sean obvios y no use abreviaciones. Si el tema es `contabilidad` llame la carpeta contabilidad, porque si usa una abreviación nunca recordará si es `cont`, `ctb`, `ctbilid`, o cualquier otra docena de abreviaciones posibles.

Archivando con Eudora

Eudora hace que archivar el correo sea bastante fácil gracias a dos cosas. Primero, le muestra todos los nombres de carpeta que ya ha creado; así que difícilmente creará otra carpeta para el mismo tema con un nombre parecido. Segundo, le permite crear jerarquías de carpetas de tal manera que bajo el encabezamiento de Jazz, por ejemplo, puede tener carpetas que se llaman *recomendaciones de CD* y *mujeres en el Jazz*. Tercero, la versión comercial de Eudora puede archivar mensajes automáticamente: se pueden crear filtros que le indican a Eudora, por ejemplo, "cualquier mensaje que llegue de la lista de POLLOS-L deberá archivarse automáticamente en la carpeta titulada 'Pollos".

Archivando con Netscape

Para guardar un mensaje utilizando el programa de correo de Netscape, seleccione el mensaje y elija Message ⇨ Move del menú. En la lista que aparece a continuación, elija el nombre de la carpeta. Para crear una nueva carpeta, elija File ⇨ New Folder del menú.

Archivando con Pine

Para guardar un mensaje en una carpeta presione **s** cuando esté mirando el mensaje o cuando esté resaltado en su lista de mensajes. Para crear una nueva carpeta, dígale a Pine que guarde el mensaje en una carpeta que todavía no existe. Pine preguntará si desea crearla; presione **Y** para hacerlo.

Cómo enviar y recibir correo exótico y anexos de correo

Tarde o temprano, el correo electrónico común y corriente de todos los días no será suficiente. Alguien le va a enviar una imagen que desea ver, o usted querrá enviar algo maravilloso a su mejor amigo en París. Cuando se habla de enviar material que no sea texto a través del correo, estamos hablando de utilizar formatos especiales de archivo y sistemas que puedan leerlos. Algunas veces, todo el mensaje tiene un formato especial (como MIME, al cual nos referiremos más adelante), y otras, la gente quiere añadir cosas al correo. Los anexos vienen de distintos sabores; se presentará una discusión completa acerca de los archivos de formato y cómo leerlos en el capítulo 18. Mientras tanto, vamos a contarle lo que es MIME, una convención para incluir material distinto al puro texto en mensajes de correo electrónico. MIME quiere decir *multiporpose Internet mail extensions* (extensiones multipropósito del correo de Internet).

¡Sonido! ¡Imágenes! ¡Acción!

MIME tiene una larga lista del tipo de cosas que se quieren añadir, que va desde un texto ligeramente formateado que utiliza caracteres (tales como *énfasis* para énfasis) e inclusive imágenes de color, video de animación total y sonido de alta fidelidad.

Cartas en cadena: ¡qué ira!

Una de las cosas más molestas que se puede hacer con el correo electrónico es enviar cartas en cadena. Debido a que todos los programas de correo tienen un comando de Forward, con sólo unos pocos golpes de tecla se puede tomar una circular y enviarla a cientos de personas. No lo haga. La circulares son graciosas los primeros dos segundos y luego, sencillamente molestas.

A pesar de los esfuerzos que hacemos por eliminarlas, siempre hay unas circulares que están llegando y dando vueltas por todas partes. Aprenda a reconocerlas para evitar hacer el ridículo después. Aquí hay algunas de ellas:

El chiste del virus _Good Times_ (tiempos felices).- Hacia diciembre de 1994 empezó a circular en America Online (AOL) un mensaje que aparecía como una advertencia de que había un horrible virus de computador capaz de borrar el disco duro y que se estaba distribuyendo por correo electrónico. Supuestamente el virus aparecía en un correo electrónico que llevaba por tema "Good Times" (tiempos felices). La circular, no el virus, se difundió rápidamente por todo el Internet y la mayoría de corporaciones y grupos de Usenet. Muchos individuos con buenas intenciones se los enviaban a todos los que conocían. Los virus de computador se difunden a través de programas infectados que, después de que se ponen a funcionar, pueden tener efectos maliciosos. El correo electrónico es básicamente un texto, no un programa, que, en sí mismo, no puede causarle ningún perjuicio a su disco.

Niño moribundo desea tarjetas.- (Algunas veces son tarjetas de negocios.) Ya no, ya no las quiere. Pero hace algunos años, un niño inglés llamado Craig Shergold fue hospitalizado con

lo que se pensó era un tumor de cerebro inoperable. Craig quería tener el récord mundial del mayor número de tarjetas recibidas. El mensaje empezó a correr y Craig recibió millones y millones de tarjetas, lo que le valió ser incluido en el libro de récords mundiales de Guinnes. Luego resultó que el tumor no era inoperable. El billonario de la TV estadounidense, John Kluge, le pagó a Craig un viaje a los Estados Unidos donde le practicaron una exitosa operación. Así que Craig en este momento está bien y definitivamente no quiere más tarjetas. (Todo esto se puede leer en la página 24 de la edición del 29 de junio de 1990 del New York Times.) Los de Guinnes estaban tan molestos con la historia que cerraron esta categoría; ya no se aceptan más récords para tarjetas. Si usted quiere ayudar a niños que se estén muriendo, dele los 2 dólares que cuesta la tarjeta y la estampilla a una organización que ayude a los niños, como UNICEF.

Rumor del impuesto sobre el módem.- En 1987, la Comisión Federal de Comunicaciones (FCC) consideró una propuesta para hacer un cambio técnico en las reglas que determinan cómo han de pagar las conexiones telefónicas los servicios en línea tales como CompuServe y AOL. De haberse implementado tal propuesta, el efecto habría sido un alza en el precio de estos servicios. Los clientes de los servicios en línea expresaron su oposición de inmediato, haciendo mucho ruido; los miembros del congreso hicieron sus investigaciones y la propuesta se abandonó para siempre. Algunos alarmistas que no están enterados de lo que sucedió al respecto, desafortunadamente siguen haciendo circular carteleras desde ese entonces.

Ganar plata con una circular.- Estas cartas generalmente tienen por tema MAKE.MONEY. FAST (haga plata rápidamente) y están firmadas por "Dave Rhodes". Contienen cantidades de testimonios de personas que ahora están bañados en plata, y le indican cómo enviar cinco dólares o algo así al primer nombre de la lista, poner su nombre al final y enviar este mensaje a otro trillón de tontos. Algunos, inclusive, dicen "esto no es una circular" (supuestamente está ayudando únicamente a crear una lista de correo o algo así; puede estar seguro cien por ciento que se trata de una circular). Ni siquiera lo piense. Estás circulares son completamente ilegales y además tampoco funcionan. (¿Por qué enviar dinero? ¿Por qué no basta con añadir su nombre y pasar la carta?) Piense que estas cartas son como virus de debilidad. Sencillamente, ignórelas, o tal vez envíe una nota amable al Postmaster de la persona que la envía para que este Postmaster le diga a los usuarios que no envíen más circulares.

La receta de galletas a US$ 2,50.- Según esta carta, alguien estaba comiendo unas galletas de chocolate en alguna parte (Mrs. Fields y Neiman Marcus son las bizcocherías más frecuentemente citadas) y preguntó si se podía obtener la respectiva receta. "Por supuesto", fue la respuesta, "le cargaré tan solo US$ 2,50 a su tarjeta de crédito". "Perfecto". Cuando llegó la tarjeta de crédito, resultó que la cuenta era de 250 dólares y no de 2,50. En retribución, el mensaje concluye con la supuesta receta de Mrs Fields o Neiman Marcus. La historia es completamente estúpida: las recetas de Mrs Fields están en su libro de cocina; y Neiman no da las suyas. La receta, que varía un poquito de una versión a otra, sirve para hacer galletas bastante buenas, pero no creo que sea mejor que cualquier otra que se encuentre en la parte de atrás de una bolsa de galletas. Esta misma historia, a propósito, circuló de mano en mano en 1940 y 1950, excepto que la receta era para un pastel que se servía en un restaurante de uno de los grandes almacenes de Nueva York. La historia de aquel entonces tampoco era cierta.

El grupo que diseñó MIME tuvo suficiente sentido como para caer en cuenta de que no todo el mundo tiene un computador que pueda manejar toda esta cantidad de material sofisticado, así que un mensaje de MIME puede contener formas alternativas de la misma cosa, tal como un texto bellamente formateado y con una letra muy elegante para gente que tenga pantallas de video sofisticadas, y textos sencillos para la gente que está trabajando con terminales corrientes. MIME también maneja mensajes agrupados, por lo cual un mensaje de MIME puede contener un documento y una serie de ilustraciones que lo acompañan.

Se supone que MIME es un sistema de correo de doble tracción, es decir que los mensajes de MIME pueden ser enviados a todo tipo de nexos de correo hostiles y poco amigables. Esto se hace disfrazando los contenidos de MIME como si fueran un texto común y corriente. (Por lo menos el computador cree que es un texto. Para nosotros se ve más bien como `QW&IIdfhfX87/$@`.) Se puede reconocer un mensaje de MIME buscando un encabezamiento especial de correo que se ve como el siguiente:

```
MIME - versión : 1.0
Content - type : TEXT / PLAIN :   CHARSET=US - ASCII
Content - transfer - encoding : 7 BIT
```

La primera línea dice que el mensaje está utilizando la versión 1.0 del MIME estándar (la única versión que se ha definido hasta ahora). La segunda línea significa que este mensaje en particular contiene texto común y corriente. La tercera línea significa que el texto está representado en el mensaje como texto. (Los computadores son tan débiles mentales que ni siquiera esto les parece obvio). Los diferentes tipos de mensajes utilizan diferentes tipos de encabezamientos del tipo de contenido. A estas alturas, todos utilizan el mismo decodificador de transferencia de contenido.

✔ Si está utilizando un programa de correo que sea compatible con MIME, tal como dice la jerga, sabrá que tiene un mensaje de MIME porque a medida que vaya leyendo el correo, una ventana aparecerá súbitamente con una imagen o un texto formateado, o tal vez su computador comience a cantar el mensaje (y estaba convencido de que los telegramas cantados eran cosa del pasado). Eudora y Pine aceptan MIME. America Online puede enviar y recibir correo MIME, y otros servicios comerciales en línea todavía están trabajando para hacerlo.

✔ Si su programa de correo no sabe que existe MIME y recibe un mensaje en MIME, aparecerá como un mensaje muy grande en el buzón de correos. Si contiene texto, aproximadamente la mitad de este texto enrevesado es legible tal cual, quitando o poniendo algún carácter de puntuación desagradable. El sonido y las imágenes, por otro lado, no sirven absolutamente para nada, porque son versiones digitales binarias de imágenes y no se aproximan para nada a un texto.

✔ Si recibe una imagen o sonido en un mensaje de MIME y su programa no sabe manejarlos, existen algunos métodos un poco torpes pero utilizables para guardar el mensaje en un archivo y extraer los contenidos con programas separados. Consulte a su proveedor de servicio de Internet para que lo ayude.

Anexarse

Para enviar cosas tales como dibujos, programas y películas (sí películas) utilizando el correo electrónico, éstos generalmente se envían o se reciben como un anexo (*attachment*). El correo electrónico llega como una especie de carta con un paquete anexo. Tiene que desenvolver el paquete, o sea el anexo, por separado. Puede que tenga el software para leer el paquete que recibe, pero puede que no, así que el capítulo 18 le dice como informarse acerca de lo que está mirando y cuáles son los pasos a seguir para que sea comprensible.

Anexos de Eudora

Para enviar anexos con Eudora, elija Message ⇨ Attach Document o haga clic en el icono Attach (un disco frente a una carpeta) o presione Ctrl+H. Eudora le ayuda a elegir el documento que quiere anexar. La palabra "documento" se utiliza aquí de forma ligera; Eudora está en capacidad de elegir cualquier archivo que desee anexar.

Si arrastra un archivo del administrador de archivos de Windows a Eudora, éste lo anexa al mensaje que está escribiendo. Si no está escribiendo un mensaje, el programa inicia uno.

Cuando Eudora recibe correo con anexos, automáticamente los guarda en su disco y le indica en dónde están y cómo se llaman.

Anexos de Netscape

En Netscape se hace clic en el botón de Attach para enviar un anexo. A diferencia de la mayoría de los otros programas de correo, Netscape le permite anexar cualquier archivo o documento que pueda describir con URL (Uniform Resource Locator, el esquema de designación que se utiliza en la Web: ver capítulo 4). Le brinda la oportunidad de elegir anexar un documento (y si no indica nada, anexa el último mensaje o la página que estaba mirando) o de anexar un archivo: haga clic en documento o archivo. Si anexa un archivo, se puede hacer clic en el botón de Browse para elegir el archivo que se va anexar. Cuando haya decidido qué va a anexar, haga clic en OK para anexar el archivo al mensaje que se va a enviar.

Cuando llega correo, Netscape despliega los anexos que sabe mostrar por sí mismo (páginas de Web, GIF y archivos con imágenes JPG). Para otro tipo de anexos, Netscape incluye una pequeña descripción del archivo, que se puede abrir con un clic. A estas alturas, Netscape corre un programa de presentación apropiado, si sabe de alguno, o le pregunta si quiere guardar el anexo en un archivo o configurar un programa de presentación para poder ver el anexo.

Anexos en Pine

Para anexar material en Pine, hay que ingresar los nombres de los archivos de lo que se quiere anexar, separados por comas. Cuando se presiona Enter una vez que se ha dispuesto el anexo, Pine obtiene el archivo. Si no puede encontrarlo, ingresa el archivo en su lista de anexos de cualquier manera, pero le indica que no lo puede encontrar, así que tenga cuidado.

Cuando Pine lee un mensaje con anexo, le avisa cuáles anexos contiene y se los presenta si están en un formato que sabe manejar. Generalmente lo que sucede es que se guardan con un nombre de archivo que el usuario elija y se leen después con otro software. (El capítulo 18 tiene información acerca de cuál es el tipo de archivo que puede haber recibido.)

Hola, señor Robot

No toda dirección de correo tiene realmente una persona como titular. Algunas corresponden a listas de correo (de las que hablaremos en el capítulo 8), y otras son robots. Los robots de correo se han vuelto muy populares como base de datos a la cual se le puede hacer preguntas y de donde se pueden recuperar archivos porque es más fácil establecer conexión con correo electrónico que con un programa que maneje transferencias estándar de archivo. Cuando se envía un mensaje al robot (generalmente referido como mail server), éste emprende algunas acciones basadas en el contenido del mensaje y envía una respuesta. Si usted envía un mensaje a `ninternet@dummies.com`, por ejemplo, recibe una respuesta indicándole su dirección de correo electrónico.

El uso más común que se da a los servidores de correo es el de inscribirse y salirse de listas de correos, que vamos a trabajar con detalle en el capítulo 8. También se utilizan para recuperar archivos de las locaciones de archivo de FTP (vea el capítulo 10 para más detalles). Las empresas los utilizan para enviar respuestas estándar de pedidos de información que se envían a info@laquesea.com.

Su propio y personal administrador de correo

Una vez comience a enviar correo electrónico, probablemente comenzará a recibir una buena cantidad de mensajes, especialmente si ha ingresado a listas de correo (vea el capítulo 8). El correo que entra al principio parece un pequeño goteo, luego una corriente y después un torrente. Por último se llega a la situación de no poder pasar cerca del teclado sin mojarse hasta las orejas con el flujo de correo, por decirlo metafóricamente.

Afortunadamente, muchos sistemas de correo le brindan formas de manejar ese flujo para evitar estropear toda su ropa (bueno, ya basta con esta tonta metáfora). Si la mayoría de los mensajes provienen de listas de correo, deberá buscar si también se pueden obtener por medio de los grupos de noticias de *Usenet* (vea el capítulo 9). Los programas de lectura de Usenet por lo general permiten echarle una mirada a los mensajes y encontrar los más interesantes de manera más rápida que los programas de correo; además ordenan los mensajes automáticamente, permitiéndole leer o dejar de lado toda una *hilera* (conversación) de mensajes sobre un tema en particular. El administrador del sistema puede lograr que las listas de correo con mucho flujo de mensajes aparezcan como grupos de noticias. Nosotros manejamos unas 40 listas de correo de esa manera.

Tanto para Mac como para PC, los usuarios de Eudora pueden crear *filtros* que pueden revisar automáticamente el correo que llega, cotejándolo con listas de los emisarios y temas, y según eso guardarlo en los archivos correspondientes. Otros programas de correo tienen características similares de filtrado.

Todo este cuento de la organización automática parece un exceso, y si sólo recibe unos cinco o diez mensajes por día, de hecho lo es. Pero una vez que empieza a fluir el correo, va a notar que administrarlo le está quitando mucho tiempo. Es bueno tener en cuenta estas herramientas de automatización; si no las requiere ahora, luego puede llegar a necesitarlas.

Capítulo 8

Correo, correo, llegó toda la tropa

●●

En este capítulo

▶ Listas de correo

▶ Cómo tener más, o menos correo malo

▶ Algunas listas de correo interesantes

▶ Servidores de correo

●●

¿Está seguro de que este correo no es pura basura?

Ahora que ya sabe todo acerca de cómo enviar y recibir correo, sólo hay un problema para llevar una vida rica y plena, llena de correo: no conoce suficiente gente con quien intercambiar correo. Afortunadamente, puede incluir su nombre en miles de listas, lo que le asegura que cada mañana encontrará en su buzón de correo cuatrocientos nuevos mensajes. (Tal vez debería empezar con una o dos listas.)

El sentido de una lista de correos es algo muy sencillo. La lista tiene su propia dirección de correo electrónico y cualquier cosa que se envía a esta dirección se envía a todas las personas de la lista. Puesto que ellas, a su vez, responden los mensajes, el resultado es una conversación permanente.

Las distintas listas tienen distintos estilos. Algunas son relativamente formales, y se mantienen cerca del tema oficial. Otras tienden a dispersarse en términos del tema. Es bueno leerlas durante algún tiempo para distinguir cuál funciona de qué manera.

Los grupos de noticias de Usenet son otra forma de tener conversaciones permanentes en correo electrónico, y es difícil distinguir entre unas y otras. (Puesto que algunos temas aparecen tanto en las listas de correo como en Usenet, tanto los que tienen acceso a noticias, como los que no, pueden participar.) En el capítulo 9 hablaremos de Usenet.

Cómo entrar y salir de las listas de correo

La forma de entrar y salir de una lista de correo es muy simple: sólo hay que enviar un mensaje. Existen dos líneas de administración de listas de correo: la *manual* y la *automática*. La administración manual es una forma más tradicional: el mensaje es leído por un ser humano que pone al día los archivos para suscribir a las personas que han ingresado o retirar a las que han salido de la lista. La ventaja de la administración manual es que se recibe un servicio personal; la desventaja es que tal vez el que administra la lista no está por ahí para servirle si usted tiene cosas más importantes (por ejemplo, su verdadero trabajo) que hacer.

Hoy en día es corriente que las listas sean administradas automáticamente, lo cual ahorra la necesidad de tener allí un ser humano que le preste atención en los momentos de confusión. Los administradores de correo automático más utilizados son familias de programas que se conocen como LISTSERV, Majordomo y Listproc, a los cuales nos referiremos más adelante en este capítulo.

En el caso de las listas manuales, hay una convención ampliamente aceptada con respecto a las direcciones de la lista y del que las administra. Supongamos que desea ingresar a una lista de fanáticos de James Buchanan (el décimo quinto presidente de los Estados Unidos y el único que nunca se casó), y el nombre de la lista es `buchanan-lover@dummies.com`. La dirección del administrador es muy seguramente `buchanan-lovers-request@dummies.com`. En otras palabras, es suficiente añadir `-request` a la dirección de la lista para obtener la dirección del administrador. Puesto que la lista se administra a mano, su intención de ingresar o salir no tiene que tener una forma particular; sólo tiene que ser amable. `Por favor incluirme en la lista de buchanan-lovers` puede estar muy bien. Cuando haya decidido que ya tiene todo el Buchanan que se puede soportar, otro mensaje diciendo `Por favor retíreme de la lista de buchanan-lovers`, es igualmente efectivo.

Los mensajes a la dirección `_request` son leídos y administrados por seres humanos, quienes, además de administrar una lista de correo, algunas veces comen, duermen y trabajan en puestos normales. Es decir que no van a leer su solicitud en el momento exacto en que llega. Su inclusión o exclusión de la lista puede tomar un día o más, y una vez que usted haya solicitado su retiro es probable que siga obteniendo un par de mensajes antes de haber desaparecido efectivamente. Si la operación toma mucho más tiempo del que usted está dispuesto a soportar, sea paciente. Y no envíe cantidades de cartas reforzando su pedido, pues irritan notablemente al administrador de la lista.

LISTSERV, el potente administrador de correo del computador

BITNET (una enorme red de computadores que se ha fundido casi en su totalidad con Internet) se creó con la única finalidad de enviar archivos de un sistema a otro. Como resultado, los usuarios de BITNET desarrollaron rápidamente cantidades y cantidades de listas de correo, porque no había ninguna otra forma conveniente, tal como las noticias de Usenet, para mantenerse en contacto.

Cómo evitar hacer el ridículo

He aquí un buen consejo: una vez que se haya suscrito a una lista, léala durante una semana antes de enviar cualquier cosa. Créanos, desde que comenzó, esa lista se las ha arreglado divinamente sin sus ideas y puede vivir otra semana sin ellas.

Este método le permite conocer qué tipo de temas están discutiendo las personas, el tono que utilizan y otros detalles. También le da una idea acerca de los temas ya gastados. El ridículo clásico del recién llegado es suscribirse a una lista e inmediatamente enviar un mensaje haciendo una pregunta tonta que realmente no es esencial para el tópico y que ya ha sido liquidada tres o cuatro días antes. Tómese su tiempo y no permita que esto le suceda a usted.

El otro ridículo del recién llegado es enviar un mensaje de inclusión o retiro *directamente a la lista*; este tipo de mensaje debería ir al request o a una dirección de LISTSERV, **Mayordomo o Listproc**, en donde el administrador de la lista (humano o robot) puede ejecutarlo, y no a la lista misma; en este útlimo caso, todos los suscriptores podrán ver que usted no ha entendido nada.

En resumen: el primer mensaje que envíe para unirse a una lista debería ir a **algo-request**, **LISTSERV, Mayordomo** o **Listproc**, pero no a la lista misma. Una vez haya ingresado, entonces sí, envíe mensajes a la lista.

Mantener todas esas listas de correo implicaba, y sigue implicando, una cantidad increíble de trabajo. Para agilizar el proceso, la gente de BITNET creó un programa llamado LISTSERV, que originalmente funcionaba en enormes computadores de IBM. (Estos computadores de alta velocidad de IBM tienen una especial inclinación a utilizar nombres de ocho letras, en mayúsculas, AUNQUE A LA MAYORÍA DE NOSOTROS ESTO NOS DÉ LA SENSACIÓN DE QUE NOS ESTÁN GRITANDO.) Originalmente, sólo los usuarios de máquinas directamente conectadas a BITNET podían utilizar LISTSERV, pero las versiones actuales han mejorado a tal punto que cualquier persona con una dirección de Internet puede usarlo. De hecho, LISTSERV ha crecido tanto que se ha convertido en un programa maravilloso con millones de características y posibilidades que casi nadie necesita.

LISTSERV es un poco difícil de usar, pero tiene la gran ventaja de manejar enormes listas de correo que contienen miles de miembros, algo que hace que los programas normales de Internet se indigesten. (Por ejemplo, LISTSERV puede enviar correo a mil direcciones en unos cinco minutos, lo que al programa corriente de Internet –sendmail– le tomaría más de una hora.)

Para ingresar o salir de una lista de correos de LISTSERV hay que enviar un correo a LISTSERV@una.máquina.u.otra, en donde una.máquina.u.otra es el nombre de la máquina en particular en la que vive la lista de correo. Los administradores de LISTSERV son programas de computador; por lo tanto, son bastante simples, así que hay que hablarles claramente.

¡UY! ¡Los computadores digieren mensajes!

Algunas listas de correo son *digeridas*. No, no están goteando jugos gástricos digitales; son digeridas más en el sentido del *Reader's Digest*. Durante un período particular (generalmente un día o dos), todos los mensajes se recogen en un gran mensaje con un índice al principio. Muchas personas consideran que este método es más conveniente que recibir los mensajes por separado, porque es fácil mirar de una sola vez todos los mensajes sobre el tema.

Algunos programas de lectura de noticias le dan la opción de dividir nuevamente estas listas digeridas en mensajes individuales para que pueda ver uno a la vez y, sin embargo, mantenerlos agrupados. Algunas veces, esta opción se llama *undigstifying* (desdigestar) o *exploding* (explotar) una digestión. (Primero se digiere y luego explota, algo así como comerse un burrito). Repase las características particulares de su programa de correo para ver si tiene una opción de *digest-exploding* (digerir-explotar.)

Suponga que desea ingresar a una lista llamada SNUFLE-L (las listas de correo de LISTSERV generalmente terminan con -L), que habita en bluesuede.org. Para ingresar, envíe un mensaje a LISTSERV@bluesuede.org con la siguiente línea:

```
SUB SNUFLE-L Roger Sherman
```

No hace falta añadir una línea de tema ni ninguna otra cosa a este mensaje. SUB es la forma breve de suscripción; SNUFLE-L, el nombre de la lista; lo que siga después se supone que es su nombre verdadero. (Puede poner lo que desee ahí, pero recuerde que aparecerá siempre en la dirección de remite de cualquier cosa que envíe a la lista.) Poco después obtendrá dos mensajes:

✔ Un amistoso mensaje de bienvenida generado por la máquina que le informa que ha ingresado a la lista, junto con una descripción de alguno de los comandos que puede utilizar para cambiar cosas en su suscripción. Algunas veces, la bienvenida incluye la solicitud de confirmar que obtuvo este mensaje. Siga las instrucciones respondiendo con la palabra OK en el cuerpo del mensaje. Esto le permite a la lista asegurarse de que no está enviando mensajes al vacío. Si usted no brinda la confirmación, no queda inscrito en la lista.

✔ Un mensaje terriblemente aburrido, informándole que la máquina de alta velocidad de IBM hizo funcionar un programa para manejar su petición y le está reportando el número exacto de milésimas de segundos que le tomó al computador y el número de operaciones de disco que este pedido requirió. ¡Qué horror! (Es realmente alarmante pensar que en alguna parte hay gente que encuentra interesante este mensaje.)

Conserve el mensaje amigable e informativo que le dice cuáles son los comandos que puede utilizar cuando esté manejando la lista. Por un lado, le dice cómo retirarse de la lista de correos si no le gusta. En nuestro programa de correo tenemos un folder que se llama *Listas de correo* en el cual archivamos todos los mensajes de bienvenida de todas las listas de correo a las que nos suscribimos.

Una vez que se haya suscrito, para enviar un mensaje a esta lista, envíelo al nombre de la lista en la misma máquina, en este caso SNUFLE-L@bluesuede.org. Asegúrese de escribir un *tema* descriptivo para las multitudes que se beneficiarán de su sabiduría. En cuestión de minutos, muchas personas en todo el mundo leerán su mensaje.

Para retirarse de una lista hay que escribir de nuevo a LISTSERV@una.máquina.u.otra, enviando esta vez:

```
SIGNOFF SNUFLE-L
```

o cualquiera que sea el nombre de la lista. Esta vez, usted ya no tiene que dar su nombre, porque en cuanto se retira de LISTSERV, éste no se interesa más por usted y se olvida de que alguna vez existió.

Es más fácil ingresar y retirarse de algunas listas que de otras. Generalmente es suficiente una solicitud para ingresar a cualquiera de ellas. En algunos casos, sin embargo, la lista no está abierta a todos y el dueño humano de la lista pide algunos datos como requisito para el ingreso, en cuyo caso puede ser que reciba mensajes del dueño de la lista para discutir su petición de ingreso.

Para contactar al ser humano real que se ocupa de una lista en particular, la dirección de correo es OWNER- seguida por el nombre de la lista (OWNER-SNUFLE-L, por ejemplo). El dueño puede hacer todo tipo de cosas que los otros mortales no pueden hacer en una lista. En particular, el dueño puede colocar todo tipo de nombres o añadir un nombre que, por alguna razón, el método automático no puede añadir. Tiene que pedir intervención manual si su sistema de correo no incluye su dirección de correo correctamente en la línea De: *(From:)* de sus mensajes, tal como sucede algunas veces en sistemas de correo locales que no lo tienen bien instalado.

Trucos tontos para LISTSERV

La gente que mantiene el programa LISTSERV ha añadido tantos adornos que se requeriría todo un libro para describirlos y, francamente, no son tan interesantes. Pero aquí le vamos a dar algunos trucos tontos para manejar LISTSERV. Para cada uno de ellos, envíe un mensaje a LISTSERV@una.máquina.u.otra para hablar con el programa de LISTSERV. Usted puede enviar diversos comandos en el mismo mensaje, si quiere realizar dos o tres trucos a la vez.

✔ **Suspender correo temporalmente**. Algunas veces va a estar fuera durante una semana o dos y no quiere que se le envíe una cantidad de correo impresionante durante ese tiempo. Pero, como desea volver alguna vez, tampoco quiere retirarse del todo de la lista. Para detener temporalmente el ingreso de correo de la lista SNUFLE-L, envíe un mensaje que diga:

```
SET SNUFLE-L NOMAIL
```

y dejará de enviarle mensajes. Para volver a la lista envíe el siguiente mensaje:

```
SET SNUFLE-L MAIL
```

✔ **Para obtener mensajes como un resumen digerido.** Si está obteniendo un número muy grande de mensajes de una lista y prefiere recibirlos todos al mismo tiempo como un resumen digerido diario, envíe este mensaje:

```
SET SNUFLE-L DIGEST
```

No todas las listas pueden ser digeridas, pero las que no lo son se lo hacen saber y no se molestan.

✔ **Averiguar quién está en la lista.** Para saber quiénes son los suscriptores de una lista envíe el siguiente mensaje:

```
REVIEW SNUFLE-L
```

Algunas listas pueden ser revisadas sólo por las personas que pertenecen a ellas; otras no se pueden revisar. Hay listas enormes, así que prepárese para que le envíen un enorme catálogo de miles de suscriptores.

✔ **Recibir o no recibir el correo propio.** Cuando se envía un correo a la lista de LISTSERV de la cual se es miembro, generalmente se recibe una copia de su propio mensaje para confirmar que llegó bien. Algunas personas consideran que este proceso es redundante. ("Su mensaje ha sido enviado. Lo recibirá dentro de poco". ¿Es tonto verdad?) Para evitar que le remitan copias de su propio mensaje, despache este mensaje:

```
SET SNUFLE-L NOACK
```

Para volver a recibir copias de su propio mensaje, envíe éste:

```
SET SNUFLE-L ACK
```

✔ **Obtener archivos.** La mayoría de los servidores de LISTSERV tienen una biblioteca de archivos disponibles (generalmente documentos que han sido aportados por los miembros de la lista de correo). Para encontrar los archivos disponibles envíe:

```
INDEX
```

✔ Para que LISTSERV le remita un archivo en particular por correo electrónico, envíe el siguiente mensaje:

```
GET fnombre
```

en donde *fnombre* es el nombre de un archivo del comando INDEX. En los sistemas IBM los archivos tienen nombre en dos partes separadas por un espacio (por ejemplo, GET SNUFLE-L MEMO).

✔ **Averiguar cuáles son las listas disponibles.** Para averiguar cuáles son las listas disponibles en LISTSERV en un anfitrión particular, mande esté mensaje:

```
LIST
```

Nota: El hecho de que una lista exista no quiere decir que se puede suscribir a ella. Pero no cuesta nada intentarlo.

✔ **Hacer que LISTSERV haga otras cosas.** Hay cantidades de comandos en LISTSERV, pero la mayoría de ellos sólo sirve para las personas en las máquinas de alta velocidad de IBM. Si usted es una de ellas, o si sencillamente es curioso, envíe un mensaje que contenga esta línea:

```
HELP
```

y le enviarán una respuesta con la lista de los otros comandos.

Una excelente selección, señor

El otro administrador de listas de correo que se utiliza ampliamente es el *Majordomo* de Brent Chapman. Comenzó como algo que pretendía parecerse a LISTSERV para estaciones de trabajo, pero ha evolucionado hasta convertirse en un sistema que funciona bastante bien. A causa de sus orígenes, Majordomo utiliza comandos que son casi, pero no idénticos, a los de LISTSERV.

La dirección de correo de los comandos de Majordomo, tal como es de esperarse, es majordomo@una.máquina.o.otra. Las listas de Majordomo tienden a tener nombres largos y expresivos. Uno de los favoritos nuestros se llama explosive-cargo, un semanario bastante gracioso escrito por un tipo en Boston, que en la vida real es un escritor técnico de computadores. Para suscribirse, porque la lista está en el world. std.com., envíe el siguiente mensaje a Majordomo@world.std.com:

```
suscribe explosive-cargo
```

Nota. A diferencia de LISTSERV, aquí *no* se pone el nombre verdadero en el comando de suscripción.

Para retirarse:

```
unsuscribe explosive-cargo
```

Una vez que se haya suscrito, puede enviar un mensaje a todas las personas en la lista de correo escribiendo a nombre de la `lista@una.máquina.o.otra`. (No se puede enviar mensajes a `explosive-cargo` porque es una lista únicamente para anuncios; es decir, solo el tipo de Boston que la administra puede despachar mensajes.)

Trucos tontos de Majordomo

Para no quedar rezagado frente a LISTSERV, Majordomo ha desarrollado su propio conjunto de comandos, que no sirven para mayor cosa (y como con LISTSERV, se puede enviar muchos de estos en un solo mensaje):

✔ Para averiguar cuáles son las listas del sistema de Majordomo a las cuales está suscrito:

```
which
```

✔ Para encontrar todas las listas que maneja el sistema de Majordomo:

```
lists
```

✔ Majordomo también puede conservar archivos referidos a sus listas. Para encontrar los nombres de los archivos de una lista en particular:

```
index nombre-de la-lista
```

✔ Para pedirle a Majordomo que le envíe uno de sus archivos por correo electrónico:

```
get nombre -de- lista nombre -de- archivo
```

✔ Para averiguar el resto de las cosas tontas que puede hacer Majordomo:

```
help
```

✔ Si necesita contactar al administrador humano del sistema de Majordomo porque no puede retirarse de una lista que quiere abandonar, o tiene algún otro problema que no puede resolver, envíe un mensaje amable a `owner majordomo@ hostname`. Recuerde que, puesto que los seres humanos comen, duermen y tienen trabajos en la vida real, la respuesta puede demorar uno o dos días.

Listproc: el administrador de listas en tercer lugar

Listproc no se utiliza tanto como LISTSERV y Majordomo, pero su popularidad está aumentando porque es más fácil de instalar que LISTSERV, más barato y casi tan poderoso.

Para suscribirse a una lista de correo de Listproc se envía el mensaje:

```
suscribe nombre de la lista su nombre
```

a `listproc@algún-computador`. Para suscribirse a la (hipotética) lista de correo `pollos` en `dummies.com`, por ejemplo, se envía el mensaje

```
suscribe pollos George Washington
```

a `listproc@dummies.com` (suponiendo que su nombre es el mismo del primer presidente de los Estados Unidos).

Para retirarse de la lista de correo envíe el mensaje

```
signoff nombre de la lista
```

a la misma dirección. No tiene que dar su nombre; el programa de Listproc ya debería conocerlo.

En cuanto se haya suscrito, puede enviar mensajes a todas las personas en la lista enviando un correo electrónico a nombre de la `lista@algún-computador`; por ejemplo, `pollos@dummies.com` (no trate; no existe tal lista de correos).

Para averiguar cuáles son las otras cosas que puede hacer Listproc, envíe el mensaje *help* a `listproc@cualquier cosa,` en donde *cualquier cosa* es el nombre del computador en el cual habita la lista de correo de Listproc.

Cómo enviar mensajes a las listas de correo

Bueno, ya está inscrito en una lista de correo. ¿Y ahora qué? Primero, como dijimos hace algunas páginas, tómese una semana para ver qué

LISTSERVE, Listproc y Majordomo: podrían ser iguales, pero no lo son

LISTSERV, Listproc y Majordomo funcionan más o menos de la misma forma; debido a ello incluso personas con mucha experiencia en asuntos de listas de correo se confunden en los comandos. Aquí hay algunas diferencias importantes:

✔ La dirección de LISTSERVE es `listserve@nombre del host`; la dirección de Majordomo es `majordomo@`

`nombre del host`, y la dirección de Listproc es `listproc@nombre de host`.

✔ Para suscribirse a LISTSERV o Listproc hay que enviar `subscribe`, seguido por el nombre de la lista, seguido por el nombre verdadero. Para suscribirse a una lista de Majordomo, sólo hay que enviar `subscribe` y el nombre de la lista.

---

tipos de mensajes llegan; de esa manera, puede hacerse una idea de lo que debería y no debería enviar. Cuando tenga la sensación de que ya vio lo suficiente para evitar hacer el ridículo, intente enviar algo. Es fácil: sencillamente se envía un mensaje a la lista de correos. La dirección de la lista es la misma que el nombre de la lista: `buchanan-lovers@dummies.com` o `snufle-1@bluesuede.org` o cualquier otra cosa. Recuerde que cientos o miles de personas leerán las perlas de su sabiduría, así que al menos trate de escribir con buena ortografía. En listas muy populares, comenzará a recibir respuestas a los pocos minutos de haber enviado un mensaje.

Algunas listas piden a los nuevos suscriptores que envíen un mensaje presentándose y exponiendo brevemente sus intereses; otras no. Así que no envíe nada si no tiene nada que decir.

Una vez haya observado por un buen tiempo el flujo de mensajes en una lista, todo esto será obvio.

Algunas listas de correo tienen reglas acerca de quién puede enviar mensajes, lo que implica que el solo hecho de estar en la lista no significa automáticamente que cualquier mensaje que se envíe aparecerá en ella. Algunas listas tienen moderador: los mensajes que se envían llegan a un moderador que decide qué puede ir en la lista y qué no. Esto suena un poco represivo, pero en la práctica este arreglo hace que la lista sea cincuenta veces más interesante, porque un buen moderador filtra todo lo que es aburrido e irrelevante y mantiene la lista funcionando eficientemente. De hecho, las personas que más se quejan de la censura del moderador son aquéllos cuyos mensajes más necesitan de filtro.

¡Boing!

Se crean y se eliminan cuentas de computador, y cambian las direcciones de correo con tanta frecuencia que, en cualquier momento, una lista larga contiene direcciones que ya no son válidas. Si envía un mensaje a una lista, el mismo será enviado a direcciones que no tienen validez, en cuyo caso se generará, para cada una de ellas, un mensaje de regreso informando que hay direcciones erróneas. Normalmente, los administradores de una lista de correos (tanto los humanos como los computadores) tratan de dirigir estos mensajes erróneos al dueño de la lista –quien puede hacer algo al respecto– y no a los inscritos en la lista. Sin embargo, suele ocurrir que algún sistema de correo insistentemente tonto le envía uno de estos mensajes fallidos directamente al usuario. Sencillamente hay que ignorarlo, porque no hay nada que se pueda hacer para evitarlo.

Otra regla que algunas veces causa problemas es que muchas listas sólo permiten que se envíen mensajes de las personas cuya dirección aparece en la lista. Esta regla se convierte en un problema si su dirección de correo cambia. Supongamos que obtiene un nuevo administrador de correo muy bien organizado y que su dirección oficial de correo electrónico cambia de `jj@shamu.pol.bluesuede.org` a `John.Jay@bluesuede.org`, aunque la vieja dirección sigue funcionando. Va a encontrar que algunas listas empiezan a rebotar su mensaje (es decir, lo envían de vuelta en lugar de enviarlo a la lista), porque no entienden que `John.Jay@bluesuede.org`, el nombre bajo el cual envía ahora sus mensajes, es el mismo que `jj@shamu.pol.bluesuede.org`, el nombre bajo el cual se suscribió inicialmente a la lista. Más grave aún, LISTSERV no le permite retirarse de la lista por la misma razón. Para resolver este enredo, tiene que escribirle a los propietarios humanos de cualquiera de las listas en las que este problema ocurra y pedirles que resuelvan el problema manualmente.

Los puntos delicados de responder los mensajes de una lista de correos

Con frecuencia se recibe un mensaje interesante de una lista y se quiere responder a él. Pero cuando envía su respuesta, ¿realmente le llega a la persona que envió el mensaje original o a toda la lista? Esto depende, generalmente, de como el dueño de la lista haya instalado el software.

CONSEJO

Listas de correo versus noticias de Usenet

Hay muchas listas de correo que se dirigen a los grupos de noticias de Usenet (vea el capítulo 9), lo que quiere decir que todos los mensajes que recibiría si se suscribiera a una lista de correo aparecen también como puntos en grupos de noticias y viceversa. Muchos de los conductos son de doble vía: cualquier cosa que se envíe a una lista también aparece en un grupo de noticias, y cualquier cosa que se envía como un punto de una noticia también va a la lista. Algunos pocos son de una sola vía, generalmente porque utilizan un manejo de conductos algo torpe, y muchos de ellos tienen moderador, lo que quiere decir que tiene que enviar sus mensajes a un moderador humano que los filtra.

Si obtiene una lista particular como correo o como noticias es cuestión de gusto personal. Las ventajas de recibir listas como correo es que los elementos en el correo tienden a llegar más rápido que los elementos de noticias (generalmente, con una diferencia de unas pocas horas); los elementos de correo permanecen ahí hasta que se eliminen explícitamente, mientras que las noticias se eliminan automáticamente después de unos días; y algunos programas de correo son más flexibles que los programas de lectura de noticias. Las ventajas de recibir las listas como noticias son que los elementos están recogidos en un grupo de noticias y no mezclados con su correo; los elementos serán eliminados automáticamente a no ser que los guarde explícitamente, evitando que se acumulen en el buzón si no los lee y si no está haciendo una limpieza en su correo cada día; y los programas de noticias generalmente son más eficientes que los programas de correo en la corrección de los hilos que juntan mensajes relacionados para que uno los pueda leer en cierto orden.

Si no le importa de qué manera recibe sus cosas, entonces elija preferiblemente las noticias, porque así se recargan menos su computador y la red en general.

Aproximadamente la mitad de los dueños de lista lo instalan de tal manera que las respuestas vayan automáticamente sólo al emisor del mensaje, bajo el criterio de que la respuesta interesa sobre todo, o únicamente, al autor original. La otra mitad lo instala de tal manera que las respuestas son enviadas a toda la lista, bajo el criterio de que la lista es una discusión pública permanente. En los mensajes que llegan de la lista, el software de la lista de correos coloca automáticamente el Reply-To: (responder a:) para colocar la dirección a la cual se debería enviar la respuesta.

Afortunadamente, es el usuario quien decide. Cuando se comienza a crear una respuesta, el programa de correo debería mostrar la dirección a la cual se está respondiendo. Si usted no desea la dirección que estamos mostrando, cámbiela. Revise los campos de To: (a:) y Cc: (copia de carbón) para asegurarse de que está enviando el mensaje a donde quiere.

Cuando se está cambiando la dirección del destinatario, es probable que también se desee cambiar la línea de `Subject:` (tema:). Después de varias rondas de respuesta a la respuesta, la discusión puede estar desviándose del tema original, y es tal vez una buena idea cambiar el tema para describir más adecuadamente aquello que se está discutiendo.

Algunas listas interesantes

En Internet hay un gran número de listas –de hecho, tantas– que se han escrito libros enteros donde sólo se enumeran cantidades enormes de *listas*. Para empezar, aquí hay una serie de listas que nos parecen interesantes, junto con una breve descripción de lo que se hace en ellas. Cada una viene acompañada de por lo menos uno de los siguientes códigos describiendo qué tipo de lista es:

✔ **Internet.-** El tipo de lista de Internet. Para ingresar, retirarse o contactar al ser humano que maneja la lista, escribir a `whatever-request@nombre de la locación`. En el texto de su correo electrónico diga lo que desea. Es un ser humano quien maneja estás peticiones.

✔ **LISTSERV.-** Es un tipo de lista BITNET LISTSERV. Para ingresar y retirarse, envíe un e-mail a `listserve@nombre de la locación`. En el cuerpo central del correo, utilice los comandos de LISTSERV que se presentaron anteriormente en esté capítulo. Por ejemplo:

```
sub NOMBRE DE LA LISTA su nombre
signoff NOMBRE DE LA LISTA
```

Para contactar al ser humano, envíe el correo a `dueño-quién quiera que sea@lugar de la locación`.

✔ **Majordomo.-** Una lista en Majordomo. Para ingresar o retirarse envíe un mensaje de "subscribe" (suscribirse) o "unsubscribe" (retirarse) a `Majordomo@nombre de la locación`, pidiendo que se le suscriba en la lista que desee. Por ejemplo:

```
sub nombre de la lista
unsubscribe nombre de la lista
```

✔ **Moderada.-** Es una lista moderada. Los mensajes son filtrados por el dueño de la lista (un moderador).

✔ **Noticias.-** Lista que también se obtiene como noticias de Usenet, que es generalmente la mejor forma de recibirla (vea el recuadro anterior, "Listas de correo vs. noticias de Usenet"). Casi todas las listas de BITNET también aparecen como un tipo especial de un grupo de noticias, pero esta lista sólo señala las listas que se consiguen como noticias corrientes.

✔ **Digest** (digeridas).- Los mensajes normalmente llegan como un digest (resumen) y no como uno a la vez.

(Ninguna de las listas es una Listproc, así que no hay código para éstas.)

Telecom Digest
telecom-request@eecs.nwu.edu
Internet, Moderada, noticias, digerida

Aquí se llevan a cabo discusiones sobre teléfonos, que van desde lo puramente técnico hasta lo más tonto, tal como la polèmica sobre cuál debería ser la canción oficial del teléfono. Esta lista está fuertemente moderada, contiene un alto volumen y cuenta con el único moderador de tiempo completo de Internet, con el apoyo de subsidios de Microsoft, la Unión Internacional de Telecomunicaciones en Suiza y uno que otro lector generoso.

Risks Digest
Majordomo@csl.sri.com
Majordomo (nombre de la lista risks) moderada, noticias, digerida

En este foro se discuten los riesgos que ofrecen al público los computadores y otros sistemas relacionados. Cubre los riesgos de la tecnología moderna, especialmente de la tecnología de computadores (y contiene cantidades de buenas historias de guerra).

Privacy Forum Digest
LISTSERV@vortex.com
LISTSERV (nombre de la lista PRIVACY), moderada

Aquí se discute continuamente sobre la privacidad en la era del computador y se presentan cantidades de historias horripilantes sobre las personas y las organizaciones que uno nunca se imagina que están entrometiéndose en su vida (los conductores de ambulancia, por ejemplo).

Tourism Discussions
LISTSERV@trearn.bitnet
LISTSERV (nombre de la lista TRAVEL-L)

La lista TRAVEL-L cubre viajes y turismo, líneas aéreas, guías, lugares en donde hospedarse; en fin, lo que uno quiera. Los participantes llegan de todas partes del mundo (el anfitrión del sistema está en Francia) y por lo tanto hay consejos que nunca se obtendrían localmente.

Computer Professionals for Social Responsibility
LISTSERV@gwuvn.bitnet
LISTSERV (nombre de la lista CPSR)

CPSR (Profesionales de la computación por la responsabilidad social) es una organización de especialistas en computadores preocupados por los efectos sociales de la computación. Esta lista contiene, en gran parte, informes sobre las actividades de CPSR.

The Jazz Lover's List
LISTSERV@vm.temple.edu
LISTSERV (nombre de la lista JAZZ-L)

Las agradables y tranquilas discusiones en este grupo no tienen ninguna pretensión de estar al día; más bien crean un tipo de atmósfera de salón en la que "personas inteligentes de la misma tendencia y de diversas orientaciones" puedan hacer buenos contactos.

Tall Ships
LISTSERV@vccscent.bitnet
LISTSERV (nombre de la lista TALLSHIP)

La discusión en esta lista gira totalmente alrededor del tema de la navegación a vela y de la navegación con veleros tradicionales.

Liberal Judaism
liberal-judaism@shamash.nysernet.org
Internet, Moderada, Resumen

Aquí se lleva a cabo una discusión sin juicios de valor sobre el judaísmo liberal (reformado, reconstruccionista, conservador, humanista secular, etc.), sus problemas, prácticas, opiniones y creencias. Escriba su nombre verdadero en su suscripción .

Offroad Enthusiasts
offroad-request@ai.gtri.gatech.edu
Internet, Resumen

La lista de Offroad trata, en parte, acerca de manejar por fuera de las carreteras y, en gran parte, sobre vehículos de doble transmisión. Está llena de personas amantes de la diversión. Asegúrese de incluir su firma o alguna copia de su dirección de correo.

Cómo suscribirse a las listas de BITNET

Varias listas tienen dirección de BITNET, como por ejemplo, `LISTSERV@gwuvm.bitnet`. Resulta que éstas no son direcciones válidas en Internet, aunque muchos sistemas de Internet saben cómo enviarles correo.

Si su sistema no permite incluir direcciones de BITNET, trate de engañarlo de la siguiente manera:

`LISTSERV%gwuvm.bitnet@cunyvm.cuny.edu`

Es decir, cambie el signo original de enviar a (@) por uno de porcentaje (%) y agregue @cunyvm.cuny.edu al final. Esta línea le indica a su sistema que envíe el mensaje a otro sistema (CUNYVM en la City University of New York) que está bien conectado a BITNET, y éste se lo hará llegar.

Cómo encontrar otras listas de correo

Existen miles de listas de correo y es difícil estar al tanto de todas ellas. Incluimos un disco lleno de listas de correo en nuestro libro *Internet Secrets* (IDG Books Worldwide, 1995). El disco funciona tanto en DOS como en Windows, y cualquier Macintosh que pueda leer un disco de PC (la mayoría puede).

El grupo de Usenet `news.lists` tiene también un larga lista mensual de listas de correo. Si usted recibe noticias de Usenet, probablemente encontrará ahí esa lista (ver capítulo 9). También puede obtenerla por correo enviando el siguiente mensaje críptico a `mail-server@rtfm.mit.edu`:

```
send USENET/news.lists/P_A_M_L,_P_1_17
send USENET/news.lists/P_A_M_L,_P_2_17
```

(La última parte, un poco extraña, quiere decir listas de correo de acceso público (*p*ublicly *a*ccesible *m*ailing *l*ists), Parte 1 a 17, etc. Si le gusta lo que le han enviado, puede obtener el resto de la misma manera.) Los ususarios de FTP pueden obtener la lista por medio de FTP en `rtfm.mit.edu`, ubicada en el directorio `pub/USENET/news.lists` bajo los mismos nombres, o por medio de Usenet, en donde se envía mensualmente al grupo de noticias news.lists. Las listas crecen rápidamente, así que cuando usted lea esto, habrá más de 17 partes. (Vea el capítulo 10 para aprender cómo se obtiene una lista utilizando el FTP).

"ES SÓLO MIENTRAS NOS VUELVEN A CONECTAR A INTERNET."

Parte III
El resto de la red

La 5ª ola
por Rich Tennant

'AY DIOS! ME LO TEMÍA. UN POBRE MUCHACHO ABURRIDO CON LAS CONVERSACIONES USUALES EN EL INTERNET, EMPIEZA A BUSCAR COSAS CADA VEZ MÁS ESTIMULANTES HASTA QUE TERMINA NAVEGANDO POR LOS CALLEJONES MÁS OSCUROS Y SÓRDIDOS DEL CIBERESPACIO Y CUANDO MENOS SE DA CUENTA ESTÁ METIDO EN UN ARCHIVO DEL QUE NO SE PUEDE SALIR. ME IMAGINO QUE POR ESO LO LLAMAN LA RED.

En esta parte...

Hay mucho más para ver y hacer en la Red. En está sección vamos a mirar los otros servicios que la Red tiene para ofrecer, incluyendo Gopher y FTP.

Capítulo 9
Todas las noticias que caben y muchas más

En este capítulo

▶ ¿Qué es y para qué sirve Usenet?

▶ Cómo navegar alrededor de los grupos de noticias de Usenet

▶ Una muestra de los nuevos recursos de Usenet

¿Qué noticias utiliza?

Hay noticias y hay las *noticias de Usenet*. Durante más de quince años ha habido una cartelera que se ha ido metiendo en los computadores y que se ha ido extendiendo alrededor de todo el globo, una cartelera gigante, siempre en crecimiento y que lo abarca todo. Usenet (también conocida como Net news, el nombre del sistema que maneja y transporta los mensajes) consiste de *artículos* creados y enviados por gente común y corriente, o sea, *usuarios*. Los artículos se parecen enormemente a los mensajes de correo electrónico; así mismo, generalmente se parecen mucho los programas que leen las noticias y los que leen el correo electrónico. *Newsgroups* (grupos de noticias), el nombre que se les da a los grupos de interés que están comprendidos en Usenet, no se diferencia mucho de las listas de correo, a excepción de que los artículos no se distribuyen a todos los interesados. En cambio, se envían al lugar donde los interesados puedan leerlos.

En Usenet encontrará noticias que no aparecen en la TV, ni en la radio, ni en el periódico o las revistas. Son noticias que no se limitan a lo que los patrocinadores comerciales saben que venden.

Grandes paquetes de noticias

Las listas de correo son una manera bastante agradable de enviar mensajes a un número pequeño de personas, pero también son una vía complicada para enviar mensajes a un número grande de personas. Por una parte, mantener una lista muy grande con miles de personas significa una cantidad de trabajo para el administrador de la lista, aun cuando se automatice la mayoría del trabajo con algo como LISTSERV, tal como lo discutimos en el capítulo 8. (En una lista grande, diariamente una serie de direcciones deja de servir, pues la gente se cambia de casa y además los administradores de sistemas reconfiguran las direcciones.) Por otro lado, enviar los contenidos de los mensajes a miles y miles de direcciones recarga el sistema que los despacha.

Usenet soluciona este problema, a la vez que crea otros. El principio es muy simple: cada locación de Usenet dirige una copia de todos los artículos que ha recibido a todos los vecinos varias veces en un día. (Para evitar un desgaste de esfuerzos, cada artículo contiene una lista de las locaciones a las que ya ha sido enviado.) Es una especie similar al juego del "teléfono roto", que consiste en transmitir un mensaje de persona a persona, sólo que los computadores no cambian el mensaje en cada paso como lo hace la gente. Las diferentes conexiones funcionan a diferentes velocidades, pero en su gran mayoría los artículos de noticias pasan por todo el sistema de Usenet en uno o dos días, con excepción tal vez de partes muy remotas. Si su anfitrión está directamente en Internet y no, por ejemplo, conectado por teléfono, la mayoría de las noticias llegan en unas pocas horas.

Dependiendo de su proveedor de Internet, o su cuenta en línea comercial (usted estaba esperando que dijéramos esto, ¿cierto?), la forma de acceso a los grupos de noticias de Usenet, y hasta cierto punto cuál tipo de noticia se encuentra disponible, varía. Si usted utiliza un proveedor en línea, para obtener más detalles de cómo leer las noticias, revise en la parte IV el capítulo que le informa acerca de su proveedor .

Pertenecer a un grupo de noticias

Cada día, más de cincuenta mil artículos aparecen en una máquina de noticias típica que esté bien conectada. Para se ubicados en esta masa de material, los artículos se asignan a grupos de noticias (*Newsgroups*) que son los titulares. Existen más de diez mil grupos de noticias, que van desde lo más especializado y técnico (comunicación de datos por computador, por ejemplo) hasta cosas completamente tontas (como leyendas urbanas, tal como aquella del perrito en el microondas). Tiene que

¿De dónde proviene Usenet?

De Carolina del Norte, originalmente. En 1980, dos estudiantes presentaron la primera versión para poner a funcionar juntas dos máquinas de Unix. La versión original, conocida ahora como noticias A, parecía bastante interesante porque podía transferir, de una máquina a otra, hasta una docena de artículos al día, utilizando un sistema de red llamado UUCP (Unix to Unix copy- Copia de Unix a Unix), que era un programa un poco torpe pero confiable de comunicaciones a través de un marcado telefónico que viene con todos los sistemas de Unix. Al cabo de pocos años, Usenet se había difundido a varias otras universidades y varias compañías de software habían re-escrito una versión completamente nueva llamada noticias B, que podía transferir hasta mil mensajes por día. Usenet se había establecido lo suficiente como para aparecer en un artículo de la revista Byte en Octubre de 1983, donde se ufanaba de que había más de quinientas locaciones de noticias en existencia. (John no puede resistir la tentación de señalar que su locación se llamaba ima; usted puede encontrarla cerca de la esquina superior derecha del mapa de network en la página 224 de ese número de la revista.)

Durante la década siguiente, Usenet se difundió como una epidemia. Ahora hay más de treinta mil locaciones que "bajan" noticias y probablemente otras tantas que sólo leen noticias. La mayoría de los nexos de conexión telefónica han sido reemplazados por nexos de conexión de Internet permanentes que uti-

lizan un sistema de comunicaciones llamado NNTP, que quiere decir Net *news transfer protocol* (Protocolo de transferencia de noticias de la Red). (Y usted que creía que todas las abreviaciones eran misteriosas). Una gran cantidad de noticias se envía todavía por teléfono, vía UUCP, pero cada vez más se transmite a través de medios más exóticos, que incluyen el satélite (utilizando un canal libre que pertenece a una compañía nacional de buscapersonas), el CD-Rom, y hasta cintas magnéticas (éstas se envían a países tales como Malasia, a donde no es muy práctico hacer llamadas telefónicas por módem de larga duración, pero también a lugares tales como el FBI, en donde los usuarios internos de computadores tienen prohibido hacer conexión con redes externas.)

El volumen de noticias ha aumentado de unos cuántos cientos de artículos por día en 1983, hasta unos cincuenta mil artículos (más de 200 MB de texto) por día, hoy por hoy. Y Usenet sigue creciendo.

Algunas locaciones utilizan aún *noticias B*, aun cuando sus autores declararon oficialmente que había muerto hacía unos 5 años. Los sistemas actuales incluyen *noticias C*, que es más rápido, más fácil de mantener, y una re-escritura completa de noticias B e INN, una nueva versión diseñada para funcionar bien en los ambientes conectados a la red de Internet. Afortunadamente, puesto que todos funcionan más o menos de la misma manera, no importa saber cuál es el que se está usando.

elegir un pequeño grupo entre varios para leer y dejar de lado los demás, porque cada día llegan más noticias de las que cualquier persona realmente puede leer.

Usted se puede suscribir y retirar fácilmente de cualquier grupo que reciba en su máquina. Los detalles dependen de su programa de lectura de noticias, pero, en todo caso, es mucho más fácil que suscribirse y retirarse de las listas de correo. Muchas personas empiezan leyendo un grupo atendiendo una serie de artículos y luego, si les parece aburrido, dejan de leerlos. Según el tiempo que usted quiera gastar leyendo noticias, cuando tenga menos trabajo puede añadir varios grupos, y abandonar todos, excepto aquellos que se relacionen directamente con el trabajo, cuando esté un poco apurado. Podemos suponer teóricamente que uno puede dejar de leer las noticias del todo, de la misma manera que se podría dejar de tomar café... Un camino penoso de contemplar.

La maraña de los grupos de noticias

Los grupos de noticias tienen nombres con varias partes separadas por puntos, tal como en comp. dcom. fax (un grupo dedicado a las máquinas con fax y a los módem con fax). Algunos proveedores esconden los nombres verdaderos para facilitar su manejo por parte del usuario. Algunas veces también esconden algunos grupos, pero si uno sabe cuál es el nombre del grupo que desea ver, es fácil obtenerlo.

La idea es que los grupos de noticias están organizados por *jerarquías*. La primera parte del nombre describe el tipo general. Cuando una serie de grupos de noticias se relacionan, sus nombres también se relacionan. Por ejemplo, todos los grupos de noticias que tengan que ver algo con comunicaciones están organizados como comp. dcom. algo. Aquí están los nombres iniciales de siete jerarquías *oficiales* de Usenet que se distribuyen prácticamente a todas las locaciones de noticias:

✔ **comp:** temas que tienen algo que ver con computadores (cantidades de discusiones más o menos sustanciosas).

✔ **sci:** temas relacionados con alguna ciencia (también bastante sustanciosa).

✔ **rec:** grupos de noticias recreacionales (deportes, hobbies, artes y otras empresas divertidas).

✔ **soc:** grupos de noticias sociales (tanto intereses sociales, como socialización en general)

✔ **news:** temas referidos a noticias de la red (algunos grupos con material introductorio y algún anuncio ocasional importante que debería ser leído por todos; aparte de esto no es muy interesante, a no ser que usted sea un obsesivo de las noticias)

✔ **misc:** temas misceláneos que no tienen lugar en ninguna otra parte (el último grupo de noticias de miscelánea se llama misc.misc)

✔ **talk:** discusiones prolongadas, con frecuencia sobre política (con excepción de sus participantes, todos los usuarios consideran esto terriblemente aburrido)

Nota. Hay toda una cantidad de grupos de noticias que se distribuyen mucho menos, o que son mucho menos aceptados, y que mencionaremos más adelante en este capítulo, sobre todo la jerarquía alt (alternativa).

Grupos regionales

Todos los grupos principales son, por lo menos en teoría, interesantes para todo el mundo, independientemente de dónde vivan. Pero muchos son específicos de un lugar en particular. Suponga que usted vive cerca de Boston y quiere recomendaciones de los restaurantes a donde ir con niños pequeños y la gente no se moleste (este tema ha surgido realmente). Aunque algunos grupos, en la jerarquía rec, discuten asuntos de comida, puesto que la mayoría de los lectores no va a estar cerca de Boston, generalmente usted obtendrá más comentarios desagradables que ideas acerca de los restaurantes que necesita (alguien en Texas, por ejemplo, le va a decir que si no le importa ir hasta Dallas a comer, allá hay uno como el que busca).

Afortunadamente, existen grupos locales y regionales para asuntos locales y regionales. Una jerarquía ne para los tópicos de interés de Nueva Inglaterra incluye grupos como ne.food (Nueva Inglaterra, comida), que es justamente el lugar donde se puede preguntar por restaurantes para niños. (A propósito, las respuestas indicaron que prácticamente cualquier restaurante étnico sirve y que hay un lugar para yuppies en los suburbios, el cual se precia de tener un anexo donde hay perros calientes y personas que cuidan a los niños para que papá y mamá puedan comer su comida sofisticada en elegante silencio.) Las jerarquías estatales y regionales existen para la mayoría de los lugares donde existen suficientes locaciones de Usenet que las justifiquen: ny para Nueva York; ba, para el área de la bahía de San Francisco, etc.

Las universidades, y otras organizaciones lo suficientemente grandes como para tener una cantidad considerable de usuarios de las noticias de la red, también tienen jerarquías propias, tal como mit para MIT. Muchas compañías tienen sus conjuntos locales de grupos de noticias para hacer anuncios y discusiones acerca de los asuntos de la empresa. Por ejemplo, en una empresa de software donde uno de nosotros trabajaba, cada vez que alguien hacía un cambio en uno de los programas, se enviaba la descripción del cambio como un tema de noticias locales para que todos pudieran estar al día al respecto. Por supuesto, los grupos locales de empresas se envían sólo al interior de la empresa. Indague a su alrededor para averiguar qué grupos de noticias organizacionales o regionales se obtienen a través de su sistema, porque es básicamente su administrador de sistema el que decide qué obtener.

¡Ya basta! Ahora sí leamos noticias

Hay montones y montones de programas de noticias disponibles para cualquier tipo de computador que esté conectado a la Red. En nuestros ejemplos, utilizamos Free Agent, un lector de noticias de Windows que se utiliza ampliamente porque:

✔ Es fácil de instalar.

✔ Funciona bien.

✔ Es gratuito.

Free Agent es la versión menor de un programa comercial barato llamado Agent, que hace todo lo mismo que hace Free Agent y mucho más (como, por ejemplo, leer correo electrónico).

Netscape, el famoso browser de Web que vimos en los capítulos 4 y 5, también puede ser utilizado como lector de noticias. El lector de noticias de Netscape se parece mucho a Free Agent (probablemente no es una coincidencia, dado que Free Agent es tan bueno). En Netscape, elija Window ➪ Netscape News para abrir la ventana de noticias.

Escuche, no todo el mundo utiliza Windows

Ah, cierto. Para los usuarios de un proveedor shell, hay varios lectores de noticias disponibles. Vea el capítulo 15 para más detalles. Los usuarios de Mac también tienen una variedad de lectores de noticias, entre los que se cuentan Nuntius, News-Watcher y por supuesto Netscape.

Independientemente de cuál sea el lector de noticias que usted utilice, los pasos a seguir son básicamente los mismos (son las mismas noticias, al fin y al cabo), así que los ejemplos que ofrecemos acá señalan bastante bien el camino.

La instalación

Free Agent es un programa maravillosamente sencillo de instalar. Usted lo recibe, abre los archivos y lo pone a funcionar:

1. **Utilice FTP para conectarse a** `ftp.fortein.com`, **cambie al directorio** `pub/forte/free_agent`, **y baje el archivo fagent 10.zip.**

   Vea el capítulo 10 para más detalles acerca de como bajar el programa. Si usted ya tiene un browser de Web, puede pedirle que recupere el archivo ZIP en `ftp://ftp.forteinc.com/pub/forte/free_agent/`. (La última versión del archivo de programa es `fagent 10.zip`.)

2. **Cree en su disco un directorio llamado C:\AGENT.**

   El directorio es el lugar donde se van a guardar el programa y los archivos de Free Agent. Usted puede colocar el programa de Free Agent en donde quiera siempre y cuando tenga un directorio propio.

3. **Desplace el archivo que bajó al nuevo directorio.**

   Si usted tiene WinZip (que describiremos en el capítulo 10), haga doble clic en FAGENT10.ZIP, en el administrador de archivos (o en My Computer o Explorer si tiene Windows 95); luego utilice WinZip para trasladar los archivos hacia el nuevo directorio. Si tiene la versión más antigua, DOS PKUNZIP, mueva FAGENT10.ZIP al nuevo directorio y ejecute PKUNZIP FAGENT 10.

4. **Cree un icono para Free Agent.**

   En Windows 3.1, la forma más fácil de hacer esto es arrastrar el archivo **AGENT.EXE** del administrador de archivos a la ventana del administrador de programas en el lugar donde desee incluirlo. En Windows 95, elija el nombre de archivo en My Computer o Explorer, presione el botón derecho del ratón y arrastre el nombre del archivo al desktop o hacia una carpeta. Aparecerá un icono.

5. **Active Free Agent para completar el proceso de instalación.**

   Primero presentará una ventana con sus términos y condiciones. En el caso de que usted los acepte, haga clic en OK.

6. **Incorpore la información que Free Agent necesita para comenzar a leer las noticias.**

   Va a pedirle el nombre de su servidor de NNTP (el computador de su proveedor en donde se guardan las noticias) y del servidor SMTP (el computador que maneja el correo que sale). Estos nombres generalmente son el mismo; su proveedor de Internet debería darle el nombre (o los nombres). Si no lo ha hecho, pídaselos.

Free Agent también le va a solicitar su dirección de correo electrónico y su nombre completo para poder incluirlos en los encabezamientos del correo que envíe mientras lee las noticias (generalmente, respuestas a los artículos). Finalmente, puede señalar la zona horaria en que está ubicado su computador. Luego haga clic en OK.

Si usted ya cuenta con otro programa de noticias instalado, haga clic en la barra **Use Information from Another Program** (Usar información de otro programa) para que Free Agent pueda copiar la configuración que ya tiene. Incluso, puede recoger los nombres de grupos de noticias a los cuales ya se ha suscrito y los artículos que ya ha visto.

7. **Free Agent sugiere que se ponga en línea y entre a los grupos de noticias disponibles.**

Hágalo. Le va tomar algún tiempo porque muchos de los proveedores tienen más de 10 mil grupos, pero tendrá que hacerlo una sola vez. (Se saltará este paso si copió la información sobre las suscripciones de otro programa a su computador).

Por fin; ahora sí vamos a leer noticias

Una vez haya efectuado toda esta instalación, leer las noticias es relativamente fácil.

La pantalla básica de Free Agent, que se muestra en la figura 9-1, tiene tres ventanas. En la esquina superior izquierda se encuentra una lista de los grupos de noticias. En la esquina superior derecha se encuentra una lista de los artículos disponibles en cada grupo de noticias. Abajo se encuentra un artículo del grupo.

Free Agent tiene una hilera maravillosa de iconos en su barra de herramientas, pero no es muy fácil adivinar qué hace cada cual. Afortunadamente, no tiene que adivinar. Coloque el puntero del ratón señalando un icono durante unos segundos, sin hacer clic, y el nombre del icono aparecerá. Por ejemplo, el icono que se encuentra más a la izquierda (el rayo) resulta ser *Obtenga nuevos titulares en grupos suscritos* (Get News Headers in Suscribed Groups). En este caso, una imagen vale seis palabras.

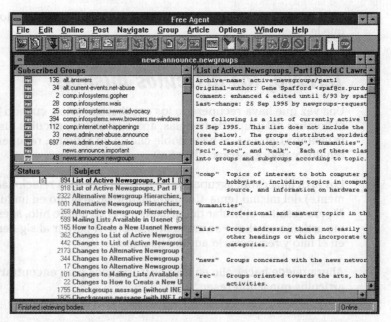

Figura 9-1.
La ventana de
Free Agent
muestra la lista
de grupos de
noticias, la lista
de artículos en
el grupo de
noticias que se
selecciona, y el
texto del
artículo elegido;
una cantidad
impresionante
de información
en una gran
ventana.

Primero, suscríbase

Hay que empezar suscribiéndose a alguno de los grupos, haciendo un recorrido por la lista de los mismos. Se puede hacer un zoom en toda la pantalla haciendo clic en la lista de grupos y luego presionando Z. (Presione **Z** de nuevo para desactivar el zoom.) Para suscribirse a un grupo, haga clic en ese grupo y luego elija **Group** ⇨ **Suscribe** (Grupo ⇨ Suscribirse) o presione Ctrl+S. Si usted no está seguro del grupo al que desea suscribirse, comience con news.announce.newusers.

Aun cuando la lista está en orden alfabético, puede ser difícil encontrar los nombres de los grupos. Puede utilizar la forma de buscar un texto corriente en Windows (elija Editar ⇨ Buscar, presione Ctrl+F o haga clic en el icono con una luz de flash) para buscar los nombres respectivos.

Segundo, titulares

Una vez que usted se haya suscrito a uno o dos grupos, puede recuperar algunos titulares de artículos. Haga clic en el icono de **Get New Headers in Suscribed Groups** (el icono que se encuentra más a la izquierda de la barra de herramientas, el rayo encima de los tres pequeños fólderes) para recuperar titulares (títulos y autores) de artículos en los grupos que le interesan.

Tercero, los artículos mismos

Una vez que haya recuperado los encabezamientos, cuando haga clic en el nombre del grupo de noticias, aparecerán los artículos disponibles en la ventana derecha. Si hace doble clic en un artículo, recuperará los contenidos y podrá leerlos. (¡Por fin!)

Los artículos están agrupados en hilos, o artículos relacionados (teóricamente) del mismo tema. Cuando busque un artículo en un hilo, presione N para resaltar el titular del próximo, o el siguiente hilo, si ése es el último artículo en el que se encuentra, o Ctrl+N para ir al siguiente artículo en el hilo y recuperarlo automáticamente.

Ahora puede hacer clic en grupos y artículos para encontrar y leer los artículos que le interesen.

Para leer fuera de línea

Free Agent está instalado para que pueda leer los artículos fuera de línea (vea el próximo recuadro –"Cómo ahorrar dinero: leer noticias fuera de

Cómo ahorrar dinero: leer noticias fuera de línea

Si descubre que es un adicto a las noticias (o tal vez ya lo sabe) y está pagando un ojo y una pierna para obtener un acceso a la Red a través de un proveedor comercial, es probable que vaya a necesitar un lector de noticias que funcione también fuera de línea, tal como Free Agent. De lo que se trata es de bajar las noticias del proveedor a una velocidad muy alta, colgar luego la conexión telefónica y leer tranquilamente sin tener un contador corriendo.

Cuando se prende por primera vez Free Agent, se puede pedir que baje la lista de los títulos de todos los artículos en los grupos a los que está suscrito. Luego puede desconectar. Ahora puede, sin prisa, echar una mirada a los títulos y elegir los artículos que le parecen interesantes. Puede reconectarse, bajar los contenidos de esos artículos y colgar de nuevo. Ahora puede leer los artículos de nuevo, sin prisa.

Este proceso parece un poco molesto, pero con un buen programa de noticias puede ser muy sencillo.

Los proveedores comerciales tienen diferentes criterios respecto de si apoyan o no la lectura fuera de línea. Revise el capítulo de proveedores en la parte IV para elegir la estrategia que más le convenga.

línea"– para ver las razones por las cuales usted desearía hacer esto). El segundo icono a la derecha de la barra de herramientas, el que se ve como una antena de radio, es el botón de **Go Online/Offline** (Conectarse en línea/Desconectarse). Señala si Free Agent está en línea (conectado al servidor de noticias) o fuera de ella.

Para evitar tener que conectar y desconectar manualmente la conexión al proveedor, instale el programa de Internet en "Dial on Demand" (Marcar cuando se desee), para que lo conecte a su proveedor cuando Free Agent entre en línea. También puede fijar el tiempo de desconexión en un minuto, para que desconecte un minuto después de que Free Agent esté fuera de línea.

Para obtener los artículos nuevos, conéctese a su proveedor, inicie Free Agent y haga clic en el icono **Get News Headers in Suscribe Groups** (Obtenga nuevos titulares en los grupos suscritos), que se encuentra más a la izquierda en la barra de herramientas. Recuperará todos los titulares a una velocidad enorme. Luego haga clic en **Go Online/Offline** (Conectarse en línea/Desconectarse), el icono con la antena, para pedirle a Free Agent que se desconecte. El software de Internet debiera colgar un poquito después.

Luego busque los titulares tal como ya lo dijimos, pero en lugar de hacer un doble clic en los artículos que le interesen, presione M para marcarlos y recuperarlos después. El programa los resalta con una pequeña flecha orientada hacia abajo, para indicar que serán bajados del proveedor.

Una vez haya marcado todos los artículos que desea, haga clic en **Get Marked Article Bodies** (Obtener los contenidos de los artículos marcados), el tercer icono de izquierda a derecha; es una flecha para bajar con un rayo. Free Agent se conecta a su proveedor y baja los artículos que usted pidió. A medida que se va cargando cada artículo, su flechita de bajar cambia y se va convirtiendo en una pequeña hoja de papel para mostrar que el artículo se encuentra listo. Luego haga clic en el icono de **Go Online/Offline** (Conectarse/Desconectarse) para desconectarse de nuevo. A continuación puede leer los artículos que bajó.

De verdad, esto es una obra de arte

Usenet le permite utilizar sólo un tipo de mensaje: sencillamente, un texto. (Unas cuantas versiones de noticias también manejan mensajes MIME –que se mencionaron en el capítulo 6– y hay otras para caracteres japoneses y rusos, pero este capítulo es ya lo suficientemente difícil sin tener en cuenta éstos.) Sin embargo, existe una serie de convenciones, que se utiliza ampliamente para poder meterse a otro tipo de archivos.

Archivos Binarios

Algunos grupos de noticias consisten en parte, o totalmente, en archivos codificados binariamente. Con frecuencia se trata de programas ejecutables de PCs de IBM, Macintosh o cualquier otro tipo de computador personal, o de archivos bitmap GIF o JPEG (ver capítulo 18 para más detalles acerca de formatos de archivo) de imágenes artísticas. (Si desea saberlo, el grupo de noticias con la mayor cantidad de circulación, medido en megabytes por día, se llama alt.binaries.pictures.erotica, y contiene exactamente lo que sugiere. Se trata de un grupo que apoya la igualdad de oportunidades: tiene el mismo número de imágenes de hombres desnudos como de mujeres desnudas.) La forma en que circulan los archivos binarios, cualquiera sea su tipo, se llama uuencode. Se puede reconocer los mensajes de uuencode porque empiezan con una línea que dice begin, seguida por una serie de líneas de lo que parece una cantidad de garabatos, tal como se ve en el siguiente cuadro:

```
begin plugh. gif 644
M390GNM4L-REP3PT45G00I-05[-6
M30ME,MRMK760PI5LPTMETLMETLMKPY
MEOT39I4905BO5YOPV3OIXRTL5KWL
MJROJTOU,6P5;3;MRUO5OI4J5OI4
```

Cómo extraer archivos binarios

Free Agent maneja archivos *uuencoded* con un clic. Haga clic en **Launch Binary Applications** (Lanzar aplicaciones binarias), el tercer icono de derecha a izquierda, el que parece un faro, para extraer el archivo codificado y para que corra automáticamente el programa adecuado para mostrarlo. Los programas adecuados son los mismos que utiliza el administrador de archivos o My Computer. Algunos archivos binarios se envían en varios mensajes; resalte todos los mensajes y haga clic en el faro para juntar otra vez todos los pedazos. Por ejemplo, si usted lee el grupo de noticias alt.binaries.pictures.fractals y ve un conjunto de mensajes con nombres tales como "CUTE.GIF:Cute Fractal, Parte 1 de 7", resalte todos los titulares y haga clic en el icono del faro. Free Agent baja los mensajes, aplica el decodificador para convertirlos en un archivo original GIF (de gráfica) y ejecuta cualquier programa que tenga en su computador que pueda mostrar un archivo de gráficas GIF.

Guerras sucias

Una de las peores innovaciones en la historia reciente de Usenet son las guerras sucias (*spamming*), que consisten en enviar miles de copias de un mensaje, anunciando, por lo general, algo que nadie quiere comprar a miles de grupos de noticias. Es la forma garantizada de mostrarle a todo el mundo que se es un imbécil. Incluso hay una persona, en Nuevo Méjico, que afirma ser el rey del Spam y que le hará por varios cientos de dólares cualquier guerra sucia que usted desee. (Usted tiene que suministrar la cuenta de Internet y sufrir las consecuencias cuando el proveedor descubra lo que se ha hecho. El tipo no es ningún tonto.) También hay una cantidad de guerras comerciales que provienen de proveedores tales como AOL, a pesar de todos los esfuerzos por evitarlos. (AOL presenta, cada día, una lista de las cuentas que ha cancelado por abusar de la Red.)

Usenet siempre ha tenido una forma de cancelar artículos, para ayudar a las personas que lo piensan dos veces y deciden sacar algo que ya habían enviado, lo mismo que para los lugares que envían actualización de artículos de noticias para reemplazar artículos anteriores. Fue así que algunos usuarios preocupados (o vigilantes de la red, depende del punto de vista desde donde se mire) crearon los cancelbots, que cancelan automáticamente todos los mensajes en un spam. El cancelbot más conocido es CancelMoose, el cual, según parece, maneja un usuario anónimo en Noruega, y hay varios más en todo el mundo. Usted puede leer todo acerca de quién está cancelando cuáles spams en el grupo de noticias `news.admin`.

`net-abuse.announce` y `news.admin.net-abuse.misc`.

También hay algunos spams en correo electrónico, aunque no tan frecuentes porque requieren mucho más trabajo. (¿Qué sentido tiene enviarle correo electrónico a una serie de individuos cuando se puede enviar noticias que van a ser leídas por millones?) Uno de los spams más extraños de correo electrónico fue el "Crusader", que apareció hacia mediados de 1995. Era una diatriba racista neonazi, enviada por una persona anónima que había logrado sacar eso de algunas estaciones de trabajo en Francia, Alemania e Italia. El mensaje era real en la medida en que era un texto escrito por un grupo en West Virginia, pero muy pronto se hizo visible que la persona que lo estaba enviando no era un miembro del grupo ¿Estaba tratando tal vez de desacreditarlos (como si realmente se necesitará demasiado para desacreditarlos)? ¿Estaba tratando de distraer la atención de algún otro evento? Nadie parece saber la verdad.

Otra guerra para cancelar es la de *cancelpoodle*, otro usuario anónimo que cancela envíos del muy polémico `alt.religion.scientology`, un grupo que ha generado una serie de batallas en el mundo real. Esta iglesia sostiene que ciertos mensajes, enviados por alguno de sus ex-miembros, contienen material que tiene derechos de autor de la secta y que son secretos. *Cancelpooddle* invariablemente cancela envíos que presentan críticas de esta iglesia. Como en otros casos, nadie sabe realmente quién se encuentra detrás de estas acciones.

En la parte IV, en el capítulo de proveedores, aparecerá información acerca de los proveedores comerciales tales com AOL y CompuServe con respecto a la mejor manera de descifrar mensajes que aparecen codificados en esos servicios.

¿Que hay en un número?

Todo mensaje de Usenet tiene una identificación (ID) del mensaje, que se supone sea diferente del ID de cualquier otro mensaje, empezando desde el principio de todos los tiempos. (Esta gente piensa en grande.) Un mensaje de ID tiene el siguiente aspecto:

```
<1994Jul19.055259.1527@chico.iecc.com>
```

La parte después de la @ es el nombre de la locación en donde se originó el artículo, mientras que la parte antes de la @ es alguna basura que se supone que sea única y que generalmente incluye la fecha, el tiempo, la fase de la luna y cosas así.

Los mensajes también tienen números que se asignan en orden a cada grupo de noticias a medida que van llegando los artículos. Así que el primer mensaje en `rec.fooble` es el número 1; el segundo, el número 2, etc.

Hay una diferencia importante que distingue a los IDs y a los números: los IDs son los mismos en todas partes, pero los números tienen vigencia únicamente en su sistema local. Así que no se refiera a los números de mensajes de artículos cuando escriba una respuesta, porque las personas en otras locaciones no saben a que artículo alude usted.

¿Así que quiere ser famoso?

Tarde o temprano, a no ser que usted sea una persona supremamente tímida, deseará enviar un mensaje propio para que otras personas en todo el mundo puedan por fin darse cuenta de lo inteligente que es. (Hay dos caras en esta moneda, por supuesto.) En esta sección vamos a mirar las pautas generales para responder un artículo. Para más detalles de cómo hacer estas cosas, consulte el capítulo de proveedores en la parte IV.

Antes de enviar un artículo de seguimiento, considere la posibilidad de contestarle por correo electrónico al autor del mismo. Por ejemplo, una respuesta tal como "Qué buen comentario" o "Me gusto su artículo", es algo que sólo le interesa al autor. Enviar un artículo de respuesta tiene sentido sólo si se está añadiendo algo significativo e información nueva a la discusión.

Esto es un Roger, Roger

La forma más fácil, y generalmente la más adecuada para responder a un artículo, es enviarle un mensaje de correo electrónico al autor en caso de que se desee hacerle una pregunta o un comentario.

En Free Agent, la respuesta a un artículo por correo electrónico se escribe presionando **R** o haciendo clic en **Post Reply Via E-mail** (Responder vía correo electrónico), el icono con un pequeño sobre que dice Re: . Free Agent, el cual abre una nueva ventana donde usted puede editar el mensaje y, si es necesario, los encabezamientos. Luego haga clic en **Send Now** (Enviar ahora) para conectarse con su proveedor y enviar su respuesta inmediatamente. Si está fuera de línea, haga clic en **Send Later** (Enviar después) para ir acumulando mensajes para más tarde.

Para enviar todos los mensajes acumulados una vez que usted esté en línea, elija <u>O</u>**nline** ➪ <u>P</u>**ost Articles and Emails** (En línea ➪ Enviar artículos y correos electrónicos).

Te seguiré por todo el mundo

Si usted tiene un comentario acerca de un artículo de interés general, lo puede enviar como un artículo de Usenet. En Free Agent, presione F que quiere decir **Followup** (Seguimiento) o haga clic en el icono de **Post Followup Article** (Enviar un artículo de seguimiento), la pequeña imagen de una página de papel con Re: escrito en ella. De nuevo, en cuanto haya terminado, puede enviarlo o acumularlo para enviarlo después si está fuera de línea.

Muchos sistemas nuevos rechazan mensajes que contienen más material citado que material nuevo, para desestimular a los perezosos que citan un mensaje entero de cien líneas y luego añaden sólo dos de comentario. Algunas personas tienen la extraña impresión de que si se rechaza un artículo con demasiado texto citado, deberían entonces añadir una cantidad de líneas de basura para equilibrar la parte de cita con la parte supuestamente original. No haga eso. Generalmente revela que se es una persona pomposa. Edite el texto; los lectores se lo agradecerán.

Cuando usted envía su seguimiento, el artículo, en la mayoría de los casos, se envía inmediatamente o en unos pocos minutos (la próxima vez que un programa de envío que se halla en la parte de atrás esté corriendo). Algunos grupos son moderados, lo que quiere decir que no se les puede enviar nada directamente. Si desea enviar algo a un grupo de éstos, el mensaje llegará primero al moderador respectivo, que luego lo distribuirá si cumple con las pautas del grupo. Los moderadores son voluntarios y tienen mucho trabajo aparte de moderar grupos, de tal manera que puede ser que se tomen algún tiempo en enviar un mensaje. La mayoría de moderadores se ocupan de los mensajes cada día o cada dos días; los más lentos pueden tomarse hasta dos semanas. Recuerde: la paciencia es una virtud. Como moderador de un grupo de noticias (John está en uno que se llama `comp.compilers`, un grupo tecnoide que discute técnicas para traducir de un lenguaje de computador a otro), uno de los autores de este libro puede asegurarle que escribirle cartas desagradables a un moderador, en las que se queja de que se está tomando demasiado tiempo en procesar la sabiduría que acaba de enviarle, es un procedimiento completamente contraproducente.

Las distribuciones son sus amigos

Aun cuando Usenet es una red global, muchas veces usted está enviando un artículo que realmente no tiene que ir por todo el mundo. Sí remite algo a `misc.forsale.computers`, por ejemplo, para anunciar una vieja unidad de disco que quiere vender, y está en los Estados Unidos, no tiene mucho sentido enviar este artículo fuera del país, porque no valdría la pena pasar por todos los problemas de embarque y aduanas para venderla en el extranjero. Los distribuidores de Usenet permiten limitar el área a donde se envía un artículo. Una línea como la siguiente, en el encabezamiento del artículo, limita su distribución a los Estados Unidos:

```
Distribution:usa
```

En Free Agent, cuando esté escribiendo un artículo tiene que hacer clic en el botón **All Fields** (Todas las áreas) para abrir la subventana en la cual aparece una línea que dice `Distribution`. Haga clic en esa línea para abrir la ventana donde puede digitar la distribución que desee.

Existe una larga lista de las posibles distribuciones. Algunas de las más usadas aparecen en la siguiente lista:

- ✔ **world** (mundo): A todas partes (si no especifica ninguna, aparecerá ésta)
- ✔ **na**: Norte América
- ✔ **usa**: Estados Unidos
- ✔ **can**: Canadá
- ✔ **uk**: Reino Unido

✔ **ne**: Nueva Inglaterra

✔ **ba**: Área de la bahía de California

CONSEJO

En caso de que usted esté seguro de que las personas en la otra parte del mundo van a estar tan fascinadas con lo que dice como la gente en la casa de al lado, debería usar la distribución más pequeña posible para los artículos que envíe, tanto los originales como los seguimientos.

En la práctica, las distribuciones son bastante porosas, y los artículos llegan con frecuencia a lugares que la distribución no ha pedido, debido a las peculiaridades en la forma en que se pasan las noticias de un sistema a otro. Pero realmente, es una cortesía con los lectores de lugares lejanos tratar de evitar el envío de artículos a lugares donde dichos artículos no son interesantes. Recuerde que los lazos telefónicos internacionales son muy caros; si evita el envío de un artículo a los países en donde hay poco interés por el tipo de tema que trata, puede ahorrarle a la gente mucha plata.

Todas las noticias que caben

En algún momento usted estará saturado de noticias. Para salir de Free Agent, utilice la forma usual de Windows, eligiendo **File** ➪ **Exit** (Archivo ➪ Salir) o presione Alt+F4. Puede ser que en el momento de salir le pregunte si deberá comprimir la base de datos, una forma complicada de preguntar si deberá liberar un poco de espacio sacando los artículos viejos que ha eliminado (se eliminan después de una semana más o menos, a no ser que se guarden específicamente). Si no tiene mucha prisa, permítale hacerlo.

¿Y qué es todo lo que ya hay para leer?

Cada día aparecen nuevos grupos de noticias, algunos grupos viejos se salen y unos cuantos administradores de sistemas pueden rechazar grupos que no deseen porque consideran que carecen de interés o por cualquier otra razón. Este libro ya se está agrandando demasiado y de todas maneras es fácil obtener una lista actualizada y completa de su lector de noticias, de tal manera que no gastaremos mucho espacio y le daremos únicamente una pequeña prueba de todo lo que hay. Confíe en nosotros. Si se puede imaginar un tema que sea de interés para más de una persona, es probable que ya exista un grupo de noticias acerca de él. De hecho, hay grupos de noticias que ni siquiera cumplen con este requisito.

CONSEJO

Niño moribundo crea lista de correos sobre impuestos al módem

En el capítulo 7 presentamos en un recuadro los temas ya conocidos de lo que no se debe escribir nunca, jamás, en una lista de correo. La misma advertencia se aplica a las noticias de Usenet. Aquí un resumen de los cuatro temas sobre los que no debe escribir:

✔ Niño moribundo desea tarjetas para batir un récord mundial de Guinnes.

✔ Van a ponerle un impuesto al uso del módem que nos arruinará a todos.

✔ Un virus llamado Good Times (tiempos felices) borra el disco duro.

✔ Haga dinero rápido con una carta en cadena.

Vea el capítulo 7 para más detalles sobre por qué nadie quiere saber nada de esto.

Aquí, primero presentaremos unos grupos muy populares para familiarizarlo con las jerarquías más conocidas. Luego le contaremos acerca de jerarquías un poco más oscuras.

NAVEGACIÓN

Suscríbase a news.announce.newsgroups para obtener las últimas listas de grupos de noticias y para buscar los artículos titulados "List of Active Newsgroups, Part I" (Lista de grupos de noticias activos, parte I) y "List of Active Newsgroups, Part II" (Lista de grupos de noticias activos, parte II). Si desea una lista de los grupos Alt, busque artículos con títulos tales como "Alternative Newsgroup Hierarchies, Part I" (Jerarquías de grupos de noticias alternativos, parte I).

NAVEGACIÓN

Puntos básicos

Está sección presenta una lista de unos cuantos grupos con los que se debería empezar.

news.announce.newusers

Todo nuevo usuario debería hacer por lo menos un recorrido superficial de este grupo que contiene el material introductorio para los nuevos usuarios de noticias. Uno de los mensajes es bastante gracioso, pero tiene usted que leerlos todos para encontrar cuál es.

news.answers

Este grupo contiene todos los envíos periódicos (semanales y mensuales, generalmente) a todos los grupos en la Red. Muchos de éstos han evolucionado hasta convertirse en introducciones interesantes y bien escritas de sus temas. Si desea conocer algo rápidamente acerca de alguna cosa que se haya discutido en la Red, comience aquí.

rec.humor.funny

Este grupo, altamente competitivo y moderado, contiene chistes, la mayoría de ellos bastante graciosa. Compare con rec.humor, que contiene artículos que sus autores consideran bastante graciosos y que generalmente no lo son.

comp.risks

El Risks Digest tiene cantidad de historias bastante buenas acerca de errores que se cometen en el mundo de los computadores.

comp.compilers

A John le parece interesante, pero es que él es el moderador.

alt.sex

Todo el mundo lee éste, pero nadie admite que lo hace. Nosotros no.

Computadores, sobre computadores, acerca de los computadores

Los grupos de noticias más grandes han sido generalmente aquellos que se relacionan con los computadores y que se encuentran bajo la jerarquía comp (algunos de los cuales aparecen en la lista de la tabla 9-1).

Los grupos comp pueden tender un poco hacia lo esotérico y demasiado técnico, pero también son un arca del tesoro cuando el computador falla y uno necesita consejos de personas que ya lo saben todo.

Algunos grupos ofrecen también programas de computador útiles. Aquellos que se encuentran bajo comp.binaries son locaciones para obtener programas gratis para PCs, Macs y otros sistemas personales.

Tabla 9-1	Los grupos en la jerarquía Comp
Nombre	*Discusión*
comp. ai. neural-nets	Todo lo relacionado con redes neurales
comp.ai.philosophy	Aspectos filosóficos de la inteligencia artificial
comp.answers	Depósito de artículos periódicos de Usenet
comp.binaries.mac	Programas de Macintosh codificados (moderado)
comp.binaries.ms-windows	Programas binarios para Windows de Microsoft (moderado)
comp.binaries.os2	Programas binarios para usar en OS/2 ABI (moderado)
comp.human.factors	Asuntos relacionados con la interacción humana con el computador (HCI)
comp.internet.library	Bibliotecas electrónicas (moderado)
comp.multimedia	Todo tipo de tecnologías interactivas de multimedia
comp.patents	Patentes de tecnología de computación
comp.society	El efecto de la tecnología en la sociedad (moderado)
comp.society.privacy	Efectos de la tecnología en la privacidad (moderado)
comp.speech	Investigación y aplicaciones en ciencias y tecnologías del lenguaje
comp.virus	Virus y seguridad de computador (moderado)

Ninguno de los anteriores

A pesar de todo tipo de cuidados que se ha puesto para ordenar Usenet en jerarquías significativas, algunos temas sencillamente no tuvieron cabida en éstas. A esos temas se les dio la jerarquía de misceláneos, misc (la tabla 9-2 presenta una lista de algunos grupos de noticias misc). Los temas van desde lo más banal hasta lo excesivamente argumentativo. El último grupo de miscelánea es el misc.misc, que contiene discusiones que no tienen cabida en ninguna otra parte.

Entretenimiento y juegos

Incluso los más aburridos usuarios de un computador disfrutan con ciertas cosas. (No se ría. Es cierto). Usenet tiene cantidades de grupos

NAVEGACIÓN

Tabla 9-2	Grupos en la jerarquía MISC
Nombre	**Discusión**
misc.books.technical	Libros acerca de asuntos técnicos
misc.consumers	Intereses del consumidor
misc.consumers.house	Posesión y mantenimiento de vivienda
misc.education	El sistema educativo
misc.entrepeneurs	Cómo manejar un negocio
misc.fitness	Ejercicios y buen estado físico
misc.forsale	Artículos para la venta
misc.int-property	Derechos de propiedad intelectual
misc.invest	Inversiones y el manejo del dinero
misc.jobs.contract	Empleos por contrato
misc.jobs.misc	Empleo, lugares de trabajo, carreras profesionales
misc.jobs.offered	Empleos disponibles
misc.jobs.resumes	Hojas de vida

recreacionales (en la jerarquía rec; algunos ejemplos en la lista 9-3) que tienen hobbies que van desde lo más pesado, tal como la observación de pescados en un acuario, hasta lo más relajante, tal como el montañismo, por ejemplo. En la siguiente lista aparecen algunos que seguramente le gustarán.

Pregúntele al Dr. Ciencia

Debido a que muchos de los usuarios de Usenet están en universidades o en laboratorios de investigación industrial, encontrará un buen número de científiíficos en la jerarquía sci (tanto profesionales como aficionados). También encontrará muchos aficionados a la ciencia del computador, aunque (a pesar del nombre) esta área no es realmente una ciencia.

En esta jerarquía se encuentra una gran cantidad de ciencia pura o aplicada, que va desde la arqueología hasta la zoología, y cualquier cosa entre estas dos. La tabla 9-4 le presenta una selección de algunas pocas.

NAVEGACIÓN

Tabla 9-3	Grupos en la jerarquía Rec
Nombre	**Discusión**
rec.antiques	Artículos sobre antigüedades
rec.arts.movies.reviews	Reseñas de películas (moderada)
rec.arts.poems	Para colocar poemas
rec.arts.startrek.info	Información sobre el universo de *Star Trek* (moderada)
rec.arts.tv	La TV, su historia y los shows del pasado y del presente
rec.autos.driving	Automóviles
rec.backcountry	Actividades exteriores
rec.birds	Observación de pájaros
rec.boats	Barcos
rec.climbing	Técnicas de montañismo, anuncios de competencias, etc.
rec.craftsbrewing	El arte de hacer cerveza
rec.crafts.textiles	Coser, tejer y otras artes con fibras
rec.food.recipes	Recetas de comidas y bebidas interesantes (moderada)
rec.food.restaurants	Salir a comer
rec.gardens	Métodos y resultados de jardinería
rec.railroad	Para los fanáticos de trenes de verdad
rec.running	Correr por placer, deporte, ejercicio, etc.
rec.skiing	Esquí en nieve
rec.sport.football.pro.	Fútbol profesional americano
rec.travel	Viajes en todo el mundo

Pase por acá y quédese un rato

Usenet es un lugar sociable, y generalmente se lleva a cabo una cantidad de socialización en la jerarquía soc. Aproximadamente la mitad de los grupos de soc están en soc.culture, en donde se discuten países o etnias, y la otra mitad está dedicada a temas sociales (la tabla 9-5 presenta una lista de algunos de ellos). En este grupo es también en donde se encuentran los grupos religiosos, que van desde la cristianismo fundamentalista hasta el paganismo y el budismo.

Tabla 9-4. Grupos en la jerarquía Sci

Nombre	Discusión
sci.aeronautics	La ciencia de la aeronáutica y tecnología relacionada (moderada)
sci.archeology	El estudio de las antigüedades del mundo
sci.astro	Información sobre astronomía
sci.classics	El estudio de la historia clásica, idiomas, arte y más
sci.cryt	Criptología
sci.math	Matemáticas
sci.med	Medicina y sus productos y reglamentos
sci.skeptic	Los escépticos discuten la pseudociencia
sci.space	El espacio, programas espaciales e investigación sobre el espacio

Tabla 9-5. Grupos en la jerarquía Soc

Nombre	Discusión
soc.couples	Para parejas
soc.history	Cosas históricas
soc.men	Asuntos relacionados con los hombres, sus problemas y sus relaciones
soc.religion.unitarian-univ	Un lugar para los unitarios y universalistas
soc.quaker	Un grupo amigable muy tranquilo
soc.singles	Para personas solteras y sus actividades
soc.women	Asuntos relacionados con las mujeres, sus problemas y sus relaciones

Algunos temas generan discusiones constantes que nunca, *nunca*, se resuelven. Usenet pone esto en la jerarquía talk, que es generalmente una advertencia para que no se meta en esas cosas (vea la tabla 9-6). La mayoría de las personas considera que estos grupos discuten demasiado, se repiten demasiado y están habitados generalmente por estudiantes. Sin embargo, puede ser que a usted no le importe esto o que tenga otras ideas al respecto, así que diríjase a ellos y tal vez le interesen.

Tabla 9-6	Grupos en la jerarquía Talk
Nombre	*Discusión*
talk.abortion	Toda clase de discusiones y argumentos sobre el aborto
talk.answers	Depósito para artículos periódicos de Usenet (moderada)
talk.bizarre	Lo inusual, ridículo, curioso y con frecuencia estúpido
talk.rumors	Para colocar rumores

Más jerarquías

Además de las jerarquías estándar hay unas que están mucho menos distribuidas.

alt

Este nombre designa los grupos *alternativos*. Colocar un grupo en una jerarquía estándar es relativamente difícil, requiere un carácter formal y un voto en línea de sus posibles lectores y no lectores. Por otro lado, cualquier tonto puede (y por lo general lo hace) colocar un grupo alt. Con frecuencia, una vez que un grupo alt ha circulado durante bastante tiempo, sus proponentes tratan de pasar por los procedimientos para crear un grupo de los estándar, y el grupo alt desaparece. El ejemplo clásico de un grupo alt estúpido se llama alt.barney.die.die.die.

aol

Estos grupos son para y acerca de los usuarios de AOL (sólo se puede acceder desde America Online).

bionet

Este conjunto de grupos le interesa a los biólogos, con las últimas noticias acerca de drosofilas y cosas así. Si no es biólogo, no se meta.

bit

Estas listas de correo BITNET (vea el capítulo 8) también se consiguen en algunos sistemas como sistemas de Usenet.

biz

(Designan grupos de negocios más comerciales que lo que circula generalmente en los grupos estándar no comerciales.)

clari

Este se refiere a ClariNet (vea el recuadro "Escuche el ClariNet", más adelante, en este capítulo).

compuserve

Estos grupos son para y acerca de los usuarios de CompuServe (y se obtienen únicamente desde CompuServe).

gnu

El *proyecto GNU* desarrolla programas que se pueden adquirir gratis y que incluyen, eventualmente, una completa reimplementación del sistema de UNIX. (GNU quiere decir GNU y no UNIX).

hepnet

Es decir, éste es HEPnet (High Energy Physics - Física de alta energía). Como en el caso de bionet, ya sabe que no le interesa.

ieee

IEEE es la organización profesional de ingenieros eléctricos y electrónicos.

k12

La red K-12 es para estudiantes y maestros de la escuela de primaria y superior. Los estudiantes y los maestros son bienvenidos en cualquier otro grupo, por supuesto, pero estos grupos contienen temas de particular interés para ellos.

relcom

Estos son los grupos en ruso. Son ininteligibles a no ser que tenga un programa de lectura de noticias que pueda manejar caracteres cirílicos. Tiene que saber leer ruso también.

vmsnet

Estos grupos discuten el sistema VMS, que se utiliza en algunos computadores digitales (DEC). Se trata generalmente de fanáticos de VMS.

De todas estas jerarquías, solo alt tiene varios grupos de interés general. Encontrará algunos en la tabla 9-7. El carácter de los grupos de alt varía enormemente. Algunos, como alt.dcom.telecom, son tan aburridos como cualquier grupo comp. Otros, como alt.buddha.shotr.fat.guy, son perfectamente indescriptibles.

Tabla 9-7.	Grupos en la jerarquía Alt
Nombre	**Discusión**
alt.activisim	Actividades para los activistas
alt.angst	Ansiedad en el mundo moderno
alt.bbs	Sistemas y software de computación BBS
alt.binaries.pictures.fine-art.d	Las bellas artes (moderada)
alt.binaries.pictures.fractals	Imágenes fractales generalmente en formato *uuencoded* GIF
alt.buddha.short.fat.guy	Religión y no religión. De todo y de nada
alt.cobol	El lenguaje de programación
alt.dreams	¿Qué significan?
alt.paranormal	Fenómenos que no se pueden explicar científicamente
alt.save.the.earth	Asuntos del medio ambiente
alt.sex	Artículos de naturaleza lasciva
alt.tv.mash	Nada como una buena comedia sobre la guerra y morirse
alt.tv.muppets	Miss Piggy en la pantalla
alt.tv.prisoner	La serie de TV *El prisionero*

Escuche el ClariNet

Algún día tenía que suceder: Usenet se enfrenta a la vida real. Un hombre llamado Brad (el que creó `rec.humor.funny`, el grupo de Usenet más leído) tenía un objetivo únicamente para su computador: quería obtener su columna semanal de Dave Barry en su correo electrónico. ¿Qué tan difícil podría ser esto, si se tiene en cuenta que las características del periódico se distribuyen por satélite de todas maneras? Bastante difícil, tal como resultó ser, sobre todo porque los asuntos legales de quién es el dueño de qué cosas en un satélite son muy complicadas.

Brad insistió, sin embargo, y logró el derecho de distribuir en network no sólo a Dave Barry, sino también todo el cable de noticias de UPI y de muchas otras noticias. Esto era demasiado, pues se trataba de mucha información para enviar por correo electrónico, así que Brad hizo lo obvio y decidió utilizar, en cambio, el programa de Usenet. El resultado es un grupo con cerca de doscientos cincuenta grupos de noticias que se conoce como ClariNet. Cada grupo contiene una categoría particular de noticias (noticias que aparecen en los periódicos impresos, y no solo noticias de la Red), tal como `clari.news.economy` para artículos acerca de la economía.

Si su sistema tiene una conexión directa con Internet (y no sólo una de marcación), puede obtener noticias de ClariNet tan velozmente como vayan entrando a la Red. Cuesta dinero, por supuesto, pero para una locación con docenas o cientos de usuarios, el precio por usuario es bastante bajo, del orden de unos pocos dólares por usuario al mes. Para obtener información al respecto, envíe un correo electrónico a `info@clarinet.com`.

Brad también obtuvo su correo electrónico de Dave Barry durante unos dos años, hasta que el sindicato que lo distribuía decidió que sencillamente había demasiada piratería de los derechos de autor de Dave y tomó cartas en el asunto. Se puede obtener otras columnas sindicadas, como la de Mike Royko, Miss Manners y Joe Bob Briggs, por menos de 10 dólares al año (menos de lo que le costaría comprar el periódico de los domingos cada semana). Si su sistema obtiene noticias de ClariNet, estos artículos ya pueden estar archivados bajo `clari.feature.*`. Si no lo tiene, envíe un correo electrónico a `info@clarinet.com` para obtener detalles de la suscripción.

Capítulo 10

Cómo conseguir archivos utilizando FTP

● ●

En este capítulo

▶ Acerca de FTP

▶ Cómo utilizar el browser de Web para obtener archivos

▶ Cómo utilizar WS_FTP, un agradable programa de WinSock FTP para obtener
  archivos

▶ Cómo utilizar el programa FTP de UNIX para obtener archivos

▶ Cómo FTPear por correo electrónico para los que no tienen FTP

▶ Cómo obtener archivos del proveedor de shell de Internet hacia su computador

▶ Cómo instalar el software que se ha obtenido de la red

● ●

*P*rimero, la terminología sofisticada: **file transfer** (transferencia de
archivos) quiere decir copiar archivos de un sistema a otro. Se
puede copiar archivos de otros sistemas al sistema propio, y viceversa.
En Internet, todo el mundo utiliza FTP (file-**transfer protocol** — protocolo de transferencia de archivos), para hacer transferencia de archivos.

¿Por qué copiar un archivo de un sistema a otro? Porque hay cantidad
de cosas interesantes disponibles en Internet y son gratuitas. Se pueden
bajar programas, imágenes y texto utilizando FTP; es rápido y el precio
es conveniente. Una gran parte del software de Internet que utilizamos
para las cuentas de PPP y SLIP, por ejemplo, se obtiene por medio de
FTP; es posible también conseguir artes interesantes, recetas, en fin, lo
que usted quiera.

Cómo funciona FTP

La transferencia de archivos requiere de dos participantes: un programa cliente de FTP y un programa servidor de FTP. El cliente FTP es el programa que nosotros, los usuarios del Joe Six-Pack en el mundo, tenemos en nuestros computadores. El servidor de FTP es el programa que funciona en el gigantesco computador de alta capacidad situado en algún lugar del mundo (o como sucede hoy en día, puede ser incluso un pequeño PC debajo del escritorio de cualquier persona) y que guarda cientos de miles de archivos. El servidor de FTP se parece a una biblioteca de archivos en línea. El cliente de FTP puede enviar archivos al servidor de FTP o, lo que ocurre más comúnmente, recibir archivos del servidor de FTP.

Hay cientos de servidores de FTP disponibles para el público, que almacenan cientos de miles de archivos. Muchos de estos archivos son gratuitos o compartidos. Algunos servidores de FTP son tan populares que ni siquiera pueden manejar el número de pedidos de archivo que reciben. Cuando algunos servidores de FTP se inundan, se activan otros, llamados *espejos*, que tienen copias de los mismos archivos y se encargan de manejar el exceso de tráfico.

Hola, esto es un anónimo

Para utilizar un servidor de FTP tiene que inscribirse (**log in**). Pero si no tiene una cuenta en la máquina servidora de FTP, ¿qué puede hacer? No es problema, siempre y cuando el servidor de FTP esté abierto al público. Sencillamente, entra, escribe su registro como anonymous (anónimo) y anota su dirección de correo electrónico como si fuera una clave. Y ahí lo tiene. Ahora tiene acceso a miles de archivos. Este método de utilizar un servidor de FTP público se llama *FTP anónimo*.

¿Cuándo es que un archivo no es archivo?

Cuando es un archivo de texto. La definición de FTP especifica seis diferentes clases de archivos, de los cuales sólo dos son útiles: los ASCII y los binarios. Un archivo ASCII es un archivo de texto. Un archivo binario es cualquier otra cosa. El sistema de FTP tiene ambos modos: *ASCII* y *binario* (también llamado modo de imagen), para transferir los dos tipos de archivo. Cuando se hace la transferencia de un archivo de ASCII entre

---

Unas pocas indicaciones de cómo manejar los FTP anónimos

Algunos servidores de FTP limitan, bien el número de usuarios anónimos, o bien las horas del día en que se permite bajar archivos de FTP por este procedimiento. Por favor, respete estos límites, porque no hay ninguna ley que diga que el dueño del sistema no puede dejar por fuera el acceso de anónimos.

No guarde archivos en el servidor de FTP, a no ser que el dueño lo invite a hacerlo. Hay un directorio llamado INCOMING, o algo parecido, que generalmente está disponible para poner cosas que se quiera poner. Algunos servidores de FTP permiten el uso de FTP anónimos solo de computadores anfitriones que tengan nombres. Es decir, si trata de entrar anónimamente a un FTP de un anfitrión que tiene un número pero no un nombre, estos anfitriones no le permiten entrar. Este problema se presenta con mayor frecuencia con cuentas de SLIP y PPP, porque, dado que generalmente no ofrecen servicios de utilidad para otras personas, tampoco tienen nombres asignados.

---

dos tipos de computadores distintos que guardan archivos de una manera diferente, el modo ASCII ajusta automáticamente el archivo durante la transferencia, de tal manera que sea un texto válido cuando se guarde en el computador receptor. Un archivo binario, por su parte, no recibe cambios y se transfiere tal cual es originalmente.

Cómo obtener el programa cliente de FTP

Sí quiere obtener archivos por medio de FTP, necesita un programa cliente de FTP. Afortunadamente, hay maneras muy sencillas de obtenerlo:

✔ Utilice el browser de Web. La mayoría de los browsers de Web puede manejar un FTP anónimo tan sólo para descargar archivos y no para enviarlos. Los usuarios de Prodigy y Microsoft Network debieran intentar utilizar sus browsers de Web.

✔ Si tiene una cuenta SLIP o PPP, utilice un programa de WinSock o MacTCP para hacer FTP. El software gratuito más popular para FTP es uno compatible con WinSock, que se llama WS_FTP, sobre cuyas características vamos a hablar en este capítulo. Si utiliza un Macintosh, puede utilizar el programa compartido que se llama Fetch.

Este programa puede tanto enviar como recibir archivos, utilizando tanto cuentas de FTP anónimas como cuentas privadas en un servidor de FTP.

✔ Si tiene una cuenta shell de UNIX, puede utilizar el comando de UNIX para enviar o recibir archivos, utilizando bien sea FTP anónimos o entrando a su propia cuenta privada en el servidor de FTP.

✔ Si utiliza American Online (AOL) o CompuServe, es fácil obtener archivos por medio de FTP anónimos. En ambos servicios utilice la palabra clave FTP. Si es usuario de CompuServe, vea la sección "Cómo obtener archivos por medio de FTP", en el capítulo 12. Si utiliza AOL, vea la sección "Cómo obtener archivos de los servidores de FTP", en el capítulo 13.

Sigamos con el programa

Los pasos básicos a seguir para hacer FTP, independientemente de cuál programa utilice, son los siguientes:

1. Si utiliza un proveedor shell de UNIX y quiere enviar archivos a un servidor FTP, primero envíelos de su propio computador al computador de su proveedor.

2. Entre al servidor de FTP.

3. Muévase hacia el directorio del servidor que contenga los archivos que desee recibir o hacia el directorio al cual quiere enviar los archivos.

4. Indíquele al programa qué tipo de archivos son (ASCII o binarios) los que va a mover.

5. Reciba o envíe los archivos.

6. Salga del servidor FTP.

7. Sí utiliza un proveedor shell de UNIX y está bajando archivos, baje los archivos del computador del proveedor de Internet a su propio computador.

8. ¡Listo! ¡Quedó!

El resto de este capítulo describe cómo utilizar un browser de Web, el programa de WS_FTP y el comando ftp de UNIX para obtener archivos de los servidores de FTP, además de cómo enviar archivos a los servidores.

FTPear en Web

La mayoría de los browsers de Web puede hacer mucho más que navegar en la Web; entre otras cosas, pueden funcionar como programas cliente de FTP. Sólo se pueden utilizar para recibir archivos, y la mayoría sólo funciona para un FTP anónimo.

Afortunadamente, los browsers de Web son lo suficientemente inteligentes para detectar cuáles archivos son ASCII y cuáles binarios; no tiene uno que preocuparse por esto.

El URL de FTP

Para instruir al browser de Web cómo entrar a un servidor de FTP, hay que indicarle que cargue el URL de un servidor de FTP. El URL de un servidor de FTP tiene el siguiente aspecto:

```
ftp://nombre del servidor/nombre del directorio/nombre
            del archivo
```

Se puede omitir el nombre del directorio y del archivo, si se desea, y se obtendrá un directorio de primer nivel del servidor de FTP. Por ejemplo, el URL del servidor de FTP de Microsoft (en `ftp.microsoft.com`) es:

```
ftp://ftp.microsoft.com/
```

Los browsers de Web sólo pueden recibir archivos; no pueden enviar a los servidores de FTP. La mayoría de los browsers de Web sólo puede utilizar FTP anónimo, aunque puede intentar incluir el nombre de la cuenta de la siguiente manera:

```
ftp://elvis@ftp.dummies.com
```

Cuando usted entra al servidor, el browser le pide que digite su palabra clave.

Cómo obtener archivos desde la Web

Los siguientes pasos le muestran cómo conectarse a un servidor de FTP utilizando su propio browser de Web:

1. **Haga funcionar su browser de Web como siempre lo hace.**

2. **Dígale a su browser que cargue el URL de servidor de FTP; digite el URL en el espacio para la dirección URL o locación de la Red (o Netsite) que queda justo debajo de la barra de herramientas y presione Enter.**

Si utiliza un browser en cuyo espacio no puede incorporar un URL, debe darle un comando para indicarle a cuál URL dirigirse. En las versiones más viejas de Mosaic, por ejemplo, se elige File ⇨ Open (Archivo ⇨ Abrir) o se presiona **Ctrl+O** y luego se digita el URL en la ventana de diálogo que se presenta.

El browser entra al servidor de FTP y presenta el directorio inicial. Cada archivo y cada directorio en el actual directorio aparecen como un vínculo. Dependiendo del browser de Web que utilice, el formato puede diferir del que presentamos en la figura.

3. **Muévase hacia el directorio que contiene el archivo que desea copiar haciendo clic en el nombre del directorio.**

Cuando haga clic en el nombre de un directorio, usted debe moverse hacia ese directorio para que el browser presente sus contenidos.

A estas alturas, lo que haga depende del browser que utilice.

Si utiliza una versión de Mosaic

Una vez ha encontrado el archivo que desea recibir (tal como se describe en la sección anterior), la siguiente es la forma de atraparlo:

1. **Indíquele que usted desea guardar el archivo en un disco en lugar de desplegarlo en la pantalla, escogiendo Options ⇨ Load to Disk (Opciones ⇨ Cargar al Disco) en el menú.**

Si no hace esto, Mosaic intentará desplegar el archivo que está recibiendo en lugar de guardarlo.

2. **Reciba el archivo que desea haciendo clic en el nombre de archivo.**

Mosaic le pregunta por el nombre de archivo que desea usar, descarga el archivo y lo guarda en su disco.

3. **Cuando termine de recibir los archivos y desee ver de nuevo las páginas de Web, elija de nuevo Options ⇨ Load to Disk (Opciones ⇨ Cargar al disco) en el menú.**

Este comando desactiva el "Cargar al disco" que se había encendido en el primer paso.

Si presiona la tecla **Shift** mientras hace clic, Mosaic va a cargar el archivo en el disco, independientemente de si ha elegido esto en el menú de opciones.

Si utiliza Netscape

Una vez haya encontrado un archivo que desee recibir (tal como se describió en la sección "Recibir archivos a través de Web", anteriormente en este capítulo), siga estos pasos:

1. **Reciba el archivo que desee haciendo clic en el nombre correspondiente.**

   Si recibe un archivo de texto u otro tipo de archivo que el browser sabe cómo desplegar en la pantalla, entonces lo desplegará una vez que lo haya recibido. Si hace clic en el nombre del archivo redme.txt, por ejemplo, el browser presentará el archivo de texto. Si quiere guardarlo tan pronto como lo haya mirado, elija **File** ⇨ **Save As** (Archivo ⇨ Guardar como) en el menú e indíquele a Netscape cuál nombre de archivo debe usar.

   Si recibe un archivo que el browser no sabe como desplegar en la pantalla, tal como un programa, el programa va a preguntarle qué hacer (vea la figura 10-1).

2. **Si Netscape le pregunta qué hacer con el archivo, haga clic en Save to Disk (Guardar en el Disco); luego elija el directorio y nombre de archivo en el cual desea guardarlo.**

   Netscape descargará el archivo.

Si utiliza otro tipo de browser de Web

Revise la documentación de su browser de Web para averiguar cómo guardar los archivos que recibe. O sencillamente inténtelo: haga clic en el nombre de de algún archivo que le parezca interesante y mire qué

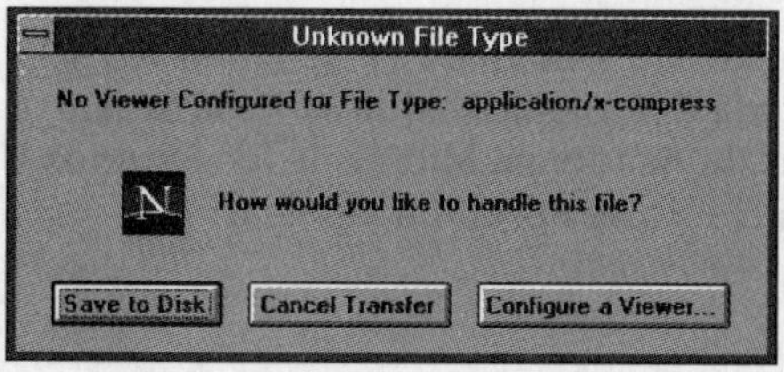

Figura 10-1.
Netscape no sabe qué hacer con el archivo que usted quiere descargar.

Unknown File Type

No Viewer Configured for File Type: application/x-compress

How would you like to handle this file?

[Save to Disk] [Cancel Transfer] [Configure a Viewer...]

sucede. Si no le gusta lo que está sucediendo, entonces presione la tecla **Shift** y haga clic otra vez.

Cómo utilizar WS_FTP: FTPear utilizando una cuenta SLIP o PPP

Si tiene una cuenta de SLIP o PPP, va a necesitar un programa de cliente FTP de WinSock (para usuarios de Windows) o MacTCP (para usuarios de Macintosh). Pero esto no es ningún problema. Los programas FTP gratuitos o compartidos están disponibles en Internet. Nuestros favoritos son WS_FTP para Windows y Fetch para Mac. Esta sección describe cómo utilizar WS_FTP.

Algunas características interesantes de WS_FTP son las siguientes:

✔ Tiene ventanas que se pueden rodar y seleccionar para buscar los nombres de archivos y directorios locales y remotos.

✔ Tiene botones sobre los cuales se puede hacer clic para realizar operaciones tan normales como conectar e instalar el modo binario.

✔ Tiene perfiles de conexión que guardan el nombre del anfitrión, el nombre del acceso y de la clave, además del directorio del anfitrión remoto de sus locaciones favoritas de FTP; viene con una serie de perfiles muy útiles ya instalados.

WS_FTP es tan bueno que incluso cuando estamos utilizando paquetes comerciales de WinSock, que vienen con sus propios programas de FTP, seguimos utilizando WS_FTP porque nos gusta más.

Por supuesto que también puede utilizar el browser de Web que tenga para descargar archivos por la vía de FTP anónimo, tal como se describió anteriormente en este capítulo.

Cómo obtener el WS_FTP

Nuestro programa favorito de WinSock FTP se llama WS_FTP y se consigue gratuitamente por vía FTP desde distintos lugares, entre los que se cuenta su propio hogar, la Academia Militar de los Estados Unidos. ¡Y usted que pensó que allí sólo se aprendía a pelear!

1. **En el administrador de archivos de Windows (o en Windows 95, en My Computer o Explorer), cree un directorio donde colocar WS_FTP.**

2. **Siguiendo las instrucciones que se dieron anteriormente en este capítulo, utilice su browser de Web para entrar vía FTP a la siguiente locación:**

```
ftp://papa.indstate.edu/winsock-1/ftp/ws_ftp.zip
```

(Es decir, enviar un FTP a `papa.indstate. edu`, de ahí ir a `/winsock-1/ftp,` que es el directorio, y recibir el archivo `ws_ftp.zip`) Si no logra encontrarlo en ese servidor de FTP, vaya a la página de Web Stroud's Consummate WinSock Apps List para buscar otras locaciones que guarden ese archivo, o utilice el programa de Archie para buscarlo. (Vea el capítulo 21 para más ayuda.)

3. **Desamarre (unzip) el archivo `WS_FTP.ZIP`**

Va a tener como resultado una cantidad de archivos, entre los que se encuentra el programa que se llama `WS_FTP.EXE`.

4. **Cree un icono para WS_FTP a fin de facilitar que el programa corra.**

En Windows 3.1 pase el archivo WS_FTP.EXE del administrador de archivos al administrador de programas. En Windows 95, en Explorer o My Computer, cree un atajo para el programa utilizando el botón derecho del ratón para arrastrar el nombre del archivo al desktop de Windows 95 o a un fólder .

Ahora ya puede hacer transferencias de archivos utilizando WS_FTP.

Discar para obtener archivos

Aquí le mostramos cómo utilizar el programa WS_FTP para obtener o colocar archivos en un servidor de FTP:

1. **Ponga a funcionar el programa de WS_FTP haciendo doble clic en el icono.**

Verá una caja de conexión al cliente de FTP (**Client Connect To**), que se muestra en la figura 10-2. Esta caja le permite incorporar información acerca del servidor de FTP al cual se quiere conectar. Una vez haya incorporado esta información, WS_FTP la guarda para que se pueda utilizar fácilmente cuando se quiera volver a conectar con el servidor de FTP.

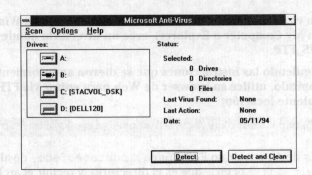

Figura 10-2.
¿Con cuál
servidor FTP
desea
contactarse?

2. En el cuadro del nombre de la configuración (Config name), introduzca el nombre que desea utilizar para este servidor de FTP.

Sí desea hacer una transferencia de archivos a rtfm.mit.edu, por ejemplo, que contiene FAQs para todos los grupos de noticias de Usenet, puede escribir **Usenet FAQ Central.**

3. En el cuadro del nombre del anfitrión (host name), ingrese el nombre del servidor de FTP.

Éste puede ser un nombre corriente de Internet (tal como oak.oakland.edu, otro servidor de FTP muy útil) o una dirección numérica.

4. En el cuadro host type (tipo de anfitrión), realice la configuración para que se detecte automáticamente (auto-detect)

Este paso le indica a WS_FTP que tiene que adivinar cuál es el sistema operacional del servidor de FTP que está utilizando.

5. Si efectivamente tiene un nombre de usuario en el servidor de FTP, anote su nombre de usuario y su clave en los cuadros de User ID (identificación del usuario) y Password (clave).

Si no tiene nombre de usuario, haga clic en el cuadro Anonymous FTP (FTP anónimo). WS_FTP le pedirá su dirección de correo electrónico, que utilizará como su clave; eso es lo que se hace cuando se quiere hacer una transferencia FTP anónima.

6. Escriba su dirección y haga clic en OK.

WS_FTP llenará los cuadros de User ID y de Password automáticamente.

Si desea que WS_FTP guarde una clave en el cuadro de Password en lugar de pedírsela cada vez que usted se conecte al servidor FTP, haga clic en el cuadro Save Password (guardar clave) para que lleve una x.

Deje el cuadro de la cuenta en blanco, a no ser que usted tenga su propio nombre de usuario en el servidor de FTP y sepa a cuál cuenta ingresar.

7. **En el cuadro Remote Dir (directorio remoto), escriba el directorio que desea ver en el servidor FTP.**

    Si no hace esto puede dejar este cuadro en blanco y empezar a buscar por su propia cuenta.

8. **En el cuadro Local Dir (directorio local), ponga en su propio PC el nombre del directorio en el cual quiere guardar los archivos que reciba.**

9. **Haga clic en el botón de Save Config (guardar configuración) para guardar esta información.**

10. **Haga clic en OK**

    WS_FTP tratará de conectarse con el servidor FTP.

¡No me quiere hablar!

Si tiene un problema al conectarse con el servidor de FTP, aparecerán mensajes en un cuadro de dos líneas al final de la ventana de WS_FTP. Puede subir y bajar esta pequeña ventana para ver qué pasó. Por ejemplo, `rtfm.mit.edu` está frecuentemente recargado y no le permitirá entrar. Cuando esto sucede, presenta algún mensaje útil acerca de las locaciones que podrían tener la información que usted desea. Usted puede ver los mensajesE en este cuadro.

Si realmente desea ver los mensajes que envía el servidor de FTP haga un doble clic sobre ellos. WS_FTP abre una ventana enorme para que los pueda ver mejor. Para cerrarla haga clic en el botón **Close** (cerrar).

¿Me copia?

Tan pronto como usted se haya conectado a un servidor de FTP, verá una ventana de WS_FTP, tal como la que se muestra en la figura10-3. WS_FTP presenta la información acerca de los archivos en su propio computador en la parte izquierda de la ventana (que lleva el título "Local PC info"-Información acerca del PC local). Los directorios y archivos del servidor de FTP aparecerán en la parte derecha (con el título "Información acerca del anfitrión remoto"-Remote host info). A cada lado hay botones que le permiten cambiar los directorios (ChgDir), crear directorios (MkDir), eliminar directorios (RmDir), ver archivos, etc. Por supuesto que no tiene derecho a eliminar o cambiar nada en la mayoría de los servidores de FTP, así que ni siquiera lo intente.

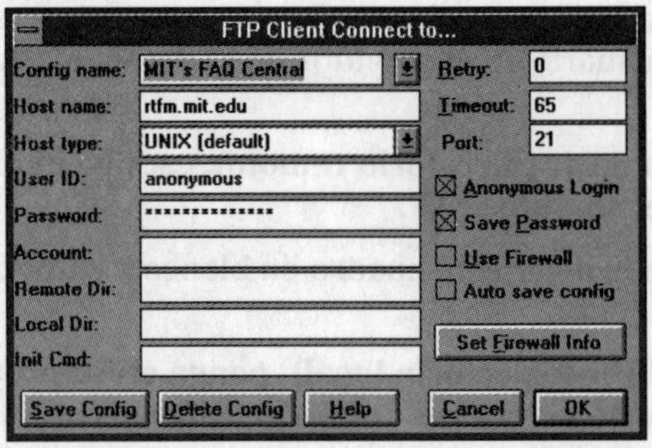

Figura 10-3.
Prepárese
para recibir
archivos.

Para moverse de un directorio a otro en el servidor FTP, elija los nombres de directorios en el cuadro de la lista. También puede hacer clic en el botón **ChDir** y escribir el nombre entero del *pathname* o el directorio al cual debe ir.

Aquí presentamos cómo se copia un archivo:

1. **Elija si es ASCII o binario, utilizando los botones en la parte de abajo de la ventana.**

   Para los archivos que consisten enteramente de texto, elija ASCII. Para cualquier otro archivo, elija Binary (binario).

2. **Elija el archivo que desea obtener en el servidor de FTP.**

3. **Elija el directorio para colocarlo en su propio computador.**

4. **Haga clic en el botón que tiene una flecha orientada hacia la izquierda en la mitad de la ventana.**

   WS_FTP recibe el archivo. Cuando los archivos son muy grandes puede suceder que este paso tome algún tiempo, pero WS_FTP va presentando el progreso como un porcentaje de lo que se ha completado.

¡Colgar!

Para desconectar el servidor de FTP, en cuanto haya terminado la copia, haga clic en el botón **Close** (cerrar) en la parte de abajo de la ventana de WS_FTP.

Reconectarse

Para hacer otra llamada, haga clic en el botón **Connect** (conectar). Aparecerá de nuevo la ventana **FTP Client Connect To** (conectar a cliente de

Para los usuarios de Mac

Fetch, un magnífico programa de FTP de Macintosh le da a elegir entre la posibilidad de bajar archivos como datos crudos o como *MacBinary* (binarios de Mac). El formato MacBinary combina las partes (tenedores) de los archivos de Macintosh integrándolos en un solo archivo para que puedan navegar juntos cuando se están enviando por FTP. MacBinary se puede utilizar para cosas específicas de Mac que sólo otros usuarios de Mac pueden entender, tal como el software de Macintosh. Si quiere bajar software de Macintosh de un archivo de Mac, por ejemplo, utilice MacBinary. No utilice MacBinary para archivos de texto, archivos de gráficas o cualquier otra cosa que no sea específica de Macintosh. Los archivos formateados por MacBinary generalmente llevan extensión .bin en el nombre del archivo

FTP). Realice los cambios de información necesarios y haga clic en OK para establecer la conexión.

Para llamar nuevamente a un servidor de FTP, haga clic en **Connect**. En la ventana **FTP Client Connect To** (conectar a cliente de FTP), haga clic en el botón de la flecha a la derecha de la caja de configuración del nombre. Allí verá una lista de las configuraciones que ya ha incorporado; elija una y luego haga clic en OK.

Hacer FTP de una cuenta shell de Unix

Prácticamente cualquier sistema Unix tiene un programa llamado FTP, o sea un cliente FTP. Se puede utilizar para cargar y bajar archivos, y funciona tanto con FTP anónimo, como para enviar FTPs hacia o desde servidores de FTP en los cuales tenga su propia cuenta.

Recuerde que si está llamando a una cuenta Unix utilizando un programa de terminal en el PC o en el Macintosh, se requieren dos pasos para obtener un archivo de un servidor de FTP y pasarlo al propio computador. Primero, se utiliza FTP para copiar los archivos de FTP al computador de su proveedor de Internet; luego hay que bajar el archivo a su propio computador. Hablaremos más acerca de esto en este capítulo.

¿Es difícil copiar un archivo de un lugar a otro?

Es relativamente sencillo copiar un archivo de un lugar a otro (pero no lo olvide, estamos tratando con computadores). Aquí le mostramos cómo funciona: ingrese al otro computador para obtener el FTP e indíquele lo que quiere copiar y a dónde quiere que sea copiado.

A continuación le indicamos cómo utilizar el programa de FTP para bajar un archivo (es decir copiar un archivo de un servidor de FTP a su computador):

1. **Haga funcionar el programa de ftp digitando el nombre del servidor de FTP en la línea de comando.**

   Para conectar al servidor FTP de wuarchive.wustl.edu, por ejemplo, digite la siguiente línea:

   ```
   ftp wuarchive.wustl.edu
   ```

   Aparecerán unas líneas de mensaje confirmando que la conexión está hecha y pidiendo el nombre de la cuenta:

   ```
   Connected to wuarchive.wustl.edu.
   220 wuarchive.wustl.edu FTP server (Version wu-2.1b(1) Fri
   Jun 25 14:40:33 CDT 1993) ready.
   ```

2. **Digite el nombre de usuario en el servidor de FTP.**

   Sí no tiene un nombre de usuario, digite **anonymous** (anónimo). Recuerde que su nombre de usuario común y corriente en su cuenta regular no es un nombre de usuario que se pueda utilizar en el computador de otra persona. Si no está haciendo la conexión de FTP a una máquina a la cual tiene acceso regularmente, utilice **anonymous** (anónimo).

   Si entra como **anonymous**, verá un mensaje como éste:

   ```
   331 Guest login ok, send your complete e-mail address as
   password.
   ```

   Luego, el servidor de FTP querrá saber su clave.

3. **Si ha digitado un nombre de usuario, digite su clave. Si entró como** anonymous, **digite su dirección de correo electrónico como clave.**

   Verá, en primera instancia, mensajes del servidor FTP indicándole cuáles son las normas del servidor; luego aparecerá en el apuntador `ftp>` la señal de que el servidor de FTP está esperando el comando.

4. **Vaya al directorio del servidor de FTP que contiene el archivo que desea, utilizando el comando** cd, **de la siguiente manera (este comando se mueve al directorio de** doc files**):**

```
cd docfiles
```

5. **Para ver los archivos en el directorio actual, digite** dir.

En el directorio verá una lista de los nombres y tamaños de los archivos como la siguiente:

```
200 PORT command successful.
150 Opening ASCII mode data connection for /bin/ls.
total 23
drwxrwxr-x  19 root     archive       512 Jun 24 12:09 doc
drwxrwxr-x   5 root     archive       512 May 18 08:14 edu
drwxr-xr-x  31 root     wheel         512 Jul 12 10:37
             systems
drwxr-xr-x   3 root     archive       512 Jun 25  1992
             vendorware
... lots of other stuff ...
226 Transfer complete.
1341 bytes received in 0.77 seconds (1.7 Kbytes/s)
```

6. **Cuando encuentre el archivo que usted desea copiar, indíquele al servidor de FTP qué tipo de archivo es.**

Para archivos de texto, digite **ascii**. Para todos los demás, digite binary (binario) o **image** (imagen).

7. **Utilice el comando** get **(obtener) para copiarlo a su computador.**

```
get README
```

Si está utilizando una cuenta de shell de Unix, el comando get copia el archivo al computador de su proveedor y no al suyo propio.

Verá un mensaje como éste:

```
150 Opening ASCII mode data connection for README (12686
          bytes).
226 Transfer complete.
local: README remote: README
12979 bytes received in 28 seconds (0.44 Kbytes/s)
```

8. **Cuando termine de copiar los archivos, salga del servidor de FTP utilizando el comando** quit.

Verá un amable mensaje:

```
221 Goodbye
```

Ésta es la manera como funciona FTP. Claro que tendrá que conocer otros 400 pequeños detallitos para utilizarlo realmente de manera efectiva.

El primer directorio que aparece en un servidor de FTP puede contener archivos con nombres tales como read.me o index.txt. Es recomendable bajar estos archivos y mirarlos antes de seguir transfiriendo textos.

Cómo se enredan los archivos en FTP

El error más corriente que cometen los usuarios de Internet con poca experiencia es transferir un archivo en el modo equivocado. Si transfiere un archivo de texto en modo binario de un sistema Unix a un MSDOS o a un sistema Macintosh, aparecerá más o menos así (en un aparato de DOS):

```
This file
          should have been
                          copied in
                                   ASCII mode.
```

En un Macintosh todo el archivo aparece como si estuviera en una sola línea. Cuando se lee el archivo con un editor de texto en un sistema Unix, aparecen extraños símbolos ^M al final de cada línea. En tal caso, no es necesario retransferir el archivo. Muchos paquetes de la red incluyen programas que hacen conversiones después de haber hecho la transferencia y pasan el archivo de un formato a otro.

¿Por qué se llama FTP?

Se podría decir que FTP es la forma abreviada de **File Transfer Program** (programa de transferencia de archivos), y probablemente usted nos creería, pero es un error. En realidad, quiere decir **File Transfer Protocol** (protocolo de transferencia de archivos). Hacia 1971, quienes quieran que sean los que gobiernan Inter-

net, se pusieron de acuerdo en un *protocolo*, un conjunto de convenciones para copiar archivos de un lugar a otro en la red. Luego muchas personas escribieron programas que implementaban este protocolo y los llamaron FTP. ¿Está claro? Bueno, no importa si no lo está.

Si, por otro lado, está copiando algo que no sea un archivo de texto en un modo ASCII, se va a confundir todo. Los archivos comprimidos no se van a decomprimir; los archivos ejecutables no ejecutarán (o entrarán en colisión o colgarán la máquina); las imágenes aparecerán enredadas. Cuando un archivo se corrompe, lo primero que hay que sospechar que sucedió es que el modo de FTP es equivocado.

Si está haciendo transferencias de archivos entre dos computadores del mismo tipo —por ejemplo, dos que trabajen con el sistema de Unix—, debería hacerlas todas en modo binario. Independientemente de si está transfiriendo un archivo de texto a un archivo que no es de texto, no va a requerir ninguna conversión, así que el modo binario es la forma correcta de hacerlo.

La maraña de directorios

El comando `dir` se utiliza para ver lo que hay en un directorio. Muchos servidores de FTP tienen un sistema de operación llamado *UNIX*. Cuando se utiliza un comando `dir` de FTP, aparece el listado de un directorio Unix estándar, en el cual la primera letra de la línea le indica si lo que aparece es un archivo o un directorio. *d* indica que es un directorio; cualquier otra cosa es un archivo.

Si desea ver algunos, pero no todos los archivos en el directorio que tiene abierto, puede digitar un nombre de archivo después del *dir*, y utilizar * en el nombre de archivo para compaginar uno o varios caracteres. Por ejemplo, para ver una lista de archivos que comienza con z, digite:

```
dir z*
```

La paciencia es una virtud

Internet es bastante, pero no infinitamente, rápido. Si está copiando material entre dos computadores en la misma red local, la información puede moverse a una velocidad de unos 200 mil caracteres por segundo. Cuando dos máquinas están separadas por una gran cantidad de intervenciones de Internet, la velocidad disminuye con frecuencia hasta mil caracteres por segundo o menos. De tal manera que si está copiando un archivo de 500 mil caracteres (el tamaño de una típica imagen GIF –vea el capítulo 18), esto tomará tan solo unos pocos segundos en una red local, pero requerirá de varios minutos si la conexión es de larga distancia.

Es una gran ayuda tener un listado de directorio antes de ejecutar el comando `get` o `put` para tener una idea de cuánto tiempo va a requerir hacer la copia.

Si encuentra directorios en el directorio actual, el comando **cd** le permite cambiar de directorio. Cambiará el directorio actual en el servidor de FTP sin afectar el directorio actual en el sistema de Unix. También se puede cambiar de directorio en su propio computador, utilizando el comando **lcd**. (Uno esperaría que el comando **cd** cambiara los directorios en ambas máquinas, pero no es así.)

Para llegar al directorio que contiene el directorio actual (el directorio madre, por así decirlo), digite:

```
cd . .
```

¿Qué hay en un nombre?

Se puede cambiar el nombre de un archivo cuando éste se ha bajado. Puesto que los PCs de Windows no permiten ciertos nombres de archivos de Unix, tendrá que utilizar un nombre distinto. Para guardar el archivo utilizando un nombre distinto al que tenía en el servidor de FTP, digite el nombre que quiere utilizar al final del comando get, de la siguiente manera:

```
get rose-photograph rose2.gif
```

El comando baja el archivo que tiene el nombre rose-photograph y le otorga el nombre rose2.gif.

Para agarrar una manotada de archivos

Suponga que desea obtener una manotada de archivos que comienzan con ru. En estos casos se puede utilizar el comando mget (que quiere decir *get multiple*) para cargarlos. Los nombres que digite después de mget pueden ser bien los de los nombres de los archivos, o bien patrones amplios que compaginen una serie de nombres de archivo. Para cada nombre de compaginación, el FT le preguntará si quiere recuperar ese archivo, como en el siguiente cuadro:

```
[ftp> mget ru*
mget ruby? n
mget ruby2? n
mget ruger_pistol? n
mget rugfur01? n
mget rush? y
```

```
200 PORT command successful.
150 Opening BINARY mode data connection for rush (18257
          bytes).
226 Transfer complete.
local: rush remote: rush
18257 bytes received in 16 seconds (1.1 Kbytes/s)
mget rush01? y
200 PORT command successful.
150 Opening BINARY mode data connection for rush01
          (205738 bytes).
local: rush01 remote: rush01
205738 bytes received in 200.7 seconds (1.2 Kbytes/s)
mget rush02?
```

Nota: Si ve que mget compagina más archivos de los que usted solicitó, puede detener el comando con el caracter usual de su sistema para interrumpir: generalmente, **Ctrl+C** o **Delete**. Incluso puede interrumpir en la mitad de la transferencia si un archivo está tomando más tiempo de lo que usted desea esperar.

Este juego de 20 preguntas está bien para tres o cuatro archivos, pero puede ser terriblemente tedioso si se quiere copiar una cantidad considerable de ellos. Afortunadamente, también se puede hacer un *express mget* que no hace ningún tipo de pregunta y le permite encontrar exactamente los archivos que desea. Suponga que utiliza el comando dir para ver la información acerca de una serie de archivos que quiere recuperar:

```
ftp> dir 92-1*
200 PORT command successful.
150 Opening ASCII mode data connection for 92-1*.
-rw-rw-r—  1 johnl    staff    123728 Jul 1 20:30 92-10.gz
-rw-rw-r—  1 johnl    staff    113523 Jul 1 20:30 92-11.gz
-rw-rw-r—  1 johnl    staff    106290 Jul 1 20:30 92-12.gz
226 Transfer complete.
remote: 92-1*
192 bytes received in 0.12 seconds (1.5 Kbytes/s)
```

Ahora suponga que desea todos esos archivos 92-1, pero no tiene muchos deseos de estar golpeando la tecla de **y** para indicarle al FTP que los obtenga. Utilice el comando prompt, que le indica a FTP que no pregunte nada cuando tenga el comando mget, sino que haga lo que tiene que hacer:

```
ftp> prompt
Interactive mode off.
ftp> mget 92-1*
200 PORT command successful.
150 Opening BINARY mode data connection for 92-10.gz
            (123728 bytes).
226 Transfer complete.
local: 92-10.gz remote: 92-10.gz 123728 bytes received in
            2.8 seconds (43 Kbytes/s)
200 PORT command successful.
150 Opening BINARY mode data connection for 92-11.gz
            (113523 bytes).
226 Transfer complete.
local: 92-11.gz remote: 92-11.gz 113523 bytes received in
            3.3 seconds (34 Kbytes/s)
200 PORT command successful.
150 Opening BINARY mode data connection for 92-12.gz
            (106290 bytes).
226 Transfer complete.
local: 92-12.gz remote: 92-12.gz 106290 bytes received in
            2.2 seconds (47 Kbytes/s)
```

Cómo enviar archivos

Está bien, ahora ya sabe como recuperar archivos de otros computadores. ¿Cómo se hace en la otra dirección? Es básicamente el mismo procedimiento, sólo que, en lugar de get (obtener), se marca put (poner). Es decir, ingresa al servidor de FTP y utiliza los comandos cd y dir para encontrar el directorio en el cual quiere cargar el archivo. Luego utiliza put para copiar el archivo al servidor de FTP y quit para salir. Lo más sencillo del mundo.

El siguiente ejemplo muestra cómo copiar un archivo local llamado rnr a un servidor de FTP y cambiar el nombre del archivo a rnr.new en el servidor:

```
ftp> put rnr rnr.new
200 PORT command successful.
150 Opening ASCII mode data connection for rnr.new.
226 Transfer complete.
local: rnr remote: rnr.new
168 bytes sent in 0.014 seconds (12 Kbytes/s)
```

(Tal como con get, si quiere utilizar el mismo nombre cuando hace la copia, omita el segundo nombre al escribir.)

El comando mput funciona igual que el comando mget, sólo que en la otra dirección. Si tiene un manojo de archivos cuyo nombre comienza con uu y quiere copiar la mayoría de ellos, inserte el comando mput, como en el siguiente ejemplo:

```
ftp> mput uu*
mput uupick? y
200 PORT command successful.
150 Opening ASCII mode data connection for uupick.
226 Transfer complete.
local: uupick remote: uupick
156 bytes sent in 0.023 seconds (6.6 Kbytes/s)
mput uupoll? y
200 PORT command successful.
150 Opening ASCII mode data connection for uupoll.
226 Transfer complete.
local: uupoll remote: uupoll
200 bytes sent in 0.013 seconds (15 Kbytes/s)
mput uurn? n
```

(Tal como con mget, puede utilizar prompt para que el comando haga todo el trabajo y no pregunte nada.)

Otras posibilidades de FTP

Hay otra serie de comandos para manipular los archivos, que son útiles en algunas ocasiones, tal como en el siguiente ejemplo del comando Delete:

```
delete somefile
```

Este comando elimina el archivo en el computador remoto, asumiendo que los permisos de los archivos le permitan hacerlo. El comando mdelete elimina archivos múltiples y funciona igual que mget y mput. El comando mkdir crea un nuevo directorio en el sistema remoto (de nuevo suponiendo que usted tenga el permiso para hacerlo), como en el siguiente ejemplo:

```
mkdir newdir
```

Una vez haya creado el directorio, tiene que utilizar cd para cambiar a ese directorio antes de poner put o mput para guardar los archivos en él.

Si piensa eliminar muchos archivos, crear directorios y cosas parecidas, generalmente es mucho más rápido entrar al otro sistema utilizando telnet y usando los comandos locales conocidos.

Trucos para FTP

La tabla 10-1 ofrece una lista corta de comandos de FTP útiles, que incluye algunos que no se mencionan en otras partes.

Tabla 10-1	Comandos útiles de FTP
Comando	*Descripción*
get old new (obtener viejo o nuevo)	Copia un archivo remoto `old` (viejo) a un archivo local `new` (nuevo); puede omitir `new` si tiene el mismo nombre que `old`.
put old new (colocar viejo nuevo)	Copia el archivo local `old` a un archivo remoto `new`; se puede omitir `new` si tiene el mismo nombre que `old`.
del xxx	Elimina el archivo *xxx* en el sistema remoto.
cd newdir	Cambia el directorio `newdir` en la máquina remota.
cdup	Cambia hacia el siguiente directorio hacia arriba.
lcd newdir	Cambia al directorio `newdir` en la máquina local.
asc	Transfiere los archivos del modo ASCII (se utiliza para archivos de texto).
bin	Transfiere archivos en modo binario o de imagen (para todos los otros archivos).
quit	Para salir de FTP.
dir pat	Presenta una lista de archivos cuyos nombres compaginan con el patrón `pat`; si no se marca `pat`, presenta la lista de todos los archivos.
mget pat	Obtiene los archivos cuyos nombres compaginan con el patrón `pat`.
mput pat	Coloca todos los archivos cuyos nombres compaginan con el patrón `pat`.
mdel pat	Elimina los archivos remotos cuyos nombres compaginan con el patrón `pat`.
prompt	Permite introducir nombres o sacarlos en el `mget` y `mput`.

¿Qué son todos estos números de tres dígitos?

Notará que cuando elige un comando de FTP, la respuesta del anfitrión remoto comienza con un número de tres dígitos. (O puede que no lo haya notado, en cuyo caso no se preocupe.) El número de tres dígitos está ahí para que el programa de FTP, que no habla inglés, pueda descifrar qué es lo que está sucediendo. Cada dígito le indica algo al programa.

Esto es lo que significa el primer dígito:

✔ 1 quiere decir que ha comenzado el proceso que se pidió, pero que no ha sido terminado.

✔ 2 quiere decir que terminó.

✔ 3 quiere decir que necesita más información suya, tal como su clave, después de que ha digitado el número de usuario.

✔ 4 quiere decir que no funcionó, pero puede llegar a funcionar si intenta de nuevo.

✔ 5 quiere decir que está perdido.

El segundo dígito es un mensaje *subtipo*, es decir, un dígito que distingue este mensaje de otros que puedan ser similares.

El tercer dígito distingue mensajes que de otra manera tendrían el mismo número (algo que sería perfectamente insoportable en el mundo de los computadores.)

Si un mensaje se extiende en múltiples líneas, todas ellas, con excepción de la última, tienen un guión en lugar de un espacio después del número.

Nota: La mayoría de los usuarios de FTP no tiene la menor idea de lo que quiere decir estos números, así que usted ahora es uno de los pocos que saben, es decir, un experto.

¡Ayuda! ¡No puedo usar el FTP!

¡Oh, no! Usted sólo tiene una conexión de correo electrónico a Internet, así que no puede utilizar FTP ¡Qué horror!

Espere, no se ha perdido todo. Algunos anfitriones de Internet le brindan un servicio de FTP por medio del correo. Se envía una petición por correo electrónico y un robot le consigue el archivo y se lo envía por el mismo medio. No es tan agradable como el FTP directo, pero es mejor que nada. Sólo existen unos pocos servidores de FTP por correo: considérelos un recurso precioso. En particular, observe las siguientes cuestiones:

✔ **Sea moderado en lo que pide**. Si recibe por correo un archivo que no es de texto (recuerde que los archivos comprimidos no son archivos de texto en términos de FTP, aun cuando lo que contengan sea sólo texto), tiene que utilizar un decodificador parecido al texto que hace que el mensaje enviado sea 35% más grande que el archivo mismo. Es decir, que si desea obtener un archivo de 100 KB va a obtener uno de 135KB, que es una gran cantidad de correo. Si utiliza un sistema comercial en el cual paga por el correo que le llega, va a encontrar que el FTP por correo es terriblemente caro. (En ese caso, procure usar un servicio como AT&T Mail o MCI Mail que no cobran por ese servicio, o un proveedor público de Internet que le brinde un acceso directo a FTP.)

✔ **Sea paciente.** Casi todos los sistemas de FTP por correo racionan su servicio. Es decir que si hay muchas personas utilizándolo (lo cual suele suceder), puede haber demoras de varios días hasta que pueda cumplir con su solicitud. Si envía una solicitud y no le responden inmediatamente, *no la envíe de nuevo.*

✔ **Investigue un poco.** Antes de utilizar un servidor de FTP por correo para propósitos generales, averigüe si hay un sistema desde el cual pueda obtener lo que desea y que tenga un servidor propio y le envíe ese tipo de archivos del sistema mismo. Si lo hace, utilícelo porque es mucho más rápido que los servidores generales.

El servidor de FTP por correo más ampliamente disponible se conoce como BITFTP. Se concibió originalmente para usuarios de BITNET, una red más vieja, sobre todo de IBM, que tiene enormes facilidades de correo pero no tiene FTP. En los Estados Unidos, un servidor de BITFTP es la Universidad de Princeton en `bitftp@pucc.princeton.edu`.

La tabla 10-2 ofrece una lista de los servidores de FTP por correo. Para minimizar el costoso tráfico de la red, utilice uno en su propio país.

Tabla 10-2	Servidores de FTP por correo
Dirección del correo electrónico	*Locación*
ftpmail@decwrl.dec.com	California
ftpmail@sunsite.unc.edu	North Carolina
ftpmail@cs.uow.edu.au	Australia
ftpmail@ieunet.ie	Irlanda
bitftp@plearn.edu.pl	Polonia
ftpmail@doc.ic.ac.uk	Gran Bretaña

Antes de enviar una solicitud a un servidor de FTP por correo, envíe un mensaje de una sola línea que contenga la palabra *help* (ayuda). Esto se debe hacer por dos razones: para comprobar si el mensaje de ayuda contiene algo interesante y para verificar que hay posibilidad de enviar mensajes de su máquina a la del servidor y viceversa. No trate de obtener archivos hasta que haya recibido el mensaje de ayuda.

El mensaje que le envíe a el servidor BITFTP es más o menos una secuencia de comandos, los mismos que se utilizarían en una sesión interactiva de FTP. Por ejemplo, para obtener un archivo de texto con el índice de notas FYI de InterNIC (Internet Network Information Center - Centro de información de la red de Internet) envíele este mensaje a BITFTP:

```
FTP ftp.internic.net
USER anonymous
cd fyi
get fyi-index.txt
quit
```

Puede digitar múltiples comandos de cd y de get si es necesario, pero recuerde que no debe sobrecargar su buzón de correo con enormes cantidades de mensajes que van entrando llenos de archivos.

¿Cómo he de saber cuáles archivos pedir?

Es una excelente pregunta. Nos alegramos de que haya preguntado. Cuando se utiliza FTP por correo no puede saberse qué tipo de archivos tiene el servidor de FTP. Si tiene suerte alguien le ha enviado una nota que le dice qué es lo que debe buscar. A falta de eso, se puede obtener un listado de directorio, luego pedir el archivo en una siguiente solicitud de esta manera:

```
FTP ftp.internic.net
USER anonymous
cd fyi
dir
quit
```

Muchos sistemas tienen una lista de directorio completa disponible como archivo en el directorio de más alto nivel. Este archivo tiene un nombre que es generalmente del tipo ls - lR o ls - lR.Z. (Este extraño nombre proviene del comando de UNIX que se utilizo para crearlo.) Si existe tal archivo, intente obtenerlo antes de tener que hacer millones de comandos de dir. Si no hay un ls - lR disponible, pero sí existe el archivo README, abra ése porque con frecuencia le indica dónde se encuentra la lista de directorio.

S u pd lr eto es prq u s n cmptdr

Hasta ahora hemos tratado el tema de obtención de archivos de texto por correo. ¿Pero qué hacer con el 95% de los archivos disponibles que no son de texto? Para esos archivos hay un subterfugio llamado *uuencode* (descodificar *uu*). (Este tema ya lo mencionamos en el capítulo 9 porque es la misma forma en que se envían archivos binarios como noticias de Usenet.) El programa *uuencode* disfraza archivos binarios como texto de la siguiente manera:

```
begin plugh.exe 644
M390GNM4L-REP3PT45G0OI-O5[I5-6M3OME,MRMK76OPI5LPTMETLMKPY
MEOT39I4905B05YOPV3OIXKRTL5KWLJROJTOU,6P5;3;MRUO5OI4J5OI4
...

end
```

Puesto que Eudora y Agent (la versión pagada de Free Agent, que maneja correo, además de noticias) descifran automáticamente mensajes de *uuencoded*, la mayoría de los usuarios de Windows pueden descifrar mensajes uuencoded de manera muy fácil.

Si no tiene esto, hay que pasar el mensaje a través del programa *uudecode* (o, para usuarios de Windows, WinCode) para obtener el archivo original. Si un archivo es muy grande, su versión de uuencoded será enviada como múltiples mensajes de correo, en cuyo caso hay que guardar en un archivo todos los mensajes en el orden correcto y luego pasar ese archivo por el uudecode -descodificar *uu*.. (Agent utiliza múltiples partes, pero Eudora no.)

Para usuarios de UNIX, un mensaje se puede pasar directamente a uudecode. En Pine o Elm, una vez el mensaje se encuentre en la pantalla, hay que presionar | (una barra vertical) y luego digitar **uudecode** y presionar **Enter**. Este comando hace el descifrado uu del mensaje directamente, guardando el archivo en el disco del sistema UNIX. (Los usuarios que utilizan marcado tienen que bajar luego el archivo, tal como se señaló en el capítulo 10.)

Para obtener un archivo binario por correo, hay que dar tanto una palabra clave de uuencode en la línea de FTP para indicarle que codififque *uu* lo que recupere y, como siempre, un comando binario para indicarle a FTP que transfiera el archivo en modo binario. Por ejemplo, para obtener la lista de directorio comprimida de /INFO en wuarchive.wustl.edu, envíe este mensaje a BITFTP:

```
FTP wuarchhive.wustl.edu uuencode
USER anonymous
binary
cd info
get ls-1R.Z
quit
```

Una vez se haya descodificado *uu* este archivo, se puede descomprimir (tal como cualquier archivo que se haya enviado directamente por FTP) para obtener la lista del archivo.

Mientras tanto, de regreso en el rancho

"Todo esto que me han contado de FTP; es maravilloso y funciona muy bien para obtener cosas de una máquina UNIX hacia otra, pero ¿qué pasa con todos aquellos que no quieren más que marcar sus cuentas shell de UNIX?" Está muy bien que se plantee esta pregunta porque, tal como le advertimos, no hemos terminado aún.

Abajo y sucio

Para obtener cosas en su propio PC o Macintosh hay que bajarlas. Para que esto funcione es necesario que el software de su PC o Macintosh sea compatible con el de su proveedor de servicio de Internet. El programa en su PC o Macintosh y el programa de su proveedor de Internet tienen que utilizar el mismo *protocolo*, es decir, el mismo sistema para transferir el archivo y para revisar que no haya errores. Los protocolos que más se utilizan son Kermit, Xmodem, Ymodem, Zmodem, y MacTerminal.

La mayoría de los proveedores tienen un abanico de programas desde donde se puede elegir, y el software que tenía instalado en su módem probablemente tiene algo que permite trabajar con él. La mayoría de los proveedores de UNIX tienen unos programas llamados `sx` que envían archivos utilizando el protocolo Xmodem, un programa `sz` que envía archivos utilizando el protocolo Zmodem, y kermit para enviar archivos que utilizan `Kermit`. Revise la documentación o la ayuda en línea del programa que utiliza para averiguar cuáles son los protocolos que manejan.

Para los usuarios de PC, una ventaja es que el Zmodem se encuentra del lado del proveedor. La manera de revisar si su proveedor lo tiene es digitar el siguiente comando para averiguar el programa `sz`:

```
man sz
```

Si existe Zmodem, aparecerán en la pantalla las instrucciones para utilizarlo.

Una gran cantidad del software de MacTerminal, tal como Microphone, funciona con Zmodem. Si usted lo tiene, utilícelo en la forma en que lo hacen los usuarios de PC. Si el software terminal que tiene no posee Zmodem, puede revisar si su proveedor lo tiene para MacTerminal digitando la siguiente línea:

```
man macput
```

Sí MacTerminal está presente, aparecerán en la pantalla las instrucciones de uso.

Puesto que el proceso de bajar archivos y programas varía de proveedor en proveedor, puede ser que tenga que llamar a su servidor para obtener el secreto y que le indique cómo bajar programas y archivos de su sistema. En términos generales, sin embargo, hay que seguir estos pasos básicos:

1. **Prepare el computador para recibir los datos.**

   Este paso puede ser nada más que asegurarse que las instalaciones del programa de terminal para la transferencia de archivos sean adecuados al programa que estará utilizando desde su proveedor de servicio de Internet.

2. **Indíquele al computador del proveedor del servicio de Internet que envíe las cosas.**

   Por ejemplo, si usted desea enviar un archivo que se llama `wiggle.txt` utilizando Zmodem, hay que digitar **sz wiggle.txt**.

3. **Esperar.**

Lo que baja también sube

Si usted desea compartir algo que posee con otros usuarios en la red, tiene que enviarlo (*upload*). Cargar programas o archivos es el proceso inverso al de bajarlos. Cargar archivos, tal como bajarlos, varía de sistema a sistema, pero hay una serie de elementos básicos (funciona en The World, nuestro proveedor local de Unix shell, y algo similar funcionará en cualquier sistema en el que se encuentre):

1. **Prepare el computador para enviar los datos.**

   Este paso puede ser que no sea ninguna otra cosa que asegurarse que las instalaciones de transferencia de archivos sean adecuadas para el software que estará utilizando desde su proveedor de servicio de Internet.

2. **Indíquele al proveedor de servicio de Internet que se prepare para recibir cosas.**

   Es probable que su proveedor de Internet tenga un programa `rx`, `rz` o `kermit` que pueda recibir la información utilizando los protocolos de Xmodem, Zmodem y Kermit, respectivamente.

3. **Indíquele al computador que envíe los datos.**

4. **Espere.**

Para los usuarios de PC, es útil saber que Zmodem se encuentra del lado del proveedor. Una forma de verificar esto es digitando el comando

```
man rz
```

Si Zmodem está presente, aparecerán en la pantalla las instrucciones para su uso.

Para los usuarios de Macintosh si su programa de terminal utiliza Zmodem, use su comando de enviar (*send*). Probablemente no tendrá que hacer nada del lado del proveedor si éste tiene un Zmodem. Si no hay Zmodem en ninguno de los dos extremos, revise la disponibilidad del MacTerminal de su proveedor digitando la siguiente línea:

```
man macget
```

Si el proveedor tiene MacTerminal, aparecerán en la pantalla las instrucciones para su uso.

No es sólo un archivo, es un programa

Utilizando FTP puede bajar programas de uso gratuito o compartido, instalarlos y utilizarlos. Necesitará una pocas herramientas de software bien elegidas entre las que se cuenta un programa para descomprimir archivos comprimidos.

Para instalar software que se ha obtenido por medio de FTP se requiere generalmente de los siguientes tres pasos:

1. **Utilizando FTP, baje el archivo que contiene el programa.**

2. **El programa generalmente se encuentra en un formato comprimi-do, así que descomprímalo.**

3. **Ponga a funcionar la instalación del programa que viene con el programa, o cree un icono para el programa.**

La primera parte de este capítulo describe cómo realizar el primer paso, la del FTP. El resto del capítulo describe los pasos 2 y 3: cómo descomprimir e instalar. ¡A la carga!

Descomprimir y desamarrar

La mayoría de software guardado en los servidores de FTP está en un formato comprimido, para ahorrar tanto espacio de almacenamiento en el servidor como tiempo de transmisión cuando se baja el archivo. Nece-sitará un programa para manejar estos archivos comprimidos, específicamente aquéllos con la extensión de archivo .zip (estos se llaman, sorprendentemente, archivos ZIP). Los programas con nombres tales como PKZIP, PKUNZIP, y UNZIP existen desde hace varios años para usuarios de DOS. UNZIP y sus parientes funcionan divinamente, pero son programas de DOS y no es conveniente utilizarlos en Windows. Es molesto usar el icono de MS-DOS cada vez que quiere utilizar uno. Afortunadamente, alguien (una persona llamada Nico Mak) escribió un pequeño programa para Windows que se llama WinZip, y que puede tanto amarrar o desamarrar las cosas directamente desde Windows. Los usuarios de Mac pueden obtener un programa que se llama UNZIP.

Bueno, si ya tiene WinZip (que también se consigue a través del correo o de varios distribuidores de shareware), sáltese toda está sección. Si ya tiene y adora PKZIP o PKUNZIP o UNZIP y no le importa utilizarlos desde DOS, también puede saltársela.

Para obtener WinZip, haga una transferencia FTP de ftp.winzip.com hacia el directorio /winzip. En la Web, vaya a http://www.winzip.com/. Mientras estaba escribiendo esto, la versión de Windows 3.1 se encuen-tra un archivo que se llama WZ60WN16.EXE. La versión para Windows 95 se encuentra en un archivo llamado WINZIP95.EXE.

Para instalar WinZip:

1. **Cree un directorio para el programa.**

   Utilice el administrador de archivos (en Windows 3.1) o Mi computa-dor o Explorer (en Windows 95) para crear un directorio o un fólder

2. **Mueva el archivo que acaba de bajar hacia el directorio o fólder que acaba de crear.**

   De nuevo, utilice el administrador de archivos de Windows o My Computer o Explorer de Windows 95.

3. **Ponga a funcionar el archivo que acaba de bajar, pero haga un doble clic en el nombre de archivo en el administrador de archivos, en Mi computador o en Explorer.**

   El archivo desamarra mágicamente creando una serie de archivos en el directorio o en el fólder que acaba de crear. Uno de ellos contiene las instrucciones de instalación.

4. **Siga las instrucciones de instalación que vienen con WinZip.**

Los usuarios de Mac usan Stuffit

Los usuarios de Mac pueden bajar un programa de unzip de `ftp.uu.net` en el directorio `/pub/archiving/zip/MAC` o de `ftp.doc.ac.uk` en el directorio `/packages/zip/MAC` o de `quest.jpl.nasa.gov` en el directorio `/pub/MAC`. El archivo que contiene el programa de unzip se llama algo así como `unz512x.hqx`.

Los ZIP y UNZIP más populares para los usuarios de Mac son un programa de shareware, creado por Raymond Lau, que se llama Stuffit. Stuffit viene en muchas variedades, e incluye una versión fácilmente accesible comercialmente que se llama Stuffit Deluxe. Los archivos Stuffit de todas las variedades generalmente terminan con un sufijo .SIT.

Para descomprimir, se pueden utilizar los programas gratuitos UnStuffit, Stuffit Expander, o Extractor.

Para utilizar WinZip

Ensaye. Haga un doble clic en el ícono. WinZip tiene el aspecto que se presenta en la figura 10-4.

Para abrir un archivo de ZIP, haga clic en el botón **Open** y elija el directorio y el nombre de archivo para el archivo de ZIP. ZIP presentará una lista de los archivos que tiene, incluidos las fechas y los tamaños.

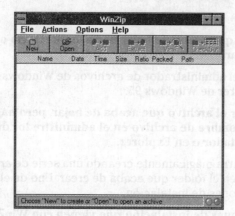

Figura 10-4.
WinZip está
listo para
manejar los
archivos de
ZIP.

¡Desamárrelo!

Suena muy bien, pero en realidad no es tan divertido como parece. Si quiere utilizar un archivo que está en un archivo de ZIP, una vez haya abierto el archivo de ZIP hay que *extraerlo* , es decir, hay que pedirle a WinZip que lo descomprima y lo guarde en un archivo nuevo.

Para extraer un archivo:

1. **Elíjalo de las listas de archivos.**

   Puede elegir un grupo de archivos que estén juntos en una lista haciendo clic en el primero de ellos y luego haciendo **Shift-clic** en el último de ellos. Para seleccionar un archivo adicional, haga **Ctrl+Clic.**

2. **Haga clic en el botón Extract (extraer)**

   Un cuadro de diálogo le pregunta en qué directorio desea ubicar el archivo y si desea extraer todos los archivos en ese archivo o sólo aquel que seleccionó.

3. **Seleccione el directorio en el cual desea guardar los directorios desamarrados.**

4. **Haga clic en OK.**

   WinZip desamarra el archivo. El archivo de ZIP no cambia, pero ahora tiene también los archivos descomprimidos.

¿Salió?

Cuando haya terminado de amarrar y desamarrar, salga de WinZip eligiendo File ➪ Exit.

WinZip puede hacer otra serie de cosas, tales como añadir archivos a un archivo de ZIP y crear su propio archivo de ZIP, pero no es necesario saber cómo se hacen estas cosas para obtener software de la red, así que no las vamos a tratar. (Estamos seguros de que usted puede averiguar de qué tratan con sólo mover los botones y la barra de herramientas de WinZip).

Ahora que ya sabe cómo desamarrar los programas que obtenga de Internet, ya está listo para el siguiente tema: software seguro.

Buscando los virus

Todos sabemos que usted practica software seguro, es decir, que revisa cada nuevo programa que obtiene para asegurarse de que no tiene ninguno de los virus de software que puedan presentar mensajes molestos o desbaratar el disco duro. Si usted hace esto puede saltarse lo siguiente.

Para todos los demás, sería una buena idea que utilizarán un programa de revisión de virus. Uno nunca sabe qué pedazo de código malvado se mete en su indefenso computador por medio de un impredecible FTP.

Si utiliza Windows 3.1 con DOS 6.2, tiene un revisor de virus instalado en el administrador de archivos. Aquí le mostramos cómo utilizar este revisor:

1. **Abra el administrador de archivos.**
2. **Elija del menú, Tools (herramientas) ⇨ Antivirus.**

   Verá la ventana del Anti-Virus de Microsoft, tal como se ve en la figura 10-5.
3. **Elija el drive de disco haciendo clic en el cuadro de drives.**
4. **Haga clic en el botón de detectar y limpiar (*Detect and clean*).**

   Si está revisando un disco duro muy grande, es probable que este paso le tome varios minutos.

Es una buena idea poner a funcionar el Anti-Virus apenas se ha obtenido y puesto a funcionar cualquier tipo de software nuevo. Los servidores de FTP de Internet hacen todo lo posible para que los archivos de software estén libres de virus, pero nadie es perfecto. No se deje atrapar por la tonta idea de algún bromista.

Windows 95 no tiene una forma de revisar virus, pero hay varias posibilidades comerciales disponibles.

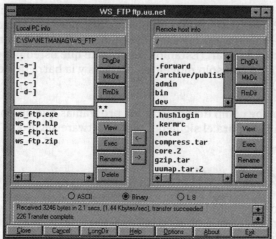

Instalación del programa

Ahora que ha bajado el software, lo ha desamarrado (si es un archivo de ZIP) y el programa está listo para funcionar, no tiene un icono para él. Aquí le mostramos cómo hacer un icono en Windows 3.1:

1. **Abra tanto el administrador de programas como el administrador de archivos y organice la pantalla de tal manera que pueda ver el grupo de programas que quiere poner en el icono (que se encontrará en el administrador de programas), y el nombre de programas (en el administrador de archivos).**

2. **Desplace el nombre del programa del administrador de archivos al administrador de programas, y colóquelo en el grupo de programas en donde lo desea.**

Verá un nuevo icono en el grupo de programas.

Para poner a funcionar su nuevo programa, sólo tiene que hacer un doble clic en el icono. ¡Que maravilla!

En Windows 95, siga estos pasos:

1. **Haga funcionar bien sea Mi computador o Explorador y seleccione el archivo de programa (el archivo con la extensión EXE, o en algunos casos COM).**

2. **Utilice el botón derecho del ratón para arrastrar el nombre del archivo hacia el desktop o hacia un fólder abierto en el desktop.**

Aparecerá un icono para el programa.

Configuración del programa

Ahora ya puede poner a funcionar el programa haciendo un doble clic sobre el icono. ¡Bravo!

Tendrá tal vez que decirle al programa, sin embargo, cuál es la dirección de Internet o darle alguna información sobre su computador o quién sabe qué más cosas antes de que pueda funcionar realmente. Remítase a los archivos de texto, si es que se encuentran, que vienen con el programa o elija *help* (ayuda) de la barra del menú del programa para obtener más información acerca de cómo configurar y hacer funcionar el nuevo programa.

¿Dónde se encuentra?

"El mundo del FTP suena maravilloso" dirá usted, "¿pero qué es lo que hay disponible y en dónde puedo conseguirlo?". Vea el capítulo 11 para enterarse de cómo encontrar los archivos disponibles de FTP anónimos y en cuál servidor de FTP se encuentran guardados.

Capítulo 11

Cómo encontrar cosas en la red

● ●

En este capítulo:

▶ Cómo encontrar cosas en la Web

▶ Cómo encontrar cosas en Gopher

▶ Cómo encontrar cosas en los servidores de FTP

▶ Cómo encontrar cosas por medio de correo electrónico

▶ Cómo encontrar cosas en los grupos de noticias de Usenet

● ●

*P*ues bien, allá afuera en la Red hay una cantidad de cosas maravillosas. ¿Cómo encontrarlas? Es una excelente pregunta. Gracias por hacerla. Son preguntas como ésta las que hacen que este país sea grande y maravilloso. Lo saludamos y le decimos "siga haciendo preguntas" La siguiente pregunta, por favor.

Ah, usted desea una respuesta a su pregunta. Afortunadamente, hay una gran cantidad de formas de buscar cosas en la Red. Especialmente, hay índices y directorios de buena parte del material interesante que se encuentra a disposición.

Hay diferentes tipos de índices y directorios, para diferentes tipos de material. Desafortunadamente, puesto que tienden a organizarse por el tipo de servicio de Internet que proveen, en lugar de ordenarse por la naturaleza del material, encontrará recursos de la Web en un lugar, los recursos de Gopher en otro y así. Dado que la mayoría de las cosas buenas están en Web o en Gopher, estos serán los principales lugares que discutiremos en este capítulo.

Andando caminos por la Web

Cuando buscamos material en la Red, comenzamos siempre con una de las guías de Web que vamos a discutir en esta sección.

Todas se utilizan más o menos de la misma manera:

1. **Inicie el browser de Web; Netscape, por ejemplo.**

2. **Indíquele que vaya al home page (página institucional) de índice o del directorio.**

   Más adelante, en está sección, presentaremos una lista de los URL (nombres de páginas) de las páginas institucionales.

   Cuando llegue allá, hay dos formas de proceder.

3A. **Si hay una caja para buscar (search), digite algunas palabras claves en ella y haga clic en *search* o...**

   Éste es el procedimiento de "índices", que busca las áreas temáticas que corresponden a las palabras claves que digitó.

   Después de una larga espera (Web es muy grande), regresará a una página de índice con nexos hacia las páginas que corresponden a sus palabras claves.

3B. **Si hay una lista de nexos con las áreas temáticas, haga clic en un área temática que le interese.**

   El procedimiento de "directorio" es el de comenzar con un tema general y avanzar cada vez más específicamente. Cada página tiene vínculos con subpáginas, que van convirtiéndose en más específicas hasta que se conectan con las páginas de real interés.

Después de hacer "clic" durante un buen rato ya sabrá cómo funciona y encontrará una cantidad de cosas buenas.

En la Web se oye mencionar con muchísima frecuencia los *search engines* (motores de búsqueda). Los *search engines* son una forma muy sofisticada de decir "aparatos para encontrar cosas". Todos los directorios e índices que vamos a describir se encuentran en esta categoría amplia que llamamos *motores de búsqueda*. De tal manera que no se moleste cuando encuentre esos términos pretensiosos. Son lo que son.

Yahoo

Yahoo es un directorio de páginas de Web con buenos índices. Comenzó como un proyecto de estudiantes de Stanford y ahora tiene un apoyo comercial. Organiza la información en categorías y subcategorías, como en una biblioteca, aunque también puede realizar búsquedas con palabras claves. Es uno de los mejores lugares para comenzar cualquier búsqueda. En la actualidad incluye titulares de Reuters y alguna otra información adicional acerca del "mundo real".

El URL de Yahoo es

```
http://www.yahoo.com
```

Usted se puede ir adelantado haciendo clic a través de las categorías que empiezan en la página institucional de Yahoo o buscar las categorías con una palabra clave. (En este caso está buscando las categorías, no las páginas del Web en sí mismas.)

Las páginas de Yahoo contienen una mezcla de referencias a páginas de información que se encuentran en el resto Web, referencias a subpáginas (y a sub-sub y a sub-sub-sub y así en adelante) que se encuentran en Yahoo. También puede devolverse hacia categorías más generales haciendo clic en los títulos que aparecen en la parte superior de cada página.

Índice, directorio, ¿cuál es la diferencia?

Cuando decimos *directorio* , queremos decir una lista que está dividida en categorías donde los elementos han sido asignados a ellas parcial o completamente por seres humanos. Cuando se está investigando algo, se busca la categoría que se desea y dentro de ella se ve lo que contiene. En este libro, por ejemplo, diríamos que la tabla de contenidos es un directorio.

Un índice, por el contrario, sencillamente recoge todos los elementos, extrae palabras claves de ellos (con frecuencia, teniendo en cuenta todas las palabras, con excepción de *el, la, y,* y palabras similares), y elabora una enorme lista. Para buscar algo en ella hay que darle algunas palabras que parezcan adecuadas y el índice encontrará todos los elementos que contenga esa palabra. El índice en la parte de atrás de los libros se parece más a un índice de los de Internet.

Cada uno de estos sistemas tiene sus ventajas y sus desventajas. Los directorios están orga-

nizados de tal manera que se puede encontrar la categoría que le interese a uno, y todos los elementos en esa categoría muy seguramente van a referirse a aquello que uno está buscando. Por otra parte, puesto que los índices no saben lo que la palabra significa, si uno busca, por ejemplo, *programa,* encontrará los programas de computador, los programas educativos, los programas de teatro y cualquier otra cosa que contenga la palabra. Pero puesto que los índices pueden ser creados en gran parte o casi del todo automáticamente, en la Red, los índices tienden a contener más elementos y a estar actualizados con más frecuencia.

Hay algunos elementos que se sobreponen en los directorios y en los índices; Yahoo, el directorio más conocido Web, le permite buscar palabras claves, y muchos índices dividen sus elementos en categorías generales que le permiten refinar la búsqueda.

Lycos

Lycos es un "Web crawler" (gateador de la Red) que está ampliamente automatizado y recoge páginas de toda la red que se pueden explorar usando palabras claves. Comenzó como un proyecto de la Universidad de Carnegie-Mellon y también se ha comercializado.

El URL de Lycos es

```
http://www.lycos.com/
```

Webcrawler

Webcrawler es un creador de índices automatizado que se desplaza por toda la Web catalogando y haciendo índices de cada página con la que se encuentra. Su dueño es America Online (AOL), pero no es necesario tener una cuenta AOL para utilizarlo.

El URL de Webcrawler es

```
http://www.webcrawler.com/
```

InfoSeek

InfoSeek es más un índice que un directorio: se le da una palabra clave para que la busque, y encuentra las páginas que más corresponden. InfoSeek tiene una base de datos más pequeña que otros índices, pero dado que busca más rápidamente, suele ser con frecuencia la forma más rápida de encontrar una página.

Se puede obtener un acceso limitado a InfoSeek sin tener que pagar, o uno puede suscribirse por una tarifa mensual o por servicios. (La tarifa actual por servicio de búsqueda es de 20 centavos de dólar o menos si uno obtiene un plan mensual.) Con el plan de suscripción también se pueden buscar las entradas de Usenet, artículos de revistas de computación y algunos informes de inversiones.

Los URLs de InfoSeek son

```
http://www.infoseek.com/   (pagando)
http://www2.infoseek.com/  (gratis)
```

Otras guías de Web

Hay cantidades de guías de Web, entre las que se cuentan muchas guías especializadas que se han creado para satisfacer intereses particulares. (Por ejemplo hay una guía feminista, llamada Femina, cuyo URL es `http://www/femina.com/`.)

Yahoo tiene un directorio de otras guías: inicie en la página de Yahoo (`http://www.yahoo.com/`), elija WWW (que aparece bajo la categoría de computadores), y finalmente elija **Indices to Web Documents o Searching the Web**.

Archie encuentra ese archivo que falta

Archie es una rareza en la Red, una herramienta que hace una sola cosa; pero la hace bien: le ayuda a encontrar los archivos que se encuentran disponibles en los servidores de FTP anónimos.

Si usted sabe el nombre del archivo que está buscando –o más o menos el nombre, lo suficiente para que pueda darle alguna indicación–, Archie sale a buscar por todo el mundo, revisando bases de datos una tras otra y buscando los archivos que correspondan a su descripción.

Hay servidores de Archie por todo el mundo, pero usted debe elegir uno que esté lo más cerca de casa para ayudar a minimizar el tráfico en la Red. La carga que tienen los diferentes servidores de Archie es diferente, así que tendrá que ensayar algunos antes de encontrar cuál responde dentro de un límite razonable de tiempo. Si todo lo que está tratando de hacer parece terriblemente lento, intente realizar la búsqueda temprano en la mañana o muy tarde en la noche, o trate de enviar su petición a Archie por correo electrónico (Vea la sección "Archie por correo electrónico", más adelante en este capítulo.)

En la tabla 11-1 aparece una lista de varios servidores de Archie que se pueden utilizar. Si ensaya con uno de ellos y no le permite ingresar porque está muy lleno, es probable que le brinde otra lista de servidores que puede intentar. De alguna manera logrará conectarse.

Se puede llegar a los servidores de Archie de muchas maneras:

✔ El software *Archie client* (`archie` o `xarchie`), puede hacerlo funcionar directamente desde su computador (vea las secciones "Archie Directo" y "Xarchie", más adelante en este capítulo).

Tabla 11-1	Servidores de Archie
Servidor	**Lugar**
archie.rutgers.edu	New Jersey
archie.sura.net	Maryland
archie.unl.edu	Nebraska
archie.ans.net	Nueva York
ds.internic.net	Estados Unidos (administrado por AT&T)
archie.mcgill.ca	Canadá
archie.au	Australia
archie.th-darmstadt.de	Europa (Alemania)
archie.funet.fi	Europa (Finlandia)
archie.luth.se	Europa (Suecia)
archie.univie.ac.at	Europa (Austria)
archie.doc.ic.ac.uk	Reino Unido y Europa
archiecs.huji.ac.il	Israel
archie.ad.jp	Japón
archie.kuis.kyoto-u.ac.jp	Japón
archie.sogang.ac.kr	Corea
archie.nz	Nueva Zelandia
archie.ncu.edu.tw	Taiwan

✔ Puede ingresar vía telnet a un servidor de Archie (vea la siguiente sección, "Archie vía Telnet").

✔ También se puede enviar el pedido a un servidor de Archie por correo electrónico (vea la sección "Archie por correo electrónico").

Archie vía Telnet

Si no tiene un software de cliente de Archie disponible localmente (trate de utilizar el comando archie o, en un computador con Windows X o cualquiera de sus variantes tales como Motif, xarchie), probablemente deseará llegar a un servidor Archie vía Telnet. Antes de hacerlo, sin embargo, tal vez usted intente comenzar con un *log file* (un archivo en el cual se conserve todo el texto que aparezca desplegado en su pantalla) porque Archie despliega la información rápida y furiosamente, vomitando nombres de archivos, nombres de anfitriones y direcciones de Internet, y realmente usted no va a desear copiar todo esto a mano si puede evitarlo. Si está trabajando con un computador que tiene Windows X o cualquiera de su variables tales como Motif, teclee **Ctrl**, presione el botón izquierdo del ratón, y elija **Log to File** de la ventana Main Options (opciones principales). Sí no está trabajando con X, es una buena idea preguntar si alguien tiene un programa disponible que pueda trasladar el texto de la pantalla a un archivo. Los usuarios de Windows tienen wsarchie, que vamos a tratar más adelante.

Por ahora, elija un servidor, use telnet y regístrese con archie:

```
% telnet archie.ans.net
Trying...
Connected to forum.ans.net.
Escape character is '^]'.Archie
AIX telnet (forum.ans.net) IBM AIX Version 3 for RISC
           System/6000
(C)   Copyrights by IBM and by others 1982, 1991.
login: archie
```

Archie responde con un apuntador de Archie:

```
archie>
```

Cómo indicarle a Archie lo que se espera de él: los comandos de instalación (set) y de mostrar (show)

Todo servidor de Archie tiene características instaladas que pueden adaptarse para las necesidades propias. Es probable que tenga que cambiarlas para que Archie haga lo que usted desea. No todos los servidores de Archie se parecen y hay que prestar atención a cómo están instaladas las cosas en el servidor al que acceda.

Para ver cómo está instalado el servidor, utilice el comando show (mostrar):

```
archie> show
# 'autologout' (type numeric) has the value '15'.
# 'mailto (type string) is not set.
# 'maxhits' (type numeric) has the value '100'.
# 'pager' (type boolean) is not set.
# 'search' (type string) has the value 'sub'.
# 'sortby' (type string) has the value 'none'.
# 'status' (type boolean) is set.
# 'term' (type string) has the value 'dumb 24 80'.
```

También se puede utilizar **show** (mostrar) para mirar los valores específicos, uno por uno (intente digitando show term, show search, etc). Vamos a explicar todos estos valores, pero las variables que necesita tener muy en cuenta son search y maxhits. También proponemos que instale el **pager** (paginador), que le indica a Archie detenerse después de cada pantalla llena de texto y que espere hasta que usted presione la barra de espacio, para evitar una situación altamente irritante en la que hay que esperar 15 minutos para que Archie realice una búsqueda y luego escupa todos los archivos a la pantalla sin que usted pueda leerlos.

El que busca encuentra

Archie busca por lo general un nombre que contenga las letras que usted digitó, sin tener en cuenta mayúsculas y minúsculas. Si busca la palabra *pino*, por ejemplo, le dará información sobre *PINO*, o *pino*, y *pepinos* , entre otras cosas. Sí utiliza Archie con frecuencia, querrá controlar este proceso de búsqueda, y deseará utilizar métodos de búsqueda para las correspondencias de lo que digita. Lo que usted sepa del nombre del archivo que está buscando determinará mucho el método de búsqueda a utilizar.

Para instalar el método de búsqueda utilice el comando set:

```
archie> set search sub
```

Los métodos de búsqueda que Archie utiliza se llaman *sub, subcase, exact* y *regex:*

✔ **El método sub:** busca todo lo que corresponde a la palabra que se digitó en cualquier parte en el nombre del archivo. Está búsqueda tampoco presta atención a mayúsculas y minúsculas. Si tiene alguna idea de una serie de letras o palabras que puedan aparecer en el nombre del archivo elija **sub**.

✔ **El método subcase**: busca lo que corresponde a lo que se digitó exactamente tal como se hizo en cualquier parte en el nombre del archivo. Está búsqueda presta atención a mayúsculas y minúsculas. Utilice este método sólo si está seguro de cuáles son las mayúsculas y minúsculas en el nombre de archivo.

✔ **El método exact:** busca el nombre exacto del archivo que digite. Este tipo de búsqueda es el más rápido, y debería utilizarse cuando se sabe exactamente cuál es el nombre del archivo que se está buscando.

✔ **El método Regex:** utiliza el *regular expressions* de UNIX(expresiones regulares de UNIX) para definir el patrón de la búsqueda de Archie; vea la próxima sección para obtener una descripción.

El uso de tácticas avanzadas de búsqueda

Si desea buscar nombres de archivo que comienzan con una *x* y terminan con *gif* y tienen exactamente tres letras en medio, la forma *regex* de búsqueda es la que necesita. (Los demás pueden saltarse está sección.) Ésta es una forma particular de búsqueda, y Archie trata de buscar las expresiones correspondientes a las letras que se han digitado en cualquier parte del nombre del archivo. En las expresiones regulares ciertos caracteres adoptan un significado especial, y las expresiones regulares pueden complicarse de manera absurda.

✔ Si usted desea que las letras que ha digitado sean el comienzo del nombre del archivo, inicie sus letras con el símbolo circunflejo ^ (caret) para que esta secuencia de letras quede atada a la primera posición del nombre de archivo.

✔ Si desea que el archivo finalice con una secuencia particular de letras, finalice la secuencia que está digitando con el signo ($), para atarla al nombre de archivo.

✔ El . (punto) se utiliza para especificar un carácter en particular.

✔ El * (asterisco) indica cero o más apariciones de la expresión regular precedente.

✔ Utilice [y] (paréntesis cuadrados) para hacer una lista de los caracteres o de una cadena de ellos que correspondan. Combinados con el circunflejo ^ en la primera posición, los paréntesis cuadrados brindan una lista de caracteres que han de ser excluidos, o una cadena que no ha de ser incluida.

✔ Se puede especificar más de una cadena en la misma búsqueda. Para utilizar un carácter en especial como parte de su secuencia, ponga una \ (una barra inclinada hacia la izquierda) adelante de ella.

Para encontrar todos los archivos que contengan la secuencia *birdie* y que terminen con *txt*, por ejemplo, digite la siguiente línea:

```
prog ^birdie.*txt$
```

Para encontrar los nombres de archivos que contengan dígitos numéricos, teclee:

```
prog [0-9]
```

Para excluir los nombres de archivo que contengan letras minúsculas, digite la siguiente línea:

```
prog [^a-z]
```

¿Cuánto tiempo quiere gastar buscando?

La variable maxhits determina cuántas correspondencias tratará de buscar Archie. Muchos servidores utilizan por defecto el número mil; pero para muchas personas que llevan a cabo una búsqueda esto resulta ridículo. Si ya sabe el nombre del archivo que está buscando, ¿cuántas copias desearía tener disponibles para elegir entre ellas? Con 10 ó 20 debería tener suficiente para hacer una elección. Pero si no reinstala maxhits, Archie continuará viajando alrededor de toda la red buscando hasta encontrar mil correspondencias.

Recuerde que todo lo que Archie encuentre va a desplegarlo en su pantalla y probablemente también en el archivo general, así que piense cuánta información desea manejar. Una vez haya decidido cuánto desea saber, instale maxhits a ese número (suponga que es 100):

```
archie> set maxhits 100
```

La tabla 11-2 presenta una lista de más opciones para set.

Tabla 11-2	Otras características para instalar con Set
Variable	**Lo que hace**
autologout	Indica cuánto tiempo espera Archie a que el usuario haga algo antes de expulsarlo.
mailto	Instala las direcciones de correo electrónico que utiliza el comando *mail*.
pager	Cuando está instalado, el paginador (*pager*) envía lo que Archie encuentre a través del programa *less* de paginación, que detiene el flujo de datos cada vez que se llena la pantalla y espera que el usuario presione la barra de espacio. El comando del paginador activa o desactiva la función; hay que probar en cuál de las dos se encuentra antes de utilizar el comando para evitar hacer lo contrario de lo que se desea.
sortby	Este comando organiza lo que Archie encuentre en uno de los siguientes órdenes: por nombres de *anfitrión* (hostname) en orden alfabético regular o *inverso* (rhostname): por orden temporal, desde el más recientemente modificado (time) hasta el más viejo, o a la inversa (rtime); por *tamaño* (size), empezando por el más grande o por el más pequeño (rsize); por el nombre de archivo (filename) en orden lexicográfico, o

Variable	Lo que hace
	invertido (rfilename); o sin orden especial (unsorted) que generalmente se hace por defecto. Hay que digitar algo como **set sort by time** (instalar el orden según el tiempo).
status	Si se instala este comando, Archie va mostrando cómo avanza la búsqueda. Esto puede ser muy tranquilizador, sobre todo cuando está tomando mucho tiempo.
term	Este comando instala el tipo de terminal que está utilizando para que Archie pueda ajustar la información. (Si no sabe cuál es el suyo, intente vt100).

¡Salga a buscarlo!

El comando básico de Archie es el comando `prog`, y tiene esta forma:

```
prog searchstring
```

Eso es todo. Este comando lanza toda la búsqueda. La naturaleza y el rango que abarque la búsqueda se determinan por las variables que haya instalado o dejado de instalar.

Aquí hay un ejemplo. Supongamos que desea saber qué software de fuentes hay disponible:

```
archie> prog font

Host csuvax1.murdoch.edu.au    (134.115.4.1)
Last updated 00:23 31 Jul 1993

    Location: /pub/mups
       FILE       rw-r--r--      4107  Nov 16  1992   font.f
       FILE       rw-r--r--      9464  Nov 16  1992
           fontmups.lib

Host sifon.cc.mcgill.ca   (132.206.27.10)
Last updated 04:22 11 Aug 1993

    Location: /pub/packages/gnu
       FILE       rw-r--r--     628949  Mar  9 19:16
           fontutils-0.6.tar.z

Host ftp.germany.eu.net   (192.76.144.75)
Last updated 05:24  7 May 1993

    Location: /pub/packages/gnu
       FILE       rw-r--r--     633005  Oct 28  1992
           fontutils-0.6.tar.z
```

```
      Location: /pub/gnu
         FILE        rw-r—r—    1527018   Nov 13 16:11
               ghostscript-fonts-2.5.1.tar.z

Host ftp.uu.net    (192.48.96.9)
Last updated 08:17 31 Jul 1993

      Location: /systems/att7300/csvax
         FILE        rw-r—r—    1763981   Mar  5 23:30    groff-
               font.tar.z

Host reseq.regent.e-technik.tu-muenchen.de
            (129.187.230.225)
Last updated 06:26 10 Aug 1993

      Location: /informatik.public/comp/typesetting/tex/
            tex3.14/dev
FILE        rw-r—r—         51   Sep 24  1991    fontdesc

Host nic.switch.ch    (130.59.1.40)
Last updated 04:48  7 Aug 1993

Host nic.switch.ch    (130.59.1.40)
Last updated 04:48  7 Aug 1993

      Location: /software/unix/TeX/dviware/umddvi/misc
         FILE        rw-rw-r—        607  Oct  2  1990
            fontdesc
```

Como ya se habrá dado cuenta, hay mucha repetición. Si está buscando variedad puede hacer una serie de preguntas que eliminan todo lo que ya ha encontrado para que las próximas búsquedas sean más productivas.

Una vez lo haya encontrado, o por lo menos alguna parte... ¿qué es?

Hay una gran cantidad de cosas en la Red. ¿Pero qué es qué? Algunas veces Archie le ayuda a descifrarlo. Decimos que tan sólo "algunas veces" porque la información de Archie sólo puede ser todo lo buena que sea la información que presten las personas que la han incorporado a la Red. El comando whatis le permite buscar a través de las descripciones de un archivo con el que han contribuido las personas que manejan los archivos de FTP.

Por ejemplo, si utiliza whatis en lugar de prog en la búsqueda del software de fuentes, obtendrá lo siguiente:

```
archie>  whatis font
afm2tfm           Translate from Adobe to TeX
gftodvi           Converts from metafont to DVI format
gftopk               Converts from metafont to PK format
gftopxl           Converts from metafont to PXL format
her2vfont            Hershey fonts to 'vfont' rasterizer
hershey           Hershey Fonts
hershey.f77       Hershey Fonts in Fortran 77
hershtools        Hershey font manipulation tools and data
hp2pk             HP font conversion tool
jetroff/bfont     Jetroff Basic Fonts
jis.pk            The JTeX .300pk fonts (Japanese language
                  support)
k2ps              Print text files with Kanji (uses JTeX
                  fonts) (Japanese language support)
mkfont            Convert ASCII font descriptions <-> device-
                  independent  troff  (ditroff)  format
ocra-metafont     METAFONT sources for the OCR-A
"Alphanumeric Character Sets for
Optical Recognition"
```

Nota. La secuencia `font` aparece en algunos de estos nombres de archivos, pero tan sólo en la descripción de otros.

No se puede llegar allá partiendo de aquí

Archie es magnífico para encontrar cosas, pero no le ayuda a bajarlas. Para lograrlo, tiene que reproducir todo lo que hizo Archie a fin de encontrarlas: utilice FTP (Protocolo de transferencia de archivos) para copiarlas del archivo donde reside la información en su computador. Utilice *anonymous* FTP (FTP anónimo) y entre como un usuario genérico anonymous utilizando su dirección de correo electrónico como clave. Una vez haya entrado, para hacer su FTP utilice el comando `cd` para entrar al directorio adecuado y digite `get` o `mget` para recuperar los archivos (vea el capítulo 6 para más detalles). Con algunas versiones de Windows, tal como la popular WS_ARCHIE, se puede entrar a un programa de FTP y recuperar el material automáticamente.

Si está buscando un software relacionado, una vez haya ingresado vía FTP a un anfitrión que tenga el material que está buscando, es probable que también quiera mirar el directorio que contiene el archivo que ya conoce (utilice el comando `FTP dir` para obtener una lista de los contenidos de un directorio remoto) y cualquiera de los subdirectorios que se encuentren cerca.

Archie directo

Si utiliza un proveedor de shell, trate de digitar el comando `Archie` directamente y éste le devuelve un comentario indicándole cómo utilizarlo, usted está de buenas. Puede utilizar el software de cliente de Archie directamente sin tener que entrar vía telnet a un servidor de Archie. Una ventaja de utilizar Archie desde una línea de comando es que es muy fácil redirigir lo que está entregando a un archivo, como se ve en la siguiente línea:

```
$ archie -ld > fontfiles
```

(Según el comando de esta línea, los resultados que le envía Archie quedarán guardados en un archivo llamado `fontfiles`, que puede consultar cuando tenga tiempo utilizando cualquier editor de texto o cualquier visualizador de archivos.) Tenga presente, sin embargo, que el software de cliente es limitado y que puede ser necesario entrar vía telnet a un servidor de Archie para aprovechar más ventajas de las capacidades de Archie. Uno de los problemas del Archie directo es que no se pueden instalar todas las variables que se describieron en la sección de "Archie vía Telnet" anteriormente en este capítulo. Tampoco se puede utilizar el comando `whatis`.

El uso del Archie directo quiere decir que se está utilizando una línea de comando que puede complicarse. Se puede especificar el tipo de búsqueda y el servidor de Archie que se quiere usar y el formato de los resultados hasta cierto punto. Si digita la línea de búsqueda sin modificadores, Archie hace una búsqueda exacta por defecto, con un máximo de 95 correspondencias. Para ver más detalles acerca de un método de búsqueda y otras opciones disponibles, vea la sección "Archie vía Telnet" en este capítulo.

La tabla 11.3 presenta una lista de los modificadores que se pueden digitar.

Tabla 11-3   Modificadores de la línea de búsqueda

Modificador en Archie	Equivalente en telnet	Significado en Archie
-c	subcase	Instala el modo de búsqueda para que tenga en cuenta mayúsculas y minúsculas en la sublínea de búsqueda.
-e	exact	Instala el modo de búsqueda para que haga una correspondencia exacta con la línea de búsqueda (es la que funciona por defecto de cualquier otra).

Modificador en Archie	Equivalente en telnet	Significado en Archie
-r	regex	Instala el modo de búsqueda para que haga la exploración de una expresión regular.
-s	sub	Instala el modo de búsqueda para que haga una exploración de la sublínea.
-l		Hace la lista con una correspondencia por línea.
-t	sortby	Ordena la información que vaya dando Archie por fecha, empezando por la más nueva.
-m#	maxhits	Indica cuál es el número máximo de correspondencias que ha de entregar Archie (por defecto, 95).
-h		Especifica cuál servidor de Archie utilizar.
-L		Hace una lista de los servidores de Archie conocidos y el que se usa en el momento por defecto.

Por ejemplo, para utilizar el servidor `archie.ans.net` para que haga una búsqueda de expresiones regulares que no contenga más de 50 archivos con dígitos en su nombre, hay que escribir en la siguiente línea:

```
$   archie  -r  -m50  -h  archie,ans.net "[0-9]"
```

(Note que el patrón `[0-9]` está rodeado por comillas dobles para evitar que se malinterprete como el nombre de un archivo al que habría que buscar en la correspondencia local. En general, es recomendable poner los patrones entre comillas si contienen cualquier otra cosa que no sea letras y dígitos.)

Archie de Windows

Hay unos cuantos clientes de Archie que se consiguen en Windows, el mejor de los cuales sigue siendo el de David Woakes: `wsarchie`.

Para iniciarlo sólo hay que hacer clic en el icono respectivo. Luego se debe llenar la línea de búsqueda, elegir el servidor si no le gusta el instalado por defecto y hacer clic en **search** (buscar). Contactará al servidor y regresará con una cifra aproximada y optimista de cuánto tendrá que esperar el usuario. (En la parte de abajo de la figura 11-1, **Queue 2** significa que el usuario es el segundo en la fila y **Time 18s** significa que hay que esperar 18 segundos. ¡Ja! ¡Ja!)

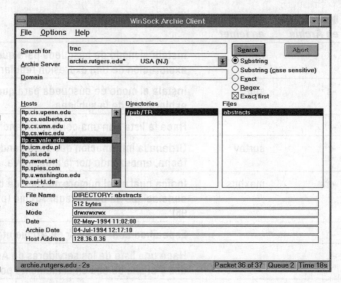

Figura 11-1.
Wsarchie es
un programa
de Windows
que le ayuda
a encontrar
documentos
en archivos
FTP.

Cuando lleguen los resultados, puede pasar a través de la lista de anfitriones correspondientes, de los directorios y de los archivos. Si encuentra un archivo que desee copiar, haga doble clic en su nombre y wsarchie iniciará un programa de FTP que lo recuperará automáticamente. Es muy bueno.

Una de las mejores cosas de utilizar Archie bajo Windows es que se puede empezar a hacer una búsqueda y luego reducir wsarchie a un icono para proseguir haciendo otras cosas mientras llega la respuesta.

Archie por correo electrónico

Si no puede llegar a un servidor de Archie vía telnet, bien sea por las limitaciones de su conexión a la Red o porque no ha tenido ningún éxito en ingresar a un servidor de Archie, puede enviar su pedido utilizando correo electrónico. Si desea realizar una búsqueda muy grande, y no desea esperar mucho la respuesta, utilizar el correo electrónico es una buena forma de hacerlo.

No todas las posibilidades que tiene Archie vía telenet están disponibles por medio del correo electrónico, pero aun así puede hacerse una búsqueda bastante amplia. Para enviar una petición a Archie, envíe un correo a `archie@servername`, en donde `servername` (nombre del servidor) es cualquiera de los servidores que mencionamos al principio de este capítulo.

El mensaje de correo electrónico que enviará contiene los comandos que quiere enviarle a Archie. Puede incluir cuantos comandos desee, cada cual al principio de un línea. Entre los comandos disponibles que aparecen en la tabla 11-4, elija los que desea.

Los comandos más usados son `prog` y `whatis`, que tiene exactamente la misma forma y significado que en el Archie vía telnet, tal como se ve en este ejemplo:

```
prog font.*txt
whatis font
```

Archie se ha convertido en un procedimiento muy popular, tanto que es probable que un servidor esté despachando varias docenas de peticiones a la vez durante todo el día. Esto quiere decir que la línea de comando o vía telnet de Archie puede ser muy lento, y puede necesitar 10 ó 15 minutos para efectuar una búsqueda. Si es tan lento, realmente vale la pena enviar su pedido por correo electrónico y dedicarse a hacer otra cosa mientras tanto. Tan pronto como Archie haya terminado de buscar lo que le han pedido, enviará una respuesta al buzón de correo en donde podrá utilizarla cuando tenga tiempo y lo desee. Una ventaja adicional del correo electrónico es que, si la respuesta resulta tener una 400 líneas, es mucho más fácil manejar un correo electrónico de 400 líneas que 400 líneas de cosas volando por la pantalla.

Tabla 11-4   Comandos para enviar a los servidores de Archie por correo electrónico

Comando	Lo que hace
prog	Busca los nombres que correspondan: adopta una búsqueda de expresiones regulares (regex).
whaits	Brinda la palabra clave para la búsqueda de la base de datos de descripción de software.
compress	Envía la respuesta en formato comprimido y codificado.
servers	Devuelve una lista de los servidores de Archie.
path	Muestra las direcciones de correo electrónico que el usuario desea que Archie utilice para responder a los pedidos de búsqueda que se hagan por correo electrónico en caso de que no esté correcta la dirección que se genera automáticamente.
help	Devuelve el texto de ayuda de Archie por correo electrónico.
quit	Finaliza el pedido a Archie.

Verónica, mi amor

Gopher, el sistema de menús que discutimos a principios del capítulo 11, le permite a muchas a personas instalar servidores de Gopher y crear menús llenos de cosas interesantes.

Gopher se convirtió rápidamente en una víctima de su propio éxito. Hay tanto servidores de Gopher, que encontrar un menú de Gopher se ha convertido en algo realmente difícil. *Verónica* viene al rescate. Como Archie, Verónica tiene un enorme base de datos de los servicios disponibles. Verónica busca todos los menús de Gopher y se puede acceder a ella directamente o (con frecuencia) indirectamente desde el Gopher Maestro en Minnesota.

Como encontrar cosas con Verónica

Es muy fácil utilizar Veronica; es sólo un elemento de búsqueda. Puede encontrar Verónica bajo **Other Gophers** (otros Gophers) o nombres parecidos en la mayoría de los sistemas Gopher públicos. Si usted, como muchos otros, utiliza Gopher a través de un sistema Web, puede encontrar los vínculos a través de una cantidad de Verónicas bajo la siguiente dirección:

```
gopher://gopher.scs.unr.edu//11/veronica
```

Hay dos "sabores" diferentes en la búsqueda por medio de Verónica. Uno es la búsqueda de menú, que busca a través de los nombres de menús de Gopher existentes, y le entrega un menú de menúes cuyos nombres incluyen las palabras que usted busca. El otro es una búsqueda por elementos, que pasa a través de todos los menúes de Gopher buscando el elemento que usted desea y crea un menú de todos los elementos que correspondan a las palabras que seleccionó. Una búsqueda por elementos genera un menú realmente gigantesco, a no ser que usted haya elegido un término realmente desconocido, por lo que le sugerimos que utilice primero la búsqueda por menú.

Haga clic en un vínculo para ir a un servidor de Verónica, bien sea para buscar un menú o un ítem en particular. (Los servidores tienden a estar muy ocupados, y probablemente tendrá que intentarlo varias veces hasta que consiga uno que pueda responderle.) Luego su Gopher o programa de Web lo invita a digitar algunas palabras de búsqueda. Hágalo; trate de poner dos o tres palabras que describan lo que desea. Luego presione **Enter** y espere que busque.

En una ocasión queríamos buscar el *Jargon Dictionary*, un diccionario de
jerga computarizado y en línea, que viene circulando en formas diversas
desde finales de los años 60. Escogimos un elemento de Gopher en
Verónica y como línea de búsqueda ingresamos `jargon dictionary`.
Verónica nos entregó un menú con aquellos elementos que correspon-
dían con nuestra línea de búsqueda (ésta es la respuesta que presenta el
elemental cliente Gopher de UNIX; si tiene algo más sofisticado, como
Netscape, la presentación es más agradable, pero los elementos son los
mismos.)

```
-->    1.   The Jargon Dictionary File/
       2.   The Jargon Dictionary File/
       3.   The Jargon Dictionary File/
       4.   The Jargon Dictionary File/
       5.   The New Hacker's Dictionary (computer jargon) <?>
       6.   jargon: The New Hacker's Dictionary <?>
       7.   jargon: The New Hacker's Dictionary <?>
       8.   Fuzzy search in "The New Hackers Dictionary"
              (jargon.txt) <?>
       9.   The Jargon Dictionary <?>
       10.  Computer Jargon Dictionary <?>
```

Cuando se repiten los elementos, quiere decir que un recurso se consigue en más de un lugar. Generalmente no importa cuál utilice.

¿Jughead (Torombolo)?

Verónica es un sistema de búsqueda muy útil, pero puede ser un poco
inmanejable porque busca en demasiados lugares. Jughead es un sistema de exploración similar que busca los menús de Gopher en un sólo
servidor, por lo cual es más rápido y más específico. Si una locación
ofrece Jughead, hay un elemento para él en el menú Gopher de más alto
nivel de esa locación.

Jughead funciona de la misma manera que Verónica: seleccione el elemento, digite una palabras de búsqueda y obtendrá un menú de Gopher
con los elementos correspondientes.

Parte IV
Cuatro rampas de entrada

La 5ª ola   por Rich Tennant

DESDE QUE LO COMPRAMOS, LLEVA ONCE DÍAS SEGUIDOS SIN MOVERSE DE AHÍ. PERO LO MÁS CURIOSO ES QUE LO LLAMAN "LEVANTARSE Y CORRER" POR EL INTERNET.

En esta parte...

Millones de usuarios de Internet utilizan un proveedor comercial como su rampa de entrada a la super autopista informativa (conocida en algunos círculos como la *super colisión informativa* o la *super aburrición informativa*). Vamos a mirar en detalle las más populares: CompuServe, America Online y Microsoft Network, así como los proveedores de UNIX shell, que le permiten utilizar el Internet con el hardware y el software de computador más sencillos.

Capítulo 12
Cómo usar el Internet por medio de CompuServe

● ●

En este capítulo:

▶ Cómo obtener una cuenta de CompuServe

▶ Cómo instalar WinCIM

▶ Cómo entrar en línea

▶ Cómo indicarle a WinCIM a dónde ir

▶ Colgar

▶ Cómo enviar correo electrónico

▶ Navegando por la Web

▶ Leyendo grupos de noticias

▶ Obtención de archivos utilizando FTP

▶ Otras cosas que se pueden hacer

▶ Cómo utilizar CompuServe como un una cuenta SLIP: NetLauncher

▶ Más cosas acerca de CompuServe

● ●

CompuServe es un servicio en línea muy exitoso que brinda sus servicios tanto a negocios como a usuarios profesionales. Tiene vastas cantidades de información acerca de hardware y de software, entre los que se cuentan foros de ayuda para cientos de vendedores de programas y hardware. Desde que CompuServe creó WinCIM y MacCim, programas de acceso fáciles de utilizar, una cuenta de CompuServe se ha convertido en algo tan grato como muchos de los servicios en línea más recientes, tal como America Online y Prodigy.

Para brindar acceso a servicios de Internet como la World Wide Web, CompuServe creó otra manera de utilizar la cuenta de CompuServe. Con el uso del programa de NetLauncher se puede marcar a CompuServe como si fuera una cuenta de Internet PPP y utilizar programas de Internet, tal como Mosaic. De hecho, NetLauncher viene con la versión de Mosaic que se llama Spry Mosaic. Es un poco confuso porque, si se desea utilizar los servicios corrientes de CompuServe, hay que utilizar un programa (WinCIM o MacCIM). Si se quiere utilizar CompuServe para los servicios de Internet, hay que utilizar otro programa (NetLauncher).

Este capítulo describe cuáles son las habilidades de CompuServe en lo que se refiere a Internet, incluyendo el correo electrónico y World Wide Web. Para el alcance de los servicios de CompuServe, consulte *CompuServe For Dummies*, 2a. Edición, por Wallace Wang (IDG Books Worldwide).

Este capítulo describe cómo utilizar CompuServe con su software para Windows: el administrador de información de CompuServe (CIM) para Windows, más conocido como WinCIM (versión 1.4). Si está utilizando los programas para Macintosh, MacCim, o una versión diferente de WinCIM, la pantalla tendrá un aspecto algo diferente de lo que estamos mostrando en este capítulo. También vamos a describir NetLauncher, el programa que le permite utilizar la cuenta de CompuServe como una cuenta PPP de Internet .

Cómo obtener una cuenta de CompuServe

Para obtener una cuenta de CompuServe, adquiera uno de esos pequeños paquetes de disquetes (en los Estados Unidos puede llamar al 1-800-478-0453 para tal efecto). El paquete contiene un disquete y las

Ventajas y desventajas de CompuServe

CompuServe existe desde hace un tiempo y ofrece una gran cantidad de foros fascinantes en los cuales sólo pueden participar los suscriptores de CompuServe. Si es un usuario serio de su computador, le encantará la cantidad de foros de ayuda técnica que sostienen cientos de vendedores de hardware y de software.

Otra gran ventaja de CompuServe es que su red telefónica se extiende alrededor de todo el mundo. Si viaja con frecuencia, especialmente al extranjero, encontrará que éste es un rasgo valioso.

Por otro lado, CompuServe no ha integrado las ofertas de Internet a sus otros servicios. Si quiere utilizar las características propias de CompuServe, se conectará utilizando WinCIM (o MacCim). Pero si quiere utilizar CompuServe como su proveedor de Internet, tendrá que conectarse por medio de NetLauncher. Es mucho más complicado que America Online, que junta todas las cosas.

¿Cuál es mi ID de usuario?

A diferencia de muchos otros servicios en línea y proveedores de Internet, CompuServe le asigna un número a cada usuario. En lugar de un nombre de usuario fácil de recordar (tal como ElvisLives o HeartThrob117), recibirá un número como éste:

77777,7777

El número exacto de dígitos varía, pero su identificación (ID) de usuario siempre será un número con una cantidad de dígitos y una coma en alguna parte intermedia. Los usuarios en los Estados Unidos y Canadá generalmente tienen un número que comienza con 7; los usuarios en otras partes del mundo generalmente tienen números que empiezan con 1.

(Este sistema de numeración se remonta a la edad de piedra de la computación, a final de los años sesenta. Y a propósito, los números están en base 8).

La dirección de correo electrónico de Internet no es lo mismo que el ID de CompuServe. Tendrá que modificarla para incluir la información que señale que es un número de cuenta de CompuServe. Para saber cuál es su dirección de correo electrónico, cambie la coma en su ID de usuario por un punto y añada @compuserve.com al final. Si su ID de CompuServe es 77777,7777, por ejemplo, su dirección de correo electrónico de Internet es:

77777.7777@ compuserve.com

instrucciones para instalarlo. Asegúrese de que tiene el disco correcto para su computador: una etiqueta en el exterior dice "WIN" para Windows, o "MAC" para Macintosh. La versión WIN funciona tanto con Windows 3.1 como con Windows 95.

El disco contiene tanto el programa del administrador de información de CompuServe (CIM), que le permite conectarse y utilizar CompuServe, como un programa automático de inscripción que le permite inscribirse a su nueva cuenta de CompuServe por teléfono. Para que este procedimiento funcione, usted necesita una tarjeta de crédito. Obtendrá 15 horas gratis cuando se inscriba a su nueva cuenta para que pueda comprobar si CompuServe es el sistema que necesita antes de gastar demasiado dinero en él.

Si utiliza un Macintosh

En este capítulo mostramos cómo funciona CompuServe cuando se utiliza una versión para Windows del programa de administrador de información de CompuServe (CIM), WinCIM. La versión para Macintosh es similar, de tal manera que las instrucciones serán también de uso para los usuarios de Mac.

Hacia octubre de 1995, todavía no se conseguía el programa NetLauncher para Macintosh. Averigüe en CompuServe si ya ha sido creada la respectiva versión.

Cómo instalar WinCIM utilizando Windows 95

Para instalar el programa WinCIM, proceda de acuerdo a los siguientes pasos:

1. **Inicie Windows 95.**

2. **Haga clic en el botón de Start (Iniciar) y elija Settings ⇨ Control Panel.**

3. **Haga un doble clic en el icono de Add/Remove Programs (agregar/eliminar programas).**

   Verá un cuadro de diálogo de **Add/Remove Programs Properties** (Propiedades de Agregar/Eliminar Programas), tal como se observa en la figura 12-1.

4. **Haga clic en el botón de Instalar.**

   Windows le pedirá que introduzca el disco del programa en el drive del disquete.

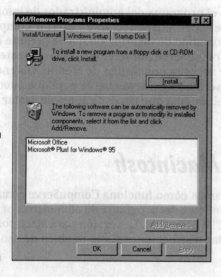

Figura 12-1.
Este cuadro de diálogo le permite instalar su programa de CompuServe.

5. Inserte el disco de CompuServe en el drive y haga clic en Next **(siguiente).**

Windows encontrará el programa de instalación en el disquete de CompuServe; se llama SETUP.EXE.

6. Haga clic en Finish (terminar).

¿"Finish"? Es decir: ¿Terminó? ¡Si apenas ha comenzado! Pero haga clic de todas maneras.

WinCIM le preguntará si debe instalar el programa. Le presentará un directorio llamado C:\CSERVE, pero puede pasarlo a otro directorio.

7. Si quiere instalar WinCIM en otra parte, cambie el path. Luego haga clic en OK.

8. Indíquele al programa de instalación si quiere instalar al programa de inscripción y haga clic en OK.

Si quiere inscribirse a una cuenta nueva de CompuServe, elija Yes (sí). Si ya tiene una cuenta y está instalando tan sólo una nueva versión del programa, elija No.

WinCIM copia los archivos del programa a su disco. Cuando termine, si ya tiene una cuenta de CompuServe, está todo listo, o sea que puede saltar al paso 11. Si quiere inscribirse para una cuenta nueva, WinCIM le preguntará si quiere inscribirse ya.

9. Haga clic en Yes (sí) para suscribirse a una cuenta nueva.

10. Siga la instrucciones en la pantalla para abrir una cuenta nueva.

Va a necesitar el fólder en el que vino el disquete de CompuServe, porque contiene dos números mágicos: el **número del acuerdo** (Agreement Number) y el **número de serie** (Serial Number). También necesitará el número de su tarjeta de crédito (el número más mágico que puede haber).

11. ¡Terminó!

Cuando termina, Windows 95 crea, como es de esperarse, una ventana llamadaCompuServe. También agrega CompuServe al menú de programas que aparece cuando se presiona el botón **Start** (iniciar).

Ya está listo para arrancar. Debe sacar el disquete de CompuServe del drive y guardarlo en caso de que necesite instalarlo de nuevo. Si tiene algún problema, llame a CompuServe al número 1-800-609-1647 (ó 614-529-1340) en Estados Unidos.

Windows deja las ventanas de Panel de Control y de CompuServe abiertas; y aparecen en la barra de herramientas (la barra en la parte de abajo de la pantalla). En realidad, puede cerrarlas; para ello haga clic en el nombre del programa y luego en el botón **Close** (cerrar), en la parte superior derecha de la ventana de programa.

Cómo instalar WinCIM utilizando Windows 3.1

Para instalar el programa de WinCIM proceda según los siguientes pasos:

1. **Inicie Windows e inserte el disco en el drive.**

2. **En el administrador de programas, elija File ⇨ Run (Archivo ⇨ Ejecutar) en el menú.**

3. **Digite: a:setup.exe y haga clic en OK.**

   Si el drive del disquete es el drive B:, digite b:setup.exe. De cualquier manera, el programa de instalación de CompuServe funciona.

4. **Indíquele al programa de instalación en dónde instalar el programa y haga clic en OK.**

   Sugerirá instalar el programa del administrador de información de CompuServe en un directorio llamado C:\CSERVE, pero puede pasarlo a otro directorio si lo desea.

5. **Indíquele al programa de instalación si quiere instalar al programa de inscripción y haga clic en OK.**

   Si quiere inscribirse a una cuenta nueva de CompuServe, elija **Yes** (sí). Si ya tiene una cuenta y está instalando tan sólo una nueva versión del programa, elija **No**.

6. **Siga la instrucciones en la pantalla.**

   Asegúrese de que tiene el fólder en el que vino el disquete de CompuServe, (porque contiene dos números que tiene que digitar) y el número de su tarjeta de crédito. Cuando el programa de instalación termine, creará un programa de administrador de programa llamado CompuServe, que contiene un icono para el administrador de información de CompuServe, conocido como WinCIM.

Si tiene algún problema instalando el Administrador de Información de CompuServe , llame al 1-800-609-1647 o (614) 529-1340.

Si desea que el icono del administrador de información de CompuServe aparezca en otro grupo de programas en el administrador de programas, presione la tecla **Ctrl** mientras lo arrastra al grupo en el que desea que aparezca. El administrador de programas copia el icono en el nuevo grupo.

También puede cambiar el nombre del icono. Haga clic una vez en el icono del administrador de información de CompuServe y luego presione **Alt+Enter**. Verá el cuadro de diálogo de propiedades del elemento del programa (no se asuste). Cambie la descripción, tal vez póngale el más atractivo "WinCIM", pero no cambie nada más en el cuadro de diálogo. Luego haga clic en OK (aceptar).

Arrancando con CompuServe

Ya esta todo listo para utilizar WinCIM y la cuenta de CompuServe. Así se hace:

1. **Haga clic en botón Start y luego elija Programs ⇨ CompuServe ⇨ CompuServe Information Manager (Programas ⇨ CompuServe- ⇨ administrador de información de CompuServe), en el menú.**

   (Los usuarios de Windows 3.1 pueden hacer un doble clic en el icono del administrador de información de CompuServe en el administrador de programas)

   La primera vez que ponga a funcionar WinCIM, es probable que aparezcan un mensaje y los términos y condiciones. Si sucede esto, lea el mensaje, y si puede aceptar los términos, haga clic en OK.

   WinCIM le preguntará si quiere que lo conecte a CompuServe en el momento en que abre el programa. Le recomendamos que desconecte esta opción para que gaste el menor tiempo posible conectado con CompuServe. (Recuerde que paga por minuto).

2. **La primera vez que use CompuServe, haga clic en Show (mostrar) en la caja de inicio, para retirar la x. Luego haga clic en Continue (continuar).**

   Verá la ventana de WinCIM, en la cual se pueden abrir varias ventanas al mismo tiempo. Cuando se inicia, WinCIM muestra el cuadro de diálogo de servicios, con botones para algunos de los servicios más populares. El botón de *servicios básicos* no hace mayor cosa (generalmente muestra un mensaje sobre las tarifas de los servicios de CompuServe), pero los otros botones lo remiten a servicios de CompuServe muy atractivos.

3. **Para llamar a CompuServe y poder hacer algo allá dentro, haga clic en el botón de lo que desea hacer.**

   El resto de este capítulo contiene ideas para las cosas que tal vez querrá hacer, sobre todo aquellas que se relacionen con Internet. Cuando haya presionado el botón que le indica a WinCIM qué es lo que usted desea hacer, éste llamará a CompuServe por teléfono, lo ingresará, y presentará la información que solicite.

La ventana de servicios tiene cantidades de botones útiles. Si no está visible en la pantalla, haga clic en el icono del globo en la barra de herramientas para que aparezca.

Cómo colgar

Cuando termine de utilizar la cuenta de CompuServe, elija **File** ➪ **Disconnect** (Archivo ➪ Desconectar) en el menú, o presione **Ctrl + D**, o haga clic en el icono de Desconectar en la barra de herramientas. Recuerde que está pagando por el tiempo de conexión a CompuServe, de manera que asegúrese de desconectar antes de salir a comer (CompuServe es muy considerado y le presenta la cantidad de tiempo que lleva en línea en la barra de herramientas, a la derecha del gran icono con el signo de interrogación amarillo.)

Para salir del programa de administración de información de CompuServe, elija **File** ➪ **Exit** (Archiv ➪ Salir) del menú, o haga clic en el icono de EXIT (salir) de la barra de herramientas.

¡Vamos, CompuServe!

CompuServe tiene cientos de *foros*, o *servicios*, es decir, material sobre un tema en particular. Algunos servicios contienen discusiones continuas, otros tienen bibliotecas de archivos que le serán útiles, y algunos le permiten hacer preguntas a expertos técnicos.

Visitando lugares

En épocas remotas, antes de la existencia de WinCIM, cuando había que digitar cantidades de comandos para llegar a algún lugar en CompuServe, el comando que más se utilizaba era **Go** (ir a). Para obtener información acerca de la cuenta de cobro de CompuServe, por ejemplo, había que digitar **go billing** (ir a la cuenta de cobro). La documentación de CompuServe todavía indica "go support" (ir apoyo), en lugar de decir "go to support" (ir a apoyo), porque ése era el comando que había que digitar. Cada servicio de CompuServe tiene un nombre oficial, que es el que hay que digitar después del comando **Go**.

En esta época moderna, en la que todo se puede señalar y activar con un clic, no hay que digitar **Go** para ir a algún lugar. En su lugar, se puede hacer clic en el icono **Go** en la barra de herramientas, el que se parece a un semáforo. CompuServe le pregunta cuál es el servicio que desea utilizar, y sólo tendrá que digitar el nombre oficial del servicio y hacer clic en OK.

Una forma fácil de llegar a distintos lugares es hacer clic en uno de los botones de la ventana de Servicios. Si desea enviar o recibir correo electrónico, por ejemplo, puede hacer clic en el botón de **Communicate** (comunicarse). Una de las elecciones que le ofrece es el correo electrónico.

Cuando le indique a CompuServe a dónde quiere ir, si todavía no está en línea, WinCIM marcará el teléfono y lo ingresará. Luego presentará la información que usted ha pedido.

Otros consejos para operar WinCIM

Esta sección le ofrece una lista de algunas cosas que puede hacer con WinCIM:

✔ Puede ver varias ventanas al mismo tiempo, dentro de la ventana de WinCIM. Por ejemplo, puede conservar abiertas las ventanas de correo electrónico, de Internet y de los grupos de noticias de Usenet al mismo tiempo.

✔ Puede utilizar los botones de minimizar, maximizar y cerrar en la parte superior derecha de la ventana para minimizarla, expandirla o cerrarla. (Los usuarios de Windows 3.1 no ven un botón de **Close** (cerrar); tienen que hacer doble clic en el cuadro del menú, en la parte superior izquierda de la ventana).

✔ Para mover una ventana dentro de la pantalla, arrastre la barra de título (la parte superior de la ventana) con el ratón.

¡Vamos, Internet!

Desde que se creó WinCIM 1.4, existe un botón de WinCIM que se llama Internet, en el cuadro de diálogo de Servicios. Si hace clic en ese botón, CompuServe (una vez ha hecho la marcación y el ingreso en caso de que sea necesario) muestra la ventana de Internet. Esta ventana muestra en un solo lugar todos los servicios de CompuServe relacionados con Internet; asegúrese de incluirlo en su lista de lugares favoritos.

En las siguientes secciones de este capítulo encontrará cómo utilizar el Internet que le ofrece CompuServe.

¡Vamos, E-Mail!

CompuServe tiene un servicio de correo para enviar mensajes y recibir mensajes de otros usuarios de CompuServe. El mismo servicio de correo sirve para enviar y recibir correo electrónico de direcciones de Internet.

¿Tengo correo?

Cuando inicie WinCIM y se conecte con CompuServe, la barra de estatus en la parte de abajo de la ventana de WinCIM indicará cuántos mensajes nuevos tiene para leer. Si hay mensajes pendientes, aparecerá un icono adicional en su barra de herramientas: un pequeño icono con un buzón de correos en el extremo derecho de la barra de herramientas. Haga clic para leer el correo que ha llegado.

Cómo leer el correo de manera barata y sencilla

La manera más eficiente es leer fuera de línea, es decir, sin estar conectado en línea a CompuServe. No tiene que pagar el tiempo de conexión mientras está leyendo y componiendo mensajes. Aquí le mostramos cómo se hace esto:

✔ Utilice el comando **Mail** ➪ **Send/Receive All Mail** (Correo ➪ Enviar/Recibir Todo el Correo) en el menú. Este comando agarra todo el correo y lo copia de CompuServe a su cesto de entrada (In Basket), un área de almacenamiento en su disco duro.

✔ Cierre la conexión con CompuServe.

✔ Una vez desconectado (y por lo tanto, sin pagar la conexión en línea), lea su correo con toda tranquilidad. Puede escribir respuestas o componer mensajes nuevos a otras personas. Los mensajes que escriba serán guardados en el cesto de salida (Out Basket), que también se encuentra en su disco duro.

✔ Cuando termine de leer su correo electrónico, utilice el comando **Mail** ➪ **Send/Receive Mail** (Correo ➪ Enviar/Recibir Correo) para enviar los mensajes en su cesto de salida (Out Basket), y recibir cualquier mensaje adicional que se encuentre en su cesta de entrada (In Basket).

El resultado es que sólo tiene que estar en línea apenas el tiempo necesario para copiar el correo que entra y enviar que sale.

¿Quiere intentarlo? Proceda de acuerdo a los siguientes pasos:

1. **En WinCIM, elija Mail ⇨ Send/Receive All Mail (Correo ⇨ Enviar/ Recibir Todo el Correo) en el menú.**

   WinCIM le pregunta si desea colgar cuando termine de copiar su correo.

2. **Haga clic en el cuadro Disconnect when Done (colgar cuando se haya ejecutado) para que aparezca una X en ese cuadro; luego haga clic en OK (aceptar).**

   WinCIM marcará a CompuServe, hará el ingreso, agarrará su correo, lo guardará en el In Basket (cesto de entrada) en su disco duro y colgará. ¡Listo! Ya no tendrá que pagar más por la conexión. WinCIM le indica cuántos mensajes envió (los que haya compuesto desde la última vez que se conectó con CompuServe) y cuántos recibió.

3. **Para leer los mensajes, elija Mail ⇨ In-Basket (Correo ⇨ Cesto de Entrada) del menú.**

   Verá aparecer su In Basket (cesto de entrada).

4. **Para leer su mensaje en el In Basket (cesto de entrada) haga doble clic en el icono (o seleccione y haga clic en Open).**

5. **Para responder a un mensaje, haga clic en el botón Reply (responder), escriba una respuesta y haga clic en Send Now (enviar ahora), si desea conectarse a CompuServe y enviarlo inmediatamente; o en el Out-Basket (cesto de salida), para poner su mensaje en el cesto de salida para enviarlo a CompuServe la próxima vez que se conecte.**

   Cuando se escribe la respuesta a un mensaje, WinCIM le coloca la dirección. Todo lo que tiene que hacer el usuario es digitar la respuesta.

6. **Para enviar un mensaje a un tercero, haga clic en Forward, ponga la dirección en el mensaje, y haga clic en Send Now (enviar ahora) o en el Out Basket (cesto de salida).**

   Mire la sección "Cómo utilizar el libro negro", más adelante en este capítulo, para enterarse de cómo utilizar el cuadro de diálogo de la lista de receptores para colocar direcciones en los mensajes de CompuServe.

7. **Para ver el siguiente mensaje en su In Basket (cesto de entrada), haga clic en <u>N</u>ext (siguiente).**

8. **Componga cualquier mensaje nuevo utilizando <u>M</u>ail ⇨ <u>C</u>reate Mail (Correo ⇨ Crear Correo) del menú.**

9. **Cuando termine de leer y componer su correo, elija <u>M</u>ail ⇨ Send/ Receive All Mail (Correo ⇨ Enviar/Recibir todo el correo) del menú.**

WinCIM llamará de nuevo a CompuServe, enviará todo el correo que se encuentre en su Out Basket (cesto de salida) y revisará si llegó correo nuevo después de la última vez que se conectó.

Puede leer los mensajes en su Out Basket eligiendo <u>M</u>ail ⇨ **Out Basket** del menú. Verá una lista de los mensajes que ha escrito, pero que no han sido aún enviados a CompuServe. Si desea enviar un mensaje (tal vez lo pensó dos veces si iba a mandarle ese mensaje brusco a su jefe), puede editarlo haciendo clic en **<u>O</u>pen** (abrir). Para enviar inmediatamente todos los mensajes en su Out Basket, haga clic en **Send <u>A</u>ll** (enviar todos).

Además del In Basket y del Out Basket, WinCIM brinda un archivador en el cual puede archivar sus mensajes. Cuando lea un mensaje, puede hacer clic en **<u>F</u>ile It** (archivarlo) para guardarlo en el archivador. Hay un pequeño icono con un archivador en la barra de herramientas. Haga clic para ver qué se encuentra en su pequeño archivador.

Cómo utilizar el pequeño libro negro

Si está enviando correo a otro usuario de CompuServe, la dirección a la que lo envía será el ID de CompuServe de ese usuario (ése que es más o menos 77777,7777). Cuando le esté enviando correo a alguien que está en Internet, la dirección del mensaje debe ser:

```
INTERNET:nombre del usuario@host
```

Por ejemplo, puede enviarnos un mensaje de prueba a los autores de este libro a la Central de Internet para Dummies con la siguiente dirección:

```
INTERNET:ninternet@dummies.com
```

Cuando se crea un nuevo mensaje de correo electrónico o se quiere enviar un mensaje a un tercero, hay que colocarle una dirección. Independientemente de si está conectado o no a CompuServe, elija <u>M</u>ail ⇨ **Create Mail**. Lea el cuadro de diálogo de la lista de receptores (Recipient List), tal como se ve en la figura 12-2.

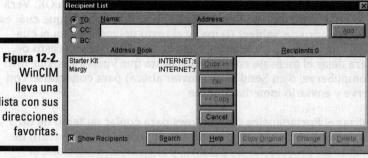

Figura 12-2.
WinCIM
lleva una
lista con sus
direcciones
favoritas.

El cuadro de diálogo de la lista de receptores, muestra dos tipos de direcciones: a la izquierda se encuentran las direcciones en su lista y a la derecha, las direcciones a las que se envía este mensaje en particular. En la parte superior hay unos cuadros para ingresar el nombre y la dirección para enviar un mensaje.

Aquí le indicamos algunas de las cosas que puede hacer:

✔ Para poner la dirección de un mensaje que va a enviar a alguien de su lista, elija el nombre en Address Book (libreta) y haga clic en el botón **Copy** >> (Copiar). La dirección aparecerá en la lista al lado derecho.

✔ Para colocar la dirección de un mensaje que se va enviar a alguien que no está en la lista, digite el nombre de la persona en el cuadro de **N**ame (nombre) y su dirección electrónica en el cuadro de Address (dirección). Haga clic en el botón **Add** (agregar) para incorporar el nombre y la dirección a la lista de la derecha para enviar el mensaje. Si también quiere incorporar el nombre a su libreta de direcciones, para utilizarlo cuando quiera enviarle otros mensajes a esa persona, elija el nombre en la lista de la derecha y haga clic en el botón <<**C**opy (copiar). WinCIM le permite incorporar más información sobre la persona; hágalo si lo desea, y luego haga clic en OK.

✔ Si finalmente decide que no debe enviar el mensaje, elija el nombre de esa persona en la lista de la derecha y haga clic en **Delete** (eliminar).

✔ Si desea enviar una copia del mensaje a alguien (o una copia ciega), haga clic en la opción **CC** (o BCC). Luego elija una dirección de su directorio e ingrese la información de la persona en los cuadros del nombre y dirección. En la lista de la derecha, cada dirección viene precedida de To: , CC:, o BC: para mostrar cómo se va a dirigir el mensaje a la persona.

Cuando termine de colocar la dirección al mensaje haga clic en OK. Verá aparecer el cuadro de diálogo **Create Mail** (crear correo). Indique cuál es el tema en el cuadro de **Subject** (tema) y el texto del mensaje en el cuadro grande. Cuando haya terminado, haga clic en Out Basket (cesto de salida) para dejar el mensaje en ese cesto hasta que vuelva a enviar mensajes a CompuServe, o en **Send Now** (enviar ahora) para conectarse con CompuServe y enviarlo inmediatamente.

Puede utilizar el Portapapeles de Windows para copiar un texto de otro programa de Windows a un mensaje de correo. Para incluir un texto de un documento de procesador de palabra, por ejemplo, seleccione el texto en su procesador de palabra, cópielo al portapapeles (en la mayoría de los programas se utiliza **Edit** ➪ **Copy**, es decir, Editar ➪ Copiar), coloque el cursor en el lugar en donde quiere que aparezca el mensaje en WinCIM y elija **Edit** ➪ **Paste** (Editar ➪ Pegar) del menú (o presione **Ctrl+C**).

Por favor, enviar también este archivo

El cuadro de Create Mail (crear correo) le permite anexar un archivo al mensaje. Si es un archivo de texto, se puede enviar a cualquier persona. Si no es un texto, sólo podrá enviarlo a otros usuarios de CompuServe (esta limitación puede cambiar cuando CompuServe empiece a operar con alguno de los métodos estándar para anexar archivos que no son de texto al correo electrónico, tal como el *uuencoding* o MIME).

Para anexar un mensaje al archivo haga clic en el botón **Attach** (anexar). Verá el cuadro de diálogo File Attachment (anexar archivos), tal como se ve en la figura 12-3.

Haga clic en el botón de **File** (archivo) para elegir el archivo que desea enviar junto con el mensaje. Una vez lo haya seleccionado, aparecerá el nombre del *path* del archivo en el cuadro junto al botón de File. Indique el tipo de archivo que está enviando en el cuadro de **File Type** (tipo de archivo):

Figura 12-3. Cómo anexar un archivo a su mensaje de correo electrónico.

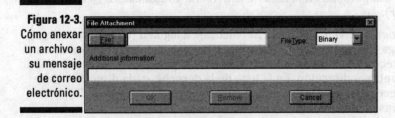

✔ **Binary** (binario): Cualquier archivo que no sea de texto.

✔ **Text** (texto): únicamente texto, sin formato o caracteres especiales (es el único tipo de archivo que se puede enviar a una dirección de Internet).

✔ **GIF**: un archivo de gráficas en Graphics Interchange Format (Formato de intercambio de gráficas)

✔ **JPEG**: un archivo de gráficas en el formato Joint Photographic Experts Group (del Grupo unido de expertos fotográficos).

Digite cualquier otra información que quiera enviar con el archivo y luego haga clic en OK. Envíe el mensaje de correo electrónico como suele hacerlo.

Cuando reciba un mensaje de correo electrónico con un archivo anexo, recibirá un mensaje por aparte con la misma línea de tema del mensaje al cual está anexo. (Pareciera como si los archivos de texto que se han anexado se desprendieran, pero siempre y cuando lleguen, está bien). El mensaje le indica que hay un archivo esperándole. Haga clic en **Retrieve** (recuperar) para copiar el archivo en su computador, una vez WinCIM le haya preguntado dónde archivarlo.

Si quiere practicar cómo se envía un mensaje, vaya al Practice Forum (foro para practicar): haga clic en el icono **Go**, digite **practice** y haga clic en OK. El tiempo de conexión es gratis mientras se está usando este servicio, y el foro le da a quien escribirle mientras practica.

Para leer grupos de noticias

El correo electrónico no es el único servicio de Internet que se puede utilizar con WinCIM. También es posible acceder a los grupos de noticias de Usenet para cuando necesite una buena dosis de chismes y relajación. Vea el capítulo 9 para obtener mayor información acerca de Usenet, por ejemplo, para saber de qué se trata.

Para leer los grupos de noticias de Usenet, haga clic en el icono de Internet en la ventana de Servicios para que aparezca la ventana de Internet; luego haga clic en el botón de Usenet Newsgroups (grupos de noticias de Usenet). O haga clic en el icono **Go** y digite **newsgroups**. Verá la ventana de Usenet Newsgroups (grupos de noticias de Usenet).

Si no conoce los grupos de noticias de Usenet, busque los temas introductorios en la lista. Cuando desee leer alguno, haga clic en el Usenet

Figura 12-4.
El lector de noticias de Usenet CIM le permite leer y enviar artículos a los grupos de noticias de Usenet.

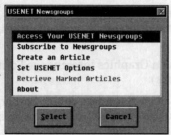

Newsreader (CIM) (lector de noticias de Usenet). Verá aparecer otra ventana de Usenet Newsgroups (grupos de noticias de Usenet), como la de la figura 12-4.

Este menú es el control para leer y enviar artículos al grupo de noticias. En realidad, no es parte de WinCIM; es un programa separado que se llama CIM Usenet Newsreader (lector de noticias de Usenet, CIM) y las opciones de la barra de herramientas y la barra de menú cambian a medida que se va corriendo el programa. Las otras ventanas que haya abierto con WinCIM se minimizan (se reducen a pequeños iconos en la base de la ventana de WinCIM) mientras esté utilizando el CIM Usenet Newsreader.

Cuando haya terminado de leer los grupos de noticias, salga del programa de lectura del grupo de noticias haciendo clic en el botón de **Cancel** (cancelar).

Cómo encontrar un grupo de noticias

El primer paso para leer un grupo de noticias es suscribirse a los que le interesen. Haga doble clic en **Suscribe to Newsgroups** (suscribirse a un grupo de noticias) en la ventana de Usenet Newsgroups (vea figura 12-5). Verá aparecer la ventana **Suscribe to Newsgroups**.

Algunas maneras de encontrar los grupos de noticias que desee son las siguientes:

✔ La caja de diálogo presenta los grupos de noticias en una lista, empezando por la primera parte del nom*bre* del grupo de noticias (comp, rec, y soc, por ejemplo). Para ver los grupos de noticias en un grupo, haga doble clic en el tipo de noticias. Para ver, por ejemplo, los grupos de noticias recreacionales (aquéllas cuyo nombre empieza con `rec`), haga doble clic en Recreational (`rec.*`) en la lista. Verá aparecer una lista de grupos de noticias de ese tipo. Para suscribirse a uno, selecciónelo y aparecerá una **x** en la pequeña caja a la izquierda del nombre de grupo de noticias. Cuando haya elegido el nombre del grupo de noticias que desea, haga clic en **Suscribe** (suscribirse). Si desea mirar el grupo de noticias antes de suscribirse, haga clic en Preview (ver antes).

✔ Para buscar un grupo de noticias sobre un tema en particular que le interese, digite la palabra o la frase en la caja de **K**eyword (palabra clave) y haga clic en **Search** (buscar). CompuServe busca los grupos de noticias que contengan esa palabra o frase en el nombre o en la descripción del grupo de noticias. De la lista que aparece como resultado de esa búsqueda puede elegir los grupos a los cuales desea suscribirse.

✔ Si sabe cuál es el nombre exacto del grupo de noticias al que desea ingresar, haga clic en **Suscribe by Name** (suscribirse por nombre), digite el nombre de noticias en la caja y haga clic en OK.

Cuando termine, haga clic en Close (cerrar).

Cómo leer los mensajes de los grupos de noticias

Para ver los grupos de noticias a los cuales se ha suscrito, bien sea porque quiere leer un artículo o enviar uno propio, haga un doble clic en Access Your Usenet Newsgroups (acceder a sus grupos de noticias de Usenet) en la ventana de Usenet Newsgroups. Verá aparecer una lista de los grupos a los cuales está suscrito. Para cada grupo de noticias, verá el número de artículos que usted no ha leído, una cantidad impresionante en la mayoría de los casos.

Para leer los artículos en un grupo de noticias, haga doble clic en el nombre del grupo de noticias. Verá una lista de las hileras (artículos agrupados por temas) en el grupo de noticias, tal como aparece en la figura 12-5.

✔ Para leer artículos en el acto, mientras está conectado con CompuServe, elija las hileras que le parezcan interesantes y haga clic en **Get** (obtener).

✔ Puede ahorrar dinero si guarda las hileras en su disco duro para

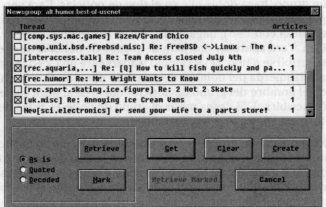

poderlas leer una vez haya desconectado la línea con CompuServe. Elija las hileras que desea y haga clic en **Retrieve** (recuperar). CompuServe le preguntará si desea guardar los artículos separados por artículo o por hilera, o en un gran archivo, y luego en dónde colocar cada uno de los archivos. El programa sugiere el directorio DOWNLOAD de su directorio del programa WinCIM (generalmente C :\CSERVE\DOWNLOAD).

✔ Para responder a un artículo, bien sea por correo electrónico o enviando el artículo, haga clic en **Reply** (responder). (Vea la sección "Mantener la boca cerrada", más adelante en este capítulo).

✔ Para escribir un nuevo artículo para este nuevo grupo de noticias, haga clic en **Create** (crear). (De nuevo, remítase a la sección "Mantener la boca cerrada").

Cuando haya terminado de leer los artículos en este grupo de noticias, haga clic en **Cancel** (cancelar).

Cómo indicarle al lector de noticias CIM quién es usted

Antes de poder enviar noticias a los grupos de noticias de Usenet utilizando el lector de noticias de CIM, usted tiene que identificarse. Es una de aquellas reglas que hay que aceptar; el programa no funciona de otra manera. Para que se sienta mejor, haga un doble clic en **Set Usenet Options** (instalar opciones de Usenet) en la ventana de Usenet

¡Dígale a ese imbécil que se calle!

Hay imbéciles en casi todos los grupos de noticias, y no sirve de nada pedirles que se callen. Es más, enviarán aún más mensajes, señalando por qué ellos tienen razón y usted no. La manera inteligente de hacerlo es ignorarlos. CompuServe le facilita esta tarea, pues se encarga de ignorar a la gente.

Así es como se hace:

1. Haga un doble clic en **Set Usenet Options** (instalar opciones de Usenet) en la ventana de Usenet Newsgroups.

2. Haga clic en el botón **Set Ignore Options** (instalar opciones para ignorar).

3. Verá una lista de los grupos de noticias a los cuales se ha suscrito. Haga doble clic en el grupo en el que se encuentra el imbécil en cuestión.

4. Verá el cuadro de diálogo **Ignore Criteria** (criterios para ignorar). Haga clic en **Author** (autor) para instalar el **Ignore By** (ignorar por) —es decir, ignorar los artículos basándose en su autor— y luego haga clic en OK.

5. Haga clic en **Insert** (insertar) para escribir el nombre del imbécil cuyos artículos desea ignorar.

6. Digite el nombre y la dirección del imbécil y el número de días en que desea ignorar sus artículos, o haga clic en **Non-Expiring** (sin fecha límite) para ignorar todos los artículos que aparezcan de esa persona. Haga clic en OK.

7. La información acerca de la persona que va a ignorar, y por cuánto tiempo, aparecerá en la caja de diálogo.

8. Haga clic en **Close** (cerrar), en **Cancel** (cancelar) y luego en OK para terminar las cajas de diálogo que ha abierto.

Puede utilizar el mismo sistema para ignorar todos los artículos de un tema en particular. Si las personas de un grupo de noticias están hablando interminablemente acerca de algo que es tonto y aburrido, puede ignorar todos los artículos sobre ese tema. Haga clic en **Subject** (tema) y luego OK en la caja de diálogo de Ignore Criteria (criterios para ignorar); finalmente escriba el tema que desea ignorar.

Newsgroups y cuando vea la caja de diálogo de Opciones, llene los espacios. Para la firma, digite hasta tres líneas de texto que se van a añadir al final de cada artículo que envíe a Usenet. Asegúrese de incluir su nombre y su dirección de correo electrónico (recuerde que su dirección de correo electrónico es su ID de CompuServe, con una coma (,) cambiada a punto (.), seguido por @compuserve.com.) Haga clic en OK cuando haya terminado.

Mantener la boca cerrada

La mejor manera de responder a un artículo de un grupo de noticias es enviar correo electrónico a la persona que escribió el artículo. Al fin y al cabo, no todo el mundo que lee el grupo de noticias va a estar interesado en su respuesta. Sin embargo, hay situaciones en las que usted sencillamente no puede contenerse, aun cuando está corriendo el riesgo de hacer el ridículo delante de cientos de miles de personas en todo el mundo.

Cuando lea un artículo que exige una respuesta, independientemente de si decide enviar un artículo o, sabiamente, ha decidido responder por correo electrónico, puede utilizar el mismo botón: haga clic en **Reply** (responder). Si decide enviar un artículo sobre un nuevo tema, y no en respuesta a otro artículo, haga doble clic en **Create an Article** (crear un artículo) en la ventana de Usenet Newsgroups o ponga en pantalla la lista de hileras en el grupo de noticias y haga clic en **Create** (crear).

Verá aparecer la ventana de **Reply to Usenet Message** (responder a un mensaje de Usenet) o **Create Usenet Message** (crear un mensaje de Usenet). Puede utilizar estas ventanas para enviar artículos a los grupos de noticias o para enviar correo electrónico.

Así es cómo debe proceder:

1. **Coloque el tema del artículo o correo electrónico en la caja de Subject (tema).**

2. **Si desea enviar un artículo a un grupo de noticias, haga clic en Post to Newsgroup(s) (enviar al grupo de noticias), y elija el grupo de noticias (o los grupos de noticias) de la lista Newsgroups. Si quiere enviar un mensaje por correo electrónico, haga clic en Send via E-Mail (enviar por correo electrónico).**

   La lista Newsgroups contiene la lista de los grupos de noticias a las cuales está suscrito. (No es amable enviar artículos a grupos de noticias a los cuales no se ha suscrito; ¿cómo se supone que sabe de qué están hablando?)

3. **Escriba el artículo o mensaje en la caja de Message Contents (contenido del mensaje).**

   Si quiere incluir un texto que tiene guardado en el disco duro, puede cargarlo (copie el texto en un archivo en su disco duro a la caja de Message Contents). Sencillamente haga clic en **Upload** y clic en el botón **File** (archivo) para elegir el archivo de texto que quiere incluir en el mensaje. Puede cargar sólo archivos de texto; otros tipos de archivo no funcionan.

4. **Haga clic en Send (enviar).**

   Cuando haga clic en **Send** (enviar), si está enviando un mensaje por correo electrónico, el programa le pedirá la dirección del correo electrónico a la cual va a enviar el mensaje. Escríbala y haga clic en OK. No tiene que escribir Internet: antes de las direcciones de Internet. Usenet es una parte de Internet, por lo tanto, todas las direcciones son direcciones de Internet. Para enviar un mensaje a un usuario de CompuServe, utilice la dirección de Internet de esa persona (cambie la coma (,) de su usuario por un punto (.) y añada @compuserve.com al final).

Si está enviando un artículo de grupo de noticias, el programa confirmará que el artículo ha sido enviado.

Recuerde que no debe enviar nunca algo cuando esté enfurecido. ¡Mejor salga a caminar!

Qué hacer con los grupos de noticias aburridos

Si no quiere seguir suscrito a un grupo de noticias, puede retirarse de él. (*Unsuscribe* es la palabra). En la ventana de Usenet Newsgroups (vea la figura 12-4) haga doble clic en **Access Your Usenet Newsgroups** (acceso a sus grupos de noticias de Usenet). Elija el grupo de noticias en el que ya no quiere seguir, y haga clic en **Remove** (retirar). El programa le preguntará si está absolutamente, definitivamente seguro de que quiere retirarse. Haga clic en Yes (sí) para ejecutarlo. ¡Puf! El grupo de noticias desaparece de su lista de grupos de noticias, y nunca regresará (a no ser que usted se suscriba nuevamente).

Cómo obtener archivos por FTP

Se pueden obtener grandes cantidades de archivos por medio de CompuServe. Pero esto también se puede lograr por Internet. FTP (file-transfer protocol -protocolo de transferencia de archivos) es el servicio de Internet que le permite transferir archivos de un computador a otro, generalmente de grandes archivos públicos hacia su propio computador. Lea el capítulo 10 para obtener más información acerca de FTP: entre otras, qué tipo de archivos encontrará y en qué lugares hay que buscarlos.

Si desea utilizar FTP para copiar archivos en su computador, haga clic en el icono **Go** en la barra de herramientas, digite **ftp** y haga clic en OK. O empiece en la ventana de Internet y haga clic en el botón FTP: File Transfer Protocol (protocolo de transferencia de archivos).

De cualquier manera, CompuServe presentará un mensaje de advertencia de aspecto muy serio, indicándole que los servicios de información
de CompuServe no se responsabilizan por lo que contengan los archivos
que usted copie, ni los que no copie, y que no quieren saber nada si a
usted no le gusta lo que encontró. Algo de razón tienen: FTP no es un
servicio de CompuServe. Haga clic en **Proceed** (proceder) para continuar. Aparecerá la ventana de File Transfer Protocol.

Para copiar un archivo del archivo de FTP que contiene el archivo que
usted desea, atienda los siguientes pasos:

1. **Haga clic en el botón de Access a Specific Site (ir a un lugar específico).**

   Verá aparecer la ventana de Access a Specific Site.

2. **En la caja de Site Name (nombre del sitio), ingrese el nombre del
anfitrión (Host) de Internet en el que se encuentra guardado el
archivo de FTP que desea.**

   Si quiere copiar un archivo de un servidor de FTP de Microsoft,
   escriba: **ftp.microsoft.com.**

3. **Si sabe en cuál directorio del servidor de FTP está guardado el
archivo, ponga el nombre en el cuadro Directory (directorio).**

   Si, por ejemplo, sabe que el archivo se encuentra en /pub/clip-
   art, escriba eso.

4. **Si está utilizando FTP anónimo (es decir, no tiene una cuenta
propia en el servidor de FTP), mantenga User Name (nombre de
usuario)** anonymous **(anónimo). Si tiene una cuenta propia, ponga el nombre en el cuadro de User name.**

   Los servidores de FTP que tienen acceso público exigen que entre
   como anonymous (anónimo).

5. **Si está utilizando FTP anónimo, deje el cuadro de Password instalado con su dirección de Internet. Si tiene su propia cuenta, escriba su clave.**

   Cuando utiliza FTP anónimo, debe colocar su dirección de correo
   electrónico de Internet como su clave. WinCIM hace esto por usted.

6. **Haga clic en OK.**

   CompuServe hace contacto con el servidor de FTP y trata de ingre-
   sarlo. Puede suceder que el servidor esté ocupado, o colgado, en cuyo
   caso verá aparecer un mensaje de error; ensaye otra vez más tarde.

   Si logra entrar al servidor de FTP, verá un mensaje que le da la bienvenida. Puede ser que también le den información sobre el servidor.

7. Haga clic en OK.

WinCIM mostrará una lista del actual directorio en el servidor FTP, tal como se ve en la Figura 12-6. La lista a la izquierda de la ventana contiene los subdirectorios del directorio actual, mientras que la lista de la derecha muestra los archivos en el directorio.

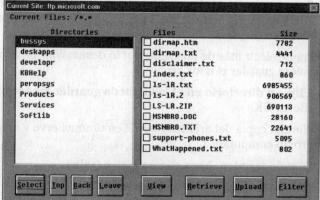

Figura 12-6.
Está conectado
a un servidor
de FTP. ¿Qué
archivos
desea?

Current Site: ftp.microsoft.com
Current Files: /*.*

Directories	Files	Size
bussys	dirmap.htm	7782
deskapps	dirmap.txt	4441
developr	disclaimer.txt	712
KBHelp	index.txt	860
peropsys	ls-1R.txt	6985455
Products	ls-1R.Z	906569
Services	LS-LR.ZIP	690113
Softlib	MSNBRO.DOC	28160
	MSNBRO.TXT	22641
	support-phones.txt	5095
	WhatHappened.txt	802

Select Top Back Leave   View Retrieve Upload Filter

8. Lea las instrucciones.

El primer directorio que vea puede contener una lista de los archivos de FTP, en un archivo con un nombre como `read.me` o `index.txt`. De ser así, puede mirarlo haciendo un clic en el nombre del archivo y luego clic en el botón de **View** (ver).

CONSEJO

¿Por qué utilizar FTP si puede obtener el archivo de CompuServe?

CompuServe tiene bibliotecas con decenas de miles –o tal vez cientos de miles– de archivos. Es probable que quiera ver si puede obtener un archivo de CompuServe antes de pasar por todo el trabajo de hacerlo por FTP. Para buscar un archivo en las muchas bibliotecas de CompuServe, haga clic en **Access Compu-** **Serve's File Finders** (acceso a los buscadores de archivos de CompuServe), la opción en la ventana de **File Transfer Protocol** (protocolo de transferencia de archivos), o haga clic en el icono **Go** en la barra de herramientas y digite **filefinder**.

9. **Diríjase hacia el directorio que contiene el archivo (o los archivos que desea).**

   Para dirigirse hacia el subdirectorio de un directorio actual, haga doble clic en el nombre del directorio en la lista de la izquierda. Para volver al directorio anterior, haga clic en el botón **Back** (atrás). Para moverse hacia el directorio en el cual inició, haga clic en el botón **Top** (inicio).

10. **Cuando vea cualquier archivo, haga clic en el nombre y aparecerá una x en la pequeña cajita. Luego haga clic en el botón de Retrieve (copiar).**

    Puede elegir más de un archivo si lo desea. WinCIM le pregunta si quiere guardar el o los archivos.

11. **Elija un directorio en el cual pueda guardar los archivos y haga clic en OK.**

    WinCIM copia del archivo de FTP en CompuServe y luego en su propio computador.

12. **Cuando termine, haga clic en Leave (salir).**

    WinCIM le ayuda a salir del servidor FTP.

El protocolo de transferencia de archivos de WinCIM deja una ventana que le permite entrar a un servidor de FTP, buscar y copiar algunos archivos. Los botones de Selected Popular Sites (locaciones más populares seleccionadas), y de List of Sites (lista de locaciones) en la ventana, presentan la lista de los servidores más utilizados de FTP. Elija un servidor de FTP de una de estas listas y verá aparecer una ventana con Access a Specific Site (entrar a una locación específica) con el nombre del *host* del servidor FTP ya incorporado. El botón de Site Descriptions (descripciones de locaciones) le permite ver las descripciones de algunos de los servidores de FTP más utilizados, entre los que se encuentran también los tipos de archivos guardados en cada servidor.

Si utiliza NetLauncher, que se describe en la sección "NetLauncher: cómo Utilizar CompuServe como una cuenta de PPP", más adelante en este capítulo, puede utilizar Spry Mosaic (u otro browser de Web) para copiar los archivos de las locaciones de FTP. El capítulo 10 le indica cómo utilizar un browser de Web para FTP.

Entrando por Telnet a otros computadores

WinCIM le permite utilizar otro servicio de Internet, Telnet, que le autoriza entrar a otros computadores anfitriones de Internet.

Si desea utilizar Telnet para entrar a otro computador de Internet, haga clic en el botón de Internet en la ventana de servicios, y luego en Telnet: Remote Login (Telnet: ingreso remoto). También puede hacer clic en el icono **Go** en la barra de herramientas y digitar **telnet**. De cualquier manera, verá aparecer la ventana de CompuServe Telnet Access (acceso a Telnet de CompuServe).

Así es como funciona:

1. **Si sabe exactamente cuál es el computador al cual quiere ingresar, haga clic en Access Specific Site (acceder a una locación específica). Para buscar en una lista los computadores a disposición del público, haga clic en List of Sites (lista de locaciones) y elija una locación.**

   De cualquier manera, CompuServe le advertirá que va a salir de este sistema y utilizar otro computador. Lo que le está indicando es que no lo culpe si algo no funciona.

2. **Haga clic en Proceed (proceder).**

   WinCIM le presenta una ventana de emulación de terminal (una ventana que maneja un programa que pretende que usted está utilizando un terminal sencillo en lugar de un PC o un Mac). Lo ingresará al computador que haya elegido.

3. **Siga las instrucciones que le da el computador que está utilizando.**

   Recuerde que aunque la información que ve está fluyendo a través de CompuServe, viene enteramente de otro computador. La figura 12-7 le muestra una sesión de Telnet con NASA Spacelink.

4. **Cuando termine, salga del otro computador.**

   La forma de salir depende del otro computador. Cuando se haya desconectado, WinCIM cerrará la ventana de emulación de terminal.

Telnet es muy bueno para utilizar unos cuantos servicios de información. Muchas bibliotecas, incluyendo la biblioteca del Congreso de Estados Unidos, le permiten entrar y buscar libros utilizando Telnet.

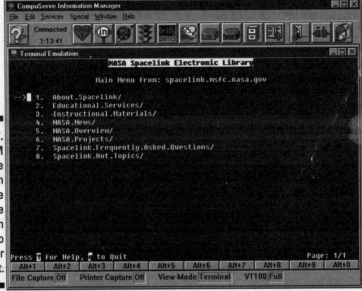

Figura 12-7.
WinCIM
pretende
que es un
terminal y le
permite
hablar con
otro
computador
en Internet.

NetLauncher: cómo utilizar CompuServe como una cuenta de PPP

El correo electrónico de Internet, los grupos de noticias de Usenet, FTP, y Telnet son un buen comienzo, pero eso no es todo lo que hay en Internet. Además del correo electrónico, el servicio más popular de Internet es, por supuesto, la World Wide Web. WinCIM no tiene un browser para la Web, a diferencia del programa de America Online, que sí lo tiene. En cambio, CompuServe decidió tomar un enfoque distinto: puede utilizar su cuenta de CompuServe como si fuera una cuenta SLIP o PPP, utilizando el programa de acceso a Internet (y no WinCIM). Si trabaja con Windows, puede utilizar un programa compatible con WinSock para entrar a los servicios de Internet. Puede utilizar Netscape o Mosaic, por ejemplo, para moverse por la Web.

Se preguntará qué significa un programa especial de Internet. A lo que nos referimos es al mismo programa con el cual se conectaría a una cuenta PPP de cualquier proveedor de Internet. El capítulo 2 describe estos programas, que se llaman generalmente *TCP/IP stack*. Afortunadamente, CompuServe brinda un programa de Internet (TCP/IP) que se puede utilizar gratuitamente. Se llama NetLauncher. NetLauncher viene incluso con un browser de Web, el Spry Mosaic.

Si utiliza NetLauncher (u otro programa TCP/IP), tiene dos formas de conectarse con la cuenta de CompuServe:

✔ Haga funcionar WinCIM para utilizar todos los servicios de Internet que le hemos mencionado hasta ahora en este capítulo y para utilizar los servicios de CompuServe que no se relacionan con Internet, como los foros de apoyo técnico.

✔ Utilice NetLauncher para los programas de WinSock que le dan acceso a los servidores de Internet. Puede utilizar el browser de WinSock, además del programa de WinSock, para navegar por la Web.

Nota: Puede utilizar un lector de noticias de WinSock, tal como el Agent, para leer los grupos de noticias de Usenet, si le gusta Agent más que el lector de noticias de WinCIM (a casi todo el mundo le sucede esto). Pero no puede utilizar un programa de correo electrónico de WinSock, tal como Eudora, para obtener su correo porque CompuServe —por lo menos hasta ahora— no tiene apoyo técnico para el sistema POP (Post Office Protocol — protocolo de oficina de correos) que requiere Eudora para obtener su correo.

La pregunta ahora es cómo se obtiene NetLauncher y cómo se utiliza. Ya creíamos que nunca iba a preguntarnos. ¡Siga leyendo!

Aun cuando es conveniente utilizar la cuenta de CompuServe como una cuenta PPP, no es barato: cuesta unos tres dólares la hora. Si va a utilizar por mucho tiempo su cuenta de CompuServe como una cuenta PPP, sería más barato obtener una cuenta PPP con un proveedor de Internet, porque le va a cobrar mucho menos que tres dólares la hora.

¿Pero qué es NetLauncher?

Buena pregunta. Nosotros también nos preguntamos lo mismo. NetLauncher consiste de tres programas que funcionan bajo Windows:

✔ **CompuServe Internet Dialer** (marcación a Internet de CompuServe): un programa que se utiliza para llamar a CompuServe y conectarse como si fuera una cuenta de Internet. Para los aficionados a la técnica, es un TCP/IP stack que conecta a CompuServe vía PPP.

✔ **Spry Mosaic**: un browser de Web. Si no logra ingresar a CompuServe por medio de Spry Mosaic, éste le pide al CompuServe Internet Dialer que lo ingrese (lo que es muy conveniente).

✔ **Image View**: un programa que le permite ver los archivos de gráficas con los que se tope cuando está navegando por Web.

Cuando instale NetLauncher, estos tres programas aparecerán en su computador.

Cómo lanzar NetLauncher

NetLauncher se consigue gratis de CompuServe mismo. Funciona bajo Windows. Si utiliza Mac o DOS, tiene que conseguir su propio programa TCP/IP (vea el siguiente recuadro "Para usuarios de Mac").

Así es como se saca e instala NetLauncher para que el Windows de su computador se pueda conectar con CompuServe como si fuera una cuenta PPP de Internet:

1. **Entre a CompuServe utilizando WinCIM.**

2. **Haga clic en el botón de Internet en la ventana de servicios, y luego, doble clic en Direct Internet Access (Dial PPP) (acceso directo a Internet) en la ventana de Internet. O haga clic en el icono Go en la barra de herramientas y digite** ppp.

   De cualquier manera, verá la ventana Dialup PPP (marcar PPP). Es útil leer algunos de los elementos informativos que aparecen listados en la ventana, en caso de que haya aparecido una versión más reciente de NetLauncher.

3. **Haga doble clic en Download NetLauncher (copiar NetLauncher).**

   Aparecerá una ventana con información advirtiéndole aspectos legales habituales de la garantía.

Para usuarios de Mac

Por lo menos hasta cuando se estaba escribiendo este libro (finales de 1995), NetLauncher se conseguía sólo para Windows. Pero, afortunadamente, se puede utilizar cualquier programa de Mac TCP/IP con el servicio PPP de CompuServe. Necesitará un programa de Internet de marcado (las partes principales de TCP/IP vienen incluidas en el Sistema 7.5, pero las partes de discado y las aplicaciones no). Luego tendrá que configurar el programa para marcar CompuServe y conectarse al servicio de PPP. Contacte a CompuServe para obtener más detalles; no son difíciles, pero pueden ser tediosos.

4. Haga clic en Retrieve (recuperar).

El comando *guardar como* (save as) aparecerá, preguntándole en dónde ubicar el archivo del programa, CNL.EXE. WinCIM sugerirá colocarlo en el directorio de copia de WinCIM (que es generalmente C:\CSERVE\DOWNLOAD\). Parece ser un buen lugar para colocarlo.

5. Haga clic en OK.

WinCIM copia el archivo de NetLauncher CNL.EXE. Ocupa más de lMB, así que la operación tomará algunos minutos (si utiliza un módem de 2400 baud, tomará cerca de 30 minutos).

6. Desconéctese de CompuServe.

No tiene ningún sentido pagar tiempo de conexión mientras se instala el programa de NetLauncher!

7. Ejecute el programa CNL.EXE para instalar NetLauncher.

Si utiliza Windows 95, haga doble clic en el icono My Computer, doble clic en el disco duro en el cual instaló WinCIM (probablemente C:), doble clic en el fólder en el cual lo instaló (probablemente Cserve), doble clic en el fólder Download, y doble clic en el icono Cnl.exe. La misma operación se puede realizar haciendo clic en el botón de Start (iniciar), eligiendo Run (ejecutar) y digitando el comando **C:\SERVE\DOWNLOAD\CNL.EXE.**

Si utiliza Windows 3.1, vaya al administrador de programas, elija File ⇨ Run (Archivo ⇨ Ejecutar) y digite el comando C:\SERVE\CNL.EXE en la caja de la línea de comando (modifique el comando si copió el programa de NetLauncher en otro directorio),

En cualquier caso, el programa CNL.EXE le preguntará cuál es el nombre del directorio en el cual puede crear un directorio temporal para guardar algunos de los archivos. Sugerirá: C:\WINDOWS.

8. Cambie el nombre del directorio si desea que CNL cree un directorio temporal en otro directorio; luego haga click en OK.

CNL.EXE crea un directorio temporal llamado WCINST0 en el directorio que especifique. Introducirá una serie de archivos en el nuevo directorio, entre los que se encuentra el programa de instalación. Luego ejecutará el programa de instalación, y aparecerá en la pantalla *Installing CompuServe NetLauncher* (instalando el NetLauncher de CompuServe).

9. Haga clic en Proceed (seguir).

El programa de instalación le pedirá el nombre del directorio en el cual instaló WinCIM. (NetLauncher no funciona si no tiene alguna versión de CIM instalada en el computador, porque utiliza información de CIM, el número de acceso, el ID de usuario, y la palabra clave, entre otras, en la configuración del programa CompuServe Internet Dialer, el programa que utiliza para marcar Internet de CompuServe). Sugiere: C:\CSERVE, que es en donde mucha gente instala WinCIM.

10. Corrija el directorio, si es necesario, y haga clic en OK.

Si ya tiene un archivo con el nombre WINSOCK.DLL en el disco duro, el programa de instalación le advertirá que tiene que cambiar el nombre del archivo WINSOCK.DLL que ya existe para que se convierta en WINSOCK.000. (El programa quiere instalar su propio WINSOCK.DLL en su lugar). Si ve aparecer este mensaje, haga clic en OK para continuar.

El programa de instalación instala NetLauncher, incluyendo el CompuServe Internet Dialer (para marcar Internet de CompuServe), Spry Mosaic y un Image View (para ver imágenes). Cuando termina, crea un nuevo fólder (en Windows 95) o grupo de programas (en Windows 3.1) para los programas nuevos, tal como aparece en la figura 12-8.

Figura 12-8.
NetLauncher viene con tres, no, con ocho programas.

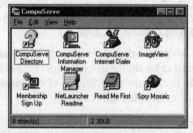

11. Cuando el programa de instalación le pregunte si quiere ejecutar Spry Mosaic ahora, haga clic en Yes (sí).

En realidad, ¿por qué no?

¡NetLauncher ya está listo! ¡Ahora ya tiene el CompuServe Internet Dialer (CID), que lo conectará a CompuServe como su cuenta de Internet, tiene Spry Mosaic para navegar por Web, y tiene Image View para ver en la pantalla todas las imágenes que aparezcan cuando está navegando!

El programa CNL.EXE seguirá en el directorio de WinCIM Download. Si usted es el tipo de persona que guarda todos los discos de instalación de programas en una linda caja con divisiones, copie este archivo para añadirlo a su colección.

Para iniciar el browser de Web

Esta sección le muestra cómo lanzar su nuevo browser.

✔ Si usa Windows 95, para conectarse con CompuServe como proveedor de Internet y hacer funcionar Spry Mosaic, haga clic en Start
(iniciar) y luego elija <u>P</u>rograms (programas) ⇨ <u>C</u>ompuServe ⇨ <u>S</u>pry
Mosaic. Si aparece el fólder de CompuServe en su escritorio, ábralo
y haga clic doble en el icono de Spry Mosaic.

✔ Si utiliza Windows 3.1, haga clic doble en el icono de Spry Mosaic en
el grupo de programas de CompuServe.

CONSEJO

¿Qué es WINSOCK.DLL y porqué ha de interesarme?

Si no le interesa puede aprender a que le interese. El archivo de WINSOCK.DLL contiene un programa utilizado por los programas que conectan con Internet. En un computador con Windows (3.1 o 95), cualquier programa que marque a una cuenta SLIP o PPP de Internet y a la que ingrese el usuario viene con un programa de WINSOCK.DLL. Por ejemplo, NetLauncher viene con WINSOCK.DLL. Windows 95 también viene con un programa de WINSOCK.DLL como parte del apoyo incorporado a Internet. WINSOCK.DLL está guardado en el directorio de programas de Windows, generalmente C:\WINDOWS. También puede guardarse en los directorios de programa del programa de Internet, por ejemplo en el directorio de NetLauncher.

El problema es el siguiente: ¿Qué sucede si tiene dos programas diferentes para conectarse con Internet, y cada uno tiene su propio WINSOCK.DLL? ¿Qué sucede si utiliza Windows 95, por ejemplo, e instala NetLauncher? Bueno, estos dos van a tener una pequeña pelea, eso es lo que sucede.

Cuando se instala NetLauncher, éste nota si ya hay un archivo con el nombre de WINSOCK.DLL en el directorio de programas de Windows y muestra un mensaje que dice que va a cambiar el nombre del archivo WINSOCK.DLL, aunque puede ser que el usuario desee hacer otra cosa.

Si se encuentra en la situación en que tiene más de una versión de WINSOCK.DLL, una solución es copiar el WINSOCK.DLL que viene con NetLauncher a los directorios de programas de NetLauncher y CompuServe. Es decir, inmediatamente después de haber instalado NetLauncher, copie el archivo de WINSOCK.DLL del directorio de programas de Windows al directorio de programas de CompuServe (que suele ser C:\CSERVE) y al directorio de programas de NetLauncher (que suele ser C:\CSERVE\CID). Este paso le asegura que NetLauncher va a poder encontrar se propio programa de WINSOCK.DLL.

De cualquier manera, Mosaic se enciende y carga la página institucional de CompuServe. En los capítulos 4 y 5 encontrará información sobre Mosaic.

Otros programas de Internet

Ya tiene NetLauncher y está funcionando. Ahora puede utilizar muchos programas de Internet. De hecho, puede utilizar cualquier programa de Internet que sea compatible con WinSock. Si no le gusta Spry Mosaic, puede intentar utilizar Netscape como browser de Web (vea el capítulo 4). Si no le gusta la ventana de grupos de noticias de Usenet de CompuServe, puede utilizar Free Agent o cualquier otro lector de noticias (vea el capítulo 9).

¿Cómo utilizar WinCim y Net Launcher al mismo tiempo?

Si utiliza WinCIM para marcar su cuenta de CompuServe, puede iniciar NetLauncher (es decir Spry Mosaic y otros programas de WinSock) al mismo tiempo. El problema es que el Internet Dialer (marcado a Internet) de CompuServe no puede marcar a CompuServe y conectarlo como una cuenta de Internet porque el teléfono ya está ocupado con WinCIM.

Sin embargo, hay una forma de lograrlo. El secreto consiste en configurar WinCIM como un programa compatible con WinSock. Es un poco confuso, pero funciona. Esto es lo que tiene que hacer:

1. Conéctese con CompuServe utilizando el Internet Dialer (marcado a Internet) de CompuServe o Spry Mosaic. Así ingresa como si fuera una cuenta PPP de Internet.

2. Inicie WinCIM.

3. Elija Special ⇨ Session Settings (Especial ⇨ Instalación de sesiones) en la barra de menú de WinCIM. Verá el cuadro de diálo-go de Session Settings (instalación de se-

siones). El Conector está instalado en el puerto de COM al cual esté anexado su módem, probablemente COM1 o COM2.

4. Instale el conector a WINSOCK, para indi-carle que use la conexión de Internet.

5. Haga clic en OK para que desaparezca el cuadro de diálogo de Setup Session Settings.

6. Utilice WinCIM como suele hacerlo. Cuan-do elija un servicio y WinCIM necesite conectarse con CompuServe, en lugar de marcar el teléfono, se conectará a través de la sesión del Internet Dialer de CompuServe que ya está funcionando.

Ahora puede usar WinCIM al mismo tiempo que Spry Mosaic y otros programas compati-bles con WinSock. Siempre se conectará a CompuServe como a una cuenta de Internet. Recuerde, sin embargo, que está pagando cerca de tres dólares la hora por el privilegio; por lo tanto no permanezca conectado más tiempo del necesario.

Capítulo 13

Cómo utilizar Internet en America Online

• •

En este capítulo:

▶ Cómo inscribirse en America Online

▶ La instalación del programa de comunicaciones para llamar a AOL

▶ Para llamar a América

▶ Digitar comandos

▶ Colgar

▶ Enviar correo electrónico

▶ Recorriendo la Web

▶ Lectura de grupos de noticias, incluyendo la copia de archivos *uuencoded*

▶ Copiar archivos de servidores de FTP

▶ Utilizar America Online como una cuenta SLIP

▶ Otras cosas.

• •

America Online (AOL para sus amigos) es un sistema de información ampliamente utilizado que incluye un acceso Internet. Viene
acompañado de un programa de acceso para Windows, DOS o Macintosh, en el que se puede señalar y hacer clic en muchas cosas y no hay
que digitar demasiados comandos. AOL tiene más de 3.5 millones de
usuarios y sigue creciendo. En este capítulo describimos sus capacidades en lo que se refiere a Internet, incluyendo el correo electrónico y la
World Wide Web.

Este capítulo describe la versión del programa 2.5. de AOL. AOL actualiza sus programas y las gráficas que aparecen en las cajas de diálogo con
mucha frecuencia, de tal manera que lo que usted vea en la pantalla puede no ser exactamente lo que mostramos en las figuras en este capítulo.

Ventajas y desventajas de AOL

AOL es más fácil de utilizar que la mayoría de los servicios comerciales en línea y que las cuentas de Internet porque un solo programa de acceso, muy grande, hace todo. AOL también es muy buena brindando a los usuarios actualizaciones del software en línea: puede actualizar el programa de acceso a AOL directamente por teléfono y el tiempo de conexión mientras lo hace es generalmente gratuito.

AOL tiene también muchos grupos de discusión e información disponibles únicamente para los suscriptores de AOL.

Por otro lado, si usted usa frecuentemente Internet (media hora o más al día), AOL cuesta más que otros servicios. Su tarifa incluye cinco horas al mes, y cualquier tiempo adicional se paga por horas.

Cómo suscribirse a America Online

Muy fácil. Llame al número 1-800-827-6364 y pida una suscripción de prueba. Indique que desea la versión del programa para Windows (si, por supuesto, no tiene Mac o un computador que funciona con DOS). Le enviarán un paquete introductorio con instrucciones y un disco con el programa de acceso AOL, America Online para Windows. Cuando llame, pregunte por la tarifa, porque una vez utilice las horas introductorias, que son gratuitas, pagará por hora.

Si utiliza Windows 95

Sigue siendo fácil. La versión 2.5. para Windows de America Online o las posteriores funcionan también para Windows 95. Coloque el disco en el drive, utilice Microsoft Explorer o el icono de My Computer y verá aparecer los archivos en el disco; haga doble clic en el archivo SETUP.EXE. El programa de instalación de AOL comenzará tal como lo describimos en las siguientes secciones.

Si utiliza un Mac

En este capítulo discutimos la versión del programa de AOL para Windows. La versión de Macintosh es lo suficientemente parecida como para poder seguir lo que estamos indicando acá con algunos pequeños ajustes.

Cómo instalar el software de AOL

Para instalar un programa de America Online for Windows en un PC que funciona con Windows 3.1. siga los pasos a continuación:

1. **Inicie Windows y coloque el disco en el drive.**

2. **Elija File ⇨ Run (Archivo ⇨ Ejecutar) en el administrador de programas de Windows.**

3. **En la línea de comando, digite lo siguiente:**

```
a: setup
```

(Si su disco está en el drive B, entonces coloque b en lugar de a)

4. **Haga clic en OK.**

   El programa de instalación es muy fácil de usar y le indicará qué debe hacer.

5. **Elija Continue (continuar) cuando le pregunte.**

   Cuando el programa le pregunte en cuál directorio desea instalar el programa, le sugerirá un nombre de directorio razonable, tal como C:\AOL25 (para la versión 2.5 del programa).

6. **Cambie el nombre del directorio, si prefiere otro, y luego elija Continue (continuar).**

   Con esto se copia el programa en el directorio que ha creado; luego le indicará que la instalación está completa.

7. **Haga clic en OK para que el mensaje desaparezca.**

La instalación del programa crea un administrador de grupos de programas que se llama America Online y que contendrá un pequeño icono triangular, también llamado America Online.

 El nombre completo del icono es "America Online - Haga doble clic aquí para iniciar". (Presione **Alt + Enter** para cambiar el nombre del icono, tal vez a algo más breve, como AOL.) Si desea mover el icono de America Online a otro grupo de programas, arrástrelo hacia allá. Para copiar el icono, presione la tecla **Ctrl** mientras lo arrastra. Si pone el icono en otro grupo de programas, tendrá que suprimir el grupo de programas de America Online, pues parece bastante tonto tener todo un grupo de programas para que contenga un solo icono. Para suprimir el grupo de programas, seleccione la barra de título de grupo de programa (que debe estar desocupada y presione **Del** (suprimir).

Si tiene problemas instalando el programa de AOL, llame al 1-800-827-3338 o siga las instrucciones en el disco.

Cómo instalar una cuenta de AOL

La primera vez que utilice su paquete de prueba, usted tendrá que indicar cuál es el nombre de usuario que desea utilizar y cómo desea recibir la cuenta de AOL una vez haya utilizado las horas gratuitas.

Siga los siguientes pasos para instalar los datos de la cuenta:

1. **Haga clic en el icono de America Online.**

2. **Siga las instrucciones en la pantalla.**

   Primero, AOL marcará un número de código 800 para encontrar el numero de acceso local más cercano. Cuando digite su código de área, AOL le mostrará los números de acceso telefónico en su área; luego usted puede elegir el que desee utilizar (en caso de que no sepa cuál, debería elegir los números que sean llamadas locales).

   Si recibió un certificado de registro con su cuenta de prueba, le van a pedir que escriba el número de certificado, un número muy largo con uno cuantos guiones.

3. **Digite el número y la clave que aparece bajo el número en el certificado.**

4. **Elija un nombre de usuario (que AOL llama *nombre de pantalla*: suena muy elegante).**

   Su nombre de pantalla puede tener hasta 10 caracteres y admitir espacios. Puede utilizar una combinación de letras mayúsculas y minúsculas, como en MargyL o J Levine. Cuando AOL le pida ingresar el nombre del usuario, revisará sus listas de otros nombres de usuarios ya existentes; si alguien está utilizando ya ese nombre (Juan Pérez, por ejemplo), tendrá que inventar otro. Puede utilizar un nombre de pantalla ingenioso tal como Lobo Oscuro o Abeja Reina, si lo desea.

   Si el nombre de pantalla ya existe, agregue un número al final para que sea único. Por ejemplo, si BigBoy ya existe, (muy seguramente de hecho es así), puede utilizar BigBoy326.

5. **Elija una clave.**

   AOL le pide que escriba dos veces la clave para asegurarse de que no está cometiendo errores de digitación. La clave no aparece en la pantalla, usted sólo verá asteriscos.

   Y ahora viene lo que ya sabíamos que iba a suceder: AOL le va a preguntar cómo desea pagar una vez haya utilizado las diez horas gratuitas que le dan de prueba.

6. **Escriba el número de su tarjeta de crédito y la fecha de expiración.**

Y ya está. La buena noticia es que el tiempo que usted ha gastado completando esta inscripción no cuenta como parte de la diez horas gratuitas. Cuando termine verá la ventana de Welcome (bienvenido) en la ventana de America Online.

La ventana de America Online siempre presenta la barra de menú y debajo de ella una barra de iconos.

Para llamar a America Online

Para conectar el computador a America Online:

1. **Digite la palabra clave en el recuadro del Password.**
2. **Haga clic en el botón de Sign On.**

Aparecerá una ventana que muestra el progreso de la conexión. La gráfica cambia a medida que el programa de AOL marca el teléfono, establece una conexión con el computador de AOL en el espacio y va ingresando al usuario.

Verá aparecer la ventana con Welcome (bienvenido) y detrás de ella la ventana con el Main Menú (menú principal); los bordes aparecerán detrás de la ventana de bienvenida.

Ahora está conectado con AOL. Puede hacer clic en los botones para leer las noticias del día. Si hay correo electrónico para usted, puede hacer clic en el botón de You Have Mail (tiene correo).

3. **Haga clic en el botón de Go To Main Menu (ir al menú principal) en la parte central inferior de la ventana de bienvenida.**

Verá el menú principal.

Si el PC tiene un tablero de sonido o está utilizando un Mac, no se sorprenda si el computador le dice "Welcome!" (¡bienvenido!) cuando ingrese a AOL. Si tiene correo, le dirá You Have Mail (tiene correo). Trate de no saltar de la silla cuando esto suceda.

Para colgar

Con tanto botoncito con iconos agradables en la pantalla uno tendería a creer que alguno de ellos le muestra una puerta o una señal del Exit (salida) o algo parecido. Pero no es así. Para salir de AOL (y dejar de conectar el tiempo de conexión), elija File ⇨ Exit (archivo ⇨ salir) de la barra de herramientas de menú o presione **ALt+F4**. AOL le preguntará si realmente desea salir. Elija Yes (sí) para suspender la conexión, sin dejar de seguir utilizando el programa de America Online para Windows (algo que realmente no es necesario) o elija Exit Aplication (salir de la aplicación) para terminar.

Por alguna razón sospechamos que ésta es una especie de maniobra de AOL para mantenernos en línea (y pagando) todo lo posible. Avispados, ¿no es verdad?

Para volver a llamar

La próxima vez que desee utilizar a AOL, atienda los siguientes pasos:

1. **Haga doble clic en el icono de AOL.**

   Verá la ventana de bienvenida.

2. **Digite su nombre de pantalla de America Online en la caja de Screen Name.**

   De hecho, su nombre probablemente ya aparece en esa caja.

3. **Presione Tab para pasar a la caja de la clave y digite su clave.**

4. **Haga clic en el botón de Sign On, o sencillamente presione Enter.**

   Aparecerá algún mensaje de que su módem está marchando y haciendo la llamada. Puede comenzar a navegar en Internet cuando vea la ventana de bienvenida en línea.

5. **Si quiere leer los titulares del día, haga clic en los botones de la ventana de bienvenida. Si tiene correo y desea leerlo, haga clic en el botón de You Have Mail (tiene correo).**

   Vea la sección "Envíelo por correo, AOL" más adelante en este capítulo, para ver cómo se lee y cómo se envía correo electrónico.

   Si desea utilizar Internet o algún otro servicio de AOL, haga clic en el botón de Go To Main Menu (ir al menú principal) en la parte inferior central de la ventana de bienvenida.

   Verá el menú principal

Ahora está listo para utilizar AOL.

¡Internet!

AOL ha organizado sus servicios de Internet en el cuadro de diálogo de tal manera que sean fáciles de encontrar. Para llegar a ellos, haga clic en el botón de Internet Connection (conexión a Internet) en el menú principal. Otra forma de hacerlo es elegir Go To ⇨ Keyword en el menú o presionar **Ctrl + K** y digitar la palabra clave **internet**. Entonces verá la ventana de Internet Connection.

La Central de Internet tiene los siguientes iconos para su uso:

✔ **World Wide Web**: le permite explorar la Web

✔ **Bases de Datos Gopher y WAIS:** le permiten buscar en Internet la información que desea.

✔ **FAQs**: éstas son las preguntas más frecuentes (y sus respuestas) acerca de la conexión a Internet; esta área gratuita contiene cantidades de información muy útil acerca de como utilizar los servicios de Internet con la cuenta AOL; la recomendamos mucho.

✔ **FTP**: le permite copiar archivos de los archivos de los servidores de FTP en su propio computador.

✔ **Grupos de noticias:** le permiten utilizar los grupos de noticias de Usenet.

Además, la parte derecha de la conexión a Internet le da una lista de otros departamentos relacionados con Internet, entre los que se encuentra información acerca de cómo ingresar a las listas de correo Internet y cómo copiar programas relacionados con Internet .

Cuando termine de utilizar el Internet Center (central de Internet) haga doble clic en el pequeño cuadro en la parte superior izquierda de la ventana para cerrarla.

Envíelo por correo, AOL

America Online tiene un sistema de correo por medio del cual los miembros de AOL pueden enviarse mensajes entre sí y al resto de Internet.

Su dirección de Internet es el nombre de usuario (quitando cualquier espacio) más @aol.com. Si, por ejemplo, su nombre de usuario es John Smith, la dirección de Internet es Johnsmith@AOL.com.

¿Tengo correo?

Cuando se conecta con AOL, éste le indica si tiene correo. En la parte izquierda de la ventana de bienvenida verá el mensaje No New Mail (no hay correo) o el mensaje You Have Mail (tiene correo). Otra forma de saber si hay correo es mirar el icono de List unread Mail (lista de correo no leído) en la barra de iconos; es el primero, el dibujo de un pequeño buzón de correo. Si la pequeña bandera roja está levantada, tiene correo.

Para leer el correo

Probablemente *sí* tiene correo, porque todo nuevo miembro recibe una nota del presidente de AOL. Para leer el correo que no ha sido leído, proceda de acuerdo a los siguientes pasos:

1. **Haga clic en el icono ubicado al extremo izquierdo en la barra de iconos, justamente debajo de la palabra file (archivo).**

   Éste es el icono de Read New Mail (leer correo nuevo). También puede elegir Mail ⇨ Read New Mail (correo ⇨ leer correo nuevo) en el menú o presionar **Ctrl + R**.

   Aparecerá el cuadro de diálogo New Mail (correo nuevo). Cada línea en la lista describe un mensaje de correo que haya entrado e incluye la fecha en que fue enviado, la dirección del correo electrónico del emisor y el tema.

2. **Para leer el mensaje, marque su elección en la lista y haga clic en read (leer) o presione Enter.**

   Aparecerá el texto del mensaje en otra graciosa y pequeña caja de diálogo.

3. **Para responder al mensaje o enviarlo a una tercera persona, vea las siguientes secciones.**

4. **Para ver el siguiente mensaje, haga clic en el botón Next (siguiente).**

5. **Cuando termine, haga doble clic en el pequeño cuadrito en la parte superior izquierda de cada ventana con la que haya terminado de trabajar.**

En la ventana de bienvenida puede hacer clic en el icono de You Have Mail (tiene correo) para ver el correo nuevo.

Para conservar los mensajes

Después de que usted haya leído su correo, AOL conservará cada mensaje durante algunos días antes de arrojarlos. Si quiere conservar sus mensajes, seleccione la lista de correo y haga clic en el botón Keep As New (conservar como nuevo).

No siempre es bueno responder a los mensajes inmediatamente. Puede ser que necesite más información o que tenga que calmarse un poco después de haber leído el estúpido mensaje que algún imbécil le dejó.

Para enviar una respuesta

Para responder a un mensaje que haya recibido, despliegue la pantalla como se describió en las dos secciones anteriores. Luego siga estos pasos:

1. **Haga clic en el botón de Reply (responder)**

   En el cuadro de diálogo, la dirección ya estará completa con la dirección de donde provino el mensaje original y AOL le indicará la línea del tema.

2. **Escriba el texto del mensaje en la caja en la parte inferior de la caja de dialogo.**

3. **Para enviar el mensaje, haga clic en el icono de Send (enviar).**

Para componer un nuevo mensaje

No tiene que responder a todos los mensajes; puede empezar un intercambio, siempre y cuando conozca la dirección de correo electrónico de la persona a quien desee escribir:

1. **Haga clic en el segundo icono de la izquierda en la barra de iconos, la imagen de una pluma inclinada.**

   Otra posibilidad es elegir Mail (correos) del menú y luego elegir Compose Mail (componer correo). o presionar **Ctr+M**. Verá aparecer el cuadro de diálogo Compose Mail (componer correo)

2. **Ingrese la dirección del receptor en el cuadro que dice To (para).**

   Los miembros de AOL sólo tienen que ingresar su nombre de usuarios. Para los otros en Internet, digite la dirección completa de Internet.

3. **En el cuadro CC, escriba la dirección de cualquiera a quien le quiera enviar una copia.**

   Usted no tiene que autoenviarse una copia; AOL conserva copia de los mensajes que haya enviado.

4. **Escriba una pequeña frase con el tema en el cuadro de subject (tema).**

5. **En el cuadro que no tiene nombre, escriba el texto del mensaje.**

   No utilice la tecla de Tab. porque se mueve el cursor de un cuadro a otro en la caja de diálogo. Puede presionar Enter para empezar un nuevo párrafo.

6. **Si le gusta lo que escribió, haga clic en el botón de Send (enviar).**

   AOL confirma que está enviando el mensaje.

7. **Haga clic en OK para que el mensaje se vaya.**

Cómo anexar un archivo al mensaje

Si quiere enviar un archivo del PC a alguien con un mensaje de correo electrónico, AOL facilita este proceso. Cuando esté leyendo el mensaje, haga clic en el botón de Attach (anexar). El cuadro de diálogo de Attach File (anexar archivos) aparecerá y permitirá elegir cualquier archivo de su PC. Seleccione un archivo y haga clic en OK.

Cuando envía un archivo anexado a una dirección de Internet, AOL lo convierte en un mensaje de Internet con formato de MIME. Si el recipiente utiliza un programa de correo de Internet que sabe manejar MIME, tal como Pine o Eudora, no hay problema. Pero si no, los siguientes pasos le muestran cómo enviar archivos de texto como si fueran simples mensajes de texto utilizando el portapapeles de Windows. Estos pasos sirven únicamente para enviar textos:

1. **Inicie el Notepad (cuaderno de notas) de Windows, su procesador de palabra o cualquier otro programa que pueda mostrar el texto que desea enviar.**

2. **Utilizando ese programa, copie el texto al portapapeles de Windows.**

   En la mayoría de los programas puede hacerlo marcando el texto y eligiendo Edit ⇨ Copy (edición ⇨ copiar) en el menú. La mayoría de los programas de Windows le permiten copiar textos marcados presionando Ctr+Ins o Ctr+C.

3. En America Online, inicie un nuevo mensaje señalando que va a responder a otro o que va a componer uno nuevo (vea las secciones anteriores).

4. Coloque el cursor en el cuadro de texto en donde se digita el cuadro de los mensajes.

5. Elija <u>E</u>dit-<u>P</u>aste(editar ⇨ pegar) o presione Ctr+V.

   Aparecerá el texto.

6. Envíe el mensaje como siempre.

Hay un límite respecto a la cantidad de texto que se puede copiar en el portapapeles de Windows, pero su capacidad es considerablemente grande. Si tiene problemas, copie el texto por pedazos. Este método funciona solamente para texto, y no para imágenes y archivos de datos.

Cómo guardar un mensaje en su PC

Si recibe un mensaje en AOL que quiere copiar en su PC, despliéguelo en la pantalla tal como se describió en la sección "Para leer el correo", anteriormente en este capítulo. Luego elija File ⇨ Save as en la barra de menú. AOL le permite elegir el directorio y el nombre del archivo en el cual quiere guardar el archivo en su computador. Cuando haga clic en OK, guardará el mensaje de correo electrónico como un archivo de texto. Es algo agradable y fácil de hacer.

Otros trucos de correo

AOL le permite llevar un directorio de las direcciones de correo electrónico de sus amigos y colegas, redirigir mensajes y hacer otras cosas útiles. No tienen nada que ver con Internet y son fáciles de deducir. Si llega a tener problemas, elija ayuda en la barra del menú.

También puede componer mensajes fuera de línea, sin estar conectado a AOL, para ahorrar dinero. También puede leer su correo cuando ya esté desconectado. Vea la sección "Una manera más barata de utilizar AOL", más adelante en este capítulo.

Buscando en la Web desde AOL

AOL fue uno de los últimos servicios en línea en ofrecer un browser de Web. A diferencia de otros servicios en línea que podríamos nombrar, el

NAVEGACIÓN

El correo por AOL en breve

Con AOL es posible abreviar las direcciones de Internet de personas que utilizan otros servidores:

Los mensajes de los usuarios de MCI se pueden dirigir con `nombre@mci`, en lugar de la dirección completa, `nombre@mcimail.com`. (se puede remplazar el nombre con el nombre o el número de esa persona en MCI Mail).

Los mensajes a los usuarios de CompuServe pueden dirigirse a `7654.321@cis`, en lugar de a la dirección completa, que es `7654.321@`

`compuserve.com`. (Utilice el verdadero ID de CompuServe de esa persona y no 7654.321, y asegúrese de poner un punto y no una coma en la parte donde se separa el número.)

Los mensajes a los usuarios de AT&T Mail pueden dirigirse a `nombre@att` y no a la dirección completa, `nombre@attmail.com`.

Los mensajes a los usuarios de AppleLink pueden dirigirse a `nombre@apple` y no a la dirección completa, `nombre@applelink.com`.

browser de Web funciona de la misma manera que todo el resto del programa de AOL, así que es fácil aprender a usarlo. Puede añadir páginas de Web a su lista de lugares favoritos. Y puede tener una ventana del browser de Web abierta al mismo tiempo que están abiertas otras ventanas de AOL.

El browser de Web requiere que utilice la versión 2.5 de AOL o más actualizada. El browser de Web no viene incorporado a la versión 2.5; tiene que copiarlo por teléfono. La buena noticia es que esto es fácil de hacer y que AOL no le cobra el tiempo de conexión mientras está copiando el programa. La mala noticia es que se requiere un buen tiempo (entre varios minutos y media hora, dependiendo de la velocidad de su módem) para copiar el programa.

Cómo obtener el programa de browser de Web

La primera vez que desee utilizar la World Wide Web, tendrá que copiar el programa de browser de Web de AOL. Si tiene una versión anterior a la 2.5 (para usuarios de Windows) o 2.6 (para usuarios de Mac), debe actualizar el programa hacia el más reciente. Presione **Ctrl+K** para ver el cuadro de diálogo de palabras claves (ver la figura 13-1), digite **upgrade** (actualizar) y haga clic en Go (ir). Verá las instrucciones para actualizar a la versión 2.5 que incluye el browser de Web.

Si ya tiene la versión 2.5 (para usuarios de Windows) o 2.6 (para usuarios de Mac), tiene que copiar sólo el browser de Web. Presione Ctrl+K para ver la caja de diálogo de palabras claves, digite **web** y haga clic en Go (ir). Si ya tiene instalado el browser de Web de AOL, éste activará el browser. Si no, AOL le preguntará si quiere copiarlo e instalarlo.

Cómo iniciar el browser de Web

Aquí están tres maneras de iniciar el browser de Web de AOL:

✔ Elija Internet Connection (conexión a Internet) del Main Menu (menú principal). Verá la ventana de Internet Connection (conexión a Internet). Haga clic en el botón de World Wide Web.

✔ Presione **Ctrl+K** para ver la caja de diálogo de palabras claves, digite **internet** y haga clic en Go (ir).

✔ Presione **Ctrl+K** para ver la caja de diálogo de palabras claves. Digite el URL de la página de Web que desea ver y haga clic en Go (ir).

Cualquiera que sea el método que utilice, AOL activará el browser de Web. Si usted no lo ha configurado de otra manera, desplegará la página institucional de AOL en la Web.

Para utilizar el browser, haga clic en cualquier imagen que tenga un borde azul o en cualquier botón de cualquier texto que aparezca subrayado. (Vea los capítulos 4 y 11 para más información acerca de cómo encontrar información en la World Wide Web).

Cómo crear su propia página de Web

Es divertido mirar las páginas de Web que han creado otras personas, pero también puede ser una buena idea hacer su propia página. AOL le permite hacerlo.

Presione **Ctrl+K**, digite html, y haga clic en OK para ir a la ventana de Web Page Toolkit (estuche de herramientas para la página de Web). Siga las instrucciones para crear su propia página en la Web. Haga clic en Go to Personal Publisher (ir a editor personal) a fin de encontrar métodos menos ambiciosos para crear páginas de Web, o presione Go to NaviSoft (ir a Navisoft) para las cosas más sofisticadas!

Cómo leer grupos de noticias

AOL tiene algunos departamentos interesantes, pero, para nosotros, los grupos de noticias Usenet son el mejor lugar. (Puede ser que sencillamente seamos un poco anticuados). El capítulo 9 describe cómo funcionan los grupos de noticias; muy brevemente, éstos son una enorme colección de carteleras, cada una sobre un tema en particular. Los temas van desde intercambio de recetas (`rec.food.cooking`) hasta discusiones acerca de problemas como el aborto (`talk.abortion`) y discusiones técnicas sobre la computación de multimedia (`com.multimedia`).

Para utilizar los grupos de noticias de AOL, haga clic en el botón de News Groups en la ventana de Internet Center. O presione **Ctrl+K** para ver el cuadro de diálogo, digite **newsgroups** y haga clic en OK. Verá aparecer la ventana de Newsgroups.

Hay miles de grupos de noticias, de tal manera que no querrá leerlos todos. De lo que se trata es de encontrar aquéllos en que se discutan temas que le interesen. En cuanto haya elegido uno o más grupos de noticias, de todas maneras tendrá que pasar por una serie de mensajes (también conocidos como envíos) para encontrar aquellos que desea leer; algunos grupos de noticias reciben cientos de envíos cada día.

Para leer mensajes de un grupo de noticias

AOL recuerda cuáles son los grupos en los que usted está interesado. Para iniciar, la AOL le sugiere unos cuantos. Cuando haga clic en Read My Newsgroups (leer mis grupos de noticias), verá en la ventana de newsgroups la lista de sus grupos de noticias (Vea figura 13-1).

Si no está interesado en los grupos de noticias que la ha sugerido AOL, no se preocupe. Puede sacarlos de su lista de newsgroups.

Para cada grupo de noticias en su lista puede ver el total de mensajes además de todos los que aún no ha leído. ¡Es un horror!

Por alguna razón misteriosa, AOL utiliza nombres distintos para los grupos de noticias de los que se utilizan en Internet. Reemplaza los puntos que se encuentran situados en medio de los nombres de los grupos de noticias con guiones, de tal manera que `rec.gardens` se convierte en `Rec-Gardens`. Para algunos grupos de noticias que son ampliamente leídos, AOL ha inventado sus propios nombres. Por ejemplo el grupo

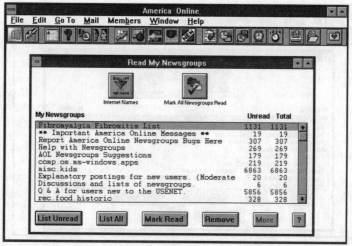

Figura 13-1.
Puede
agregar o
eliminar
grupos de
su lista
personal de
grupos de
noticias.

news.announce.newusers aparece como Explanatory posting for new
users (envíos explicatorios para nuevos usuarios). De cualquier manera,
si desea ver el verdadero nombre que tiene un grupo de noticias en Internet en la lista de AOL, haga clic en el icono de Internet Names (nombres de Internet) en la ventana Read my Newsgroups (para leer mis
grupos de noticias).

Para leer los mensajes de un grupo de noticias, siga estos pasos:

1. **Elija el grupo de noticias de la lista Read My Newgroups.**

   Si el grupo de noticias no está en esa lista, vea la sección "Cómo
   encontrar un grupo de noticias" más adelante, en este capítulo.

2. **Haga clic en el botón List Unread (lista de mensajes no leídos)
   para ver una lista de los temas de todos los mensajes en ese grupo
   de noticias que aún no ha leído.**

   La figura 13.2 muestra los mensajes de rec.food.historic. Puede haber varios mensajes de un mismo tema (un intercambio de
   mensajes sobre el mismo tema se llama una *hilera*), y el número de
   mensajes aparecerá delante de cada tema.

3. **Elija un tema que le interese.**

4. **Haga clic en el botón Read Messages (leer mensajes).**

   El mensaje aparece en su propia ventana.

5. **Haga clic en los botones de Next (siguiente) y Previous (anterior)
   para leer los otros mensajes de este tema, si es que los hay.**

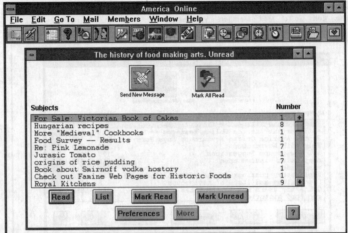

Figura 13-2.
Aquí están
los temas de
los mensajes
que no ha
leído aún.

**6. Cuando haya leído los mensajes, haga doble clic en la esquina
superior izquierda de la ventana para que desaparezca.**

En la ventana que lleva la lista de temas de los mensajes de un grupo de
noticias, una vez haya leído los mensajes que le interesan, puede eliminar el resto de ellos. Haga clic en el botón de Mark All Read (marcar
todos los leídos) para seleccionar todos los mensajes en ese grupo de
noticias como indicando que ya los leyó. La próxima vez que lea este
grupo de noticias, aquellos mensajes ya envejecidos no aparecerán.

Cerrar la boca

Siempre debe leer un grupo de noticias por lo menos una semana antes
de empezar a enviar algún mensaje. Los usuarios de AOL tienen una
reputación (merecida, desafortunadamente) de lanzarse a los grupos de
noticias sin tener la menor idea de lo que trata el grupo o qué tipo de
personas están discutiendo. Por favor, controle sus impulsos creativos
por unos cuantos días antes de contribuir a un grupo. El resto de los
usuarios de Usenet se lo agradecerá.

Una vez haya leído un mensaje, puede enviar una respuesta. Asegúrese,
sin embargo, de que ha leído todas las respuestas que existen antes de
hacerlo. Alguien ya puede haber argumentado de manera excelente
aquello que usted desea decir.

En lugar de responder a un grupo de noticias, piense en la posibilidad de
enviarle un correo electrónico a la persona que envió el mensaje origi-

¿Qué es toda esa basura en este artículo?

Algunos artículos en los grupos de noticias contienen información *uuencoded*, que no es información de texto y ha sido codificada como texto. (Vea el capítulo 18 para una explicación del uuencoding en profundidad.) Por ejemplo, el grupo `alt.binaries.pictures.fractals` contiene cantidades de archivos GIF (de gráficas) que han sido *uuencoded*.

AOL tiene una característica que ellos llaman FileGrabber (agarrador de archivo) que le ayuda a copiar estos archivos (incluso los muy extensos que han sido divididos en varios mensajes) y le permite decodificarlos (uudec*ode*)

para recrear el archivo original. Cuando lea correo que contiene información uuencoded, AOL nota y presenta un mensaje del FileGraber. Si hace clic en el botón de Download File (copiar archivos), AOL le pregunta si desea guardar el archivo en su computador. Luego lo copia y le presenta el archivo. Si el archivo utiliza un formato de gráfica que AOL no maneja, sólo copiará el archivo. (Para aquellos aficionados a las gráficas, AOL maneja archivos GIF, JPEG y PCX en el sistema Windows y GIF, JPEG y PICT en Mac.)

---

nal. Si la información a su respuesta es de interés sobre todo para el que envió el mensaje al cual quiere responder, envíe un correo electrónico. Si está seguro de que le interesará a muchas personas en el grupo de noticias, entonces envíelo ahí.

Para responder por correo electrónico a la persona que envió el artículo original, haga clic en el botón de Email to Author (correo electrónico al autor). Para enviar una respuesta al grupo de noticias, haga clic en Reply to Group (respuesta al grupo). De cualquier manera, verá aparecer un cuadro de diálogo Reply (respuesta) que le permite ingresar el texto de su mensaje. Si va a cambiar de tema, asegúrese de cambiar la línea de tema (Subject) del mensaje también. Cuando haya escrito el mensaje, haga clic en el botón de Send (enviar).

Además de cerciorarse de que no está repitiendo lo que alguien tal vez ya dijo, asegúrese de escribir claramente, corregir su mensaje y mantenerse calmado en lugar de enfurecerse (las respuestas demasiado emocionales no funcionan bien en los grupos de noticias). Sea amable (los navegadores de Internet son también personas) y breve. Al fin y al cabo, hay decenas de miles de personas que pueden leer su mensaje, así que no les haga perder el tiempo.

Si comienza a escribir una respuesta y luego se arrepiente, puede cancelar el envío. Haga doble clic en la esquina superior izquierda del cuadro de diálogo de Reply (responder) en lugar de hacer clic en el botón de Send (enviar).

Cómo retirar grupos de noticias aburridos

No puede eliminar un grupo de noticias (¿qué harían todas esas personas a quienes sí les gustan?), pero lo puede sacar de su propia lista de grupos de noticias. Ojos que no ven...

Para sacar un grupo de noticias de su lista, márquelo en la lista de Read My Newsgroups (leer mis grupos de noticias) y haga clic en el botón de Remove (eliminar). El grupo de noticias no desaparece de la lista inmediatamente (no se sabe por qué), pero la próxima vez que haga clic en el botón Read My Newsgroups (leer mis grupos de noticias), ya no aparecerá.

Cómo encontrar un grupo de noticias

Las amables sugerencias de AOL acerca de los grupos de noticias son ciertamente una ayuda, pero tal vez usted desee elegir sus propios grupos. Finalmente, ¿qué sentido tiene usted disponga de un acceso a Internet si no puede leer los grupos de noticias que tratan de su grupo de música favorito, del programa de televisión, o del equipo deportivo que más le gusta?

Para encontrar un grupo de noticias y agregarlo a la lista de grupos de noticias que usted lee, lleve a cabo los siguientes pasos:

1. **En la ventana del grupo de noticias, haga clic en el botón Add Newsgroups (agregar grupos de noticias).**

2. **En la ventana que aparece, muévase a lo largo de la lista y busque el grupo de noticias que desea.**

   La lista es tan larga que AOL le va enviando una sección cada vez. Cuando llegue al final, haga clic en el botón de More (más) para recibir la siguiente sección. Cuando haya visto todos, el botón de More aparecerá en color gris.

   En el siguiente recuadro, "Los sospechosos de siempre", encontrará algunas categorías que puede intentar buscar.

3. **Haga doble clic en una categoría que le parezca interesante.**

   AOL muestra la lista de los temas que se encuentran en esa categoría. A la derecha de cada uno de los temas se encuentra el número de grupos de noticias que hablan sobre ese tema.

4. Haga doble clic en el tema que le interesa.

Verá una lista de grupos de noticias acerca de ese tema (vea la figura 13-3).

5. Mire los temas de los mensajes en cada grupo de noticias y léalos tal como lo describimos en la sección "Como leer mensajes en un grupo de noticias", anteriormente en este capítulo).

Antes de suscribirse a un grupo de noticias vale la pena mirar algunos artículos para asegurarse de qué es lo que está buscando. Cuando termine, cierre la ventana que muestra los mensajes individuales y la lista de artículos en el grupo de noticias.

6. Sí usted desea leer el grupo de noticias regularmente, haga clic en el botón Add (agregar) para agregarlo a su grupo de noticias.

El grupo de noticias ahora aparece en la lista de grupos de noticias que recibirá cuando haga clic en el botón de Read My Newsgroups (leer mis grupos de noticias) en la ventana de Newsgroups.

7. Cuando haya terminado, haga doble clic en la pequeña caja en la esquina superior izquierda de cada ventana que haya finalizado de leer.

Para ver cuáles son los nombres que tienen los grupos de noticias en Internet, haga clic en el botón Internet Names (nombres de Internet).

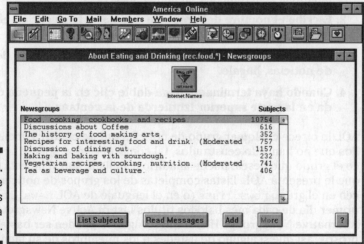

Figura 13-3. Grupos de noticias sobre el tema comida.

Los sospechosos de siempre

AOL tiene todos los grupos de noticias estándar que comentamos en el capítulo 9. También tiene una categoría que no se consigue en ninguna otra parte: Mailing Lists Echoed to Usenet (list*) (listas de correo enviadas a Usenet). Estos grupos de noticias son listas de correo. Puede ser más conveniente leer mensajes de una lista de correos como si vinieran en forma de grupo de noticias, en lugar de tenerlos acumulándose en su buzón de correo electrónico. (Éstos no son realmente grupos de noticias que se consigan en otra parte, con excepción de AOL; son una comodidad que le brinda AOL a sus usuarios.)

Cómo encontrar un grupo de noticias si conoce su nombre

La búsqueda de un grupo de noticias utilizando el procedimiento que describimos en la sección anterior puede tomarle todo el día. Si ya sabe cuál es el nombre del grupo de noticias que desea leer, hay un método más rápido:

1. **Haga clic en el botón de Expert Add (agregar experto), en la ventana de Newsgroups.**

   AOL le pregunta por el nombre de Internet del grupo de noticias (es decir, el nombre del grupo de noticias que tiene puntos entre las palabras, generalmente en minúsculas.)

2. **Escriba el nombre del grupo de noticias y haga clic en el botón de Add (agregar).**

3. **Cuando AOL le pregunte si desea confirmar la adición del grupo de noticias, hágalo.**

4. **Cuando haya terminado, haga doble clic en la pequeña caja ubicada en la parte superior izquierda de la ventana.**

AOL le ofrece cualquier grupo de noticias que se conozca, incluso aquellos que no han sido censurados, tal como alt.sex.spanking. Si conoce el grupo que desea, puede añadirlo a su lista, aun si no está en la lista que le presenta AOL. Listas completas de los grupos de noticias aparecen en el grupo news.lists (o en el lenguaje de AOL news-lists) el primer día de cada mes bajo los títulos List of Active Newsgroups y Alternative Newsgroups Hierarchies. Algunos pueden ser bastante escabrosos, así que si alguno de ustedes o los miembros de su familia que utilizan AOL son jóvenes o impresionables o se ofenden fácilmente, recuerde que se lo advertimos. Si se limita a los grupos de AOL, lo peor que encontrará, aparte de bastante mala ortografía, es una que otra palabra brusca que ha sido pronunciada (realmente escrita) como gesto de frustración.

Para buscar un grupo de noticias

Si no sabe cuál es el nombre del grupo de noticias que desea leer, otra forma de encontrarlo es hacer clic en Search All Newsgroups (buscar todos los grupos de noticias) en la ventana de Newsgroups. Luego puede escribir una palabra en el cuadro de diálogo de Search News Groups (buscar grupos de noticias) que aparece en la ventana y AOL le mostrará todos los grupos de noticias que contengan esa palabra.

Una forma más económica de utilizar AOL

AOL tiene un rasgo muy agradable que le permite leer su correo electrónico y sus mensajes de grupos de noticias sin estar conectado. Esta característica, llamada *FlashSessions*, puede ahorrarle mucho dinero y tiempo de conexión.

Las FlashSessions le permiten decirle a AOL que lo ingrese a su cuenta, enviar mensajes de correo electrónico que usted ya haya compuesto, obtener su nuevo correo y desconectarse rápidamente. También puede decirle a AOL que lleve a cabo esta serie de pasos en un momento prefijado cada día, como, por ejemplo, a medianoche, cuando el computador no está haciendo ninguna otra cosa.

Para instalar las FlashSessions

Así es como le indica uno a AOL que quiere utilizar FlashSessions:

1. **Elija Mail ⇨ FlashSessions del menú.**

   Verá aparecer el cuadro de diálogo de FlashSessions, como aparece en la figura 13.4.

2. **Cada una de las cajas en este cuadro de diálogo debe contener una X, si no la contiene, haga clic en las cajas.**

   Estas cajas controlan lo que AOL hace durante las FlashSessions.

Figura 13-4.
Las FlashSessions toman el correo que está entrando, copian mensajes, envían mensajes que usted ya ha compuesto y los desconectan inmediatamente.

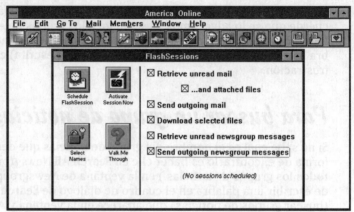

Asegúrese de que todas las cajas tengan una x para que AOL copie y envíe todos los mensajes de correo electrónico, los archivos y los artículos de Usenet que están esperando para ser transmitidos.

Si quiere que AOL ejecute FlashSessions automáticamente con un horario prefijado, siga estos pasos. Si quiere que sólo haga las FlashSessions cuando usted se lo indique, salte el paso 9.

3. Haga clic en el botón Schedule FlashSessions (prefijar FlashSessions).

En el cuadro de diálogo de Schedule FlashSessions (prefijar FlashSessions) que aparece, dígale a AOL con qué frecuencia debe ingresar y obtener su correo electrónico.

4. Elija cuáles días quiere que AOL le entregue el correo.

Haga clic en los cuadros para los días que desea saltar, quitando la x del cuadro. Sí utiliza AOL en su trabajo, por ejemplo, querrá evitar obtener su correo los sábados y domingos.

5. Haga clic en el cuadro How Often para elegir con qué frecuencia durante el día quiere que AOL le recoja el correo.

Para obtener correo durante el día, por ejemplo, elija Once each day (una vez por día).

6. Haga clic en las flechas hacia arriba y hacia abajo de Starting Time (tiempo de iniciación) para ver el tiempo en el que quiere la copia de correo.

Si elige Once each day (una vez al día) en el cuadro de How Often (frecuencia), el Starting Time (tiempo de iniciación) es el tiempo en el cual esto se ejecuta cada día. Para tener el correo cada día a las 5 a.m., antes de llegar al trabajo, por ejemplo, instale el primer Starting Time (las horas) en 5 y el segundo (los minutos) en 0. Note que AOL utiliza un reloj de 24 horas: para obtener el correo a las 2:00 p.m, la hora que hay que fijar es 14:00.

7. Haga clic en el cuadrito de Enable Scheduler para que contenga una x.

8. Haga clic en OK.

Esto lo regresará al cuadro de diálogo de FlashSessions.

9. Haga doble clic en el cuadro de Control-menu (menú de control) en la parte superior izquierda del cuadro de diálogo de FlashSessions para cerrarlo.

Ahora AOL entrará al servidor según el horario prefijado. Enviará el correo que haya escrito, obtendrá el correo que entre, los artículos en los grupos de noticias de Usenet a los cuales esté suscrito y enviará cualquier artículo para grupo de noticias de Usenet que usted haya escrito.

Cómo indicarle a AOL cuáles grupos de noticias copiar

Si lee grupos de noticias de Usenet (descrito en la sección "Cómo leer grupos de noticias", anteriormente en este capítulo), puede indicarle a AOL que copie los mensajes de los grupos de noticias seleccionados para que pueda leerlos desconectado de AOL. Así es como se hace:

1. Ingrese a AOL.

2. Vaya a la ventana de grupos de noticias (haciendo clic en Internet Connection en el menú principal y luego en News Groups).

También puede presionar **Control+K**, digitar newsgroups y hacer clic en Go.

3. Haga clic en Read Offline (leer desconectado).

El cuadro de diálogo Choose Newsgroups (elegir grupos de noticias) que aparece en la pantalla presenta los grupos de noticias a los cuales está suscrito el usuario.

4. Para cada grupo que quiera leer desconectado, seleccione el grupo y haga clic en Add All (agregar todo).

Si quiere leer todos los grupos estando desconectado, haga clic en Add All (agregar todo).

5. Haga clic en OK.

Si utiliza una FlashSession, AOL copia todos los artículos de los grupos de noticias que usted elija y que no hayan sido leídos.

Para componer correo electrónico fuera de línea

Si utiliza FlashSessions, puede componer su correo electrónico cuando no está conectado a AOL. Elija Mai ➪ Compose Mail (correo ➪ componer correo) de la barra de menú o presione **Ctrl+M**. Verá el cuadro de diálogo de Compose Mail (componer correo). Coloque la dirección y escriba su mensaje de correo electrónico como siempre. Cuando termine, haga clic en el botón de Send Later (enviar más tarde). AOL guarda el mensaje para ser enviado la próxima vez que se utilice una FlashSession.

Una FlashSession de AOL

Para entrar a una FlashSession, sencillamente elija Mail ➪ Activate FlashSession Now (activar una FlashSession ahora). Verá un cuadro de diálogo de Activate FlashSession Now, tal como aparece en la figura 13.5. Haga clic en Begin (iniciar) para comenzar. Ahora verá a AOL funcionar como un piano electrónico o un programa controlado por un robot invisible. Ingresará, transmitirá a AOL los correos electrónicos que haya compuesto, copiará el correo que haya entrado, copiará los artículos en los grupos de noticias de Usenet que haya elegido y se desconectará presentando cada una de sus acciones en un cuadro de diálogo de FlashSession Status (el status de FlashSession), para que pueda seguir lo que está haciendo.

Como leer el correo que ha sido copiado

Una vez haya utilizado la FlashSession para copiar el correo electrónico, léalo, eligiendo Mail ➪ Read New Mail (leer nuevo correo), o presione

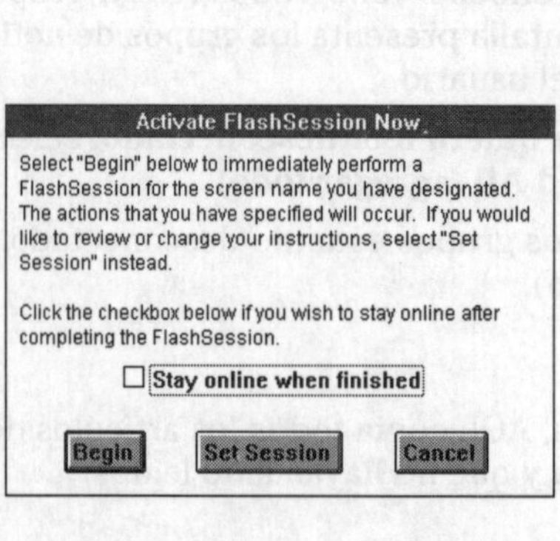

Figura 13-5.
Haga clic en Begin (iniciar) para indicarle a AOL que ingrese y obtenga su correo electrónico.

Activate FlashSession Now

Select "Begin" below to immediately perform a FlashSession for the screen name you have designated. The actions that you have specified will occur. If you would like to review or change your instructions, select "Set Session" instead.

Click the checkbox below if you wish to stay online after completing the FlashSession.

☐ **Stay online when finished**

[**Begin**] [**Set Session**] [**Cancel**]

Ctrl+R. Para ver una lista de todo el correo que haya copiado, y no sólo el nuevo correo, elija Mail ⇨Read Incoming Mail (correo ⇨ leer correo que entra). Puede contestar el correo y enviar mensajes a terceros: haga clic en el icono de Send Later (enviar más tarde) cuando termine de editar los mensajes.

Cómo leer y componer artículos de Newsgroup para una FlashSession

Para leer un grupo de noticias de Usenet fuera de línea (recuerde que no tiene que estar conectado para hacerlo) debe proceder de la siguiente manera:

1. **Elija Mail ⇨ Personal File Cabinet (correo ⇨ archivador personal) en la barra del menú.**

   Verá la ventana de Personal File Cabinet (archivador personal), en donde AOL guarda todos los mensajes que entran y salen de su correo electrónico, guarda lo que haya copiado y cualquier otra información que esté relacionada con su cuenta.

2. **Recorra la pantalla hacia abajo hasta llegar a la sección de Newsgroup en el listado.**

3. **Haga doble clic en los artículos para leerlos.**

   AOL le muestra cada uno de los artículos en una ventana. Puede responder enviando un mensaje de correo electrónico al autor del artículo haciendo clic en el botón de Reply to Author (responder al autor).

4. **Para enviar un nuevo mensaje al grupo de noticias, haga clic en el botón Send New Message (enviar mensaje nuevo), escriba el texto de su artículo y haga clic en el botón de Send Later (enviar más tarde).**

   La próxima vez que entre a una FlashSession, el artículo será enviado al grupo de noticias.

5. **Cuando termine de leer los artículos del grupo de noticias, haga doble clic en el botón ubicado en la esquina superior izquierda del cuadro de diálogo del Personal Filing Cabinet (archivador personal) para cerrarlo.**

Puede estar todo el tiempo que desee leyendo artículos de los grupos de noticias y preparando cuidadosamente sus respuestas porque no está pagando un solo minuto .

Como agarrar archivos de los servidores de FTP

AOL le permite copiar archivos de los servidores de FTP en INTERNET. AOL puede hacer FTP anónimos (con lo cual puede conectarse al servidor de FTP aun cuando no tenga una cuenta) o hacer FTP para el cual tenga una cuenta. Para utilizar el servicio FTP de AOL, tiene que saber cuál es el archivo que desea copiar, cuál servidor de FTP lo tiene y en cuál directorio se encuentra el archivo. Para más información acerca de FTP vea el capítulo 10.

Para copiar un archivo:

1. **Vaya al cuadro de diálogo de File Transfer Protocol (protocolo de transferencia de archivo).**

   Haga clic en Internet Connection (conexión a Internet) en el menú principal, y luego en el botón de FTP, en el cuadro de diálogo de Internet Connection (conexión a Internet). O presione **Ctrl+K** para ver el cuadro de diálogo del Keyword (palabra clave) , escriba **ftp** y haga clic en Go. Aparecerá el cuadro de diálogo de File Transfer Protocol (protocolo de transferencia de archivos).

2. **Haga clic en el botón de Go to FTP (ir a FTP).**

   Aparecerá otro cuadro de diálogo con el nombre de File Transfer Protocol (protocolo de transferencia de archivos).

3. **Si en la lista aparece el servidor de FTP que tiene el archivo que desea, márquelo y haga clic en Connect (conectar). Si no lo tiene, haga clic en Other Site (otra locación), escriba el nombre de Internet del servidor de FTP y haga clic en Connect (conectar).**

   Cuando se haya conectado al servidor de FTP de su escogencia, puede suceder que AOL le presente un mensaje de información acerca del servidor; haga clic en OK cuando lo haya leído. Luego verá una lista de los contenidos del actual directorio del servidor de FTP (vea la figura 13-6).

4. **Para dirigirse hacia el directorio que contiene el archivo que desea, haga un doble clic en los nombres de directorios.**

   AOL muestra pequeños iconos que son fólderes de archivos, con los nombres de los directorios, y pequeños iconos con forma de hojas de papel, que son los nombres de los archivos. Para los archivos, mire cuál es el tamaño de cada uno de ellos (en bytes o en caracteres); mientras más largo sea un archivo más tiempo tomará copiarlo.

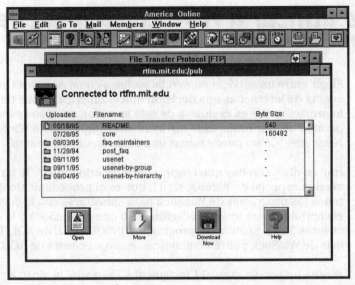

Figura 13-6.
Puede ver lo
que hay en el
servidor de
FTP,
incluyendo los
archivos y los
subdirectorios
en el actual
directorio.

Connected to rtfm.mit.edu

Uploaded:	Filename:	Byte Size:
05/16/95	README	540
07/28/95	core	160492
08/03/95	faq-maintainers	-
11/28/94	post_faq	-
09/11/95	usenet	-
09/11/95	usenet-by-group	-
09/04/95	usenet-by-hierarchy	-

Open   More   Download Now   Help

5. **Para copiar un archivo a su computador, elija el archivo y haga clic en Download Now (copiar ahora).**

Aparecerá el cuadro de diálogo de Download Manager (administrador de copia), preguntándole en dónde quiere colocar el archivador en su computador.

6. **Elija el directorio en el cual quiere colocar el archivo en su propio computador y edite el nombre. Haga luego clic en OK.**

AOL copiará el archivo al disco de su computador. Este paso puede tomar algunos segundos, minutos u horas, dependiendo del tamaño del archivo y de la velocidad de su módem.

7. **Cierre los cuadros de diálogo cuando haya terminado.**

Puede cerrar cuadros de diálogos mientras AOL está transfiriendo el archivo. Si tiene una cuenta en un servidor de FTP (y por lo tanto acceso a archivos que no están a disposición de todo el público), utilice el botón de Other Site (otra locación) y haga clic en el botón de *Ask for login name and password* (preguntar por nombre y clave).

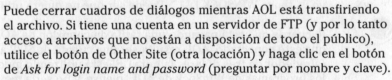

Algunos servidores de FTP están muy ocupados y puede suceder que no logre conectarse. Inténtelo en las horas de menor congestión, o con otro servidor. AOL guarda copias de la mayoría de los archivos y de algunos de los servidores más congestionados para aliviar un poco las aglomeraciones en línea.

Cómo utilizar a AOL como una cuenta SLIP

Elegir entre un servicio comercial en línea como America Online y una cuenta de Internet es una decisión difícil. America Online tiene mucha información que es exclusiva de este servidor, pero una cuenta SLIP le permite utilizar todos esos maravillosos programas de WinSock, como Netscape. ¿Cómo puede tomar una decisión un cibernauta?

Hoy en día ya no hay que elegir; puede tenerlo todo. AOL ha creado una versión especial de WINSOCK.DLL que es el procedimiento que utilizan todos los programas de WinSock para conectarse con la cuenta SLIP (vea el capítulo 2 para una explicación de lo que es WinSock y lo que son las cuentas SLIP). Si utiliza el programa WINSOCK.DLL de AOL, los programas de WinSock podrán comunicarse con su cuenta de AOL.

¿Suena un poco confuso? Ciertamente. Pero aquí le mostramos como funciona:

1. Si ya tiene un programa WINSOCK.DLL y quiere utilizar AOL, tiene que eliminar el programa viejo para que no interfiera con el de AOL.

2. Utilizando a AOL, copie la versión de AOL del archivo WINSOCK.DLL

3. Instale el programa WINSOCK.DLL de AOL.

4. Obtendrá un programa maravilloso de WinSock, como por ejemplo, Netscape.

5. Ingrese a AOL como siempre.

6. Ponga a funcionar el programa de WinSock. Y ya está. Funcionará tal como si tuviera una cuenta SLIP o PPP, comunicándolo con Internet por medio de la conexión telefónica con AOL.

Si ya tiene un programa WINSOCK.DLL, lea el siguiente recuadro "Pero si yo ya tengo WINSOCK.DLL". Puede ser que no quiera utilizar el de AOL.

Recuerde que está pagando una tarifa de conexión de AOL por el tiempo que esté conectado. AOL resulta ser una cuenta de SLIP algo costosa (alrededor de tres dólares la hora). Si está utilizando mucho tiempo con los programas de WinSock de AOL, piense si no sería mejor obtener una cuenta corriente de Internet SLIP o de PPP.

¡Pero si yo ya tengo WINSOCK.DLL!

Si ya tiene Internet Chameleon, Internet in a Box, NetLauncher o cualquier otro conjunto de programas que le permite conectarse directamente a una cuenta de Internet, ya tendrá un archivo llamado WINSOCK.DLL. Está en el directorio de programas de los programas de Internet, su directorio de programas de Windows (generalmente C:\\WINDOWS), o en algún otro directorio que se encuentra en su camino (la lista de directorios que busca Windows cuando está buscando un programa). Windows 95 también viene con un programa de WINSOCK.DLL.

Ahora tendrá que tomar una decisión: ¿Quiere utilizar el WinSock de AOL o conservar el que ya tiene? Si ya tiene una cuenta de Internet, entonces debería conservar el WinSock que ya tiene. ¿Por qué? Porque muy seguramente es más barato, y en la mayoría de los casos, los proveedores locales de Internet ofrecen respuestas más rápidas que AOL.

Si ya tiene una cuenta de Internet con una tarifa fija, puede utilizar AOL y su programa de WinSock al mismo tiempo, sin instalar un nuevo programa. Lo que tiene que hacer es poner a funcionar a AOL a través de Internet. En lugar de utilizar su cuenta de AOL como una cuenta SLIP, puede utilizar el programa de AOL como si fuera un programa de WinSock.

Abra el programa de AOL, pero no haga la conexión todavía. Luego vaya al menú del módem y elija un módem "WinSock". Conéctese a su proveedor de Internet como siempre lo hace; una vez que lo haya hecho, conéctese a AOL. AOL se conecta por medio de su proveedor de Internet como si fuera cualquier otro programa de WinSock y puede iniciar cualquier otro programa de Internet y volver hacia el programa de AOL y de AOL hacia los otros

programas. Cuando haya terminado su sesión con AOL, desconecte AOL y luego desconecte al proveedor de AOL.

Si tiene un proveedor de Internet que le cobra por horas, es probable que no desee hacer esto porque le estará pagando tarifas horarias tanto a AOL como al proveedor. Pero si su proveedor tiene una tarifa fija o algo muy similar a eso (por ejemplo, un número amplio de horas gratuitas por mes) ésta puede ser la mejor manera de hacerlo. Recuerde que muchos proveedores de Internet ofrecen conexiones de 28,8 kbps y que AOL se limita a 14.4 en algunas áreas, de tal manera que una conexión de WinSock puede ser más rápida que una corriente.

Pero si ya tiene un programa de WINSOCK.DLL y realmente quiere cambiarse al de AOL, tiene que eliminar el que ya tiene antes de utilizar la versión de AOL. Pero no, todavía no; puede ser que lo quiera utilizar más tarde. En ese caso es mejor hacer una de las dos cosas siguientes:

- ✔ Cambie el nombre de su archivo WINSOCK.DLL para que no lo pueda encontrar ningún programa que esté buscando un archivo con el nombre WINSOCK.DLL.

- ✔ Muévalo a un directorio que sepa que no está en su camino.

Por ejemplo, si ya tiene un archivo WINSOCK.DLL que ya es parte de su programa de Internet Chameleon (un conjunto de programas para conectarse a un proveedor de Internet), puede cambiarle el nombre a WINSOCK.CHA (utilice en el administrador de archivos el comando File ➪ Rename (archivo ➪ cambiar nombre) para cambiar el nombre del archivo). O cree un subdirectorio en el directorio de su programa de Windows que se llame SINUSAR, y coloque WINSOCK.DLL ahí.

Después de haber utilizado el programa WinSock de AOL, puede querer utilizar el WINSOCK.DLL que ya tiene. En ese caso, tiene

que volver a cambiar el nombre o mover la versión del WINSOCK.DLL de AOL. Por ejemplo, cambie el nombre de la versión de AOL de WINSOCK.DLL a WINSOCK.AOL. Luego cámbielo de lugar o cambie el nombre de su WINSOCK.DLL original a su nombre original y a su lugar de origen.

Cómo instalar el programa WinSock de AOL

Atienda los siguientes pasos para instalar el programa necesario para utilizar AOL mientras está utilizando programas de WinSock:

1. **No ingrese todavía a AOL.**

   Todavía tiene que hacer algunas cosas y no vale la pena pagarle tiempo de conexión a AOL mientras lo hace.

2. **Inicie el archivador de archivos de Windows.**

   Haga doble clic en el icono de administrador de archivos en el administrador de programas. Está generalmente en el grupo de programas de accesorios.

3. **Elija File ⇨ Search (archivo ⇨ buscar) de la barra de menú.**

   Verá aparecer el cuadro de diálogo de buscar.

4. **En el cuadro buscar, escriba** winsock.dll. **En el cuadro Start From, escriba** c:/. **(si su disco duro no es el drive C:, cambie la letra del drive al drive en el cual guarda sus programas.)**

5. **Haga clic en OK.**

   El administrador de archivos busca en todo el disco duro los archivos que tengan el nombre WINSOCK.DLL. Si encuentra alguno, le da la lista completa con sus nombres de camino para que pueda ver en donde están. Si ya tiene uno o más archivos con el nombre WINSOCK.DLL, mire el recuadro "Pero si ya tengo WINSOCK.DLL".

6. **Ahora sí ingrese a AOL.**

7. **Vaya a la ventana de WinSock Central.**

   Presione **Ctrl+K**, escriba **winsock** y haga clic en Go. WinSock Central contiene la información acerca de los programas de WinSock y cómo utilizarlos con su cuenta de AOL, exactamente como en este capítulo.

8. **Haga clic en el botón de Click here (haga clic aquí) para copiar automáticamente WinSock.**

   AOL muestra un cuadro de diálogo con información sobre su WinSock.

9. **Haga clic en Download Now (copiar ahora) para copiar el archivo.**

   AOL lo copia en el directorio de copia, que generalmente es C:\AOL 25\DOWNLOAD.

10. **Cuando haya copiado el archivo, salga de AOL.**

11. **Con el administrador de archivos mueva el directorio de WINSOCK.DLL que acaba de copiar a su directorio de programas de Windows.**

    Busque el archivo de WINSOCK.DLL en su directorio de copia y márquelo. Llévelo a su directorio de programas de Windows, que suele ser C:\WINDOWS.

12. **Salga de Windows con File ⇨ Exit (Archivo ⇨ Salir) en la barra de menú.**

    Este paso asegura que Windows se olvidará de cualquier otra versión de WINSOCK.DLL que haya visto.

13. **[Reinicie Windows escribiendo win y presionando Enter.**

    Ahora está listo para usar el programa WinSock de AOL.

Cómo obtener programas compatibles de WinSock

Hay cantidades de programas gratis y compartidos (freeware y shareware) de WinSock en AOL y en la World Wide Web. Aquí le indicamos algunos lugares en donde puede buscar programas de WinSock:

✔ Vaya a la Central de WinSock en AOL (palabra clave "winsock") y haga clic en el botón de Software Library (biblioteca de programas). Verá una larga lista de programas que funcionan con su nuevo programa de WinSock.

✔ Mire la lista de "Consummate WinSock Apps List" de Forrest Stroud en World Wide Web (vea el capítulo 21). Presione **Ctrl+K** y digite la dirección URL de la página de Web:

```
http://cwsapps.texas.net/
```

Cuando haga clic en Go, aparecerá el browser de AOL (vea la sección "Navegando por la Web desde AOL", más atrás en este capítulo) y le mostrará una larga lista de programas de WinSock. Haga clic en el tipo de programa que desea (browsers de Web o lectores de noticias, por ejemplo) y verá los nombres, descripciones e incluso reseñas de programas. Haga clic en la sección de locaciones de la descripción del programa para copiar el programa.

Cómo utilizar un programa de WinSock

Suponga que desea utilizar el Netscape Navigator en lugar del browser de Web de AOL. Asumiendo que ha seguido los pasos que le indicamos en esta sección para instalar el programa de WinSock de AOL y copiar el programa de Netscape Navigator (o ha comprado una versión comercial), esto es todo lo que tiene que hacer para utilizar Netscape:

1. Inícielo.

Eso es todo lo que hay que hacer. Más concretamente, inicie AOL e ingrese a su cuenta. Luego inicie Netscape (o cualquier otro programa compatible de WinSock). Funciona utilizando la cuenta de AOL como conexión a Internet.

Cuando haya terminado, salga del programa de WinSock. Luego salga de AOL.

Para obtener mayor información acerca de programas de WinSock, vea el capítulo 21.

Otras cosas que se pueden hacer

America Online ofrece cantidades de información que no tiene nada que ver con Internet. Una vez se haya suscrito, revísela. El departamento de Computación y Programas le permite intercambiar mensajes con otros acerca de los programas que utiliza y de los programas compartidos (shareware) que ha copiado. El departamento de Aprendizaje y Referencia ofrece todo tipo de material de referencia en línea, entre el que se cuenta la base de datos de libros de la Biblioteca del Congreso, la Enciclopedia Compton, el diccionario Webster de términos de computación, e información acerca de programas de computación educativos. El departamento de Viajes y Compras le permite utilizar EAASY SABRE para preparar y hacer sus propias reservas aéreas.

AOL no brinda todos los servicios de Internet, no apoya a telnet, por ejemplo, y su servicio de FTP puede utilizarse únicamente para copiar, pero no para poner archivos en la red. Sin embargo, con el programa de WinSock de AOL puede utilizar cualquier programa de WinSock con su cuenta, es decir, también telnet de WinSock y los programas de FTP.

En términos generales, AOL tiene uno de los *front ends* (como se dice en el mundo de los programas; se refiere a la forma en que un ser humano utiliza el programa realmente), más amables de todos los proveedores shell de Internet. Para cualquiera, con excepción de los hackers más expertos, estos iconos y menús hacen que el sistema sea realmente fácil de usar. AOL puede ser un poco lento a ratos, especialmente por la noche y en los fines de semana, pero ha prometido acelerar las cosas muy pronto. La suscripción de prueba es gratis: ¡pruébela!

Hemos oído muchas quejas acerca de la dificultad de cancelar una cuenta de AOL si no desea continuar con ella. Puede ser que tenga que llamar o escribir a AOL y notificar a la empresa de su tarjeta de crédito varias veces, que no desea seguir pagando el servicio de AOL. Un consejo de amigos: no permita que AOL deduzca automáticamente los costos de su cuenta bancaria.

Más información

Si desea saber más acerca de America Online, le recomendamos *America Online For Dummies*, segunda edición, por John Kaufeld (IDG Books Worldwide). También puede utilizar el departamento de Miembros (haga clic en el gran signo de interrogación rojo en la barra) para leer las respuestas a las preguntas más frecuentes, y para hacer sus propias preguntas.

La 5ª ola por Rich Tennant

@RICHTENNANT

LA IDEA ORIGINAL ERA UN PORCHE SENCILLO ALREDEDOR DE LA CASA, PERO ENTONCES SANTIAGO ENCONTRÓ UNA SECCIÓN SOBRE ARQUITECTURA MEDIEVAL EN EL INTERNET.

Capítulo 14

Internet con Microsoft Network

● ●

En este capítulo:

▶ Cómo obtener una cuenta de MSN

▶ Para entrar en línea

▶ Cómo indicarle a MSN a dónde ir

▶ Para colgar

▶ Cómo enviar correo electrónico

▶ Navegando por la Web

▶ Cómo leer grupos de noticias

▶ Cómo obtener archivos de FTP

▶ Otras cosas para hacer

▶ Y más sobre MSN

● ●

MSN, o Microsoft Network, es, en términos de servicio, el nuevo vecino en el conjunto de sistemas en línea. Apareció el mismo día en que fue lanzado Windows 95, si no se cuenta el año de pruebas que se llevaron a cabo con más de 100.000 usuarios. MSN quiere ser el Cadillac de los servicios en línea; lo que está por verse es si Microsoft lo logra.

El programa de acceso a MSN viene junto con Windows 95. De hecho, sólo puede usarse con Windows 95, y no con Windows 3.1, DOS o Macintosh, ni con ningún otro sistema de computación. Cuando se instala Windows 95, aparece un atractivo icono para MSN en la parte derecha del desktop que sólo pide que se le haga clic para comenzar. Muchos otros servicios comerciales en línea protestaron, diciendo que esto le daba a MSN una ventaja injusta, pero las cortes no estuvieron de acuerdo. De tal manera que miles de nuevos usuarios de Windows 95 están inscribiéndose en MSN; tal vez usted también desee ser uno de ellos.

En este capítulo tratamos sobre los servicios de Internet que se ofrecen a través de MSN: correo electrónico, World Wide Web y grupos de noti-

Ventajas y desventajas de MSN

Es fácil inscribirse en MSN, siempre y cuando sea usuario de Windows 95. Incluye además un acceso fácil a Internet. Por otro lado, no puede usar MSN si no tiene Windows 95. Muchas personas se resisten a entregarle una parte más del mundo de los computadores a Microsoft, y por esa razón no utilizan MSN. Además, tal como otros proveedores comerciales, puede ser muy caro si se usa por mucho tiempo.

cias de Usenet. Hay más cosas en MSN fuera de Internet. Tal vez desee consultar *Microsoft Network For Dummies,* de Doug Lake (IDG Books Worldwide), para aprender más acerca de otros rasgos de MSN.

Cómo obtener una cuenta de MSN

Para obtener una cuenta de MSN necesita una tarjeta de crédito y unos minutos. Inicie Windows 95 y siga estos pasos:

1. **Haga doble clic en el icono de Microsoft Network en el desktop de Windows 95.**

   Verá aparecer una ventana de Microsoft Network que le dirá algo acerca del servicio.

2. **Haga clic en OK.**

   Microsoft le pide el indicativo de su área y los tres primeros dígitos de su número telefónico (el prefijo telefónico), para usuarios en Estados Unidos. (Esta parte del proceso es diferente según el país.) MSN necesita estos datos para ubicar el número telefónico de MSN más cercano.

3. **Escriba su indicativo de área y su prefijo telefónico y haga clic en OK.**

   MSN le indica cuál es el número telefónico más cercano, según la lista disponible de números telefónicos en el momento en que instaló Windows 95. (Puede ser que se hayan instalado números más cercanos desde que salió el programa de Windows 95.)

   MSN está listo para hacerlo ingresar, actualizar la lista de números telefónicos e inscribirlo como usuario, aunque aún puede retirarse si lo desea.

4. Haga clic en Connect (conectar).

El programa de MSN hace la conexión con MSN. Cuando haya finalizado, cuelgue y verá aparecer otra ventana de Microsoft Network
con botones para suscribirse a una cuenta (ver figura 14-1).

**5. Haga clic sucesivamente en cada uno de los grandes botones para
registrar su nombre y dirección (a fin de que MSN le envíe su
respectiva cuenta, información y actualizaciones); indicar cuál
será la forma de pago que usted prefiere y leer las reglas que hay
que seguir para utilizar MSN.**

Cuando haya hecho todo esto, el botón de Join Now (suscríbase
ahora) ya no será gris: está todo listo para arrancar.

**6. Haga clic en el botón de Price (precio) para averiguar cuánto
debe pagar.**

MSN despliega una ventana en la que explica cuál es el precio mensual, cuántas horas gratuitas vienen incluidas y cuánto hay que
pagar por hora adicional. MSN ofrece diferentes planes de tarifas, lo
cual es muy atractivo para diferentes personas, según el número de
horas de MSN que se utilicen por mes.

**7. Haga clic en Close (cerrar) para despejar la información sobre
tarifas.**

Si tiene curiosidad por saber en qué se está metiendo, tal vez quiera
hacer clic en el botón de Details (detalles).

**8. Si desea seguir y suscribirse, haga clic en Join Now (suscríbase
ahora). De lo contrario, haga clic en Cancel (cancelar) y sáltese el
resto de este capítulo.**

MSN le indica los dos números telefónicos que considera se encuentran más cerca de donde está usted (vea la figura 14-2). Si desea ver

Figura 14-1.
Haga clic en
cada uno de los
tres botones
grandes para
llenar la
información que
necesita MSN
para crear su
cuenta.

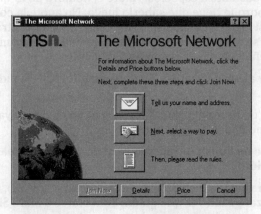

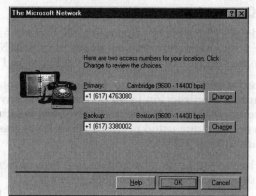

Figura 14-2.
¿A quién
desea
llamar?

la lista de números de acceso y escoger uno más cercano, si es que lo hay, haga clic en el botón de Change (cambiar) que se encuentra al costado del número principal o secundario.

9. **Haga clic en OK.**

El programa de MSN despliega un mensaje para indicarle que está listo para conectar de nuevo, esta vez para instalar su nueva cuenta.

10. **Haga clic en Connect.**

El programa hace la llamada y le pide que ingrese su ID de usuario (el nombre que va a usar para su cuenta) y una contraseña. El ID de miembro es la primera parte de su dirección de correo electrónico (seguido de @msn.com).

11. **Digite un ID de miembro y una contraseña, y haga clic en OK.**

El ID de miembro no puede llevar espacios ni ciertos signos de puntuación; limítese a teclear letras, números y guiones bajos, que se parecen bastante a espacios. Anote el nombre de ID que vaya a digitar, porque tiene que saberlo luego. No anote la contraseña, porque si alguien conoce su ID de miembro y su contraseña puede conectarse a su cuenta y gastar mucho dinero; en cambio, elija una contraseña que pueda recordar fácilmente.

Si ya hay alguien usando el ID que escribió, MSN le pide que intente con otro.

Después de hacer clic en OK, MSN crea su cuenta, y ya está todo listo: tiene una nueva cuenta en línea.

12. **Haga clic en Finish (terminar) para cerrar esa última ventana de suscripción.**

Verá una ventana de MSN Sign In (conectarse a MSN), la ventana que utilizará cada vez que quiera conectarse a MSN. Siga leyendo para enterarse de cómo usarla.

Si hay una interrupción y no puede terminar el procedimiento de suscripción a su cuenta, puede comenzar de nuevo más tarde haciendo doble clic en el icono de My Computer en el desktop, abriendo primero el fólder de archivos de programas, luego, el fólder de Microsoft Network y haciendo doble clic en el icono de Signup (suscribirse).

Cómo llamar a MSN

Una vez hecha la suscripción, usted puede llamar a MSN cada vez que lo desee:

1. **Haga doble clic en el icono de Microsoft Network en el desktop de su Windows 95.**

   Verá la ventana de Sign in (inscribirse) de MSN, tal como aparece en la figura 14-3. Es la misma ventana que apareció cuando finalizó la suscripción a la cuenta.

2. **Escriba su ID de miembro y su contraseña y haga clic en Connect.**

   Cuando escriba la contraseña aparecerán sólo asteriscos. Si mientras usted escribe, alguien está observando, no podrá leerla.

   Si desea que MSN recuerde su contraseña para no tener que escribirla cada vez que se conecte, haga clic en la caja que se encuentra en la parte inferior izquierda de la ventana antes de hacer clic en OK. Sin embargo, si hace esto, cualquiera puede ingresar a su cuenta de MSN con tan sólo hacer doble clic en el icono de MSN en su computador. ¿Le tiene confianza a sus empleados? ¿Le tiene confianza a su compañero de cuarto y a su hermanito?

   La primera vez que se conecte con MSN verá aparecer un amable mensaje de bienvenida de Bill Gates. Haga clic en el botón de Close (cerrar) cuando haya terminado de leerlo. (¡Es un lindo gesto, Bill!)

Figura 14-3.
Utilice la ventana de Sign In de MSN para llamar a MSN.

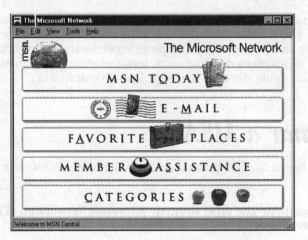

Figura 14-4.
MSN Central
es el menú
principal de
MSN. Desde
esta ventana
puede entrar
con un clic a
donde desee.

Una vez haya entrado, verá la ventana de la central de MSN, tal como aparece en la figura 14-4. También verá la ventana de MSN Today (MSN Hoy), tal como aparece en la figura 14-5.

Si ha recibido correo electrónico que no ha leído aún, verá un mensaje como el de la figura 14-6.

3. Si MSN lo invita a abrir su buzón de entrada, haga clic en Yes (sí).

Se iniciará Microsoft Exchange, el programa de correo electrónico que viene con Windows 95, y verá su ventana. (Vea la sección "Car-

Figura 14-5.
La ventana de
MSN Today
(MSN Hoy) se
parece a la
primera página
de un diario en
línea. Haga
clic en
cualquier texto
o imagen para
leer la historia.

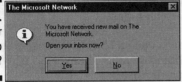

Figura 14-6.
¿Desea leer
su correo
electrónico?

tas de amor a Bill", más adelante, en este capítulo, para aprender a usar Microsoft Exchange y hacer diversas cosas con su correo electrónico.)

Ya está adentro y puede usar MSN.

Si tiene problemas con MSN, llame al (800) 386-5550.

Para colgar

Asegúrese de colgar cuando termine de utilizar MSN o si tiene que alejarse de su computador por un tiempo. **Recuerde:** ¡Está pagando por minuto! Para colgar, elija File ⇨ Sign Out (Archivo ⇨ Colgar) en la ventana del MSN Central. O cierre la ventana de MSN Central y éste entenderá.

Otra forma de colgar es la siguiente: cuando está conectado a MSN, en la derecha de la barra de tareas aparece un logo diminuto de MSN. (La barra se encuentra generalmente en la parte inferior de la pantalla). Haga clic doble en el logo de MSN, y éste le preguntará si desea colgar.

Arriba y a correr con MSN

Ya tiene una cuenta, y está listo para arrancar... pero, ¿cómo usar MSN? Esta sección le da alguna información acerca de lo que verá y de cómo llegar a donde desee ir.

Cuando se conecta con MSN, verá dos ventanas: MSN Today y MSN Central.

En línea hoy

MSN Today es la primera página de MSN, con iconos para unas cuatro nuevas historias, nexos para uno o dos servicios de MSN, y uno que otro aviso comercial. Cuando vea la ventana de MSN Today, puede hacer clic en las imágenes o los titulares para leer más.

Si desea ver el resto del diario, haga clic en MSN NEWS, cerca de la esquina inferior izquierda de la ventana de MSN Today. MSN NEWS es un servicio de noticias manejado por Microsoft.

Cuando haya terminado de leer las noticias, o si no desea hacerlo, haga clic en el botón de Minimize (reducir), ubicado en la esquina superior derecha de la ventana, para reducir la ventana a un botón en la barra de tareas de Windows 95 (si desea buscar algo más tarde, puede hacer clic en el botón y aparecerá de nuevo la ventana de MSN Today.) Si está seguro de que no desea ver de nuevo los titulares de las noticias diarias de Microsoft durante esta sesión, haga clic en el botón de Close (cerrar).

¿Aló? ¿Central?

La ventana de MSN Central contiene cinco opciones:

✔ **MSN Today.-** Presenta la ventana de MSN Today (vea figura 14-5).

✔ **E-mail (Correo electrónico).-** Presenta la ventana de Microsoft Exchange, que se utiliza para enviar y recibir correo electrónico (vea más adelante, en este capítulo, la sección "Cartas de amor a Bill").

✔ **Favorite Places.-** Abre su propia ventana de lugares favoritos, en la cual puede crear iconos que lo lleven directamente a los servicios de correo que utiliza con mayor frecuencia. Si quiere crear un icono para un lugar al cual desea regresar, elija File ➪ Add to Favorite Places (Archivo ➪ Agregar a lugares favoritos) en el menú. Si la barra de herramientas está visible en su ventana de MSN, puede también hacer clic en el icono de Add to Favorite Places (agregar a lugares favoritos).

✔ **Member Assistance (asistencia a los miembros).-** Lo lleva al lobby de los miembros (vea la sección "Para obtener ayuda", más adelante, en este capítulo).

✔ **Categories (categorías).-** Muestra la ventana de categorías, con iconos para los principales temas cubiertos por MSN (vea la figura 14-7).

La ventana de la Central de MSN es la ventana clave cuando utilice MSN: si cierra la ventana de la central de MSN, el programa sabrá que desea salir y cerrará. Es también un buen lugar para empezar si desea información sobre MSN.

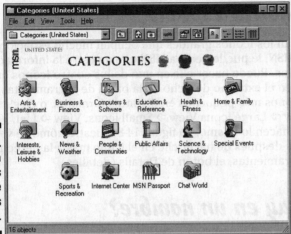

Figura 14-7.
La ventana
de categorías
es el índice
de contenidos
de MSN.

Para elegir una opción, sencillamente haga clic. MSN le mostrará otra
ventana en la que aparecerá la información que usted busca.

Para moverse por MSN

Muchas ventanas de MSN se parecen a la ventana de categorías, en la
figura 14-7. Verá muchos iconos pequeños; sólo tiene que hacer doble
clic en uno para ver su contenido. Cuando se hace doble clic en los
iconos, MSN baja la información. Puede aparecer en la ventana de MSN o
en cualquier otra. También puede ser que inicie un programa. Nunca se
sabe qué puede suceder cuando se le pide información a MSN: si MSN
envía un documento de procesador de palabra, por ejemplo, entonces
inicia automáticamente Microsoft Word (si está disponible) para mostrar
el documento.

Elija View ➪ Toolbar en el menú de cualquier ventana de MSN. Aparecerá una barra de herramientas muy útil inmediatamente debajo de la barra de menú (mire debajo de la barra de menú en la figura 16-8, por ejemplo). Hay iconos para ascender un nivel, regresar a la central de MSN,
regresar a la ventana de Favorite Places (locaciones favoritas) y salir,
además de un lista descendente de las ventanas de MSN. Cuando se opera el comando para mostrar la barra de herramientas, ésta aparecerá en
la mayoría de las ventanas de MSN.

Para ahorrar espacio

Si no le gustan los iconos grandes que ocupan mucho espacio y que son lo usual en MSN, le puede pedir a MSN que muestre la información en otros formatos. Puede hacer clic en uno de los cuatro iconos que se encuentran en el extremo derecho de la barra de herramientas, que muestran iconos más pequeños en distintos formatos, o elegir los comandos View ⇨ Large Icons View ⇨ Small Icons, View ⇨ List, View ⇨ Details, que hacen lo mismo. La figura 14-8 muestra cómo se ve el lobby de miembros después de hacer clic en el icono más a la derecha en la barra de herramientas, el botón de Details (detalles).

¿Qué hay en un nombre?

Cada ventana de MSN tiene un nombre que MSN llama *Go word* (palabra para ir a...). Si sabe la *Go word* de la ventana que desea ver, elija Edit ⇨ Go to ⇨ Other Location en el menú, escriba la *Go word*, y haga clic en OK. Para encontrar la *Go word* de la ventana en la que se encuentra, haga clic en el icono de Properties (propiedades) ubicado en la barra de herramientas, o elija File ⇨ Properties en el menú.

Volver a casa

Es fácil volver a la ventana de la central de MSN cuando está conectado a MSN. Elija Edit ⇨ Go to ⇨ MSN Central en la barra de herramientas de cualquier ventana de MSN. Si en su ventana de MSN está visible la barra

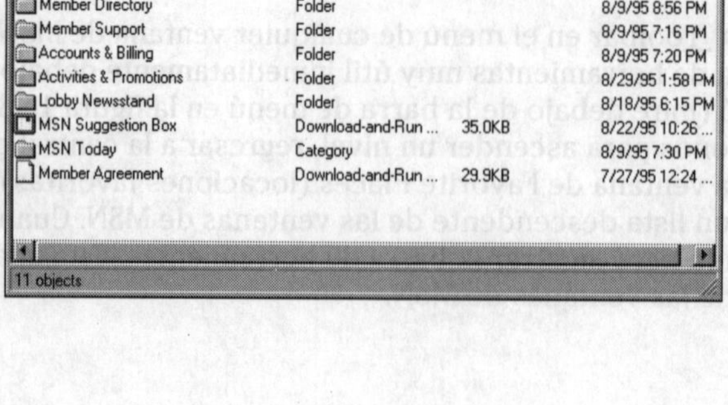

Figura 14-8. El icono de Details (Detalles) en la barra de herramientas presenta una lista con más información acerca de lo que se encuentra en MSN.

de herramientas, verá un icono que parece una pequeña casa. Haga clic en ese icono para volver a la central de MSN.

Puede suceder que haya cerrado todas las ventanas de MSN y siga conectado a MSN. ¿Qué debe hacer el usuario? ¿Ve el pequeño logo de MSN en la parte inferior derecha del desktop de Windows 95? Haga clic y verá la ventana de la central de MSN. ¡Qué alivio!

Para encontrar algo

Una manera divertida, pero costosa, de encontrar algo en MSN es pasearse por el lugar y ver con qué se encuentra. Desde la ventana de MSN Central haga clic en Categories (categorías) para ver la ventana correspondiente; luego haga doble clic en los iconos que le parezca que pueden tener lo que busca, hasta encontrar la información que tiene MSN acerca del tema de su interés.

Sin embargo, es probable que no tenga tiempo para buscar información paseándose por todas partes. Puede elegir Tools ➪ Find ➪ On the Microsoft Network en el menú, para que aparezca la ventana de Find All MSN Services (buscar todos los servicios de MSN), como se ve en la figura 14-9.

Escriba una palabra o una frase en el cuadro de Containing (contenido) para describir el tema que está buscando, y haga clic en Find Now (buscar ahora). MSN extiende la ventana para incluir una lista de las ventanas que encontró y que contienen referencias al tema buscado. Haga doble clic en un elemento para ir a su ventana.

Para obtener ayuda

Hay mucha ayuda disponible en línea. Para obtener información sobre la cuenta de MSN, haga clic en Member Assistance (ayuda a los miembros)

Figura 14-9. Busque información en MSN escribiendo una palabra o frase en este cuadro.

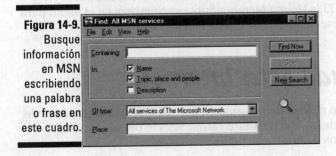

CONSEJO

¿Qué pagar?

Algunas veces, al hacer clic en un icono, aparece un pequeño mensaje diciendo que hay que pagar por el servicio. Este mensaje le dice cuánto cuesta; puede ser desde diez centavos de dólar. Haga clic en Yes (sí) para continuar, y el precio del servicio se añadirá a su cuenta de MSN. O haga clic en No, si le parece que no vale la pena pagar la información.

en la ventana de la central de MSN. Verá el lobby de miembros. Contiene iconos para su cuenta, el costo y cómo encontrar distintas cosas.

Si necesita ayuda sobre cómo utilizar el correo electrónico, las carteleras y otras cosas, elija Help⇨ Help Topics en el menú en la ventana de MSN.

Aquí le presentamos una lista de comandos que puede usar para resolver los problemas que tenga con su cuenta, contraseña o la cuenta de cobro:

✔ Para cambiar la contraseña, elija Tools ⇨ Password en el menú en cualquier ventana de MSN. Tiene que escribir una vez su contraseña actual y dos veces la nueva contraseña. Si no recuerda cuál es su contraseña, llame al Customer Service de MSN (Servicio al Cliente) al número (800) 386-5550 (en Estados Unidos) y pídales que se la cambien.

✔ Para ver cómo está pagando por su cuenta de MSN o cuánto ha gastado este mes, elija Tools ⇨ Billing en el menú en cualquier ventana de MSN. Puede ver su estado de cuenta en línea, además de los servicios de costo adicional a los que está suscrito.

✔ Para controlar la forma en que MSN presenta la información en la ventana de MSN, además de determinar por cuánto tiempo de inactividad debe esperar MSN antes de colgar, elija View ⇨ Options en el menú de cualquier ventana de MSN.

Si tiene problemas más complejos de los que se pueden resolver en línea, llame al servicio al cliente de MSN al número (800) 386-5550 (en Estados Unidos). Elija Help⇨ Member Support Numbers en el menú para obtener otros números a los que pueda llamar.

Bueno, ¿y dónde está Internet?

Microsoft se ufanó mucho de la forma en que MSN brinda cantidades de servicios de Internet, y con bastante razón. MSN le permite utilizar los siguientes servicios de Internet:

✔ **Correo electrónico**. Vea la próxima sección, "Cartas de amor a Bill", para ver cómo se envía y se recibe correo electrónico.

✔ **World Wide Web**. MSN trae un programa de browser de Web por separado, que se llama Internet Explorer.

✔ **Grupos de noticias de Usenet**. Haga doble clic en el icono de Internet Newsgroups para leer cualquier grupo de noticias. Muchas ventanas de MSN también muestran una lista de los grupos de noticias de Usenet que se relacionan con el tema de la ventana activa. Vea la sección "Para leer grupos de noticias de Usenet", más adelante, en este capítulo.

Para ver cuáles son los servicios de Internet, vaya al Internet Center. Si quiere ir desde la ventana de Categories, haga doble clic en el icono de Internet Center (centro de Internet). En cualquier ventana de MSN, elija Edit ➪ Go to ➪ Other Location y escriba la palabra **internet** como la *Go word* . En la figura 14-10 aparece la ventana.

Haga doble clic en el icono de Getting on the Internet (entrando a Internet) para obtener mucha ayuda acerca del uso de los servicios de Internet de MSN.

Figura 14-10.
El Internet Center (Centro de Internet) contiene iconos para el World Wide Web y los grupos de noticias de Usenet, así como para información acerca del uso de Internet desde MSN.

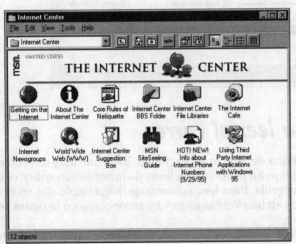

Cartas de amor a Bill

El correo electrónico es el servicio favorito de Internet, y mucha gente lo utiliza para cosas distintas a enviar cartas de amor al presidente de

Microsoft. Windows 95 viene con un ágil programa, llamado Microsoft Exchange, que se puede usar para enviar y recibir correo electrónico de varios servicios, entre otras de MSN y de una red de área local.

Para hacer funcionar Microsoft Exchange, haga clic en el botón de Start (iniciar) en la barra de tareas de Windows 95 y luego elija Programs ⇨ Microsoft Exchange. O haga doble clic en el icono de Inbox (buzón de entrada) en el desktop. Cuando está conectado a MSN, si tiene correo que no ha leído aún, MSN le pregunta si quiere iniciar Microsoft Exchange para leerlo. La ventana de Microsoft Exchange es como la de la figura 14-11.

Puede utilizar Microsoft Exchange para manejar el correo electrónico de diferentes fuentes, como CompuServe, AOL y otros servicios en línea, y para faxes. Tiene que remitirse a la documentación de Windows 95 para instalar este programa, y tal vez sea bueno que le ayude un fanático de los computadores porque es un poco confuso.

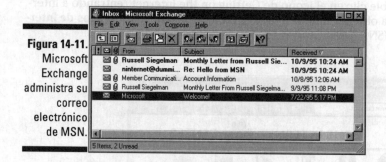

Figura 14-11. Microsoft Exchange administra su correo electrónico de MSN.

Para leer el correo

La ventana de Microsoft Exchange hace una lista del correo que ha llega-do. Si no lo ha leído aún, la línea de información sobre el mensaje apare-ce en negrilla. Para leer un mensaje, haga doble clic en él. El mensaje aparece en una ventana nueva y se ve como en la figura 14-12.

Estas son algunas de las cosas que puede hacer cuando mira un mensaje de correo electrónico:

✔ **Responder el mensaje.** Haga clic en el icono Reply to Sender (res-ponder al emisor), o presione Ctrl+R o elija Compose ⇨ Reply en el menú. Si desea dirigir el mensaje a todos aquellos que recibieron el mensaje original (incluyendo a aquellos a los que se les envió como CC (copia de carbón), haga clic en el icono de Reply to All en la

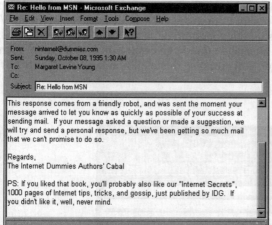

Figura 14-12.
Un mensaje
en pantalla
de Microsoft
Exchange.

barra de herramientas, presione Ctrl+Shift+R, o elija Compose ⇨
Reply to All en el menú. Vea la sección "Tome una carta", más adelante, en este capítulo, para aprender a escribir el texto de la respuesta y enviarlo.

✔ **Redirigir el mensaje.** Haga clic en el icono de Forward (redirigir) en
la barra de herramientas.

✔ **Eliminar el mensaje.** Haga clic en el icono de Delete (eliminar) en la
barra de herramientas, presione Ctrl+D o elija File ⇨ Delete en el
menú.

✔ **Imprimir el mensaje.** Haga clic en el icono de Print (imprimir) en la
barra de herramientas, presione Ctrl+P o elija File ⇨ Print en el menú.

✔ **Archivar el mensaje.** Elija File ⇨ Save As en el menú.

✔ **Mostrar el siguiente mensaje en el buzón.** Haga clic en el botón
Next (siguiente>) en la barra de herramientas o presione Ctrl+>.
Para ver el mensaje anterior, haga clic en el botón Previous (ante-
rior) o presione Ctrl+<.

Cuando haya terminado de ver el mensaje, cierre la ventana haciendo
clic en el botón de Close (cerrar) situado en la parte superior derecha de
la ventana.

Tome una carta

Así que ya está listo para escribirle la carta de amor a Bill Gates o a cualquier otra persona. Haga clic en el icono de New Message (mensaje nue-

vo) en la barra de herramientas de la ventana de Microsoft Exchange o presione Ctrl+N o elija Composee ➪ New Message en el menú. Verá la ventana de mensaje nuevo, como en la figura 14-13. También se utiliza la ventana de New Message cuando se responde o redirige un mensaje de correo electrónico (tal como se describió en la sección anterior, "Para leer el correo").

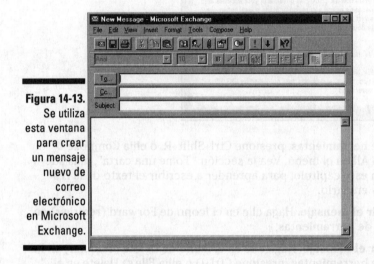

Figura 14-13.
Se utiliza esta ventana para crear un mensaje nuevo de correo electrónico en Microsoft Exchange.

Así es como se utiliza la ventana de New Message (mensaje nuevo) para enviar un mensaje de correo electrónico:

1. **Escriba en el cuadro de To (para) la dirección a la cual desea enviar el mensaje.**

   Cuando responde a un mensaje, Microsoft Exchange llena el cuadro de la dirección de la persona cuyo mensaje está respondiendo.

   Puede ingresar varias direcciones, separadas por comas. Para enviar un mensaje a otro usuario de MSN, digite el número de ID. Para enviar un mensaje a una persona en otro servicio comercial en línea o con una cuenta de Internet, escriba la dirección de Internet de esta persona (vea la tabla 6-1 en el capítulo 6 para ver cómo se escriben las direcciones de Internet de los distintos servicios en línea.)

   Si desea utilizar su libreta de direcciones para ingresar la dirección del mensaje, vea la sección "Cómo utilizar una libreta de direcciones", más adelante, en este capítulo.

2. **Si desea enviar una copia del mensaje a otra persona, escriba la dirección en el cuadro de C̲c.**

Para enviar copias a varias personas, separe las direcciones con comas.

3. **Escriba el tema del mensaje en el cuadro de Subject (tema).**

Cuando responda o redirija un mensaje, Microsoft Exchange pone como tema el del mensaje original.

4. **Escriba el texto de su mensaje en el cuadro grande para el texto.**

Si está respondiendo o redirigiendo un mensaje, el texto original aparece en el cuadro de texto de mensaje para que se puedan citar partes de él en el mensaje de respuesta. Asegúrese de borrar las partes aburridas.

Si está enviando un mensaje a otro usuario de MSN, puede adornar el texto con todo tipo de formatos. Utilice los iconos en la segunda barra de herramientas para colocar negrillas e itálicas o cambiar las fuentes. No pierda el tiempo utilizando formatos sofisticados en los mensajes que van a ser enviados por Internet, porque eso se pierde en la transferencia.

Si está redirigiendo un mensaje, aparece el texto del mensaje origi-nal, junto con la información que muestra de dónde procede. Puede añadir sus propias notas al comienzo del mensaje, por ejemplo, explicando por qué lo redirige.

5. **Revise la ortografía del mensaje: presione F7 o elija T̲ools ➪ Spelling en el menú.**

El revisor de ortografía funciona tal como el de Microsoft Word (puede que sea tan sólo una coincidencia). Cuando el revisor de ortografía encuentra una palabra que no reconoce, puede ignorarla para este mensaje, agregarla a su diccionario (para que no vuelva a aparecer como extraña), o corregirla. El revisor de ortografía le indica cuando ha terminado su trabajo.

6. **Haga clic en OK para agradecerle al revisor de ortografía.**

¡No cuesta nada ser amable!

7. **Envíe su mensaje haciendo clic en el icono de Send (enviar) en la barra de herramientas (el icono que se encuentra más a la iz-quierda) o presionando Ctrl+Enter o eligiendo F̲ile ➪ Se̲nd en el menú.**

El programa de MSN envía el mensaje a MSN y luego a su destino. Aparece la ventana de New Message (mensaje nuevo).

Si decide finalmente no enviar el mensaje, simplemente cierre la ventana.

Aquí hay también un archivo

Puede anexar un archivo a un mensaje para que la persona reciba el archivo además del mensaje. Si le envía el archivo a un usuario de MSN, éste funciona divinamente y usted no tiene que saber nada acerca de cómo funcionan los anexos. Si desea enviar un archivo a un usuario de Internet, o a un usuario de otro servicio comercial en línea, los anexos utilizan un sistema llamado *uuencoding* (vea el capítulo 7 para obtener una descripción completa al respecto). Antes de enviar un archivo, hay que preguntarle a la persona a quien se va a enviar si su sistema funciona con *uuencoding*.

Nota. A estas alturas, mientras escribimos esto, MSN no permite que los mensajes de correo electrónico a direcciones de Internet contengan anexos, pero piensa operar en un futuro con *uuencoding* y posiblemente también apoyar el método estándar de anexar archivos, llamado MIME. Inténtelo y tal vez funcione.

Para anexar un archivo a un mensaje de correo electrónico, haga clic en el icono de Attach file en la barra de herramientas (el que parece un gancho de papel), o elija Insert ⇨ File en el menú. Verá aparecer el cuadro de diálogo de Insert File, en el cual elige el archivo que va a insertar. Cuando haga clic en OK (Aceptar), aparecerá un icono para el archivo en el texto de su mensaje de correo electrónico. Envíe el mensaje como siempre.

¿Qué hace este icono en mi mensaje?

Algún día recibirá un mensaje con un icono, como el de la figura 14-14. Un icono en un mensaje es un archivo anexo que puede ser un documento, una imagen e incluso un programa. El icono de la figura 14-4 es un atajo hacia una ventana de MSN. Si hace doble clic en él, MSN le presentará la ventana de información de cuenta y de cobros de MSN.

Si alguien que no conoce le envía un correo electrónico con icono, no se precipite a abrirlo. ¿Cómo sabe usted qué hace ese icono? En el peor de los casos (desagradable, pero desafortunadamente posible), puede ser un virus que ataque a su máquina y deje su disco duro hecho pedazos. Una palabra de advertencia: no haga doble clic con extraños.

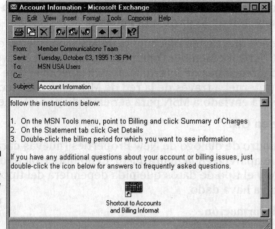

Figura 14.14.
Mesero, ¡hay
un icono en
mi sopa!

Cómo utilizar una libreta de direcciones

Cuando le vaya a colocar la dirección a un mensaje, puede hacer clic en
el botón de To (para) o de Cc (con copia) para ver su libreta personal de
direcciones. O puede hacer clic en el icono del Address Book (libreta de
direcciones) en la barra de herramientas, o elegir Tools ➪ Address Book
en el menú, o presionar **Ctrl+Shift+B** cuando desee buscar algo en la
libreta de direcciones. Aparecerá la ventana de la libreta personal de
direcciones.

Para agregar un nombre a la libreta de direcciones:

1. **Haga clic en New (nuevo) en el cuadro de diálogo de Address**
   Book.

   Verá el cuadro de diálogo de New Entry (nueva dirección), como
   aparece en la figura 14-15.

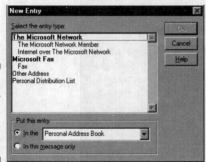

Figura 14-15.
¿Cómo enviar
mensajes a
esta
persona?

2. Para escribir la nueva dirección, elija primero la forma en que este mensaje puede llegarle a la persona.

Para aquellos que tienen una cuenta de MSN, por ejemplo, elija The Microsoft Network Member (miembro de Microsoft Network). Para otros con direcciones de Internet, elija Internet over The Microsoft Network (Internet a través de la red de Microsoft), es decir, que el mensaje será enviado a MSN para ser enviado por Internet.

3. Haga clic en OK.

Verá el cuadro de diálogo de New Properties (nuevas característi-cas), como aparece en la figura 14-16. El nombre exacto del cuadro de diálogo y el tipo de datos que pida dependerá del tipo de datos que usted ya haya dado.

4. Llene la información.

Si la dirección es de una persona con cuenta de Internet, por ejem-plo, escriba la dirección de correo electrónico de la persona, el nombre de dominio y el nombre real. En la parte de las direcciones de correo electrónico, querrá la parte de la dirección que viene antes de la @. (Por ejemplo, en la dirección `ninternet@dummies.com`, lo que se pide es `ninternet`). En la parte de dominio, escriba el segmento de la dirección de correo electrónico que viene des-pués de @ (como `dummies.com`). No sabemos por qué Microsoft Exchange lo obliga a partir la dirección de correo electrónico de esta manera.

Si quiere añadir más información acerca de la persona, haga clic en los botones de Business (negocio), Phone (teléfono) o Notes (notas) para ver otras partes del cuadro de diálogo.

5. Para añadir a esa persona en su libreta de direcciones, haga clic en OK.

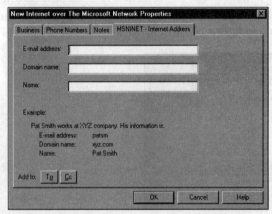

Figura 14-16. Ingrese la información personal de su corresponsal.

Para enviarle un mensaje a alguien de su libreta de direcciones, seleccione el nombre de la persona a la que desea enviarle el mensaje y haga clic en el botón de T<u>o</u>. Haga clic en OK para desactivar la libreta de direcciones y regresar al mensaje que está componiendo.

Cómo trabajar desconectado

Puede leer y componer mensajes de correo electrónico cuando no está conectado a MSN (se puede dar el lujo de pensar sin que el contador esté corriendo).

Inicie Microsoft Exchange como siempre, y componga y lea sus mensajes como siempre. Los mensajes que prepare quedarán guardados en el *Outbox*, su buzón de salida. Puede enviarlos la próxima vez que se conecte a MSN.

En Microsoft Exchange, para ver los mensajes en su buzón de salida, haga clic en el icono de Show/Hide Folder List (mostrar/esconder la lista de fólder) ubicado en la barra de herramientas (el segundo de izquierda a derecha). La ventana de Microsoft Exchange se parte en dos: muestra una lista de los fólderes a la izquierda y una lista de los mensajes del fólder que elija a la derecha.

¡Así es! Sin saberlo, ha estado viendo los mensajes en su *Inbox*, su buzón de llegada, todo este tiempo. Para ver los mensajes del *Outbox*, márquelos en la lista.

Para enviar los mensajes pendientes en su buzón de salida, elija T<u>o</u>ols ⇨ <u>D</u>eliver Now Using ⇨ All Services o presione **Ctrl+M**. Si tiene otros servicios para enviar su correo, puede elegir T<u>o</u>ols ⇨ <u>D</u>eliver Now Using ⇨ The Microsoft Network. Rápidamente, Microsoft Exchange entra a MSN, envía y revisa si ha llegado correo, y desconecta.

Para hacer que desaparezca la lista de fólderes de su ventana de Microsoft Exchange, haga otra vez clic en el icono de Show/Hide Folder List en la barra de herramientas.

¡Rumbo a Web!

Para recorrer la World Wide Web debe utilizar Internet Explorer, un programa diferente de MSN. Internet Explorer viene con la versión 1.05 del programa de acceso a MSN y con Microsoft Plus.

Si su desktop de Windows 95 tiene un icono de Internet, haga clic ahí; si no está conectado a MSN, primero llamará a MSN y luego iniciará Internet Explorer. (Una manera de obtener el icono en el desktop es instalar Microsoft Plus.) Si no ve un icono de Internet en su desktop, tendrá que instalarlo. Pero eso no es problema: MSN puede copiarlo e instalarlo con tan sólo unos clics de ratón.

Para información general acerca de la World Wide Web y cómo navegarla, revise los capítulos 4 y 5.

Cómo obtener su Internet Explorer

Esta sección le muestra cómo copiar e instalar su Internet Explorer. Asegúrese de tener sus discos o CD-ROM de instalación de Windows 95, porque los va a necesitar. Una advertencia: este proceso le puede tomar media hora; prepárese para salir a tomar una taza de café:

1. **Haga doble clic en el icono de World Wide Web en la ventana del Internet Center. O elija Edit ⇨ Go To ⇨ Other Location en el menú y digite www como palabra de Go (*Go word*).**

   De cualquier manera, verá información acerca de cómo moverse por Internet.

2. **Haga clic en el botón de Upgrade Instructions (actualizar instrucciones).**

   Verá instrucciones para actualizar, paso a paso, el programa de MSN e incluir Internet Explorer.

3. **Siga las instrucciones y haga clic donde le indiquen para verificar si hay un número de acceso local para su conexión de Internet.**

   MSN copia la lista de números telefónicos que puede usar para conectarse a MSN si también quiere tener acceso a Internet. Si no hay un número local de MSN, puede conectarse a Internet a través de otro servicio, pues los costos del teléfono pueden ser muy altos.

4. **En la ventana Getting on the Internet (para ingresar a Internet) de MSN, haga clic en donde le indiquen para copiar el nuevo programa.**

   Este paso puede tomar algún tiempo, especialmente si su módem no es el más rápido del mundo. Cuando haya terminado de copiar, MSN cuelga y muestra la misma pantalla que apareció cuando se inscribió inicialmente a MSN. Se preguntará qué sucede.

5. **Haga clic en OK.**

   La ventana de Upgrade to Full Internet Access (actualizar para un acceso completo a Internet) seguirá abierta y mostrará información acerca de lo que está haciendo, especialmente acerca de la instalación del Internet Access Kit (Equipo de acceso a Internet) de MSN, que incluye Internet Explorer. Este paso requiere de unos minutos.

MSN le pide el indicativo de área (area code) y el número de teléfono, como lo hizo la primera vez que fue instalado.

6. **Escriba su indicativo de área y su número telefónico; luego haga clic en OK.**

MSN le indica cuál número de teléfono va a utilizar para hacer la conexión a MSN.

7. **Haga clic en Connect (conectar).**

MSN muestra la ventana corriente de Sign on (suscríbase).

8. **Escriba su palabra clave y haga clic en Connect (conectar).**

MSN le muestra una lista de los números que puede utilizar para conectar al usuario a MSN y a Internet. Verá una ventana que le permite cambiar los números que utiliza para conectarse (ver figura 14-2).

9. **Haga clic en OK.**

El Internet Setup Wizard le muestra un mensaje advirtiéndole que va a necesitar los discos o el CD-ROM de Windows 95.

10. **Haga clic en OK para continuar.**

Habrá mucho trabajo de copiado. Finalmente verá un mensaje que le pide reiniciar su computador.

11. **Salga de todos los programas. Luego haga clic en la ventana de Upgrade to Full Internet Access (actualizar a acceso completo a Internet).**

Salga de Windows 95 y vuelva a ingresar. Aparecerá un nuevo icono de Internet en su desktop.

12. **Haga doble clic en el icono de Microsoft Network en el desktop y establezca la conexión como siempre.**

Ahora ya está conectado a MSN y, a través de MSN, a Internet. Está todo listo para navegar.

Listo para navegar

Para iniciar el Internet Explorer, haga doble clic en el icono de World Wide Web en la ventana de Internet Center, o elija Edit ⇨ Go To ⇨ Other Location en el menú y digite **www** como *Go word*. Esta vez, en lugar de instrucciones aburridas acerca de cómo actualizar su programa de MSN, verá Internet Explorer, presentando la página institucional de MSN, como en la figura 14-17.

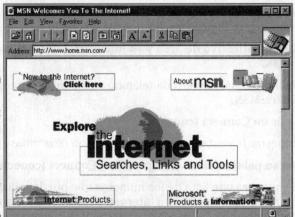

Figura 14-17.
Es Internet
Explorer,
pero se
parece a
cualquier
otro browser
de Web.

Para utilizar Internet Explorer:

✔ Haga clic en una palabra o frase subrayada en azul: son vínculos de hipertexto a otros documentos.

✔ Escriba un URL en el cuadro de Address (dirección) y presione **Enter** para ver la página de Web de ese URL.

✔ Haga clic en el icono de My Favorites en la barra de herramientas (el fólder amarillo con el asterisco) para abrir el fólder de sus lugares favoritos. Para ir a uno de ellos sólo haga doble clic en su icono.

✔ Para agregar la página actual a su fólder de lugares favoritos, haga clic en el icono de Add to Favorites (agregar a favoritos) en la barra de herramientas (el icono a la derecha del icono de My Favorites).

✔ Para regresar a la página anterior de Web, haga clic en el icono Back (atrás) en la barra de herramientas (la flecha hacia la izquierda).

✔ Verá la lista de páginas que ha visitado desde que inició Internet Explorer. Elija File en el menú , y mire en la parte inferior del menú que aparece; incluye las últimas páginas que visitó. Para ver la ventana de su historia (History), es decir, la lista de las otras páginas que ha visitado, elija File ➪ More History en el menú.

Cuando termine de navegar por la Web, cierre la ventana de Internet Explorer o elija File ➪ Exit en el menú. Si abrió las ventanas de Favorite y History, tendrá que cerrarlas también.

Para leer grupos de noticias de Usenet

Los grupos de noticias de Usenet son el centro de noticias y chismes de Internet. Hay miles de grupos de noticias, y los puede leer todos a través de MSN.

La central de grupos de noticias

Si usted hace doble clic en el icono de Internet Newsgroups en la ventana de Internet Center, verá la ventana de grupos de noticias que le ofrece información general acerca de los grupos de noticias de Usenet (conocido como *Net news* -noticias en Internet). Si hace doble clic en el icono de Internet Newsgroups, verá una ventana con un icono para cada una de las siete jerarquías superiores de Usenet (comp, rec, soc, talk, misc, news y sci). Haga doble clic en los iconos para ver los grupos de noticias en esas jerarquías. Para leer, por ejemplo, el grupo de noticias misc.forsale, haga doble clic en el icono misc. De la lista de grupos de noticias que aparece, haga doble clic en el grupo de noticias que quiera leer. Para los grupos de noticias con nombres compuestos de varias partes (más de dos partes separadas por puntos) verá grupos de noticias adicionales de donde podrá elegir.

Una vez haya elegido el grupo de noticias que desea leer, verá la ventana del newsreader (lector de noticias). Vea la sección "Cómo leer mensajes de grupos de noticias", más adelante, en este capítulo, para aprender a usarlo.

Si sólo quiere leer uno de los grupos de noticias más populares, haga clic en el icono de Most Popular Newsgroups (grupos de noticias más populares) en la ventana de Newsgroups. Tiene una elección de los diez grupos de noticias más populares, entre los que se cuentan news.announce.newusers (obligatorio para los que están empezando a usar Usenet) y el muy popular rec.humor.funny (el de los chistes y humor, ahora bajo nueva administración).

Cómo encontrar grupos de noticias acerca de un tema en particular

En todo MSN, hay muchas ventanas acerca de temas específicos que incluyen un icono que le permite leer los grupos de noticias de Usenet que discuten los temas relacionados con el tema de esa ventana. Una forma fácil de leer grupos de noticias de Usenet es hacer clic en el icono

CONSEJO

Páginas sucias, por favor

Cuando se suscribe a MSN, la cuenta no le brinda acceso a las partes escabrosas del servicio, o a los grupos de noticias de Usenet con contenido algo vulgar. Si quiere entrar a las partes destinadas a adultos en MSN y Usenet, elija How To Access All Newsgroups (cómo ingresar a todos los grupos de noticias) en su ventana de Newsgroups. Recibirá ins-

trucciones acerca de cómo enviar un formulario por correo electrónico a MSN pidiendo que su cuenta sea desbloqueada.

Encontrará más información acerca de cómo bloquear las cosas destinadas únicamente a adultos en la cuenta en el capítulo 3.

de Related Newsgroups (grupos de noticias relacionados) en cualquiera de las ventanas de MSN.

Verá aparecer una ventana de grupos de noticias: en la sección "Cómo leer mensajes de grupos de noticias", más adelante en este capítulo, le mostramos cómo leer un grupo de noticias una vez lo haya encontrado.

Cómo encontrar un grupo de noticias si sabe su nombre

Si desea leer un grupo de noticias en particular, hay una forma más rápida que pasearse por MSN para encontrar la ventana que contenga ese tema que desea leer. Si sabe cuál es el nombre exacto del grupo de noticias que desea ver, elija Edit ➪ Go to ➪ Other Location, luego escriba **news:** seguido del nombre exacto del grupo de noticias de Internet (por ejemplo, **news:rec.food.chocolate**).

Verá la ventana de grupo de noticias de ese grupo. Siga leyendo para saber qué hacer después.

Cómo leer mensajes de grupos de noticias

Cuando se abre un grupo de noticias de Usenet, aparece una ventana de grupo de noticias.

Cada uno de los elementos en la lista es una *conversación*, que el resto de la gente en Usenet llama una *thread* (una hilera). Para leer los artículos en una hilera, haga doble clic.

Una vez haya leído el artículo, puede hacer una o todas las siguientes cosas:

✔ **Guardar el artículo en un archivo de texto en su disco duro:** haga clic en el icono de Save (guardar) en la barra de herramientas (el pequeño disquete), o elija File ⇨ Save en el menú, o presione **Ctrl+S**.

✔ **Imprimir el artículo:** haga clic en el icono de Print (imprimir) en la barra de herramientas (puede imaginarse cuál es, ¿no es cierto?), o elija File ⇨ Print en el menú, o presione **Ctrl+P**.

✔ **Pasar al siguiente artículo en el grupo de noticias:** haga clic en el botón de Next Message (siguiente mensaje) en la barra de herra-mientas (la flecha hacia abajo), o elija View ⇨ Next Message en el menú, o presione **F5**.

✔ **Saltarse el resto de los artículos en esta hilera (conversación) y pasar al primer artículo de la siguiente:** haga clic en el botón de Next Conversation (siguiente conversación) en la barra de herra-mientas (la flecha que señala un signo de más), o elija View ⇨ Next Conversation en el menú, o presione **F7**.

✔ **Redirigir el artículo a un amigo:** Elija Compose ⇨ Forward by e-mail en el menú, o presione **Ctrl+F**. MSN inicia Microsoft Exchange para crear el mensaje de correo electrónico. Corríjalo y envíelo como siempre.

También puede responder el mensaje, que es lo que le contamos en la siguiente sección.

Permítame decir esto acerca de aquello

Si siente la necesidad de responder a un artículo de Usenet, tiene dos opciones: responder por correo electrónico al autor del artículo o enviar una respuesta al grupo de noticias. Sólo debe utilizar la segunda opción si piensa que todos en el grupo de noticias pueden tener interés en lo que va a decir. No envíe respuestas únicamente para decir que está de acuerdo con un artículo.

Para responder a un artículo por correo electrónico, elija Compose ⇨ Reply by e-mail en el menú, o presione **Ctrl+R**. MSN inicia Microsoft Exchange y verá una ventana de New Message (mensaje nuevo) con un mensaje de correo electrónico listo para ser editado. Ya contiene la di-rección de la persona a la que va dirigido, es decir, la que escribió el artículo que desea responder, y el texto del artículo también se encuen-tra en el mensaje para que pueda citarlo. Debe borrar las partes aburri-das; recuerde que el autor del artículo ya lo leyó.

Para enviar una respuesta a un grupo de noticias (llamado, en la jerga, un seguimiento), haga clic en el icono de Reply to BBS en la barra de herramientas (el que tiene las dos caras pequeñas), o elija Compose ⇨ Reply to BBS en el menú, o presione **Ctrl+A**. Verá la ventana que aparece en la figura 14-18.

Escriba el tema en el espacio de Subject (tema), y escriba el texto del artículo. Revise la ortografía, bájele el tono a la retórica y saque las frases sarcásticas antes de enviar el mensaje. Para enviar su obra maestra, haga clic en el icono de enviar (Post) en la barra de herramientas (el que se encuentra a la extrema izquierda), o elija File ⇨ Post Message, o presione **Ctrl+Enter**.

Figura 14-18.
Componer un artículo de Usenet es como escribir un mensaje de correo electrónico, con la diferencia de que el primero lo pueden leer miles de personas.

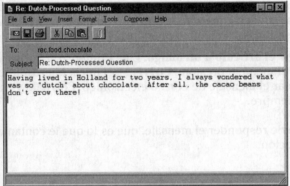

CONSEJO

Desjerigonzar la jerigonza

De vez en cuando, especialmente en el grupo de noticias rec.humor, verá un artículo que parece en jerigonza, es decir un texto que se entiende aún menos que los mensajes usuales de Usenet. Nos referimos a textos compuestos de palabras, pero no de palabras que uno conozca. El tema del mensaje se entiende y puede ser que aparezca alguna referencia a algo que se llama rot 13.

¿Qué sucede? El mensaje puede ser potencialmente ofensivo (puede ser un chiste acerca de esos tontos..., no, tal vez mejor no decirlo). Para evitar que alguien lea el mensaje ofensivo por error, algunos mensajes burdos o groseros van escritos en clave con un código simple llamado rot 13. Si quiere evitar ver algo desagradable, sáltese el artículo. Si quiere correr el riesgo, elija Tools ⇨ ROT 13 Encode/Decode en el menú.

Si decide no enviar su respuesta, cierre la ventana sin enviar el artículo.

Puede componer un artículo completamente nuevo, y no necesariamente como respuesta a algo. Haga clic en el icono de New Message (mensaje nuevo) en la barra de herramientas (el de la extrema izquierda), elija Compose ⇨ New Message en el menú, o presione **Ctrl+N**.

Más información

Si le gusta MSN, querrá leer *Microsoft Network For Dummies*, por Doug Lowe (IDG Books Worldwide). Puede también elegir Help (ayuda) en el menú de cualquier ventana de MSN o el Member Lobby (empiece por la ventana de MSN Central y haga clic en Member Assistance).

Capítulo 15

Cómo utilizar Internet a través de proveedores shell de UNIX

● ●

En este capítulo:

▶ Cómo suscribirse a una cuenta con un proveedor shell

▶ Marcación

▶ Cómo usar los comandos de UNIX

▶ Colgar

▶ Bienvenido a World Wide Web

▶ Para enviar correo electrónico

▶ Para leer grupos de noticias

▶ Copiar y enviar

▶ Sentirse superior a los demás mortales

● ●

UNIX y usted

Suponemos que desea conectarse a Internet a través de un proveedor shell de UNIX por alguna de las siguientes razones:

✔ Creencias personales y prácticas que hacen que el uso del ratón no sea práctico.

✔ Su reputación depende de ello; hay gente que no gusta de Windows.

✔ Es gratis, o es lo más barato que pudo conseguir.

✔ No tiene otra opción: es todo lo que tiene a su disposición.

Para efectos de este capítulo, asumiremos que no conoce cómo utilizar UNIX. Si usted utiliza Internet a través de un proveedor shell de UNIX, obtendrá mejores resultados mientras más conozca UNIX. Si quiere que su relación con Internet sea más divertida, aprenda más sobre UNIX.

Cómo suscribirse a una cuenta de shell

Hay muchos proveedores de Internet a través de UNIX, y en la mayoría de las ciudades se consigue uno (vea el capítulo 20 para averiguar dónde están). Si es la primera vez que utiliza uno, es recomendable llamar al proveedor y hablar con un ser humano para crear su cuenta y aprender a instalar adecuadamente el programa de comunicación. Si ya conoce este sistema, no debe ser difícil instalar el módem para que haga la marcación hacia el sistema, seguir las instrucciones e ingresar a la conexión en línea. Si ésta es una cuenta más que va a abrir, puede enviar un correo electrónico desde otra cuenta para averiguar qué es lo que debe saber para hacerlo.

La parte más difícil de una cuenta shell: la conexión

A diferencia de los proveedores comerciales que le brindan un disquete con su programa enteramente configurado, instalado y listo para insertar en la máquina, los proveedores shell de UNIX se parecen más bien a puestos vigilados con guardias armados a la entrada, pidiéndole su contraseña antes de volarle la cabeza. No siempre es así, pero puede llegar a serlo.

Los proveedores de shell parten de la base de que el usuario tiene instalado algún tipo de paquete de comunicaciones y que sabe cómo instalarlo para marcar y entrar en algún tipo de cuenta. Ésta puede ser la sitiuación de algunas personas, pero no de todas. Si usted no tiene experiencia en el uso del computador, busque a un amigo o acuda a la persona que le vendió su equipo. Incluso personas con experiencia tienen problemas en esta parte. Si no tiene amigos, o es la primera persona en su barrio que trata de hacer esto, le recomendamos *Modems For Dummies*, segunda edición, por Tina Rathbone (IDG Books Worldwide). No va a necesitar leer las 464 páginas, pero muy seguramente ella le contestará muchas de sus preguntas. Las 464 páginas son una prueba de que el asunto no es fácil. En nuestro caso, y debido a que en algún punto tenemos que terminar de escribir este libro, no vamos a cubrir todos los casos aquí.

Su módem viene probablemente con algún programa de comunicaciones, y ese programa probablemente tiene un manual. ¿Puede buscarlo? No estamos diciendo que le va a ayudar, pero tal vez le sirva para algo. Los usuarios de Windows 3.1 pueden utilizar el programa de terminal de

Windows que viene como una parte incorporada de Windows (no es una maravilla, pero sirve). Los usuarios de Windows 95 pueden iniciar HyperTerminal (haga clic en el botón de Start y elija Programs ➪ Accessories ➪ HyperTerminal).

Con una combinación de amigos, ayuda del que le vendió el computador, manuales y algunas oraciones, las personas realmente se las arreglan para establecer la conexión. Usted sabrá que lo logró cuando:

✔ Presione Phone ➪ Dial (o el equivalente en su paquete de comunicación) y escuche que el módem está marcando un número (en caso de que su módem tenga parlantes; no todos los tienen).

✔ Vea aparecer un texto ilegible en su pantalla.

✔ Escriba una respuesta, y lo que usted crea que está escribiendo aparezca en la pantalla a medida que lo escriba, con alguna tolerancia ante los errores de digitación y contraseñas escondidas.

Lo logró. Felicitaciones; lo peor ya pasó.

¿Y ahora qué hago?

Los proveedores shell de UNIX le brindan un acceso de Internet a las personas más motivadas. Una vez haya logrado conectarse a la cuenta de shell, no pasa nada. Es el usuario el tiene que decirle que hacer; si no hace nada por un buen tiempo, la mayoría de los proveedores lo desconectan sobre la base de que el usuario seguramente se quedó dormido y no volverá a aparecer hasta la mañana siguiente. Si ya sabe cómo utilizar UNIX, entonces sabe qué hacer. Si no conoce UNIX, esta sección le presenta algunos de los comandos básicos para arrancar.

Comandos de UNIX

Los comandos de UNIX le indican a UNIX cuál programa utilizar. Para iniciar un programa particular hay que escribir su nombre y presionar la tecla de **Enter**. La mayoría de los programas que se utilizan para entrar a Internet se describen en otras partes de este libro. Para utilizar el correo electrónico, por ejemplo, se necesita el programa Pine, tal como se describe en los capítulos 6 y 7. Para leer las noticias de Usenet, se utiliza un lector de noticias como trn, que describimos más adelante, en este capítulo.

Ventajas y desventajas de las cuentas shell de UNIX.

Las cuentas shell de UNIX suelen ser el tipo de acceso más barato a Internet. Debido a que una buena cantidad del desarrollo inicial de Internet se hizo en ambientes de UNIX, los lugares que han estado utilizando Internet por mucho tiempo (es decir más de tres años, en este caso) siguen utilizando un acceso de UNIX a Internet. Entre estos lugares se cuentan muchas corporaciones y universidades que no tienen ningún deseo de retirarse del sistema UNIX.

Por otro lado, comparado con Macintosh o con un PC de Windows, es difícil utilizar UNIX. Cuando entra a un ambiente de UNIX a través de una cuenta shell de discado, lo que obtiene es un sistema basado en textos que requiere que el usuario aprenda un comando para cualquiera de las cosas que desea hacer.

Sin embargo, una vez haya aprendido a utilizar los comandos de UNIX, navegar por Internet es mucho más rápido si no se tiene el encabezamiento de menús y la cantidad de gráficas de los otros sistemas. Su proveedor de Internet puede tener un sistema de menús para iniciarlo de modo que usted no tenga que conocer todos los comandos de UNIX desde el principio. Pero no guarde muchas expectativas.

Estas son las reglas que hay que seguir cuando se escriben los comandos de UNIX:

✔ Si comete un error, utilice la tecla **Backspace**, (o la de **Delete** o **Ctrl-H**).

✔ Para cancelar todo el comando antes de presionar **Enter**, presione **Ctrl-U** (en algunos casos **Ctrl-K**). El comando desaparece.

✔ Cuando termine de escribir un comando, presione **Enter**.

✔ Si escribe un comando que UNIX no conoce, aparecerá un mensaje diciendo que no lo encontró. Lo que puede haber sucedido es que el comando haya sido mal escrito.

✔ A UNIX le importan las mayúsculas. Hay que escribir los comandos tal como aparecen aquí o UNIX no los reconocerá. UNIX considera que ls y LS son dos comandos enteramente diferentes. La mayoría de los comandos de UNIX se escriben en minúsculas. Cuando esté escribiendo nombres de archivos, también son importantes las mayúsculas: RANA, Rana, RaNa y rana son cuatro nombres enteramente diferentes que corresponden a cuatro archivos diferentes. (Nunca le dijimos que esto era fácil.)

✔ No incluya espacios en el medio de los comandos. Escriba, sin embargo, un espacio después de un comando y antes de cualquier otra información que incluya en la línea de comando.

✔ Si tiene problemas escriba **help** (ayuda). No todos los proveedores UNIX tienen un comando de ayuda, pero nunca se sabe.

✔ Muchos proveedores tienen archivos instalados con mucha información útil para usuarios nuevos. Lea todo lo que su proveedor le sugiera antes de emprender el siguiente paso.

✔ Si realmente tiene problemas, envíe un mensaje de correo electrónico a `staff`. Si tiene aún más problemas, llame a su proveedor por teléfono y hágale la pregunta a una persona real.

Colgar

Cuando ya esté listo para salir, escriba **exit** o **logout**. El proveedor lo desconecta y cuelga el teléfono.

Bienvenido a la World Wide Web

De hecho, usted puede obtener un ingreso al World Wide Web desde su cuenta corriente de discado de un proveedor de shell de UNIX. Utilizará Lynx, un browser de Web basado en texto, que describimos en los capítulos 4 y 5. Lynx no es tan agradable como NetScape (ni tan famoso), pero le brinda un 80% de las cosas útiles que tiene NetScape y es mucho más rápido. Puede ser que pueda utilizar también NetScape o algún otro browser de gráficas si su proveedor tiene TIA (vea el recuadro "Si no tiene SLIP, existe TIA").

Si no tiene SLIP, existe TIA

Para lograr que funcionen NetScape y otros programas de gráficas con una cuenta tradicional de conexión shell, algunos proveedores brindan TIA (The Internet Adapter- el adaptador a Internet), un programa que hace que la conexión de shell parezca como la de una cuenta SLIP o PPP, aunque realmente no lo es.

Hay diferencias entre los proveedores en cuanto a brindar TIA. Algunos tienen la sensación de que es una solución adecuada a las necesidades de obtener gráficas. Los proveedores que brindan cuentas reales de SLIP o PPP sienten menos entusiasmo acerca de ofrecer algo que es funcionalmente equivalente pero cuesta menos. Verifique si su proveedor tiene TIA en su sistema. El famoso libro que escribimos, Internet SECRETS (IDG Books Worldwide), presenta una gran cantidad de información acerca de TIA para usuarios de Macintosh.

Para enviar y recibir correo

En los capítulos 6 y 7 tratamos todo lo que uno necesita saber acerca del correo. Hablamos sobre Pine, un programa de correo agradable que debería estar instalado en alguna parte del sistema de su proveedor de shell. Si no lo encuentra, pregúntele a su proveedor en dónde está, y si no existe, insista en que se lo instalen. Es gratis, es flexible, es lo que uno necesita.

La dirección de correo electrónico es una combinación del nombre del usuario y de la dirección del proveedor, tal como se describe en el capítulo 6. Si conoce a otras personas que utilicen el mismo sistema de su proveedor, puede enviarles correo directamente sin incluir la dirección del proveedor.

Para suscribirse a las listas de correo

El correo electrónico es una de las características incorporadas de UNIX. Por eso mismo es muy fácil ingresar a las listas de correo desde una cuenta de UNIX. Siga las instrucciones expuestas en el capítulo 8.

Para leer grupos de noticias

Usenet nació en el ambiente UNIX. Si no ha leído todavía todo lo que hay que saber sobre los grupos de noticias, vaya al capítulo 9. Cuando esté listo para ensayarlos, en esta sección encontrará lo que debe hacer.

Todos los programas de lectura de noticias hacen más o menos lo mismo (le permiten leer noticias, ¿qué más?). Por eso mismo, la mayoría funciona de manera similar, con una u otra diferencia en la apariencia de la pantalla y alguna diferencia en las letras de comando. Todos los programas nuevos se escriben para llenar la pantalla, pero, como verá, algunos aprovechan mejor la pantalla que otros. Todos están diseñados para permitirle al usuario pasar rápidamente por las noticias (por lo que son tantas), de tal manera que todos usan comandos de una sola letra muy difíciles de recordar hasta que uno se acostumbra a ellos.

En la mayoría de los programas de lectura de noticias no es necesario digitar Enter cuando se escriben los comandos de una letra. Algunos comandos, sin embargo, requieren que se escriba una línea de texto después de la letra, tal como el nombre del archivo o el nombre del grupo de noticias. En ese caso, sí hay que presionar Enter para indicarle al programa que se terminó de escribir la línea de texto.

Esta sección describe a *trn*, que es probablemente el lector de noticias más ampliamente distribuido. Hay otros, pero trn es un programa bueno, tan bueno como cualquiera, por las razones de siempre: funciona y es gratis. Si su sistema no tiene trn, entonces puede ser que tenga *rn*, un lector de noticias más viejo y menos poderoso.

Inicie el programa de noticias escribiendo **trn** (o, si eso no funciona, **rn**). Verá aparecer algo como esto:

```
% trn
Trying to set up a .newsrc file
running newsetup...
Creating .newsrc in /usr/johnl to be used by news pro-
         grams.
Done. If you have never used the news system before, you
         may find the articles in
         news.announce.newusers to be helpful.
There is also a manual entry for rn. To get rid of
         newsgroups you aren't interested in, use the
         "u" command.
Type h for help at any time while running rn.
Unread news in general                            14 articles
(Revising soft pointers — be patient.)
Unread news in ne.food                            47 articles
Unread news in ne.forsale                       1177 articles
Unread news in ne.general                        268 articles
Unread news in ne.housing                        248 articles
etc.
******** 14 unread articles in general — read now? [+ynq]
```

Si el programa indica que no puede copiar ni trn ni rn, tendrá que acudir a ayuda para encontrar el lector de noticias local. Incluso, si está utilizando un programa de noticias diferente, vale la pena mirar el resto de este capítulo, porque lo que se hace con las noticias es exactamente lo mismo, aun cuando las teclas que se digiten sean algo diferentes.

Supongamos que logró iniciar trn o rn; entonces le indicará que el usuario nunca ha utilizado las noticias, y que va a crear un archivo llamado .newsrc (sí, comienza con un punto, y realmente no va a querer saber por qué), que utilizará para hacer un seguimiento de los artículos que ya haya visto. Luego, en un arranque de absurdo optimismo, el programa supone que el usuario quiere suscribirse a todos los grupos de noticias disponibles en el sistema. Obviamente la lista de grupos de noticias que muestre dependerá de lo que haya en el sistema.

Primero lo primero: cuando se haya aburrido de leer noticias tiene que presionar **q** para salir (q es **quit**, acabar). Según donde se encuentre el usuario, tendrá que presionarla dos o tres veces; de todas maneras, la **q** es la llave de salida.

Supongamos que usted todavía no se rinde, entonces **trn** o **rn** va a recorrer todos los grupos de noticias. Para cada grupo de noticias presentará tres opciones: ver los artículos ahora, elegir no verlos ahora para poder volver después o retirarse para no ver ese grupo de noticias nunca más si no se suscribe específicamente. Presione **y** para decir sí (yes), es decir que sí desea leer el grupo de noticias; **n** para saltarlo por ahora; o **u** para retirarse y nunca más ver ese grupo. Por supuesto, también existe **q** para salir de **trn** o **rn**.

Si usted presiona **y**, trn le muestra la primera pantalla del primer artículo que no ha leído en el grupo de noticias general, que es el grupo de artículos que supuestamente son de interés sólo para los usuarios de su máquina. (En la realidad, el grupo de noticias general tiende a estar lleno de basura.) La pantalla se ve más o menos así:

```
general #6281
From: fred@glooble.net (Fred)
        [1]
[1] swell new net book
Organization: Glooble Net Global Access
Date: Sat Aug  7 06:48:03 1996
+
Hey, I just read the new edition of Internet for Dummies.
I wouldn't have believed that they could make the book
even better, but they did. It's incredibly fantastic,
better than food or sex.
I've ordered 4000 copies to mail to all of our
subscribers, but you might want to pick up a few extras,
just in case.
—
Fred Glooble, system manager
End of article 6281 (of 6281) — what next? [npq]
```

Mientras está mirando un artículo, tendrá una serie de opciones. Si el artículo ocupa más de una pantalla, presione la barra de espacio para avanzar a la siguiente pantalla, algo así como los comandos more y pg. Si ya terminó de ver el artículo, presione **n** para ir al siguiente artículo o

q para salir de ese grupo de noticias y pasar al siguiente. Si le parece que el artículo no tiene el más mínimo interés, puede saltarse tanto el resto del artículo como todos los otros artículos del grupo de noticias que tienen el mismo título aburrido, presionando **k**, que quiere decir *kill* (matar). Usted puede hacer que los artículos que tengan esos aburridos títulos que ya conoce sean asesinados cada vez que entre a un grupo de noticias (vea el recuadro "¡Horror! ¡Es un archivo de muerte!", más adelante, en este capítulo).

Tan pronto usted sepa cómo funciona, va a presionar sobre todo la barra de espacio para pasar al siguiente artículo o grupo de noticias, la **n** para saltar al siguiente artículo o grupo de noticias, y la **k** para obviar un grupo de artículos. Mientras no haya podado los grupos para tener un grupo más o menos razonable de noticias a los cuales se encuentre suscrito, lo más probable es que se la pase presionando **u** con frecuencia para salirse de una cantidad de grupos que no quiere leer.

¿De dónde vienen los grupos de noticias? ¿A dónde van?

Hay dos cosas que usted necesita saber para deshacerse de los grupos de noticias. La primera es que aparecen nuevos grupos de noticias varias veces a la semana porque Usenet crece como loco. Cada vez que inicie trn o rn tendrá la oportunidad de suscribirse a todos los grupos de noticias que hayan aparecido. El programa de trn o rn le hará una pregunta como ésta:

```
Checking active list for new newsgroups...
Newsgroup alt.comp.hardware.homebuilt not in .newsrc,
     subscribe? [ynYN]
```

Puede contestar **y**, si desea suscribirse, o **n** en el caso contrario. También puede presionar **Y** para suscribirse a todos los grupos nuevos o, más probablemente, **N** para no suscribirse a ninguno de ellos.

Si escribe **y**, le preguntará en qué lugar en la lista del grupo de noticias desea ver aparecer el grupo:

```
Put newsgroup where? [$^L]
```

La respuesta más probable a esta pregunta es **$** (ponerla al final), o **+** seguido por el nombre de un grupo que ya existe (para ponerla después de ese grupo).

Más o menos o PG en UNIX

UNIX tiene la costumbre de disparar información a una velocidad tal que ningún ser humano puede captarla. Para que vaya más despacio, usted tiene que aprender a utilizar el comando more (más), el comando less (menos) (menos es más) o el comando pg para que la información aparezca página por página y

para que usted pueda decidir si quiere ver la próxima página. Estos tres hacen más o menos lo mismo: le muestran un archivo página por página y se detienen después de cada página una vez usted presiona la barra de espacio o Enter.

Puede suceder que se arrepienta de haberse retirado de un grupo de noticias, en cuyo caso querrá regresar a él. De ser así, presione **g** seguido del nombre del grupo que desea ver. Si nunca ha estado suscrito a ese grupo, rn o trn le preguntará en que parte de la lista desea colocarlo y le ofrecerá las mismas opciones ($ o +). También puede presionar **g** para ir directamente a un grupo de noticias y leer los artículos nuevos.

Una manera rápida de ignorar artículos con trn

Si está usando trn, y no rn, hay una forma mejor de elegir cuáles artículos desea ver y cuáles no. La diferencia más importante entre trn y rn es que en el primero sí hay *hileras* (threads), es decir grupos de artículos relacionados. Puede elegir o ignorar toda una hilera a la vez.

Si presiona la barra de espacio o + para entrar a un grupo de noticias, verá una pantalla con una lista de contenidos como la siguiente, que muestra los títulos de los mensajes aún no leídos en el grupo:

```
general                              14 articles
a 0000-uucp(0000)   3  New mail paths
b 0000-Admin(0000) 10  backup
c Chet Arthur       1  System down to clean hamster cages

Select threads — All [Z>]
```

De nuevo, este grupo se llama general, el grupo que existe en toda máquina para los mensajes que no caben en ninguna otra parte. En el ejemplo hay 14 artículos que no han sido leídos. Para que sea más fácil elegir qué leer, trn agrupa los artículos relacionados con base en el título. En este caso, tres artículos se llaman New mail paths, diez se llaman backup y uno es acerca de los hámsters. Las letras en la columna de la izquierda son las letras clave que hay que presionar para leer el artículo correspondiente. Presione **c**, por ejemplo, para ver el artículo sobre los hámsters.

¡Horror! ¡Es un archivo de muerte!

En la mayoría de los grupos de noticias se da una buena cantidad de discusiones, y algunas son más interesantes que otras. Usted puede ignorar permanentemente las menos interesantes utilizando el *kill file* (matar archivo). Cuando lea y encuentre un artículo terriblemente aburrido, presione **K** (mayúscula, para *KILL* - ¡MATAR!) para matar todos los artículos que haya con el mismo título y para que el título quede en el archivo de kill (matar) de ese grupo de noticias. De ahí en adelante, cuando entre a ese grupo de noticias, rn o trn revisará si hay artículos nuevos con los títulos del kill file y los matara automáticamente para que usted no tenga que verlos nunca. El uso de los kill files puede economizar mucho tiempo y concentrarse en las discusiones que sí son interesantes.

Para que lo sepa, aquí está adentrándose en territorio avanzado. Vamos a empezar a hablar de la edición de archivo, y puede ser que todavía no sepa cómo se hace eso. Si desea hacer algo más que leer lo que se le cruce por el camino en Internet, tiene que aprender a utilizar algún tipo de editor de texto. No tenemos aquí el espacio para profundizar en esto, pero si no conoce los editores de texto, le recomendamos nuestros libros *UNIX For Dummies* y *More UNIX For Dummies,* que le brindan muchísimo sobre el tema. Ya nos sacamos esa espinita del corazón y podemos seguir.

Usted puede editar los kill files para sacar elementos de discusiones que se han apagado o agregar otro tipo de comandos para seguir con el kill. Si presiona **Ctrl-K** mientras lee un grupo de noticias, se inicia el editor de texto (generalmente *vi* o *emacs* en las máquinas de UNIX) en el kill file del grupo. Los *kill files* son algo así:

```
THRU 4765

/tema aburrido/ j

/estuvo Paul McCartney en otra
banda antes de Wings?/j
```

La primera línea muestra cuántos artículos han sido revisados en busca de temas que hay que matar (para ahorrarse tiempo y no hacer la revisión en todo el grupo cada vez). Las siguientes líneas son los temas que no desea leer. Puede retirar un tema eliminando la línea en el kill file. Una vez haya terminado, guarde el archivo y salga del editor, y volverá a donde estaba: leyendo noticias.

También sucede que ciertas personas escriben artículos que usted no desea leer jamás. Puede matar todos los artículos escritos por ellos. Presione **Ctrl-K** para editar el kill file del grupo de noticias, y agregue una línea como esta:

```
/Plinio Paz/h:j
```

Entre las barras inclinadas escriba el nombre del autor, tal como aparece en la línea de From: (de) al comienzo del artículo que escribió esa persona. No tiene que escribir enteramente el contenido de esa línea de From: es suficiente con lo que identifique inconfundiblemente a esa persona. Al final de la línea, después de la segunda barra inclinada, escriba la fórmula mágica h:j. Luego guarde el kill file y salga del editor. ¡Listo! ¡Felicidades, amigo!

Cuando usted haya terminado de elegir los artículos que le parezcan interesantes, hay varias opciones. Puede presionar la barra de espacio para ir a la siguiente página de la lista de contenidos, si es que hay otra página, y comenzar a leer los artículos seleccionados, si ya ha visto todos los títulos. O puede presionar **D** (en mayúscula) para leer los artículos seleccionados y eliminar de la pantalla todos los que no seleccionó (**d** es para suprimir -delete). O puede presionar **Z** (en mayúscula) para leer los artículos seleccionados sin eliminar los que no seleccionó.

Archivos binarios y grupos de archivos

Algunas veces un artículo contiene un archivo binario (que puede ser un programa o una imagen o un grupo de archivos). Los archivos binarios están disfrazados como texto por medio de *uuencoding*. En esos casos, el mensaje se ve así:

```
section 1/1    file zarkon.gif    [ Wincode v2.6.1 ]

begin 644 zarkon.gif
M1&\<&5O<&QE(&%C='C='5A;&QY('1Y<&4@:6X@&AE<V4@97AA;;7!L97,,@=&==\@
:<V5E('====\_#OH_
'
end
sum -r/size 15557/71
```

Trn sabe todo lo que hay que saber acerca de los archivos que vienen uuencoded. Presione **e** y **Enter** para descodificarlos. Guarde el archivo descodificado en el directorio News del sistema de UNIX. Algunos de los archivos uuencoded son enviados por partes; utilice **e** en cada una de las partes para reconstruir el original.

Estos archivos vienen agrupados como archivos *shell archive* o *shar*. Cuando se ejecutan estos comandos de shell de UNIX, se reconstruyen los archivos que se desea. Los archivos de shar generalmente empiezan así:

```
—cut here—
# This is a shar file created on 4 Jul 1826 ...
```

También puede extraer archivos de shar con el comando **e** de trn o de rn, tal como se hace con los mensajes uuencoded. (Es sabio averiguar de qué tipo de mensaje se trata.)

Los archivos shar son un terrible caballo de Troya (una forma en que un villano logra poner a funcionar un programa pero lo hace actuar como si fuera usted el que lo hizo), porque un archivo shar puede incluir cualquiera de los comandos que se digitan desde el terminal. En el peor de los casos, puede llegar a eliminar todos sus archivos, enviar correo electrónico obsceno con su firma, y otras cosas más. Hasta ahora, tales archivos shar, con bromas de mal gusto, no han creado muchos problemas, pero vale la pena ser cauteloso. Para aquellos que temen lo peor, existen programas que hacen limpieza de los archivos de shar (su administrador de sistema debe tener uno que viene con el programa); así es posible revisar un artículo shar para detectar comandos que puedan ser peligrosos.

Tan sólo unas notas para nuestros archivos

De vez en cuando puede haber un artículo tan interesante, que tal vez usted quiera guardar para la posteridad. Para guardar hay que presionar **s** (save). Para guardar un artículo, presione **s** seguido del nombre del archivo en el cual lo quiere guardar. Si no existe el archivo, rn o trn le pregunta si debe darle formato como archivo sencillo o como fólder (un tipo especial de archivo que contiene generalmente mensajes de correo). En general, el archivo para guardar debiera ser un fólder. Si guarda varios artículos en el mismo archivo y éste es un fólder, podrá usar luego programas de correo como Pine (ver capítulo 6) para revisar y cambiar los contenidos del fólder. Los archivos guardados (o los fólderes) serán colocados en el directorio de News; también puede adjudicar otro directorio al comando **s**.

Usted también puede guardar un artículo y pasarlo a un programa. Para hacer esto, presione l (barra vertical) en lugar de **s**, seguida del comando que desee ejecutar. Esta opción suele ser más útil para imprimir un mensaje, utilizando lpr o lp cualquiera que sea el comando de impresión de su sistema. Los pipelines (ductos) de UNIX, que pasan los resultados de un programa como información al siguiente, también están permitidos, como en

```
| pr -h "An important message" | lpr
```

Página de trucos para trn y rn

A estas alturas, usted seguramente ya no sabe cuáles son todas las teclas que hay que presionar para los comandos de rn y trn. Esta sección le presenta un resumen de las teclas descritas en este capítulo, junto con

Después no diga que no se lo advertimos

En ocasiones puede encontrar un artículo que parece escrito en puros garabatos, que no está uuencoded ni es un archivo de shar. Este tipo de artículos utiliza como código la conocida *cifra a* (a cipher). Rot13 es un esquema simple en el que se reemplaza cada letra con una que se encuentra 13 pasos adelante o atrás de ella en el alfabeto. Por ejemplo, A se convierte en N y viceversa, B en O, etc. etc. Éste no es un código muy seguro (nos antoja que se descifró hace unos dos mil años; sus autores al parecer fueron los cartagineses), pero no se supone que ésa sea su función.

El sentido de utilizar rot13 es el de advertirle que el mensaje en cuestión contiene palabras desagradables o algo similarmente brusco y ofensivo, y que es preferible no leerlo si piensa que se va a ofender. Si quiere hacerlo, a pesar de todo, presione **X** (mayúscula) para que rn o trn lo descodifique.

No espere compasión si se queja por el contenido ofensivo de un mensaje en rot13. Al fin y al cabo, no tenía por qué leerlo.

otras que tal vez quiera ensayar. El programa de rn puede encontrarse en dos estados diferentes: grupo de noticias (ver tabla 15-1), en el cual elige un grupo para leer, y el estado de artículo (ver tabla 15-2), en el cual ya se encuentra en un grupo particular y está mirando los artículos. Trn agrega un tercer estado, el de lista de contenidos (ver tabla 15-3), en el cual está mirando la lista de títulos de los artículos aún no leídos en un grupo.

Tabla 15-1	Estado de grupo de noticias
Tecla	*Significado*
Barra de espacio	Entrar al siguiente grupo con noticias que no han sido leídas aún.
y	Lo mismo que barra de espacio.
n	Saltar este grupo.
u	Retirarse de este grupo para no verlo más.
g	Ir a un grupo y escribir el nombre después de **g**; si se ha retirado del grupo lo reinscribe.
q	Salir de noticias (quit).
p	Ir al grupo anterior de noticias no leídas.
h	Mostrar ayuda concisa.
^L	Redibujar pantalla.

Tabla 15-2	Estado de artículo
Tecla	*Significado*
Barra de espacio	Leer la siguiente página del artículo actual o pasar al siguiente artículo no leído.
n	Pasar al siguiente artículo.
k	Matar este artículo y todos los que tengan el mismo título.
K	Lo mismo que k; también incorpora este título al archivo de kill para que el título sea eliminado cada vez que el usuario entre al grupo.
q	Salir de ese grupo.
c	Ponerse al día y pretender que ya leyó todos los artículos en ese grupo.
u	Retirarse.
spdq	Guardar el artículo en el archivo pdq.
/xyz	Encontrar el siguiente artículo que contenga xyz en el título.
=	Mostrar títulos de los artículos no leídos aún.
^L	Redibujar pantalla.
^R	Reiniciar artículo actual (redibuja la primera página).
X	Decodificar un mensaje en rot13 (no es para pudorosos).
e	Extraer archivo uuencoded o shar.
edir	Extraer el directorio, dir.
h	Mostrar ayuda concisa.
q	Salir de ese grupo.

Tabla 15-3	Estado de lista de contenidos
Tecla	*Significado*
Barra de espacio	Revisar la próxima página de la lista de contenidos o comenzar a leer los artículos seleccionados si no hay más lista de contenidos.
d	Comenzar a leer artículos seleccionados y marcar los no seleccionados como si se hubieran leído.
z	Leer los artículos seleccionados.
/xyz	Seleccionar artículos cuyos títulos contengan xyz.
c-g	Seleccionar artículos de la *c* a la *g* en la presente lista de contenidos.
h	Mostrar ayuda concisa
q	Salir de este grupo.

La mayoría de las letras y los dígitos se utilizan para marcar los artículos que se quieren seleccionar.

El manual de referencia rápida para trn es de 25 páginas, así que contiene muchos más comandos. Pero debería ser posible funcionar con estos que damos aquí. Para ver el manual en línea, digite lo siguiente en el apuntador de shell:

```
man trn
```

Un turno con trn

Cuando esté listo, puede enviar correo electrónico presionando **r** o **R**. En cualquier caso, rn o trn lo ingresa al editor de texto, en donde puede componer su mensaje. El archivo que recibe para editar contiene las líneas titulares para el mensaje de correo electrónico, especialmente la línea de `Subject:` (Tema:) y la línea de `To:` (Para:), que puede editar si lo desea. La diferencia entre **r** y **R** es que el comando de la letra mayúscula coloca una copia del texto del artículo en el mensaje para que pueda citarlo. Las partes irrelevantes del artículo citado pueden ser cortadas. Y no olvide que el autor del artículo ya sabe qué dijo.

Cuando quiera salir del editor, rn o trn le preguntará si debe enviar el mensaje (s), editarlo de nuevo (e) o abandonarlo (a). Presione **s, e** o **a**, según sea el caso. (Algunas versiones de trn le dan opciones adicionales que son menos útiles, así que ignórelas.)

Todas las noticias nuevas

Para enviar un artículo completamente nuevo a un grupo de noticias, se utiliza el comando *Pnews*. Usted puede iniciar Pnew directamente del comando de línea de UNIX o bien presionar un punto y luego **F** cuando trn le pregunta algo parecido a `1 unread article in rec. food. restaurants- read now (+ynq)`. Cuando esté trabajando con Pnews, éste le hará una serie de preguntas. La primera, si lo inició directamente y no desde trn, es sobre el nombre del grupo de noticias o de los grupos de noticias. (Puede enviar el mismo artículo a varios grupos de noticias a la vez si es apropiado.) Escriba el nombre del grupo o grupos (sepárelos con comas.) Le pregunta por el tema del mensaje y luego por la distribución (ver capítulo 9) y le sugiere una posibilidad por defecto que puede utilizar si no sabe cuáles son las distribuciones que va a usar. Luego le pregunta una vez más si está absolutamente seguro de que quiere enviar ese artículo. Si dice sí, lo pone en el editor de texto. De ahí en adelante es lo mismo que si está enviando un artículo de respuesta (tal como lo indicamos anteriormente en este capítulo).

Copiar y enviar

Una de las cosas más difíciles de asimilar cuando se está conectado a Internet desde su propio computador es dónde está toda la información. Cuando usted lee correo o noticias de una cuenta shell de UNIX, el correo y los artículos que haya guardado quedan asignados en un área asignada a su cuenta en el programa. Una vez se haya desconectado de su cuenta no puede seguir leyendo lo que dejó ahí, a no ser que vuelva a marcar y entrar.

El proceso de transferencia de archivos de la cuenta de su proveedor a su propio computador se llama *copiar* (downloading). El proceso de transferir archivos de su propio computador se llama *enviar* (uploading).

Enviar y copiar tiende a ser muy frustrante para la mayoría de las personas hasta que lo han hecho varias veces.

Parte V
La parte de las decenas

La 5ª ola   por Rich Tennant

En esta parte...

Algunas cosas sencillamente no caben en ninguna otra parte de este libro, así que las vamos a agrupar en listas. Una coincidencia extraña es que cada una de las listas tiene exactamente diez elementos. (Nota para los rígidos: tal vez tendrá que recortar o pegar algunos dedos en su mano para que su versión de lo que es diez corresponda con la nuestra. Tal vez sea mejor que acepte nuestra palabra).

Capítulo 16
Diez preguntas frecuentes

● ●

Recibimos cantidades de preguntas en nuestro correo electrónico todos los días. Elegimos algunas de las más corrientes en la espera de que las respuestas puedan ayudarle.

Esto quiere decir también que ahora, cuando alguien nos hace una de estas preguntas, en lugar de responderla, le podemos decir que consiga el libro y lea este capítulo.

Si tiene más de diez preguntas, salga y compre nuestro libro *Internet FAQs* (IDG Books Worldwide, 1995). Tiene respuestas para más de 300 preguntas frecuentes, y para otras que rara vez se hacen.

¿Puedo cambiar mi dirección de correo electrónico?

Generalmente no, pero como suele ser el caso, la respuesta es más complicada que eso. La dirección de correo electrónico suele ser, pero no siempre lo es, el nombre del usuario en el sistema del proveedor. Algunos proveedores grandes (sobre todo CompuServe, Prodigy y InterRamp) sencillamente le asignan al usuario un nombre que no significa nada y con el cual queda marcado; en cambio, algunos proveedores de Internet le permiten utilizar cualquier nombre de usuario que desee, siempre y cuando no lo haya tomado otra persona. Si quiere usar el nombre Garrapata, a ellos les parece bien, y su dirección de correo electrónico será algo así como: garrapata@furdle.net.

Más tarde, cuando el usuario caiga en cuenta de que va a tener que explicar demasiadas cosas para justificar ese Garrapata en la tarjeta de presentación, puede ser que desee cambiar la dirección de correo electrónico. Si está utilizando un proveedor local pequeño, probablemente puede llamar y preguntar amablemente; ellos se quejarán un poco y la cambiarán. Si no lo hacen, o si a usted le parece divertido que sus amigos lo conozcan como Garrapata, puede obtener un alias para su correo.

No hay ninguna ley que diga que la dirección tiene que corresponder exactamente a la del buzón, y es bastante frecuente tener varias direcciones de correo electrónico que ponen todo el correo en un solo buzón. Por ejemplo, el nombre verdadero del buzón de John es `john1`, pero cualquier correo que tenga como dirección a `john`, `john1`, `jlevine`, y otra serie errores de ortografía, se considera como alias de `john1`, y el correo se despacha automáticamente. (Él es el administrador de su sistema, y por lo tanto puede tener todos los alias que desee.) Pregúntele a su proveedor si le puede dar un alias de correo. Muchos lo hacen; es sencillamente una línea en un archivo lleno de direcciones. Si le dan un alias, puede ponerlo como la dirección a la cual le regresen su correo (en Eudora, por ejemplo) para que sea el alias y así su dirección será, hasta donde la gente puede saberlo, su nuevo alias.

Si su proveedor no le da un alias de correo, hay unos servicios independientes de alias para el correo electrónico. Uno es PoBox, que se parece bastante al servicio de un apartado aéreo en la oficina de correos. Le adjudican cualquier dirección en `pobox.com`, por una suma modesta, y luego redirigen el correo a su verdadera dirección de correo electrónico. Puede establecer contacto con PoBox en: `http://www.pobox.com`, o puede enviarle correo a `pobox@pobox.com`.

America Online (AOL) es un caso especial porque le permite a sus usuarios modificar su dirección de correo electrónico cuando quieran, sin tener que notificar el cambio con mucha anterioridad. Cuando uno se inscribe a AOL elige un nombre de pantalla, que suele ser generalmente el nombre del usuario y la dirección de correo electrónico. Pero cualquier usuario de AOL puede escoger hasta cuatro nombres de pantalla adicionales, muy probablemente para otros miembros de la familia, y puede cambiarlos en cualquier momento. La buena noticia es que los usuarios de AOL pueden tener cualquier dirección que deseen (siempre y cuando no entren en conflicto con las otros cinco millones de direcciones que ya existen). La mala noticia es que es prácticamente imposible saber quién está enviando un mensaje desde AOL.

Prodigy le permite definir nombres adicionales para su cuenta, pero el usuario no tiene mucho control sobre el nombre que tiene. Si el nombre de su cuenta de Prodigy es ABC123A, puede crear nombres adicionales tales como ABC123B hasta AABC123F. ¡Para lo mucho que sirve!

¿Es realista el escenario que representan en la película La red?

(Si no la ha visto, el personaje de Sandra Bullock pasa tanto tiempo en línea que, cuando los registros de su identidad han sido borrados, nadie puede identificarla). Francamente, nunca hemos visto un usuario que fuera así, o nadie que pidiera una pizza todos los días y que tuviera ese aspecto. Y, créanos, conocemos cantidades de usuarios y de consumidores de pizza. También sucede que es difícil creer que alguien con unos dientes tan lindos no haya tenido que ir al dentista recientemente. Todos los usuarios que conocemos tienen que salir de vez en cuando.

No hemos conocido gente mala en la Red, aun cuando definitivamente hemos visto material desagradable. Por otro lado, es una realidad que estamos viviendo en una sombra electrónica. Se está acumulando información sobre cada uno de nosotros diariamente. Algo que debería comenzar a preocuparnos a todos es quién tiene acceso a esos datos y cómo van a ser utilizados. Realmente, nosotros sentimos que la idea de una compañía de software, que prácticamente tiene un monopolio, es una idea bastante preocupante.

¿En dónde escribo el comando finger?

En esta pequeña pregunta yace todo el concepto de esta nueva edición de *Internet para dummies*. Cuando escribimos la primera edición en 1993, prácticamente todo el acceso a Internet se hacía a través de las cuentas shell de UNIX. El año pasado, cuando actualizamos la información para la segunda edición, ya habían comenzado a haber usuarios individuales que estaban buscando acceso a Internet, pero ellos también estaban entrando particularmente por medio de cuentas shell de UNIX de carácter comercial.

En este último año, la mayoría de las personas que están entrando a Internet están escogiendo por primera vez bien sea una cuenta SLI/PPP o proveedores comerciales (tales como CompuServe o AOL), que suministran un ambiente propio y no permiten un acceso fácil a los comandos de UNIX. Sentimos mucho que esto le haya causado desilusión y frustración a muchos de ustedes.

Pero, para contestar por fin su pregunta, si usted tiene una cuenta shell, el comando de finger se escribe cuando sale UNIX shell. Los usuarios de ese SLIP/PPP tienen que poner a funcionar un programa de finger (Vea el capítulo 15 para indicaciones de dónde conseguir uno). Si está utilizando un servicio comercial en línea, probablemente no puede utilizar finger, pero remítase a la Tabla 2-1, en el capítulo 2, para verificarlo.

¿Es seguro enviar el número de tarjeta de crédito a través de correo electrónico?

La idea que cada cual tiene de lo que es seguro es muy diferente. Algunas personas consideran que utilizar una tarjeta de crédito es una idea espantosa. Otros piensan que Internet está lleno de gente tratando de robarse el número de las tarjetas de crédito, de tal manera que nadie debería enviar el número de su tarjeta de crédito a través de Internet.

Pero reflexionemos un momento. ¿Ha pedido alguna vez algo por catálogo y ha dado su número de tarjeta de crédito a través de un teléfono inalámbrico o un celular? ¿Alguna vez ha arrojado un recibo de la tarjeta de crédito sin haberlo roto en pedacitos? ¿Alguna vez ha salido de un restaurante o de una tienda sin llevarse el recibo, o dejando la copia de papel carbón? Sí, en teoría es posible que una persona muy ambiciosa y con mucho talento logre obtener su número de cuenta si no está en un código críptico, de Internet. Y, de todas maneras, cualquier manera de hacerlo críptico es simplemente fácil de descifrar. Pero, igualmente, no consideramos que las transacciones con tarjeta de crédito sean más o menos peligrosas en Internet que en cualquier otra parte. Si tuviéramos deseos de robar los números de tarjetas de crédito, no gastaríamos nuestro tiempo en Internet. Hay lugares y formas más fáciles de hacerlo.

¿Es importante Internet?

Consideramos que Internet es como cualquier otro medio, es decir, como el teléfono o la televisión. Cuando éstos comenzaron, era difícil entender el impacto que ejercerían sobre nuestras vidas. Ahora vivimos en un mundo en el cual estos aparatos son un lugar común y es bastante difícil imaginarse la vida sin ellos (aunque confesamos que ni John ni Carol tienen televisión).

Es difícil saber cuáles van a ser las ramificaciones, pero estamos viendo gradualmente cómo la tecnología de Internet va ingresando en los hogares y en los negocios a un paso muy rápido. En los últimos años, lo que era altamente técnico y únicamente para los fanáticos, se ha convertido en algo a disposición de distintas personas que llevando diferentes tipos de vida. Cada día es más fácil de utilizar, es más poderoso y se halla disponible más fácilmente; cada día hay más personas utilizándolo.

¿Cuál es el mejor proveedor de Internet?

Eso depende. Depende de quién está haciendo la pregunta, depende de qué quiere decir mejor. Para muchas personas quiere decir el más barato. En la actualidad, lo que es barato son las cuentas de shell y los freenets. Pero para quienes no son expertos en computadores, estas cuentas pueden ser un lugar difícil para iniciarse.

¿Qué desea hacer en Internet? Si todo lo que desea es correo electrónico y un acceso a World Wide Web, casi cualquier cuenta le servirá, pero los precios varían enormemente y cada cual tendrá que decidir cuál es el factor decisivo. Mire la Tabla 2-1 para comparar los servicios de los proveedores. Si nunca ha usado un computador y piensa que puede sentirse muy rápidamente frustrado, le recomendamos comenzar por un servicio comercial que haga muchos esfuerzos en facilitarle las cosas a los usuarios. Si es más paciente y desea ahorrar algún dinero, puede tratar de utilizar una cuenta de SLIP/PPP o una de shell. La elección depende también del lugar en el que usted viva, y tal vez no tenga muchas opciones. Pero si las tiene, averigüe cuánta ayuda obtiene de su proveedor. Puede ser muy útil hablar con el servicio antes de inscribirse y así podrá saber cuál es el que más le conviene.

¿Cómo ganar dinero en la red?

Ya no logramos recordar cuántos trillones de dólares en oportunidades de negocios aparecen en Internet según aquellos que piensan que saben sobre esto. Pero sí vemos que muchos negocios necesitan de la comunicación. Puesto que es un nuevo medio de comunicación, las puertas de Internet se están abriendo para muchos tipos de negocios. Recomendamos, sin embargo, que en lugar de tratar de averiguar cómo hacer dinero en Internet, gaste un poco de tiempo en conocer Internet de manera más extensa, revisando los grupos de noticias y las listas de correos, además del World Wide Web. Mientras más conozca, más podrá pensar en formas orgánicas en las que sus negocios puedan utilizar Internet. Siga sus inclinaciones: busque los grupos de noticias y los grupos de correo que lo entusiasmen. Conocerá cantidades de personas interesantes y recibirá nuevas ideas. Consideramos que lo que se pueda aprender en Internet puede servir para indicarle en dónde hallar oportunidades únicas.

(Hemos encontrado, por ejemplo, que la mejor forma de hacer dinero en Internet es escribiendo libros acerca de ella. Pero, estábamos escribiendo libros hace mucho tiempo, y estábamos jugando con Internet mucho antes de haber empezado a escribir libros).

¿Qué tipo de computador debería comprar para utilizar Internet?

Ya sabe lo que vamos a decir, ¿verdad? Vamos a decir, depende. Para muchas personas, Internet es la primera razón que tienen para comprar un computador. El tipo de computador depende de la persona y de cómo se desea usarlo.

Si está comprando un computador nuevo sobre todo para navegar en Internet, compre uno considerablemente rápido, un 486 de algún tipo con pantalla de color, que le costará entre US$ 1,000 y US$ 1,500. El World Wide Web es un lugar lleno de colores, y para obtener el efecto real, hay que verlo en color.

Por otro lado, si ya tiene un computador, compre un módem si no tiene uno (cuesta menos de cien dólares en la mayoría de los lugares) y ensaye a utilizarlo con lo que ya tiene. Para cuando realmente comience a navegar en Internet, tendrá una mejor idea de cuáles son las características que le parecen importantes. Y no sólo eso, sino que la tecnología está cambiando constantemente y los precios tienden a bajar mientras más tiempo esté algo en el mercado.

Perdónenos nuestra visión tan limitada, pero vamos a hablar sólo sobre dos categorías de computadores: los Macintosh y los clones de IBM. ¿Cuál es el mejor para usted? Nuestra experiencia, que incluye las experiencias que escuchamos de los que usan un computador por primera vez, nos conducen a la siguiente conclusión: los Macintosh son más fáciles de utilizar; los clones de IBM son mucho más baratos. Aquí es donde tiene que evaluar sus propias habilidades y sus recursos.

Si va a hablar con otros y les va a consultar qué comprar, hable con aquellos que hagan las mismas cosas que usted, y no sólo con los que tengan computadores. Si usted es un deshollinador, hable con otros deshollinadores, pregúnteles qué usan y qué les gusta y por qué. Los computadores no son justos. Son más difíciles de utilizar de lo que debieran. Algunos son más fáciles de utilizar que otros. La vida no es justa. Algunas personas pueden pagar más que otras por una máquina. Trate de establecer de la mejor manera posible cuál máquina le va a gustar más; puede ser que le permitan probarlas en una tienda de computadores. Cuando evalúe el precio, trate de evaluar en lo posible lo que cuesta el tiempo que tendrá que invertir en aprender cómo instalar y utilizar el computador y sus programas, y trate de evaluar su propia habilidad cuando se trata de aparatos mecánicos.

Si por alguna razón usted tiene otro tipo de computador, como Amiga u otro tipo de máquina, trate de buscar un grupo de usuarios local y de averiguar qué tipo de programas de Internet se consiguen para esa máquina. Es muy probable que haya algo barato o gratis que usted pueda utilizar.

¿Cómo enviar correo electrónico a Usenet?

No se hace. Usenet es una cosa y el correo electrónico es otra, aun cuando ambos mandan mensajes a través de Internet. Para que todo sea un poco más confuso, algunos programas (como Agent y Netscape, que mencionamos en los capítulos 6 y 9), pueden manejar tanto el correo electrónico como las noticias de Usenet, pero en el fondo son diferentes. Algunos sistemas sólo brindan correo sin brindar noticias, y si ése es el suyo; entonces no tiene suerte en términos de noticias.

Diríjase al capítulo 9 y lea acerca de noticias de Usenet. Si está utilizando un proveedor comercial o uno de shell, consulte en la parte IV el capítulo correspondiente a su proveedor de Internet para más detalles.

¿Cuál es su página favorita de Web?

`http://dummies.com,` por supuesto. Nunca dijimos que no fuéramos vanidosos.

Capítulo 17

Diez maneras de encontrar direcciones de correo electrónico

● ●

En este capítulo:

▶ Cómo encontrar una dirección

▶ Directorios en línea

▶ Muchos, muchos sistemas de correo

● ●

¿En dónde se encuentran todos en el ciberespacio?

Tal como ya se lo debe haber imaginado, hay un pequeño detalle que le impide enviarle mensajes a sus amigos: no conoce sus direcciones. En este capítulo aprenderá muchas formas diferentes de buscar direcciones. Pero le ahorramos el esfuerzo de leer el resto del capítulo empezando por señalarle la forma más fácil y confiable de averiguar una dirección de correo electrónico:

> Llame a la persona por teléfono y pídale la dirección.

No se necesita una tecnología sofisticada para eso, ¿no es cierto? Pero, por alguna razón, esto parece ser lo último que quiere hacer la gente (vea el recuadro "Las diez principales razones para no llamar a alguien a pedirle su dirección de correo electrónico"). Ensaye primero esta forma. Si conoce o puede obtener el número de teléfono, es más fácil que cualquiera de los otros métodos.

¿Cómo así que no sabe cuál es su dirección?

Suele suceder: generalmente alguien que uno conoce está utilizando un sistema privado de correo electrónico que tiene una rampa hacia el mundo exterior, la cual le brinda instrucciones para enviar mensajes hacia afuera, pero ninguna indicación de cómo los que se encuentran afuera le pueden enviar material a ellos. Afortunadamente, la solución es muy fácil: dígale a su amigo que le envíe un mensaje. Todos los mensajes tienen una dirección de remite y, con excepción de las rampas de correo más primitivas, todos incluyen una dirección de remite utilizable. No se sorprenda si la dirección tiene mucha puntuación extraña. Después de haber pasado por varias rampas, el mensaje siempre tiene una dirección que parece algo así:

```
"blurch::John.C.Calhoun"% farp@
   slimemail.com
```

Si escribe esa extraña dirección de nuevo, suele funcionar, así que no se preocupe.

Así puede averiguar también su propia dirección enviándole un mensaje a nuestro robot de correo `ninternet@dummies.com`, que le enviará de nuevo una nota diciéndole cuál era la dirección de remite de su mensaje. (Los autores humanos también ven esos mensajes, así que puede escribirnos unas palabritas diciéndonos su opinión sobre este libro.)

Si les da el dedo no se tomarán la mano

Uno de los comandos más útiles, si uno sabe más o menos en donde recibe una persona su correo, es el comando `finger` (dedo). En la mayoría de los sistemas de proveedores de shell, puede utilizar finger para averiguar quién está conectado en el momento y para preguntar acerca de usuarios particulares. Si no está utilizando un proveedor de shell, revise en la tabla 2-1 del capítulo 2 cuáles servicios tienen finger.

Cómo usar finger desde UNIX

Para manejar finger desde una pantalla de shell, sencillamente escriba **finger nombre del usuario@ nombre del anfitrión** y presione **Enter**. Puede utilizar finger para averiguar acerca de alguien cuya dirección electrónica es elvis@bluesude.org, por ejemplo y tendría que escribir la siguiente línea:

```
finger elvis@bluesuede.org
```

Las diez principales razones para no llamar a alguien a pedirle su dirección de correo electrónico

✔ Quiere sorprender a un amigo que no ve hace mucho tiempo.

✔ Quiere sorprender a un ex-amigo que no ve hace mucho tiempo y que le debe una cantidad de dinero, pero usted cree que ya se le escapó.

✔ Usted o su amigo no hablan el mismo idioma.(de hecho sucede porque los internautas son internacionales.)

✔ Usted o su amigo no hablan. (También sucede: la red es un lugar único para muchas personas con problemas físicos, porque nadie sabe o tiene que saber acerca de sus deficiencias.)

✔ Son las tres de la mañana y quiere enviar el mensaje inmediatamente o no logrará dormir.

✔ No sabe cuál es el número de teléfono y una traumática experiencia de infancia le impide totalmente llamar a la información telefónica.

✔ El teléfono sólo toma monedas de cierta cantidad; nadie a su alrededor le puede cambiar ese billete de cien dólares.

✔ La compañía acaba de instalar un nuevo sistema de teléfonos y nadie sabe cómo funciona.

✔ Sin quererlo, usted ha regado una lata entera de soda en el teléfono y tendría que esperar mucho tiempo para que se seque.

✔ Llamó ayer, pidió la dirección, no la anotó y la olvidó.

Recibirá algo como lo siguiente:

```
Login name: elvis                    In real life: Elvis A.
                                     Presley
Directory: /usr/elvis                Shell: /bin/sh
On since Jun 30 16:03:13 on vt01     1 day 9 hours Idle
                                     Time
Project: Working on " Hound Dog"
Plan:
Write many songs, become famous.
```

El formato exacto de la respuesta varía mucho de un sistema a otro porque muchos intrusos en el sistema de UNIX juegan con el programa de finger.

Cómo usar finger con una cuenta SLIP/ ppp

¿Qué sucede si no tiene una cuenta shell de UNIX y no tiene en dónde escribir un comando de finger? No tema, porque la versión de Eudora para Windows y para Mac puede llevar a cabo el comando de finger. En Eudora, elija Window ➪ Ph (o presione **Ctrl+U**) para ver la ventana de Finger. Digite en el cuadro de Command (comando) la dirección a la cuál quiere señalar el finger y haga clic en Finger. Los resultados aparecen en el cuadro grande de texto. Presione **Ctrl+F4** para cerrar la ventana de Finger.

Si utiliza Windows, un programador intrépido en la tierra de Internet, llamado Lee Murach, ha creado un programa de WinSock que se llama WS Finger y que es el perfecto para el usuario. Puede obtener WS Finger por medio de FTP de `sparky.umd.edu` en el directorio `/pub / winsock`, entre otros lugares.

El uso de finger funciona únicamente si el proveedor de Internet de aquel a quien se quiere buscar con el comando de finger tiene un programa llamado –cosa poco sorprendente– un servidor de finger.

No se pierde nada con intentarlo; lo peor que puede sucederle es que vea un mensaje que dice `Connection refused` (conexión denegada).

¡Proyecte ese plan!
(¿o más bien, planee ese proyecto?)

En los sistemas de UNIX, la respuesta a un comando de `finger` viene con un proyecto y un plan. Si tiene una cuenta shell, puede tener también un proyecto y un plan para verse como un usuario bien informado y experimentado de Internet (las apariencias son todo).

Su proyecto es un archivo que se llama `.project` (sí, comienza con un punto), y su plan es un archivo llamado `.plan` (sí, también comienza con un punto). En ellos puede poner lo que quiera. El comando de `finger` muestra sólo la primera línea del proyecto, pero todo el plan. Trate de no sobrepasarse. La gente no está dispuesta a ver mucho más de diez líneas, y eso es incluso un "poquito demasiado" si no es realmente, e insistimos, *realmente* ingenioso.

El finger especial

Algunos lugares, sobre todo las universidades, han anexado sus programas de `finger` a directorios organizacionales. Si busca a través de finger `levine@bu.edu` (Boston University), por ejemplo, obtendrá la siguiente respuesta:

```
[bu.edu]
 There were 55 matches to your request.

E-mail addresses and telephone numbers are only dis-
played when a query matches one individual.  To obtain
additional information on a particular individual, in-
quire again with the index_id
```

El programa de finger le da todas las correspondencias. Cuando vea un listado que quiera revisar más adelante, utilice el `index-id`:

```
finger Nxxxxx@bu.edu
```

en donde `Nxxxxxx` es el `index-ID` que vio en la lista la primera vez que buscó a su amigo a través del sistema de finger.

Otras universidades con directorios similares son MIT y Yale. Vale la pena intentarlo: lo peor que le puede suceder es que salga un aviso de not found (no se encontró).

¿Quién es ése?

Hace muchísimo tiempo (por lo menos un tiempo muy largo en el sentido que se entiende en Internet, es decir 15 ó 20 años), algunos de los administradores de la Red comenzaron a llevar unos directorios de la gente que se encontraba en ella. Esto es de la época, por supuesto, en que la gente era gente y las conexiones de Internet eran de UNIX. El comando shell que le permite buscar personas en estos directorios es whois (quién es). Algunos sistemas tienen el comando whois para que en principio se pueda escribir esta línea:

```
whois Smith
```

y debería contactar la base de datos de whois y decirle quiénes son todas las personas que tienen el nombre Smith. En la práctica, sin embar-

Por favor, señor Postmaster

Algunas veces uno tiene una noción de cuál es la máquina que utiliza una persona, pero no sabe el nombre. En ese caso, puede tratar de escribirle al postmaster. Cada dominio, es decir, la parte al final de la dirección, la que viene después del símbolo @, puede recibir correo de Internet que tenga la dirección de correo electrónico del `postmaster`, quien contacta a alguien responsable por esa máquina. Así que si está bastante seguro de que su amigo utiliza `my.bluesude.org`, puede preguntarle (muy amablemente, por supuesto) a `postmaster@my.bluesude.org` cuál es la dirección de su amigo. (Suponemos que por alguna razón no puede llamar a su amigo por teléfono y preguntarle cuál es su dirección de correo electrónico.)

La mayoría de los postmasters son administradores de sistema que tienen mucho trabajo y a quienes no les importa que de vez en cuando se les haga una pregunta amable; pero no es posible que hagan grandes favores. También recuerde que mientras más grande sea el dominio de ese correo electrónico, más difícilmente podrá el postmaster saber quiénes son todos los usuarios. No le escriba a `Postmaster@ibm.com` para averiguar el correo electrónico de alguien en IBM. (Afortunadamente, para aquellos que quieran encontrar los corresponsales en la zona azul, IBM tiene un servidor de whois. Vea la sección ¿Quién es ése?).

Postmaster es también el lugar apropiado para escribir cuando tiene problemas con el correo que se envía a un lugar o que viene de un lugar. Si sus mensajes a alguna persona están siendo devueltos con un mensaje críptico que indica que hay un error y que sugiere que ese sistema de correo tiene problemas, o si está recibiendo un flujo enorme de correo malo que ha sido generado mecánicamente por parte de un servidor automático de correo (vea el capítulo 7), el postmaster de esa locación es la persona a quien hay que dirigirse.

go, no es tan sencillo. Por una parte, hacia finales de 1992, el sistema principal que tiene la base de datos de whois en Internet cambió de lugar, y algunos comandos de whois no han sido actualizados a la altura de ese cambio. El viejo servidor al cual algunos programas de whois todavía contactan sólo tiene en la actualidad los nombres de las personas que trabajan para el departamento de defensa. Afortunadamente, se le puede indicar al programa de whois que utilice un servidor en particular, como por ejemplo,

```
whois -h whois.internic.net Smith
```

pues el servicio civil de Internet se encuentra ahora en whois.internic.net. La -h quiere decir host, es decir, el anfitrión dónde está localizado el servidor. Pero recuerde que en la actualidad sólo da listados de administradores en la Red y contactos administrativos. Aquí, en la central de Internet para dummies, por ejemplo, whois encontrará a John porque él es el administrador de Red(vea más sobre el tema en el capítulo 2), y a Margy, quien administra algunos dominios; pero no encontrará a Carol, quien, en lugar de dedicarse a ser un administrador de la Red, tiene una vida propia.

Para aquellos sistemas que no tienen un comando whois, puede utilizar telnet. Puede indicarle a telnet que vaya a whois. internic.net; luego, en la pantalla del prompt, escriba whois quienquiera que sea. Para la gente de la red europea, ensaye a escribir whois. ripe. net. Una lista larga de servidores de whois (muchas organizaciones tienen su propio servicio de whois para sus propios empleados) aparecerá en un archivo que puede obtener por medio de FTP (vea capítulo 7) de sipb. mit. edu, nombre de archivo /pub/whois/whois- servers. list.

¿Sabe qué?

Otro sistema que encuentra direcciones y que vale la pena intentar es *knowbot*. Se encuentra en http: // info. cnri. reston.va. us / kis.html en Web. Escriba el nombre de la persona, haga clic en el botón de *search* (buscar), y espere –algunas veces varios minutos– mientras el sistema hace un recorrido por toda una serie de directorios y le indica qué es lo que encontró. Knowbot tiene acceso a algunos directorios que no son fácilmente accesibles de otra manera, entre otras el de MCI Mail. Así que vale la pena intentarlo.

Sistema compatible de correo: ¿una contradicción?

Hay millones y millones de redes distintas que están repartidas por todo Internet de una manera u otra. Con muchas de ellas es difícil saber que es una red diferente. La mayoría de los sistemas de UNIX, por ejemplo, han organizado el registro de direcciones de Internet estándar, de tal manera que se puede enviar correo a cualquiera de ellas de la misma forma que se envía al buzón de Internet.

Hay muchos otros sistemas de correo, pero varios de ellos están de hecho conectados a Internet. Muchas de esas conexiones parecen haber sido realizadas con un sencillo cable, por lo cual tendrá que digitar alguna cosa extraña para lograr que su correo pase. En esta sección le decimos cómo enviar correo a los sistemas más populares.

CONSEJO

Está bien, pero ¿cómo encontrar a alguien en una de las empresas grandes?

Creímos que nunca iba a preguntar. IBM tiene un servidor de correo que le permite buscar a partir del nombre de una persona. Envíe un mensaje que contenga una línea como ésta:

whois Watson, T

Aparecerá una lista con todas las direcciones de correo electrónico que corresponden a ese nombre. Aunque prácticamente todos los empleados de IBM tienen direcciones de correo electrónico internas, sólo una porción puede recibir correo del exterior, y sólo aparecerán esas direcciones. (Es razonable: no tiene sentido mostrarle una cantidad de direcciones que no podrá usar.)

Muchas otras empresas tienen un sistema claro de direcciones en el que a cada empleado se le adjudica un alias como: `Nombre.Apellido`. Esto funciona así en AT&T. Si envía un correo a la siguiente dirección

`Theodore.Vail@att.com`

encontrará seguramente a la persona que corresponde. Este sistema también funciona en Sun Microsystems (`sun.com`). Vale la pena intentarlo, pues lo peor que puede suceder es que reciba un mensaje de vuelta que le indica que no fue posible despachar el suyo. Si varias personas tienen el mismo nombre, suele obtenerse una respuesta mecánica indicándole cómo averiguar cuál es el que busca y cuál es su dirección correcta.

X.400 es tan amable como suena

Una gran cantidad de correo internacional utiliza una forma bastante desagradable de escribir direcciones.

Una dirección X.400 no es sencillamente un nombre y un dominio: es una cantidad impresionante de atributos. La especificación oficial toma docenas, si no cientos de páginas, pero le vamos a ahorrar aquí los detalles (que habrían sido absolutamente fascinantes si hubiéramos tenido el espacio, téngalo por seguro) y nos vamos a limitar a lo básico. Los siguientes son los atributos que suelen ser de interés y los códigos que los representan:

Surname (S): apellido del receptor.

Given name (G): nombre de pila del receptor.

Iniciales (I): inicial o iniciales del primer o del segundo nombre.

Generational qualifier (GQ o Q): Jr., III, o cualquier otra cosa que diferencie a una persona que lleve el mismo nombre que otra (piensan en todos estos muchachos).

Administration Domain Name (ADMD o A): más o menos, el nombre del sistema de correo.

Oraganization (O): la organización a la cual está afiliado el receptor, que puede o no tener que ver con el ADMD o el PRMD.

Country (C): código de dos letras que denomina el país.

Domain-Defined Attribute (DD o DDA): cualquier código mágico que identifique al receptor, tal como el nombre de usuario o el número de la cuenta.

Estos atributos se codifican en una dirección utilizando una / (barra) para separarlos y escribiendo cada atributo como el código, un signo igual y su equivalente. ¿Queda claro? ¿No? (¡Qué extraño!)

Aquí le presentamos un ejemplo concreto: supongamos que su amigo utiliza el servicio de Sprintmail de Sprint (conocido anteriormente como Telemail, el ADMD), que tiene una conexión X.400 con Internet. . El nombre de su amigo es Samuel Tilden, vive en los Estados Unidos y está en Tammany Hall. Sus atributos serían

>   **G**: Samuel
>
>   **S**: Tilden
>
>   **O**: TammannyHall
>
>   **C**: US

El dominio de Internet para esa rampa es sprint. com; entonces la dirección ha de ser

```
/G=Samuel/S=Tilden / O=TammanyHall/ C=US/ ADMD=TELEMAIL/
        @sprint.com
```

No nos estamos inventando esto. Lo sentimos. Note que hay una barra al comienzo de la dirección y justo antes de la @. No importa el orden en que se coloquen los elementos separados por barras.

Los atributos que necesitará para cada dirección en particular varían de lugar en lugar. Algunos dominios lo conectan tan sólo con un país y un sólo ADMD, así que no necesita especificar esos atributos cuando se trata de esos dominios. Otros (como Sprintmail) conectan a muchos, entonces necesitará especificar ambos. Es bastante enredado. Hay que averiguar cuáles son los atributos que necesita cada sistema X.400. En teoría, los atributos que no hacen falta, tampoco sobran. Pero en la práctica no se sabe

Una posibilidad de que todo esto sea más sencillo es que el único atributo necesario sea el nombre real del receptor. Si el nombre del usuario es Rutherford B. Hayes, la forma del atributo será

```
/G=Rutherford/I=B/S=Hayes/
```

Pero también puede escribir

```
Rutherford.B.Hayes
```

Es un sistema muy moderno, ¿no le parece? Puede omitir el nombre de pila o la inicial si lo desea. Sería de esperar que la mayoría de las direcciones X.400 se escribieran así, pero desafortunadamente ése no es el caso.

En la mayoría de los casos, la manera más sencilla de averiguar una dirección X.400 es pedirle a la persona que le envíe un mensaje y en la línea de From: (de) aparecerá. Si no puede hacer eso, tendrá que experimentar hasta lograrlo.

X.500: somos del gobierno y volvimos

Un modelo oficial de servicio de directorio de páginas blancas en el cual se puede buscar direcciones electrónicas se llama X.500 y lo produjeron las mismas personas que crearon el X.400. No es de asombrarse, si se tiene en cuenta quién lo definió, que X.500 organice sus datos como un casco lleno de guías de teléfonos (o en un sistema amplio de X.500, como una biblioteca con los directorios organizados por país). Para buscar a una persona hay que indicarle a X.500 cuál es el libro que debe consultar.

(Otro dato verídico: si se encuentra en el país A y desea llamar a alguien en el país B, el procedimiento usual del servicio de información telefónica ITU-T es conectarlo en el país A con un lugar lleno de directorios de todo el mundo. Allí tratarán de encontrar a la persona en el libro correspondiente del país B. Si no encuentran el número, porque todos los libros que tienen del país B son de hace más de 15 años y su amigo cambió de casa hace unos 12, por ejemplo, entonces ha tenido mala suerte y no hay nada que hacer. El método que utilizan en los Estados Unidos de conectarlo a un operador de directorio en el país B, quien muy probablemente tendrá directorios actualizados, es una violación a las normas. Nuestros respetos a los creadores de tales normas.)

Nota: Según parece, el uso amplio de X.500 se debe a dos factores. Primero, que es más utilizable que X.400; y segundo, que no hay ninguna opción que compita con este método. (Puede adivinar una sola vez cuál es la razón de peso.)

Puede buscar una gran variedad de directorios X.500 en World Wide Web. En su browser, vaya a `http://www.hq.nasa.gov/x.500.html` para iniciar.

Un desfile de sistemas de correo

Aquí le presentamos una lista pequeña (en realidad, muy pequeña) de los principales sistemas de correo en línea que están conectados a Internet y le indicamos cómo enviarle correo a las personas que utilizan esos sistemas.

America Online

La dirección de correo de un usuario de AOL es el "nombre de pantalla", que suele ser el nombre completo. Si desea enviarle correo a un usuario que se llama Aaron Burr, digite:

```
aaronburr@aol.com
```

Algunos usuarios de AOL prefieren su "nombre de escena", como por ejemplo `dickhmr@aol.com`. Si no puede encontrar a su amigo en AOL después de haber ensayado todo lo obvio, llámelo y pregúntele. Es muy fácil cambiar el nombre de pantalla en AOL y mucha gente lo cambia con frecuencia; por esta razón, las direcciones de AOL cambian tambien frecuentemente.

Si desea más información acerca de cómo utilizar AOL, vea el capítulo 14.

AppleLink

Los usuarios de AppleLink suelen usar su apellido como nombre de usuario:

```
reinhold@applelink.apple.com
```

AT&T Mail

Los usuarios de AT&T Mail tienen nombres arbitrarios. Para enviar correo a un usuario cuyo nombre es `blivet`, digite:

```
blivet@attmail.com
```

Nota: AT&T Mail brinda rampas para el sistema interno de algunas empresas. En tal caso, tendrá una dirección de este tipo:

```
argle!bargle!blivet@foocorp.attmail.com
```

BITNET

BITNET es una red que consta sobre todo de computadores de IBM. Cada sistema tiene hasta ocho caracteres. Los nombres de sistema suelen tener las letras VM, que es el nombre del sistema de operaciones que usan la mayoría de las locaciones de BITNET. Los nombres de usuario son arbitrarios, pero suelen tener también hasta ocho caracteres. Muchas locaciones de BITNET también tienen nombre de un dominio de correo de Internet, y se puede enviar correo a ellas en la forma usual de Internet.

Si el programa de correo que utiliza está bien configurado, probablemente tiene una instalación que apoya BITNET para manejar sistemas de BITNET de manera que no sea directa por Internet. Puede enviarle correo a `JSMITH` en `XYZVM3`, por ejemplo, si digita:

```
jsmith@xyzvm3.bitnet
```

Si esto no resulta, tiene que dirigirle el correo directamente a una rampa de BITNET. Aquí hay direcciones que usan dos rampas y que permiten la entrada de correo de usuarios externos:

```
jsmith%xyzvm3.bitnet@mitvma.mit.edu
jsmith%xyzvm3.bitnet@cunyvm.cuny.edu
```

Estas dos rampas son las de MIT y de la City University of New York, respectivamente, una cortesía para la comunidad de Internet.

BIX

BIX es un sistema comercial que solía ser manejado por la revista Byte y ahora lo maneja Delphi. Los nombres de usuario son cortas líneas arbitrarias. Para enviar algo al usuario xxxxx, digite

```
xxxxx@bix.com
```

CompuServe

CompuServe es un servicio en línea muy grande. Por razones históricas, los nombres de usuario de CompuServe son pares de números *octales* (en base ocho), que empiezan generalmente con un 7 para los usuarios de los Estados Unidos y con un 10 para los usuarios en otros países. Si el nombre de un usuario es 712345.6701, su dirección será

```
712345.6701@compuserve.com
```

Nota: La dirección utiliza un punto, no una coma, porque la direcciones de Internet no pueden tener comas.

CompuServe solía cobrar un recargo a sus usuarios por recibir correo que viniera del correo de Internet; por esta razón, muchos usuarios instalan sus cuentas para no recibir correo de Internet.

Si desea saber cómo usar CompuServe para acceder a servicios de Internet, vea el capítulo 12.

Delphi

Delphi es un servicio en línea de los mismos que manejan BIX, pero los servicios están separados (Rupert Murdoch, el magnate de los medios, compró ambos hace poco y se dice que Delphi va a ser fusionado con el servicio de Internet de MCI.) Los nombres de usuarios son líneas arbitrarias, generalmente la primera inicial y el apellido del usuario. Para enviar al usuario support, digite:

```
support@delphi.com
```

Digital's Easynet

Los usuarios de la red interna Easynet de la Digital Equipment Corporation tienen direcciones internas del tipo HOST::NOMBRE que corresponden a:

```
nombre@host.enet.dec.com
```

Algunos usuarios todavía utilizan el viejo sistema All-In-1 (todo en uno), con direcciones como `Ken.01 sen@PDQ`. Éstas corresponden a:

```
Ken.01sen@pdq.mts.dec.com
```

Easylink

Easylink es un sistema de mensajes que solía ser manejado por Western Union y ahora lo maneja AT&T. Los usuarios tienen números de siete dígitos que empiezan por 62. Para enviarle un mensaje al usuario 6231416, escriba

```
6231416@eln.attmail.com
```

FIDONET

FIDONET es una gran red de BBS de cobertura mundial. En FIDONET, las personas se identifican por su nombre, y cada BBS individual (llamada "nodo") tiene un número de tres o cuatro partes de la forma `1:2/3` o `1:2/3.4`. Para enviar un mensaje a Grover Cleveland en el nodo `1:2/3.4`, escriba

```
grover.cleveland@p4.f3.n2.z1.fidonet.org
```

Si el nodo tiene un nombre de tres partes, como `1:2/3`, escriba

```
grover.cleveland@f3.n2.z1.fidonet.org
```

GEnie

GEnie es un servicio en línea de la General Electric. Es la parte del consumo del servicio comercial en línea, que se remonta a los años 60. Cada usuario tiene un nombre, que es una línea arbitraria y totalmente difícil de memorizar, y un nombre de correo, que se relaciona con el nombre del usuario. Tiene que conocer el nombre de correo del usuario, algo como `J.SMITH7`:

```
J.SMITH7@genie.geis.com
```

MCI Mail

MCI Mail es un sistema comercial de correo electrónico muy grande. Cada usuario tiene un número de siete dígitos –que se garantiza es único– y un nombre de usuario que puede o no ser único. Usted puede enviar mensajes al número o al nombre de usuario, o al nombre real de la persona, usando guiones bajos en lugar de espacios:

```
1234567@mcimail.com
jsmith@mcimail.com
john_smith@mcimail.com
```

Si envía a un nombre de usuario o a un nombre real, y el nombre resulta no ser único, MCI Mail le envía de vuelta una lista de las posibles correspondencias para que pueda enviar de nuevo su mensaje al número único de ese usuario. Los nombres de usuario de MCI se escriben algunas veces con un guión, como un número telefónico, pero usted no tiene que usar el guión en la dirección.

Microsoft Network (MSN)

Microsoft Network es un servicio comercial en línea del gigante de los programas, Microsoft. Necesita Windows 95 para conectarse a MSN. Lo describimos en detalle en el capítulo 14, y más aún en *Microsoft Network for Dummies*, por Doug Lowe (IDG Books Worldwide).

Si el nombre de su cuenta es *Bill Gates* (por ejemplo), su dirección de correo electrónico es

```
BillGates@mns.com
```

Prodigy

Prodigy es un sistema grande en línea de IBM y Sears. (Nos han dicho que puede tener más de 10.000 usuarios simultáneamente.) Es una rampa de correo difícil de usar (para los usuarios de Prodigy; es un juego de niños desde el punto de vista de Internet).

Recuerde que los usuarios pagan el correo que les llegue y que la rampa no puede manejar mensajes largos. Los usuarios tienen nombres arbitrarios como KS8GN3. Envíe su correo a:

```
KS8GN3@prodigy.com
```

Sprintmail (Telemail)

Sprintnet suministra el sistema de correo electrónico de Sprintmail. Anteriormente, Sprintmail se llamaba Telemail, porque Sprintnet solía ser Telenet antes de que Sprint la comprara. (Tecnológicamente, es un derivado del trabajo originario de ARPANET que condujo a Internet.) Sprintmail es el sistema X.400 más grande de los Estados Unidos. Tal como se mencionó en la sección que trata de X.400, para enviar un mensaje a un usuario que se llama Samuel Tilden en Tammany Hall, Estados Unidos, hay que escribir:

```
/G=Samuel/S=Tilden/O=TammanyHall/C=US/ADMD=TELEMAIL/
    @sprint.com
```

Muchos sistemas de correo electrónico corporativos y gubernamentales están anexos a Sprintmail. Cada cual tiene su nombre de organización distintivo (O=) y, en algunos casos también un nombre de dominio de correo privado(PRMD=), que tienen que ser incluidos en la dirección.

UUCP

UUCP es un sistema de correo viejo y poco grato que sigue siendo utilizado por muchos sistemas UNIX, sobre todo porque es -¿cómo lo adiviné?- gratuito. Las direcciones de UUCP consisten en un nombre de sistema y un nombre de usuario, ambos compuestos de líneas muy cortas y arbitrarias. El sistema aquí, en la Central de Internet para Dummies, por ejemplo, tiene una dirección UUCP por razones históricas -iecc- además de tener una dirección normal de Internet; puede enviar correo a `iecc!idummies`. (El signo de admiración (!) se pronuncia "bang", y esto se llama una *dirección bang de ruta*.) También existen direcciones UUCP que pasan por varias máquinas: `world!iecc!idummies` indica que el mensaje debe pasar primero por la máquina llamada `world`, que lo envía a `iecc`, en donde la dirección es `dummies`. Con frecuencia, las direcciones de UUCP se escriben en relación con un anfitrión de Internet, que también entiende el lenguaje de UUCP. Se puede, entonces, enviar correo a una dirección como ésta:

```
world!iecc!idummies@uunet.uu.net
```

(Aunque nos llega más rápido si nos envía el mensaje a `ninternet@dummies.com` pues se salta toda la tontería de UUCP.) Esta dirección quiere decir que el mensaje debe ser enviado a `uunet.uu.net` utilizando correo corriente de Internet, luego a `world` por medio de UUCP, y luego hay que dar otro paso por UUCP hasta `iecc` y de ahí a un buzón de correo que se llama `idummies`. Si le parece que esto es desagradable y confuso, no es el único.

UUNET Communications es una empresa grande y sin ánimo de lucro que, entre otras cosas, suministra correo electrónico a todas las masas que hablan UUCP; es el sistema de Internet que más direcciones de UUCP utiliza. La mayoría de los clientes de UUNET tiene también direcciones normales de Internet que se convierte internamente en esas feas direcciones de UUCP. Si conoce la dirección de Internet, utilícela en lugar de la de UUCP.

Capítulo 18

Diez tipos de archivos y qué hacer con ellos

· ·

En este capítulo:

▶ Archivos de gráficas

▶ Archivos de documentos

▶ Archivos comprimidos

▶ Cómo desenredar archivos y otras formas de hacerlos legibles

· ·

Ahora que ya sabe cómo utilizar la Web, Gopher y FTP, y también cómo copiar archivos, probablemente ya ha copiado millones de ellos (bueno, unos tres o cuatro). Pero cuando los quiere leer con su editor de texto, tal vez ha notado que son pura basura. En este capítulo vamos a mirar los distintos tipos de archivo que hay en Internet, cómo distinguir lo que son y qué hacer con ellos.

¿Cuántos tipos de archivo hay?

Cientos y cientos de ellos, para empezar. Afortunadamente se pueden agrupar en cinco categorías generales.

✔ Archivos de texto (aunque parezca mentira, se trata de archivos que contienen texto).

✔ Archivos ejecutables (archivos que se pueden ejecutar o iniciar; es decir, programas).

✔ Archivadores, archivos ZIP y otros archivos comprimidos.

✔ Archivos de gráfica y video.

✔ Archivos de datos (cualquier otro tipo de archivo).

Los Mac son diferentes

Los archivos de Mac, independientemente de lo que contengan, suelen venir en dos o tres partes, una de las cuales es un archivo de datos. No verá las partes en su propio Macintosh, pero las verá si trata de enviarlas a un servidor de Internet que no sea un Mac. En el mundo de los Macintosh, los tres archivos son las tres partes de un sólo archivo y se conocen como *forks* (tenedores): el tenedor de datos, el tenedor de recursos y el tenedor de información. Cuando copia de un Macintosh lo que cree que es un archivo, suelen aparecer tres archivos separados con las extensiones .data, .resc e .info anexas al nombre del archivo. Hay varias formas, que presentaremos más adelante en este capítulo, para pegar estas tres partes con el fin de transportarlas a través de Internet.

Puro texto

Los archivos de texto contienen texto legible (¿qué otra cosa podía ser?). Algunas veces el texto es legible a los ojos humanos (tal como el manuscrito de este libro, que escribimos en archivos de texto la primera vez que lo escribimos). Algunas veces es un código de fuente para programas de computador tales como C o *Pascal*. En algunos casos, el texto consiste en datos para programas. PostScript es un tipo de archivo de texto que trataremos más adelante en este capítulo.

En un PC, los archivos de texto suelen tener la extensión .TXT. Puede mirarlos usando el bloc de notas de Windows 3.1, o el WorkPad de Windows 95, o cualquier procesador de palabra.

No hay mucho que decir sobre los archivos de texto: se reconocen a la vista. Tal como se mencionó en el capítulo 10, la forma como se guarda un texto varía de un sistema a otro, y por esa razón si se desea copiar archivos de texto por medio de FTP, debe hacerse en el modo ASCII para convertirlos automáticamente al formato local.

Algunos pocos documentos de texto son en realidad archivadores completos o una agrupación de archivos que no son de texto. Vea, más adelante en este capítulo, cuando tratemos los archivos *shar* y *uuencoded*.

Es un programa que hace un dibujo

Si se encuentra con un archivo de texto que comienza con algo como lo que sigue, se trata de un documento PostScript:

```
%!PS-Adobe-2.0
%%Title: Some Random Document
%%CreationDate: Thu Jul 5 1996
/pl transform 0.1 sub round 0.1
  add exch

 0.1 sub round 0.1 add exch
  itransform bind def
```

Un documento PostScript es un programa en el lenguaje de computador PostScript que describe un documento. Lo más razonable, en caso de encontrarse con un documento de éstos, es iniciar el programa y mirar el documento. Y la manera corriente de hacer esto es enviarlo a una impresora PostScript. También hay programas que interpretan PostScript, como *GNU Ghostscript*, y convierten PostScript a otros formatos de pantalla e impresora para usuarios que no posean impresoras PostScript.

¿Un último deseo antes de que lo ejecutemos?

Los archivos ejecutables son programas que se pueden poner a funcionar en el computador propio; aparecen corrientemente en archivos llenos de cosas para PC y Mac. En Internet se pueden obtener también algunos programas ejecutables para otro tipo de computadores, como lo son diversas estaciones de trabajo. Cada uno de los archivos ejecutables funciona únicamente en un tipo específico de computador. Un programa ejecutable en Mac no funciona en una máquina con Windows, y viceversa.

Los programas ejecutables más corrientes son para DOS y Windows. Estos archivos tienen nombres de archivo como FOOG.EXE, FOOG.COM, o (algunas veces para Windows) FOOG.DLL. Se inician de la misma manera que cualquier otro programa para DOS o Windows: se hace doble clic en nombre del archivo en el Administrador de archivos de Windows 3.1, o en My Computer o Explorer en Windows 95.

Siempre hay una probabilidad de que un programa nuevo de PC o Mac esté infectado con un virus. (Debido a las diferentes formas en que funcionan los sistemas, la probabilidad de que un programa de UNIX tenga un virus es mucho menor.) El material que proviene de servidores bien manejados, tal como los archivos SimTel (ver capítulo 10), no suele estar infectado; si, por el contrario, inicia un programa cualquiera tomado de algún lugar cualquiera, se merece lo que le llegue. No nos detenemos aquí a hablar de las prácticas de seguridad de programas.

Los programas ejecutables para estaciones de trabajo no tienen nombres fácilmente reconocibles. Sin embargo, es muy probable que uno cuyo nombre contenga un punto sea un archivo ejecutable. Aunque prácticamente cualquier tipo de estación de trabajo maneja UNIX, los ejecutables no son intercambiables. El código para un SPARC no funciona en IBM RS/6000, o viceversa. Hay diferentes versiones de UNIX que funcionan en un PC 386, con distintos formatos ejecutables. Las versiones más nuevas de PC UNIX suelen manejar ejecutables de versiones anteriores, pero no es el caso al contrario.

Empaques

Con frecuencia, un paquete en particular requiere una cantidad de archivos relacionados. Para que sea más fácil hacer circular el paquete, los archivos pueden agruparse en un solo archivo, conocido como archive (archivador). (Sí, el término "archivador" también se refiere a un anfitrión desde donde se puede obtener material por medio de FTP. Lo sentimos.) Cuando se copia un archivador, se utiliza un programa de desarchivar para obtener los archivos originales.

Algunos archivos también están comprimidos. Esto significa que están codificados de tal manera que ocupan menos espacio pero que sólo pueden ser decodificados por el descompresor correspondiente. La mayoría de los archivos que se puede obtener por FTP anónimo están comprimidos, pues éstos ocupan menos espacio de disco y toman menos tiempo de transferencia en Internet. En el mundo de los PCs, se puede archivar y comprimir al tiempo gracias a accesorios como WinZip para crear archivos ZIP. En el mundo de los Mac, el programa Stuffit es muy popular. En el mundo de las estaciones de trabajo, en cambio, los dos procesos se hacen por separado; los programas *tar* y *cpio* se encargan de archivar, y los programas *compress*, *pack* y *gzip* se hacen cargo de comprimir.

Si copia muchos archivos de Internet, tiene que aprender a descomprimirlos. Los cuatro métodos principales de descompresión son:

- ✔ ZIP
- ✔ compress
- ✔ gzip
- ✔ Stuffit

Más adelante en este capítulo describimos los programas de compresión y archivación para UNIX.

ZIP

Los programas más ampliamente usados en Windows y DOS para compresión y archivo son los programas compartidos (shareware) de WinZip y PKZIP. Todos los archivos que han pasado por ZIP terminan con la extensión .ZIP.

Los usuarios de Windows utilizan el excelente programa de WinZip que describimos en el capítulo 10. No sólo maneja archivos de ZIP, sino que sabe extraer los contenidos de la mayoría de los otros archivos comprimidos que encuentre en Internet.

Los usuarios de DOS que no tienen Windows pueden usar los programas de shareware PKZIP y PKUNZIP para crear y obtener archivos ZIP.

Para UNIX se consiguen programas compatibles, llamados *zip* y *unzip* (los autores de programas son creativos cuando los hacen, no cuando los bautizan), en `ftp.uu.net` y en otras partes. Para aquellas situaciones en las que la naturaleza del programa de PKUNZIP es un problema, se consigue un programa de unzip para UNIX, aunque sólo tiene la mitad de la velocidad de PKUNZIP.

Algunos de los archivos que se consiguen en Internet son auto-extractables, es decir que el archivo de ZIP viene empacado en un programa *unzip*; aun cuando usted no tenga una forma de desempacar, sólo tiene que iniciar el archivo y éste extraerá sus propios contenidos. (PKZIP y WinZip también se distribuyen de esta manera.) Dado que los archivos auto-extractables son a su vez programas, terminan con la extensión EXE en lugar de ZIP. Si ya tiene una forma de "hacer unzip" (desempacar), utilícelo para extraer archivos; indíquele que abra un archivo de la misma manera que lo haría con cualquier otro. Esto le permite estar seguro de que el archivo contiene lo que dice que contiene, y le permite además utilizar la característica de asistencia de instalación de WinZip.

Compresión

Por el año 1975, un hombre llamado Terry Welch publicó un artículo sobre el diagrama de compresión que había acabado de inventar. Un grupo de programadores de UNIX lo implementó como el programa *compress*, y rápidamente se convirtió en el programa estándar de compresión de los sistemas de UNIX. Hoy en día se consiguen mejores compresores, pero *compress* sigue siendo estándar.

Es muy fácil reconocer un programa comprimido porque su terminación es .Z. En los sistemas de UNIX, el archivo original se recupera con *uncompress* (que es en realidad el mismo programa que compress pero funcionando de otra manera), tal como se ve en este ejemplo:

```
uncompress blurfle.Z
```

Esta línea elimina `blurfle.Z` y lo reemplaza con el `blurfle` original. En el caso de que no tenga *uncompress*, se puede hacer algo equivalente usando *compress*:

```
compress -d blurfle.Z
```

En un PC, los archivos tienen con frecuencia nombres que terminan en Z, tal como `BLURFLE.TAZ`. Se puede obtener una versión de compress compatible con UNIX en el archivo SIMTEL en el directorio /msdos/ compress, como por ejemplo COMP430D.ZIP, pero para los usuarios de Windows es más fácil usar WinZip.

Los archivos de UNIX suelen estar archivados y comprimidos, y tienen nombres tales como `blurfle.tar.Z`. En tal caso, primero hay que descomprimir para obtener `blurfle.tar` y luego hay que desarchivar. Si desea saber qué hay en un archivo comprimido sin descomprimirlo, puede usar zcat, que envía una copia descomprimida de su contenido a la pantalla. Cualquier archivo que sea lo suficientemente grande como para que valga la pena comprimirlo, va a ocupar más de una pantalla, así que hay que pasarlo por un programa de paginación como *more*:

```
zcat blurfle. Z | more
```

Es patentemente obvio

Los que escribieron *compress* no han caído en cuenta de que Welch no sólo escribió el artículo con el diagrama que usa compress, sino que también lo patentó. (Otras dos personas en IBM, Miller y Wegman, inventaron al mismo tiempo y cada uno por su cuenta el mismo esquema y obtuvieron también la patente; se supone que estas cosas no sucedan, pues tan sólo la primera persona que inventa algo tiene derecho a patentarlo. Pero el hecho es que hay patentes.) UNISYS, que emplea a Welch, dice de vez en cuando que va a recolectar algún día las regalías de *compress*. Lo hacen con los que utilizan el mismo esquema de compress, sobre todo con los archivos GIF de CompuServe, pero nunca lo han hecho por compress mismo.

La Free Software Foundation (Fundación de Programas Gratuitos), que maneja el proyecto de GNU de programas gratuitos, creó *gzip*, que usa en su totalidad algoritmos que no han sido patentados. Los archivos que pasan por gzip reciben la extensión `gz` y se descomprimen con el comando `.gunzip`:

```
gunzip blurfle.gz
```

Resulta que aunque la compresión de *compress* está patentada, la técnica de descompresión no tiene obstáculos, y por lo tanto gunzip también puede descomprimir archivos `.z` de compress así como de otros esquemas anteriores y menos utilizados. Incluso puede descomprimir archivos de ZIP siempre y cuando contengan un sólo archivo. Si tiene un archivo de compresión misteriosa, intente pasarlo por gunzip y observe qué sucede. También existe *gcat*, que, como *zcat*, muestra sus resultados en la pantalla. Una manera de saber lo que contiene un archivo misterioso en un sistema de UNIX es teclear el comando:

```
gcat mysteryfile | more
```

Las versiones de gzip para UNIX se consiguen en archivos GNU en `ftp.uu.net` y en otras partes; una versión para DOS se encuentra en el depósito de SimTel (descrito en el capítulo 21) con el nombre de GZIP123.ZIP en `/msdos/compress`. Los usuarios de Windows, como siempre, pueden usar WinZip.

StuffIt

El programa de compresión y archivo favorito de Macintosh es un programa de shareware, creado por Raymond Lau, que se llama StuffIt. Viene en muchos sabores y colores, entre otras, en una versión comercial llamada StuffIt Deluxe. Los archivos StuffIt de todas las variedades terminan por lo general con `.SIT`.

Para descomprimir puede utilizar los programas gratuitos (freeware) UnStuffIt o StuffIt Expander o Extractor, que se consiguen en los Mac.

Otros archivos

Hay muchísimos otros archivadores que comprimen con nombres tales como *LHARC, ZOO* y *ARC*. Los usuarios de DOS y Mac pueden encontrar desarchivadores para todos ellos en el depósito SIMTEL. Además de éstos, hay un archivador japonés, el LHA, que se utiliza mucho porque comprime muy bien y es completamente gratis. Busque la versión más reciente, LHA123.

En los archivos

Dos programas diferentes de archivos para UNIX son *tar* y *cpio*. Fueron escritos en la misma época por dos ramas distintas de Bell Laboratories en dos regiones distintas de New Jersey. Ambos realizan más o menos las mismas tareas; tan sólo son dos programas diferentes.

Una diferencia importante entre los archivadores de tipo UNIX y los archivos ZIP es que los archivadores de UNIX suelen contener subdirectorios; los archivos ZIP rara vez los contienen. Es conveniente mirar siempre la lista de contenido del archivador UNIX antes de sacar los archivos para saber a dónde van a ir a parar.

Tar

El nombre de tar es una forma abreviada de Tape ARchive (archivo de cinta). Aunque tar fue diseñado para poner archivadores de archivos en viejas cintas de carrete, escribe hacia cualquier medio. Los archivos que guarda tar suelen tener nombres de archivo que terminan en `.tar`. La combinación, bastante frecuente, de archivo con tar, seguido de una compresión con compress, lleva la terminación `.tar.Z` o `.TAZ`. Los usuarios de Windows pueden desenredar cualquiera de los dos, como siempre, con WinZip. En un sistema UNIX, para ver el contenido de un archivador tar, escriba el siguiente comando:

```
tar tvf blurfle.tar
```

`tvf` quiere decir Table of contents Verbosely from file (índice de contenidos prolijo del archivo). Verbosely (prolijamente) en este caso quiere decir que tar le indica lo que va encontrando y va mostrando los archivos en la pantalla. Si no escribe la **v**, *tar* obtiene el índice de contenidos, pero el usuario nunca lo sabrá.

Para obtener los archivos individuales, use este comando:

```
tar xvf blurfle.tar
```

Copie aquí, copie allá

El nombre *cpio* quiere decir *CoPy In and Out* (copiar hacia adentro y hacia afuera). Este programa también está diseñado para copiar archivadores de archivos desde y hacia las viejas cintas de carrete. (Era un asunto de importancia en aquel entonces porque los discos fallaban en el sistema UNIX más o menos una vez por semana y la única forma de recuperar el trabajo era guardándolo en cintas.) Los archivos que son guardados por cpio generalmente llevan nombres que terminan en `.cpio`. Cpio nunca ha tenido la popularidad de tar y por esa razón WinZip no lo maneja. Para obtener material de un archivador cpio se necesita una cuenta shell de UNIX.

Para ver lo que contiene un archivador cpio, escriba lo siguiente:

```
cpio -itcv <blurfle.cpio
```

Note el < (paréntesis izquierdo) antes del nombre del archivo de input. El `-itcv` quiere decir Input, Table of contents, Character headers (para diferenciar de los encabezamientos octales), Verbosely (Input, índice de contenidos, encabezamientos de carácter, prolijo).

Para extraer los archivos, escriba la siguiente línea:

```
cpio -icdv <blurfle.cpio
```

Las letras aquí quieren decir input, character headers, verbosely y crear directorios según sea necesario (input, encabezamientos de caracter, prolijo).

PAX vobiscum

Las versiones modernas de UNIX (que datan desde 1988, más o menos) tienen un programa nuevo, muy bueno, llamado .pax (Portable Archive Exchange - Intercambio portátil de archivos). Habla los lenguajes tanto de tar como de cpio, de tal manera que debería estar en capacidad de desempacar cualquier archivo de UNIX. (Muy avanzado, ¿verdad? ¡Tan sólo les tomó veinte años inventarse algo así!) Si su sistema tiene pax, verá que es más fácil de usar que tar o cpio. Para ver lo que contiene un archivador, escriba el siguiente comando (la v pide un listado prolijo):

```
pax-v <tar-or-cpio-file
```

Para ver los contenidos, escriba esta línea:

```
pax-rv <tar-or-cpio-file
```

(es decir, read, verbose output -lea, resultado prolijo).

Algunos archivos no son de texto, ejecutables, archivados o comprimidos. A falta de un término más adecuado, los llamaremos archivos de datos. Los programas suelen llegar con uno que otro archivo de datos para el uso del programa. Los programas de Windows de Microsoft vienen generalmente con un archivo de datos que contiene el texto de ayuda.

Para aquellos con inclinaciones artísticas

Una porción amplia, y que va en aumento, de todos los bits que circulan por Internet consiste en imágenes digitalizadas de cada vez mejor calidad. Cerca del 99,44 por ciento de las imágenes son únicamente para pasar el rato, para juegos o cosas peores. Pero estamos seguros de que usted es parte del 0,56 por ciento de usuarios que las necesita para su trabajo. Por esa razón le brindamos un resumen de los formatos de imágenes.

Los formatos de gráficas más frecuentemente usados en Internet son GIF y JPEG. Casi nunca se encuentra una imagen de GIF o de JPEG que esté archivada o comprimida. Estos formatos ya hacen un trabajo de compresión interna, así que compress, ZIP y los otros no sirven en estos casos.

Puedo crear con GIF un....

El formato más usado en Internet es el GIF de CompuServe (Graphics Interchange Format - Formato de intercambio de gráficas). El formato GIF se corresponde adecuadamente con las capacidades de una pantalla de computador PC; no tiene más de 256 colores por imagen y suele tener una resolución de 640×480, 1024×768 o similar, que la pantalla del PC conozca. Existen dos versiones de GIF: GIF87 y GIF89. Las diferencias son tan pequeñas que prácticamente cualquier programa que pueda leer GIF puede leer bien cualquiera de las dos versiones. GIF está estandarizado; no se presentan problemas de archivos escritos en un programa y que sean ilegibles en otro.

Hay docenas de programas comerciales y de shareware para PC y Mac que pueden leer y escribir archivos GIF. En UNIX, bajo el sistema de X Window, hay varios programas de freeware y shareware, entre los cuales los más usados tal vez sean ImageMagick y XV; ambos requieren el sistema X Window y por eso no se pueden usar desde una cuenta de marcado, sino únicamente desde una estación de trabajo o un terminal X (si tiene uno, lo sabrá).

Los archivos de GIF utilizan la misma compresión patentada del programa compress de UNIX, y en 1995 UNISYS comenzó a cobrar regalías a CompuServe y a todos los que vendan programas que utilicen esta tecnología patentada. El resultado fue que un grupo de usuarios de gráficas de Internet se inventó un reemplazo sin patente para GIF, llamado PNG. Es de esperar que GIF desaparezca en uno o dos años y que PNG y JPEG (vea la siguiente sección) lo sustituyan.

Cuestión de ojo

Hace unos años, un grupo de expertos en fotografía digital se reunió y decidió que: a) era hora de adoptar un formato estándar oficial para fotografías digitalizadas; y b), que ninguno de los formatos existentes era lo suficientemente bueno. Se creó así el Joint Photographic Experts Group (JPEG - Grupo unido de expertos en fotografía) y luego de una larga negociación nació el formato JPEG. Está diseñado específicamente para guardar fotografías digitalizadas en color o en blanco y negro, y no para dibujos animados creados por computador ni para otras cosas. Por lo tanto, JPEG es fantástico para guardar fotos y muy malo para todo lo demás.

Una versión de una foto en JPEG ocupa una cuarta parte del espacio de su versión correspondiente en un archivo GIF. (Los archivos de JPEG pueden ser de cualquier tamaño porque cuando se crea el archivo el formato permite negociar calidad por tamaño.) La mayor desventaja de JPEG es que demora más en decodificar que GIF, pero puesto que los archivos son mucho más pequeños, vale la pena. Muchos de los programas que pueden mostrar archivos de GIF pueden también manejar los de JPEG. Los archivos de JPEG suelen tener nombres terminados en .jpeg o .jpg.

Se ha dicho en ocasiones que las imágenes de JPEG no son tan buenas como las de GIF. Lo cierto es que si toma una fotografía en color y hace un archivo de 256 colores de GIF y luego pasa ese archivo GIF a un archivo JPEG, no se verá muy bien. No lo haga. Pero si desea lo mejor de lo mejor en calidad fotográfica exija JPEG a todo color.

Vamos a cine

A medida que las redes se tornan más rápidas y los discos más grandes, la gente está guardando películas enteras digitalizadas (a estas alturas siguen siendo películas cortas). El formato estándar para películas se llama Moving Photographic Experts Group (MPEG - Grupo de expertos en fotografía en moción). MPEG fue creado por un comité a pocas puertas del comité de JPEG que de hecho diseñó su trabajo con base en el que ya había hecho éste -algo prácticamente sin precedentes en la historia de los intentos por estandarizar.

Los espectadores de MPEG se encuentran en el mismo lugar que los de JPEG. Se necesita una estación de trabajo bastante rápida o un PC de altísima calidad y rendimiento para poder ver las películas de MPEG en algo que se parezca a su tiempo real.

Dejad que los formatos vengan a mí

Hay muchos otros formatos de archivos de gráficas, aunque GIF y JPEG son los más populares en Internet. Otros formatos que puede encontrar son los siguientes:

- ✔ **PCX:** Este formato para DOS es utilizado por muchos programas de ilustración y sirve también para fotografía de baja resolución.

- ✔ **TIFF:** Este formato es supremamente complicado y tiene cientos de opciones; son tantas que cuando se crea un archivo TIFF con un programa cualquiera muy rara vez puede ser leído por otro.

- ✔ **TARGA:** (Llamado TGA en los PC.) Este es el formato más corriente para fotos a todo color que han sido escaneadas. En los archivos de Internet, TARGA ha sido reemplazado gradualmente por JPEG, pues es más compacto.

- ✔ **PICT:** Este formato se encuentra corrientemente en los Macintosh, pues los Mac tienen un apoyo incorporado para él.

- ✔ **BMP:** Este formato bitmap de Windows no es muy usado en Internet porque los archivos BMP tienden a ser más grandes de lo necesario.

Ninguno de los anteriores

Otro tipo de información que puede estar en los archivos es el de sonido, como por ejemplo clips de programas radiales. Los archivos de sonido tienden a tener las extensiones de nombre de archivo WAV, AU o AIF. MPLAYER, que viene con Windows 3.1, puede ejecutar archivos de WAV. Se puede copiar ejecutores de sonido de muchos archivadores de programas por medio de FTP (ver capítulo 21).

Algunas veces se encuentra también archivos formateados de procesa-

Algunas palabras de la brigada contra el vicio

Seguramente se está preguntando si hay archivos públicos en línea que contengan fotografía exótica, pero no se ha atrevido a preguntar. Pues bien, se lo diremos: no hay. En los archivos públicos de FTP lo más exótico son las fotos de las revistas de moda o deportivas.

Esto obedece a dos razones. La una es política: las empresas y universidades que financian la mayoría de las locaciones de Internet no tienen el menor interés en ser acusadas de actividades pornográficas ni desean llenar discos y discos con imágenes que no tienen que ver con su trabajo. (En un archivo universitario sacaron las fotografías de Playboy y las reemplazaron con una nota que decía que si alguien podía explicar por qué las necesitaba para su trabajo académico las pondrían de nuevo en ese lugar.)

La otra razón es práctica. De vez en cuando alguien pone a disposición su colección de fotografías porno (casi siempre un hombre) para que puedan ser vistas usando FTP. En cuestión de cinco minutos, miles de estudiantes con manos sudorosas y temblorosas intentan ingresar por FTP, y ese rincón de Internet queda prácticamente suspendido. Después de otros cinco minutos, por puro instinto de conservación, las imágenes desaparecen.

Si conoce a alguien que necesite desesperadamente estas obras de arte (no, usted no, por supuesto, sino alguien en otra oficina que está haciendo una investigación sociológica) puede remitirlo al grupo de noticias de Usenet `alt.binaries.pictures.erotica`. La última vez que lo consultamos para nuestra investigación en sociología, notamos que la mayoría de las imágenes ha desaparecido y que ahora hay muchos avisos para accesos pagados a locaciones de World Wide Web. También puede buscar en las locaciones gratuitas como `www.playboy.com` y `www.penthousemag.com`, que contienen algunas de las fotografías más suaves del número actual de la revista.

dor de palabra para ser usados con programas como WordPerfect o Word de Microsoft. Si se encuentra con uno de estos archivos y no tiene el programa de procesador de palabra correspondiente, puede también cargar el archivo al editor de texto, en donde verá el texto entremezclado con basura no imprimible que representa la información de formato. En caso necesario, se puede sacar toda la basura y recuperar así el texto. Antes de hacer eso, intente cargar los archivos en cualquier procesador de palabra que tenga. Muchos de los programas de procesador de palabra pueden reconocer el formato de la competencia y hacen un esfuerzo por convertirlo en algo utilizable para evitarle la tentación de comprar otro producto.

El programa de procesador de texto más usado en Internet sigue siendo el viejo pero servicial TeX. Toma como input archivos de puro texto con comandos de formato escritos como texto; algo así:

```
\comienzo {citar}
Tu madre usa botas militares
\final {citar}
```

Si desea saber más acerca de TeX, vea el grupo de noticias de Usenet `comp.text.tex`. Se consiguen versiones gratuitas de TeX para la mayoría de los computadores y aparecen descritas en un mensaje mensual en el grupo de noticias. Hay un procesador de texto que es aun más viejo llamado troff; también se usa más o menos ampliamente y se consiguen versiones gratuitas de él. Para más detalles, lea las FAQ (Preguntas más frecuentes) de `comp.text.troff`.

Capítulo 19
Diez formas de evitar parecer un tonto

· ·

En este capítulo:

▶ Algunas indicaciones para un uso suave y sofisticado de Internet

▶ Algunas cosas que no se deben hacer

· ·

Claro, utilizar Internet es emocionante. Y claro, también le ofrece muchas formas de hacer el ridículo; Dios no permita que uno actúe como un novato ignorante. Vamos a resumir aquellos movimientos desafortunados para que el usuario sea el navegante más tranquilo de la Web.

Lea antes de escribir

En el momento en que obtiene una nueva cuenta de Internet puede llegar a tener un deseo irrefrenable de enviar cantidades de mensajes. *No lo haga.*

Lea los grupos de noticias de Usenet, las listas de correo, las páginas de Web y otros recursos de Internet durante un tiempo, antes de enviar algo. Así podrá ver cuál es la mejor forma de enviar mensajes, lo cual puede conducir a que los contactos que haga sean con las personas que están interesadas en aquello que usted dice y evitará molestar a otras personas, incomodándolas con tonterías, porque envió algo al lugar inadecuado.

Especialmente si va a hacer una pregunta, busque el grupo de noticias de Usenet (vea el capítulo 9) que tenga que ver con su pregunta y consulte primero si la sección *Frequently Asked Questions* (FAQ-Preguntas hechas con más frecuencia) tiene respuestas para ella. Le parecerá tal vez que este consejo es muy obvio, pero podemos decirle por experiencia que no lo es: en un grupo de noticias que modera John (uno muy sofisticadamente técnico llamado com.compilers), recibe por lo menos dos mensajes diarios de novatos ignorantes haciendo la misma pregunta que aparece en la sección de FAQ desde hace cinco años. Evite ser uno de ellos.

Asuntos de etiqueta en Internet

En Internet, el hombre es lo que escribe. Los mensajes que envíe son la única forma en que el 99% de las personas sucritas a Internet lo conozcan a usted.

La ortografía cuenta

Muchos usuarios de Internet sienten que porque los mensajes son cortos e informales, la ortografía y la gramática no importan. Algunos creen incluso que una ortografía curiosa y particular los hace más interesantes. Pues bien, si usted cree eso, no es mucho lo que podamos hacer para cambiarlo. Pero consideramos que enviar mensajes descuidados y con errores de ortografía es como llegar a una fiesta con manchas de grasa en la camisa. Los amigos sabrán que es un gesto suyo y lo sabrán interpretar, pero los que no lo conocen tenderán a creer que sencillamente no tiene buenos modales.

Muchos programas de correo electrónico tienen funciones para revisar la ortografía. Eudora Pro (la versión comercial de Eudora) revisa la ortografía cuando se hace clic en el icono del diccionario (el que lleva la letra A) en la barra de herramientas, y en Pine se puede hacer presionando Ctrl+T. Los revisores de ortografía no son perfectos, pero por lo menos aseguran que el mensaje tenga palabras genuinas.

NO ENVÍE TODO EL MENSAJE EN MAYÚSCULAS. Pareciera que está gritando y puede causar que le devuelvan comentarios un poco bruscos sugiriendo que haga algo acerca de esa tecla de Shift que se quedó trancada en su teclado. Los teclados de computador han estado utilizando minúsculas desde aproximadamente 1970, así que sería recomendable que se busque esta maravilla de la tecnología moderna y que es una gran ayuda para la escritura.

De vez en cuando recibimos correo de alguien que afirma "que no le gusta el uso de las mayúsculas ni de la puntuación". ¡Qué desgracia!

Si no tiene nada útil que decir, no lo diga aquí

No trate de dárselas de vivo. Si lo hace, el resultado será muy probablemente el contrario. Una de las cosas más estúpidas que vimos recientemente fue una lista de correo TRAVEL-L. Alguien había enviado una petición de información sobre algún destino de viaje. Y alguien le contestó: "lo siento amigo, no puedo ayudarle". Pues bien, lo que habríamos esperado es que las personas que no saben absolutamente nada, no digan nada y mantengan la boca cerrada, pero por lo visto nos equivocamos. Cada mensaje que envíe a una lista llega a la lista entera. Cada miembro de la lista está ahí voluntariamente. Si los otros miembros son como nosotros, pueden tener conflictos como suscriptores a la lista de correo. ¿El contenido de una lista logra sopesar el ruido y la tontería? Mientras más tontería entre, más suscriptores sensibles se retirarán y la lista se deteriorará. La cuestión es importante en la comunidad de Usenet, que se abrió para millones y millones de nuevos usuarios. Si va a participar, encuentre una forma constructiva de hacerlo.

No se meta en la vida de los demás

Otra estupidez que pudimos ver en Internet es que alguien suscribió a su peor enemigo a una lista en contra de su voluntad. Pues bien, amigos, esto no es un kindergarten. Si empieza a hacer un mal uso de las listas públicas, éstas se privatizarán. Las listas que no son moderadas tendrán que ser moderadas. Las listas moderadas se convertirán en listas para invitados exclusivos. Busque lo que quiere: hay listas a las que les gusta ese tipo de comportamiento infantil, pero esa no es la norma, y en la mayoría de las listas no es bienvenido.

Suscripción-inscripción

La suscripción a una lista de correos es algo estupendo. En el capítulo 8 le decimos cómo puede hacerlo. Sin embargo, puede ser que esto sea únicamente para los que no han leído este libro, pero insistimos en que una de las formas más comunes de hacer el ridículo es enviar un mensaje a la lista misma pidiendo ser inscrito, un lugar en donde todas las personas que están en la lista lo pueden leer, pero realmente no suscribe al que lo envió. La suscripción requiere que se vaya al programa del servidor con un formato en particular, o en el caso de listas que no son manejadas automáticamente, al dueño de la lista. Por favor, lea con cuidado el capítulo 8 si no quiere ser la próxima persona que llame la atención en una lista con sus tonterías de novato.

Lea las reglas

Cuando se suscriba por primera vez a una lista de correo, generalmente recibirá una mensaje largo acerca de cómo funciona esa lista en particular y cómo retirarse si lo desea. Lea este mensaje. Guarde este mensaje. Antes de decirle a otros en la lista cómo comportarse, lea las reglas otra vez. Algunos novatos oficiosos, que se inscribieron recientemente a JAZZ-L empezaron disparando cantidad de ideas a la lista que no tenían que ver con el tema. Bueno, JAZZ-L permite este tipo de discusión. Eso lo dice en la introducción a la lista. Lo que no sabemos es si esa persona realmente logró ser bienvenida a la lista con ese tipo de comportamiento.

Edite sus textos

Cuando esté enviando un mensaje a un grupo de Usenet o a una lista de correo, recuerde que su audiencia es el mundo entero, con personas de todas las razas, que hablan diferentes idiomas y representan diferentes culturas. Haga un esfuerzo por representarse y representar su cultura bien. Evite los improperios y los comentarios desagradables acerca de otras personas y lugares. Es muy fácil que se malentienda lo que dice. Lea lo que quiere enviar muchas veces antes de enviarlo. Hemos visto cómo algunos signos tipográficos, inadvertidamente, cambian todo el significado de un mensaje y lo convierten en su exacto opuesto.

La discreción es lo mejor

Tarde o temprano verá que alguien empieza a gritar como loco. Tarde o temprano alguien le enviará algo que usted no ha debido ver y usted va a desear enviárselo a otros. No lo haga. Conténgase de emociones fáciles y malicia tonta. En Internet hay cantidad de tontos, no se añada a la lista (vea la sugerencia al final de este capítulo cuando esté tentado a enfurecerse).

Manténgalo privado

OK, puede suceder que alguien cometa un error, tal como enviar un mensaje que dice "Suscribirse" a toda una lista de correo, o que envíe un mensaje que diga "No lo sé", en respuesta a una pregunta de ayuda en un grupo de noticias. Sí, es cierto, alguien cometió una tontería, pero no aumente la situación enviando mensajes adicionales quejándose por ello. Elimine el mensaje y olvide todo acerca de él, o responda en privado dirigiéndose únicamente a esa persona y no a toda la lista de correos. La lista entera o el grupo de noticias probablemente no quiere saber cuál es su consejo a la persona que cometió una tontería.

Por ejemplo, le puede enviar un mensaje de correo electrónico privado diciendo, "en el futuro envíe su mensaje de suscripción o de retiro a: `eggplants-request`, y no a: `eggplants`, OK?, o "Esta es una lista para discutir acerca de las gallinas domésticas, envíe su mensaje acerca de los gatos a otra parte".

Firmando...

Todos los programas de correo le permiten tener una firma, un archivo que añade siempre al final de cada mensaje de correo o de noticias que envíe. Se supone que contenga algo para identificarlo. Pero gradualmente se ha vuelto corriente poner una cita graciosa, añadir un toque personal. Aquí está la firma de John, por ejemplo:

```
Saludos,
John R. Levine, Trumansburg NY
Primary perpetrator of "The Internet for Dummies"
and Information Superhighwayman wanna-be.
```

Pero algunas personas escogen firmas un poco excesivas, que abarcan casi cien líneas de caracteres ASCII, citas largas, reclamos extensos y otras cosas que ellos creen que son interesantes. Este tipo de firma puede ser graciosa la primera vez, pero gradualmente se convierte en algo tedioso y lo marca como un novato ignorante.

 Su firma no debería tener más de cuatro líneas, y en lo posible menos. Es lo que hacen todos los usuarios de Internet que tienen experiencia. Si quiere ver ejemplos de firmas realmente absurdas, visite el grupo Usenet: `alt.fan.warlord`, que recibe su nombre por Warlord of the West y que posee una de las firmas más largas de todos los tiempos.

Cálmese

Por alguna razón, es MUY MUY MUY FÁCIL INDIGNARSE POR ALGO QUE ALGUIEN DICE EN INTERNET (nos pasa también a nosotros). Algunas veces puede ser un envío de Usenet con el cual uno está en desacuerdo, alguna vez es algo que uno encontró en la Web y otras veces es un correo electrónico personal. La tentación inicial es la de enviar inmediatamente un mensaje diciéndole al otro que es un imbécil. Y, adivine qué sucede. Muy probablemente esa persona también va a dispararle a usted. Este tipo de indignación excesiva es tan común, que tiene su propio nombre: *ignición*. De vez en cuando es divertido (si usted es el tipo de receptor que se lo toma con un buen sentido del humor), pero siempre es innecesario. Como primera medida, los mensajes de correo electrónico suelen llegar con un significado algo distinto del pretendido por el autor y, por otro, enviarle de vuelta algo no va a hacer que la persona cambie de parecer.

Una idea que nosotros encontramos de gran ayuda es escribir la respuesta más fuerte, más agresiva, más llena de ingenio y de veneno, torturando en cada punto al que escribió el mensaje que a uno le molestó. Luego, tirarla a la basura en lugar de enviársela.

Atropellos, circulares y otros correos antisociales

Mencionamos esto en los capítulos 7 y 9, pero vale la pena mencionarlo de nuevo: hay cierto tipo de mensajes que nunca deben enviarse. No son ilegales (por lo menos en muchas partes), pero encontrará rápidamente que su buzón está lleno de respuestas desagradables y que su proveedor va a cancelar su cuenta.

Cadenas

Es muy fácil enviar una cadena de cartas en Internet: sólo hay que presionar el botón de Forward (redirigir), escribir unos cuantos nombres y enviar el mensaje. Pero es una pésima idea. Hay una serie de cartas en cadena clásicas que han estado circulando en Internet durante una década (vea el capítulo 7 para más detalles acerca del niño que no quiere tarjetas, el fantasma del virus de los buenos tiempos, el impuesto al módem inexistente, la receta con precio excesivo y la manera en la que usted no desea ganar dinero rápidamente). Pero independientemente de dónde vengan, por favor no las continúe.

Algunas de las cartas en cadena empezaron como cartas de papel. Una vez recibimos una versión en papel de "Cómo ganar dinero rápidamente", una cadena que venía de Guam. Hicimos exactamente lo mismo que hacemos con este tipo de cartas en el computador. La tiramos a la basura.

El spamming

Una de las innovaciones más desagradables de Usenet de los últimos años es el *spamming*, o sea el enviar cantidades y cantidades de copias de un mensaje, generalmente vendiendo algo que de todas maneras no parece servir para gran cosa, a cuantos usuarios se pueda de los grupos de Usenet. Es desesperante, y en muchos casos lo que le puede suceder a quien hace esto es que tenga que cubrir los costos en los que tuvo que incurrir su proveedor para recoger toda esa cantidad de basura. Tampoco es muy efectivo, porque los sistemas automáticos identifican y cancelan la mayoría de estos mensajes a los pocos minutos de que ocurren. Para mayor información acerca de este tema, vea el recuadro acerca del tema en el capítulo 9.

No sea cerdo

Encontrará cantidades increíbles de material en Internet: programas, documentos, imágenes, megabyte tras megabyte, de cosas maravillosas gratis. Podría copiarlo todo. No lo haga. Sólo copie aquello que cree que va a utilizar, no copie directorios enteros llenos de cosas "por si acaso".

Su proveedor de Internet fija sus tarifas basado en los recursos que utiliza un usuario típico. Un usuario puede significarle al proveedor de Internet una fracción substancial de la conexión si está copiando archivos continuamente durante horas. Los proveedores generalmente calculan su conexión a Internet por un factor de tres más o menos. Si cada usuario tratara de transferir datos a la mayor velocidad al mismo tiempo, se requeriría una conexión tres veces más rápida que la que tiene el proveedor en realidad. Pero, dado que los usuarios reales transfieren por un tiempo y luego leen lo que está en la pantalla por otro tiempo, funciona bastante bien la forma de compartir la conexión entre todos. (El proveedor no está haciendo trampa cuando hace esto; es una forma razonable de proveer acceso a un costo racional. Podría obtener una conexión que hiciera todo lo que usted desee, pero se escandalizaría con el precio). Si los usuarios empiezan a utilizar más conexiones que las que el proveedor calculó en su presupuesto, los precios aumentarán.

¡Cuelgue ya!

Este consejo se aplica particularmente a los proveedores que ofrecen un tiempo ilimitado de conexión por mes. No deje su computador conectado si no lo está usando. La mayoría de los paquetes de programas de

Internet tienen una característica que cuelga después de un tiempo si no hay ninguna transferencia de datos desde Internet o hacia Internet durante un período de tiempo. Nosotros tenemos el nuestro instalado para veinte minutos en nuestras conexiones de marcación. De no ser así, muchos otros usuarios obtendrán un tono de ocupado cuando traten de conectarse.

Uso de audio y video

El teléfono de Internet y cosas parecidas presentan un problema especial para Internet porque recargan muchísimo más, tanto a los proveedores locales como a la red en general, de lo que lo hacen otros servicios de Internet. Si está transfiriendo información de voz a través de Internet, está metiendo datos tan rápidamente como su conexión se lo permite. Las conexiones de video son aún peores: cuando las locaciones de Internet con conexiones rápidas comienzan a enviar programas de video de un lado a otro, la red entera funciona más despacio. Por ahora, hay muy pocas personas utilizando el teléfono de Internet, de tal manera que esto todavía no es un problema muy grande, pero si se convierte en algo muy popular, los proveedores tendrán que diferenciar entre cuentas con teléfono y sin teléfono, siendo las primeras mucho más caras para mantener el acceso a los usuarios a precios razonables.

Consejos sabios para Web

La mayoría de los proveedores de Internet le permiten incluir sus propias páginas privadas en la World Wide Web. De nuevo, lo que ponga en su página es lo que la mayoría de las personas sabrán acerca de usted, así que aquí hay algunas sugerencias.

Lo pequeño es hermoso, Parte I

La mayoría de las personas que vean su página de Web están conectadas utilizando una línea de marcado y un módem, lo cual quiere decir que grandes imágenes toman mucho tiempo para ser cargadas a los computadores. Si su página personal contiene una página de imagen que toma 12 minutos para cargar, es equivalente a haber puesto un aviso de *Manténgase lejos de este lugar*. Las imágenes deben ser pequeñas para que la página pueda ser cargada en un tiempo razonable. Si tiene una imagen muy grande y usted la considera maravillosa, ponga una versión "de uña de pulgar" en su página, y haga un vínculo de la imagen completa para aquellos que tengan el tiempo y el interés de ver la versión grande.

Lo pequeño es hermoso, Parte II

Las páginas pequeñas que caben en una pantalla o dos, funcionan mejor que las páginas grandes. Son más fáciles de leer y se cargan más rápidamente. Si tiene 12 pantallas llenas de material para poner en su página de Web, divídalas en 5 ó seis páginas separadas con vínculos entre una y otra. Un conjunto bien diseñado de páginas pequeñas hace que todo sea más fácil de encontrar que en una página grande, porque los vínculos pueden dirigir a los lectores a aquello que quieren buscar.

Si queremos la Casa Blanca, sabemos dónde encontrarla

Ninguna página de Web (o conjunto de páginas, como ya lo dijimos) está completa o sin vínculos a las otras páginas favoritas del autor. Por alguna razón, cada nueva página de Web de usuario tiene un vínculo a `http://www.whitehouse.gov` y tal vez a Yahoo, Netscape y otras locaciones sobre las cuales todo usuario de Internet ya tiene conocimiento.

Que haya muchos lectores

Cuando vaya a crear una nueva página de Web, mírela con todos los browsers que pueda. Ciertamente, la mayoría de la gente utiliza alguna versión de Netscape, pero los usuarios de Prodigy y de AOL (casi 10 millones de visitantes de su página) usan los browsers que vienen con el servicio, y los usuarios de conexiones shell de marcado usan Lynx, el browser de sólo texto. Una mirada a sus páginas le permite asegurarse de que por lo menos son legibles independientemente del browser que use la gente.

No sea tonto

No ponga en su página de Web información que no desea que sea vista por todo el mundo. Especialmente, no querrá incluir su dirección y su teléfono personales. Sabemos de por lo menos una persona que recibió una llamada inesperada de alguien a quien conoció en la Web, y no le agradó. ¿Para qué habrían de necesitar los usuarios de Web esta información? ¡Le pueden enviar un correo electrónico si tienen algo que decirle!

Parte VI

Referencias

La 5ª ola

por Rich Tennant

ES FRICASÉ DE CULEBRA CON HORMIGAS FRITAS Y MARIPOSAS TOSTADAS.

¿ESTÁS TOMANDO RECETAS DE INTERNET OTRA VEZ?

En esta parte...

Ahora es usted un experto en Internet. Tan sólo falta un pequeño detalle: ¿dónde se obtiene el acceso? Estos últimos tres capítulos le dan una lista de los lugares que suministran accesos, lugares que le brindan el software necesario para poder usar ese acceso y, por último, unos puntos de partida para continuar con su viaje por Internet.

Capítulo 20

Cómo encontrar un proveedor público de Internet

· ·

En este capítulo:

▶ Cómo encontrar un proveedor

▶ Lugares que le pueden brindar un acceso a Internet

▶ Algunos lugares que brindan este acceso sin cobrar

· ·

¡Dame, dame!

Muy agradable todo esto que cuentan sobre Internet, muy interesante, pero es como estar sentado al lado de la piscina pensando "Sería magnífico si supiera cómo nadar." Para aprender sobre Internet hay que lanzarse al agua.

Piense (lo más claramente que pueda a partir de la información que le hemos dado aquí) si desea conectarse a Internet a través de un servicio comercial en línea, tal como America Online o CompuServe, o si desea sencillamente un proveedor del servicio de Internet. Si ha optado por tener "sencillamente un proveedor del servicio de Internet", siga leyendo. Si prefiere un servicio comercial en línea, regrese al capítulo correspondiente al proveedor que desea en la Parte IV y siga las instrucciones que se indican ahí. Un punto a favor de un servicio comercial en línea es que la mayoría le brinda unas horas gratis de prueba antes de suscribirse. Una desventaja puede ser, según la geografía, que el número de acceso al proveedor comercial más cercano sea una llamada de larga distancia. Además, si pasa mucho tiempo en línea, un servicio comercial suele cobrar más por hora (unos $3 dólares) que un proveedor de servicio de Internet. Si puede conseguir un proveedor local de Internet, es probable que sea la mejor solución, al menos en términos de costos.

Cómo encontrar un proveedor de servicio local

Algo que hay que tener en cuenta al escoger un proveedor es el costo de la llamada, pues las llamadas en sistemas en línea tienden a ser largas. El ideal es, por supuesto, un proveedor al que se acceda con una llamada local, bien sea un número directo o una red como Tymnet, Sprintnet o CompuServe.

Algunos proveedores tienen número con prefijo 800, pero sus tarifas por hora tienen que ser lo suficientemente altas para cubrir el costo de la llamada con ese prefijo. Es casi siempre más barato llamar directamente y pagar la cuenta que utilizar un acceso con prefijo 800, pues alguien tiene que cubrir ese costo, y ese alguien es el usuario. El acceso a un número con prefijo 800 es bueno para las personas que viajan mucho. (Muchos proveedores tienen números locales para el uso diario y un número con prefijo 800, más caro, para utilizar cuando se está de viaje, que es lo que nosotros tenemos.)

Estas son las mejores formas que conocemos de encontrar un proveedor cerca a casa:

✔ Revise las páginas comerciales de los diarios locales en donde pueden aparecer los anuncios publicitarios de los proveedores locales.

✔ Pregúntele al bibliotecario o a las personas encargadas del servicio en línea de su biblioteca pública.

✔ Busque en las Páginas Amarillas bajo "On-line service providers" (en Estados Unidos).

✔ Utilice la cuenta de Internet de algún amigo o una cuenta de prueba de un proveedor comercial para entrar a la World Wide Web. Busque "Internet service providers" (Proveedores del servicio de Internet). Encontrará varias listas de ellos y puede buscar el que le quede más cerca de casa. La página de Web `http://thelist.com` tiene una excelente lista de proveedores agrupados por código telefónico (area code).

✔ Pregúntele a quien conozca, que ya tenga un acceso, cuál utiliza.

Para conectarse

Muchos servicios de marcado brindan dos números: un número de voz y uno de módem. Si apenas está comenzando con esto (algunos somos principiantes desde hace muchos años así que no lo tome a mal), nos parece que es bueno llamar y hablar con los seres humanos al otro extremo de la línea para obtener su ayuda. Hablar con una persona permite hacer preguntas y en muchos casos calmar el nerviosismo que produce dar un paso tan significativo. Si desea conectarse a una cuenta SLIP o PPP, hable con su proveedor sobre el software que piensa usar o pregunte por el software que le suministran.

Si ya es un veterano o desea hablar con una máquina, instale su software, marque el número del módem y siga las instrucciones que aparecen en pantalla. Si el módem está marcando el número correcto, pero no está entrando a una pantalla que sirva para algo, intente comunicarse con la línea de voz para verificar que las instalaciones del módem son correctas y para obtener cualquier otro consejo de utilidad de parte de este servicio por el cual va a comenzar a pagar. Si realmente no desea hablar con nadie, vea *Modems For Dummies* de Tina Rathbone (IDG Books Worldwide); tal vez ahí encuentre la ayuda que necesita.

Para registrarse tendrá que poner su nombre, dirección, número de teléfono y brindar alguna información acerca de la forma en que va a pagar, igual que con su tarjeta de crédito. Generalmente recibe el acceso de inmediato, o el servicio puede llamar para verificar quién es usted y si corresponden los datos que suministró.

Proveedores en los Estados Unidos

El espacio disponible es muy limitado, de tal manera que en esta sección vamos a concentrarnos en los proveedores nacionales de los Estados Unidos.

Sabemos que ya no puede soportar que le sigamos recomendando libros, pero si usa Windows y decide abrir una cuenta con un proveedor nacional, algo que le puede facilitar hacerlo es nuestro libro *The Internet For Windows for Dummies Starter Kit* (IDG Books Worldwide). El libro viene con una versión de prueba gratuita de Internet Chamaleon (descrita en el capítulo 21), y le costará $15 dólares registrarse en línea si decide usarla después del período de prueba. También viene con un programa llamado Automatic Internet, que puede registrarlo a una cuenta SLIP o PPP con uno de cinco proveedores nacionales y configura automáticamente su programa para que funcione con su cuenta. Este programa también sirve para proveedores locales de SLIP/PPP si decide cambiarse luego a uno de ellos.

BBN Planet Corporation

Correo electrónico: `net-info@bbnplanet.com`
Teléfono: (800) 472-4565
URL: `http://www.bbnplanet.com`

DELPHI

Correo electrónico: `info@delphi.com` **(respuesta automática)**
`iservice@delphi.com` **(respuesta personal)**
Teléfono: (800) 595-4005
URL: `http://www.delphi.com`

Nota: Cuando se registra, suele obtener una prueba gratis de diez horas.

Global Enterprise Services, Inc.

Correo electrónico: `info@jvnc.net` **(respuesta automática)**
`info-moderator@jvnc.net` **(respuesta personal)**
Teléfono: (800) 358-4437
URL: `http://www.jvnc.net`

HoloNet

Correo electrónico: `info@holonet.net` **(respuesta automática)**
`support@holonet.com` **(respuesta personal)**
Teléfono: (510) 704-0160
Módem: (510) 704-1058
URL: `http://www.holonet.net`

Netcom Online Communication Services

Correo electrónico: `info@netcom.com`
Teléfono: (800) 501-8649

Novalink

Correo electrónico: `info@novalink.com` **(respuesta automática)**
`support@novalink.com` **(respuesta personal)**
Teléfono: (800) 274-2814
Módem: (800) 825-8852 para el acceso

The Portal System

Correo electrónico: `info@portal.com` **(respuesta automática)**
`sales@portal.com` **(respuesta personal)**
Teléfono: (800) 433-6444
Módem: (408) 973-8091H, 408-725-0561M (log in: `info`)
URL: `http://www.portal.com`

UUNET Communications

Correo electrónico: info@uunet.uu.net
Teléfono: (800) 4-UUNET-3

UUNET se puede obtener en la mayoría de las ciudades de Estados Unidos y Canadá, y planea estar desde diciembre de 1995 en las principales ciudades europeas, incluyendo París, Londres, Amsterdam, además de Hong Kong, Singapur y Sydney.

The WELL (Whole Earth 'Lectronic Link)

Correo electrónico: info@well.sf.ca.us
Teléfono: (415) 332-4335
Módem: (415) 332-6106

IBM Internet Connection

Teléfono: U.S.: (800) 821-4612
               Canadá: (800) 821-4612
               Australia: 131-426
               Hong Kong: 2515-4511
               Irlanda: 1-800-553175
               Nueva Zelanda: 0800-801-800
               Sudáfrica: 011-7001370 — 0800117888
               Reino Unido: 0800-963949

Módem (sólo para registrarse):   Estados Unidos.: (800) 933-3997
                                     Canadá: (800) 463-8331
                                     Australia: 1800-811-094
                                     Hong Kong: 2515-2434
                                     Irlanda: 1-800-709-905
                                     Nueva Zelandia: 0800-105-765
                                     Sudáfrica: 011-7001370 — 0800117888
                                     Reino Unido: 0800-614012

URL: http://www.ibm.net

¡Es gratis!

Hace tres años, más o menos, se reunió un grupo de personas con enorme espíritu cívico en una universidad de Cleveland y crearon lo que ellos llamaron una *freenet* (red gratuita). Las personas en la comunidad utilizan este sistema gratuito para intercambiar información y sacar provecho de Internet. Tuvo mucho éxito (la Cleveland Freenet consiste ahora de tres máquinas que le brindan el servicio a mucha gente) y han aparecido freenets por todas partes en los Estados Unidos y Canadá.

¿Cómo pueden ser gratuitas las freenet?

Los que manejan la mayoría de las freenet trabajan como voluntarios que piden prestadas las facilidades de una universidad local. Muchas han logrado obtener dineros destinados a fundaciones de caridad, pues las freenet también son comunales y educativas.

Muchas reciben con agrado contribuciones de sus usuarios, pero no los presionan para que den dinero.

Las freenets ofrecen grandes cantidades de información comunal local y un servicio limitado de telnet y FTP, que le permite el acceso a bibliotecas y otros anfitriones de interés público. No es ni de lejos un acceso completo a Internet, pero es interesante a su manera. Y, al fin y al cabo, es gratis. Se puede entrar a otra freenet por medio de telnet. Si logra estar en una, puede ir a todas.

Las freenet son realmente gratuitas (con excepción de Los Angeles), pero para obtener acceso completo hay que registrarse para que ellos puedan saber quién está usando el sistema. Todas permiten registro en línea.

Se puede entrar a cualquier freenet por medio de telnet, así que si tiene un acceso a Internet en otra parte, entre a una freenet y mire lo que ofrecen.

Akron Free-Net
Akron, OH
Módem: (216) 4342736
Telnet: freenet.akron.oh.us
Cleveland Freenet

Cleveland, OH
Módem: (216) 3683888
Telnet: freenet-in a.cwru.edu
freenet-in-b. cwru.edu
freenet-in-c.cwru.edu

Youngstown Freenet
Youngstown, OH
Módem: (216) 7423072
Telnet: yfn.ysu.edu

Heartland Freenet

Peoria, IL

Módem: (309)6741100

Telnet: `heartland.bradley.edu`

Lorain County Freenet

Lorain County, OH

Módem: (216) 277-2359(Lorain)

(216) 366-9753 (Elyria)

Medina County Freenet

Medina Country, OH

Módem: (216) 723-6732

Denver Freenet

Denver, CO

Módem: (303) 270-4865

Telnet:

`freenet.hsc.colorado.edu`

Tallahassee Freenet

Tallahassee, Fl

Módem: (904) 488-5056

(904) 488-6313

(log in: visitor)

Telnet: `freenet.fsu.edu`

Victoria Freenet

British Columbia, Canadá

Módem: 604-595-2300

Telnet: `freenet.victoria.bc.ca`

National Capital Freenet

Ottawa, Ontario, Canadá

Módem: 613-780-3733

Hay terminales disponibles en las bibliotecas públicas de Ottawa y Neapan.

Telnet: `freenet.carleton.ca`

Big Sky Telegraph

Dillon, MT

Módem: (406) 683-7680

Buffalo Free-Net

Buffalo, NY

Módem: (716) 645-6128

Telnet: `freenet.buffalo.edu`

St. Johns InfoNet

St. Johns N.F. Canadá

Módem: 709-737-3425 & 3426

Telnet: `infonet.st-jhns.nf.ca`

Siga en sintonía

Hay grupos en todo el mundo que están en el proceso de creación de freenets comunales. Verifique en su universidad o biblioteca local para ver si tienen uno.

La 5ª ola

por Rich Tennant

NOS CONOCÍMOS EN INTERNET Y ME ENAMORÉ
LOCAMENTE DE SU SINTAXIS.

Capítulo 21
Fuentes de software de Internet

En este capítulo:

▶ Software para su PC

▶ Software para su Macintosh

¿Qué tipo de nerds cree que somos?

Cuando se trata de instalar programas, hay dos tipos de personas: algunas a las que les desagrada hacerlo y las que sencillamente no lo hacen. Suponemos que usted pertenece a esta última categoría, a no ser que sea un usuario de PC o de Mac. Si utiliza otro tipo de computador o una estación de trabajo, será otra persona la que se encargue de adquirir el software, negociar los contratos, manejar la instalación y hacer el mantenimiento y en general de mantener las cosas funcionando. Pero de un PC o un Mac, ¿quién se hace cargo? Con suerte, hay quien se encargue de eso, pero puede que no lo haya. Esto suele suceder en lugares de trabajo con muchas estaciones de trabajo, todas conectadas a Internet por derecho divino, y usted es el único tonto que quiere conectar su PC, así sea sólo para evitar el contacto con los sabelotodo.

Software para servicios comerciales en línea

Le tenemos buenas noticias. Si utiliza America Online (AOL), CompuServe, Prodigy o Microsoft Network (MSN), obtendrá todo el software que necesite sin costo adicional. Si es como nosotros, recibirá un disco de AOL Disk Coaster Set cada día por correo.

Vea los capítulos 12 y 13 para instrucciones sobre cómo instalar el software de CompuServe y AOL, respectivamente. El software de MSN viene con Windows 95.

Software para cuentas shell de UNIX

Para utilizar una cuenta shell de UNIX todo lo que necesita es un programa de Terminal. Windows 3.1 viene con Windows Terminal; a nosotros nos gusta también ProComm, un programa comercial de terminal. Windows 95 viene con un HyperTerminal. Los usuarios de Macintosh pueden obtener Mac Terminal, Microphone o algo similar. La mayoría de los módem vienen con un disco que contiene un programa de terminal.

Asegúrese de que su programa de terminal pueda hacer lo siguiente:

- ✔ Copiar y enviar archivos usando Xmodem, Zmodem o Kermit.

- ✔ *Emular* (es decir, que pueda hacerse pasar por) un terminal VT100. A muchos sistemas de UNIX les gusta hablar con terminales VT100. No importa que nadie haya visto un VT100 en décadas.

- ✔ Guardar el número de teléfono y las instalaciones de comunicación con su proveedor para no tener que hacerlo cada vez.

Software de DOS y Windows para cuentas SLIP/PPP

Se consigue más de una docena de paquetes de software de Internet, pero sólo unos pocos son utilizados por individuos. Los paquetes incluyen el stack TCP/IP, que le permite al computador conectarse con la red, un programa de correo electrónico , un lector de noticias de Usenet, un browser de Web, un programa de FTP, telnet y tal vez otros programas útiles de Internet como ping y finger.

Los usuarios de Windows pueden mezclar y correlacionar sus paquetes de software de Internet. Todos apoyan WinSock, así que puede usar cualquier aplicación de WinSock con cualquier paquete de TCP/IP y confiar en que funcione. (Puede suceder que no, pero hasta ahora hemos tenido buenas experiencias.) Si utiliza, por ejemplo, un paquete de Internet compatible con WinSock, puede utilizar Netscape en lugar del browser de Web que viene con el paquete. Para DOS no existe un estándar así; por lo tanto, tendrá que usar lo que venga con el paquete.

Muchas aplicaciones de Internet para Windows, tal como Eudora y Netscape, tienen versiones comerciales que vienen junto con un paquete de TCP/IP. Incluso cuando puede obtener aplicaciones gratuitas a través de la red, el precio es tan modesto que vale la pena comprar el par de discos e instalarlos.

Trumpet WinSock

Trumpet WinSock es un paquete de shareware TCP/IP para Windows compatible con WinSock. Viene con unas cuantas aplicaciones simples, pero la mayoría de la gente sencillamente usa el paquete básico de TCP/IP para conectarse a su cuenta SLIP o PPP, y usan otras aplicaciones como Netscape. La versión más reciente es v2.0b. Muchos proveedores de Internet entregan un disco con Trumpet WinSock a sus nuevos clientes. (Recuerde enviar su tarifa de shareware si lo usa, pues su proveedor no ha pagado por el software.)

Puede obtener Trumpet WinSock por medio de FTP desde `ftp.utas.edu.au`, directorio `/pc/trumpet/winsock`, archivos `twsk20b.zip` y `winapps2.zip`. También se consigue en `biochemistry.bioc.cwru.edu`, en el directorio `/pub/trumpwsk`, y en muchos otros lugares en la red. También se consigue fácilmente en sistemas de cartelera de marcado:

> Trumpet Software International Pty Ltda.
> Lower level, 24 Cambridge Road
> Bellerive, TAS 7018, AUSTRALIA

Chameleon y el Chameleon Sampler

Chameleon es uno de los paquetes comerciales de Internet más populares. El Chameleon Sampler es un subconjunto de una versión más vieja de Chameleon que se puede obtener gratis de Netmanage, el vendedor. Se encuentra anexa al respaldo de algunos libros de Internet y se consigue con algunos proveedores de Internet. Se puede obtener por medio de FTP en `ftp.netmanage.com`, directorio `/pub/demos/sampler`, archivo sampler,exe. El Sampler no es tan bueno como algunas versiones más recientes, pero por el precio realmente no se puede uno quejar.

Internet Chameleon es una versión de bajo precio de Chameleon. (Puede obtener una licencia de prueba gratis por 30 días, o una permanente por $15 dólares.) Se consigue directamente con Netmanage pagando el porte o en libros tales como *Internet for Windows For Dummies Starter Kit* (IDG Books Worldwide).

Algunas versiones comerciales de Chameleon apoyan redes de Ethernet, archivos remotos y otras características más sofisticadas que no son de mucho interés para la mayoría de los usuarios individuales:

NetManage, Inc.
10725 North De Anza Blvd.
Cupertino, CA 95014
Teléfono: (408) 973-7171
Fax: (408) 257-6405
Correo Electrónico: support@netmanage.com
Home page de Web: http://www.netmanage.com

Microsoft

Windows 95 viene con un apoyo incorporado de Internet, al que nos referimos en el capítulo 14. Microsoft tiene un paquete de software WinSock para Windows para Grupos 3.11 y para Windows NT (pero no para Windows 3.1). Se puede obtener por medio de FTP en ftp.microsoft.com, en el directorio /peropsys/windows/Public/tcpip.

Internet in a Box

Internet in a Box es un paquete de software de Internet para Windows que incluye AIR Mosaic y cuesta unos $100 dólares. Se parece al paquete de NetLauncher que brinda CompuServe para sus usuarios (lo cual no es una coincidencia, pues CompuServe es el dueño de la compañía que vende Internet in a Box):

Spry, division of CompuServe
1319 Dexter Avenue North
Seattle, WA 98109
Correo Electrónico: sales@spy.com

Otros freeware y shareware (programas gratuitos o compartidos)

En esta sección presentamos la lista de otros paquetes de freeware y shareware para DOS y para Windows.

NCSA Telnet

NCSA Telnet es un buen paquete de freeware (gratuito) para DOS. Se consigue por medio de FTP anónimo en Sim Tel mirrors, tal como `wuarchive.wstl.edu` o `oak.oakland.edu` en el directorio `pub/msdos/ncsaelnet`.

CUTCP

Este paquete de TCP/IP se consigue en Clarkson University. Por FTP se consigue en `sun.soe.clarkson.edu`, o puede enviar un mensaje de correo electrónico pidiendo información a `cutcp@omnigate.clarkson.edu`.

QUT/Net

Se consiguen versiones para DOS y para Windows de este paquete de shareware. Por FTP se consigue en `ftp.winsite.com`, y se puede pedir información en `djp@troi.cc.rochester.edu`.

KA9Q

Este paquete para DOS (que puede ser freeware o shareware según el uso) fue diseñado originariamente por radioaficionados. Funciona bien, pero viene prácticamente sin documentación. Se puede obtener por medio de FTP de `ucsd.edu` en `pub/ham-radio/packet/tcpoip/ka9q`.

Una versión modificada se consigue por FTP o Gopher en `biochemistry.bioc.cwru.edu`.

Otros vendedores de Software TCP/IP para PC

Muchos vendedores le ofrecerán paquetes de Software con respaldo comercial para DOS o para Windows, pero la mayoría de ellos le venden sobre todo a empresas con grandes redes de PCs para conectarse a la red. No van a rechazar una orden pequeña e individual, pero no es su mercado.

FTP Software
2 High Street
North Andover, MA 01845
Correo Electrónico: sales@ftp.com

Frontier Technologies
10201 N. Port Washington Road
Mequon, WI 53092
Correo Electrónico: tc@frontiertech.com

Beame and Whiteside
P.O. Box 8130
Dundas, Ontario L9H 5E7 Canadá
Correo Electrónico: sales@bws.com

Distinct
P.O.Box 3410
Saratoga, CA 95070-14-10
Correo Electrónico: mktg@distinct.com
The Wollongong Group
1129 San Antonio Road
Palo Alto, CA 94303
Correo Electrónico: sales@twg.com

Cómo obtener programas de freeware y de shareware de Internet

La mayoría de los programas que aparecen en esta sección se consiguen en Internet por medio de la World Wide Web (ver capítulos 4 y 5) y de FTP (ver capítulo 10).

Fuentes de WWW

Los usuarios de Windows deberían correr, y no ir, a la página de Forrest Stroud's Consummate WinSock Applications en http://cwsapps.texas.net, que es un conjunto amplio y bien organizado del software de WinSock que se consigue en Internet. Hay vínculos (links) con todos los archivadores; puede copiar con uno o dos clics de mouse cualquier cosa que le parezca interesante. (Prepárese para una larga espera, porque algunos de los programas son ENORMES.)

Servidores de FTP con archivadores de software

Hay muchos servidores de FTP que tienen inmensos archivadores con programas de freeware y shareware, entre los que se cuenta también software compatible con WinSock. La Tabla 21-1 presenta algunos de los servidores más populares.

Para obtener una lista de las otras locaciones que reflejan el archivador SimTel, envíe un mensaje de correo electrónico a listserv@simtel.coast.net con el texto get simtel -download.info. También puede comprar software de CD-ROM de SimTel, que puede ser más barato y ciertamente más rápido que si piensa copiar un gran número de programas; busque su locación de Web en http://www.coast.net/SimTel/.

Tabla 21-1   Servidores de FTP con archivadores de software

Nombre de servidor	Directorio a usar	Locación física
ftp.winsite.com	pub/pc/win3/winsock	Indiana
wuarchive.wustl.edu	mirrors2/win3	Missouri
grind.isca.uiowa.edu	msdos/win3	Iowa
gatekeeper.dec.com	/.2/micro/msdos/win3	California
polecat.law.indiana.edu	/pub/mirror/cica/ win3/pc/win3	Indiana
alpha.cso.uiuc.edu	/pub/Mirror/win3	Illinois
sunsite.unc.edu	/pub/micro/pc-stuff/ms-windows/winsock	Carolina del Norte
vmsa.technion.ac.il		Israel
nic.switch.ch		Suiza
ftp.cc.monash.edu.au		Melbourne, Australia
nctuccca.edu.tw		Hsinchu, Taiwan
src.doc.ic.ac.uk		Londres, Inglaterra

Locaciones de Gopher

Los usuarios de Gopher pueden buscar en
`gopher.cica.indiana.edu`, en donde hay acceso por medio de
Gopher al archivador extenso de software de CICA.

Algunas palabras acerca de SimTel

SimTel es una biblioteca de software para PC. Está muy bien administrada y se hallaba originariamente en la base de misiles de White Sands en Nueva México. Incluye software para DOS, Windows, Windows NT, Windows 95 y OS/2. Dada la enorme demanda de software, el archivador de SimTel se consigue desde unas 100 locaciones diferentes, llamadas espejos (porque hacen exactamente eso: "reflejan" los contenidos del archivador de SimTel). La locación principal de SimTel es `ftp.coast. net`, pero el archivador de SimTel se consigue en las locaciones que aparecen en la tabla 21-2 (además de muchas otras).

Tabla 21-2 Servidores de FTP que reflejan el archivador SimTel

Nombre del servidor	Directorio a usar	Locación
ftp.cdrom.com	/pub/simtel	California
uiarchive.cso.uiuc.edu	/pub/systems/pc/simtel	Illinois
oak.oakland,edu	/SimTel	Michigan
wuarchive.wustl.edu	/systems/ibmpc/simtel	Missouri
ftp.uoknor.edu	/mirrors/SimTel	Oklahoma
ftp.orst.edu	/pub/mirrors/simtel	Oregon
ftp.pht.com	/pub/mirrors/simtel	Utah
archie.au	/micros/pc/SimTel	Australia
ftp.unicamp.br	/pub/simtel	Brasil
ftp.pku.edu.cn	/pub/simtel	China
ftp.demon.co.uk	/pub/mirrors/simtel	Inglaterra
ftp.funet.fi	/mirrors/simtel.coast.net/ Simtel	Finlandia
ftp.grolier.fr	/pub/pc/SimTel	Francia
ftp.uni-mainz.de	/pub/pc/mirrors/simtel	Alemania
ftp.cs,cuhk.hk	/pub/simtel	Hong Kong
ftp.technion.ac.il	/pub/unsupported/simtel	Israel
ftp.saitama-u.ac.jp	/pub/simtel	Japón
ftp.nic.surfnet.nl	/mirror-archive/software/ simtel-msdos/mirror-archive/ simtel-win3	Países Bajos
ftp.vuw.ac.nz	/simtel	Nueva Zelanda
ftp.sun.ac.za	/pub/simtel	Sudáfrica
ftp.nectec.or.th	/pub/mirrors/SimTel	Tailandia

Software de TCP/IP para Macintosh

Prácticamente todas las aplicaciones de Internet para Macintosh necesitan MacTCP, que viene incluido en Mac System 7.5. Si todavía usa una versión más vieja de software de Macintosh, puede obtener una copia de APDA (teléfono [800] 282-2732 — [716] 871-6555). En general, debería ser posible que su vendedor de Macintosh lo solicite de APDA. Los números para hacer el pedido y los precios según la lista son:

M8113Z/A   TCP/IP Connection for Macintosh ($59)
M8114Z/A   TCP/IP Administration for Macintosh ($199)

Muchas universidades y corporaciones grandes tienen licencias de locación que no son caras; verifique antes de gastar más de lo necesario para obtener su propia copia. Envíe un mensaje de correo electrónico a apda@applelink.apple.com.

Conexiones de marcación

MacTCP le brinda lo más básico del software de Internet, pero va a necesitar un paquete adicional para manejar marcado de SLIP o PPP. En esta sección presentamos una lista de algunos programas buenos.

MacSLIP

MacSLIP es un SLIP comercial (conexión de marcación a Internet) que funciona como una extensión MacTCP de TriSoft. Envíe un mensaje de correo electrónico a info@hydepark.com o llame al (800) 531-5170.

InterSLIP

InterSLIP es una extensión SLIP de MacTCP de InterCon. Se consigue como parte del paquete TCP/Connect II, o gratis por medio de FTP en ftp.intercom.com en InterCon/sales.

Aplicaciones de red para Macintosh

MacTAP brinda únicamente respaldo de bajo nivel y un panel de control. Si realmente desea hacer algo, tiene que tener aplicaciones. Muchas aplicaciones son freeware o shareware y pueden obtenerse por medio de FTP. Los principales archivadores de FTP para Mac son los siguientes.

✔ mac.archive.umich.edu (También suministra archivos por correo electrónico. Envíe un mensaje con la palabra *help* a mac@mac.archive.umich.edu.)

✔ ftp.apple.com (Éste es el archivador oficial de Apple para software gratuito de Apple.)

✔ sumex-aim.stanford.edu (Es el archivador más conocido. Está terriblemente recargado. Ensaye, primero, otros.)

✔ wuarchive.wustl.edu (Se consiguen copias de los archivos **sumex** en mirrors/infomac; hay copias de archivos umich en mirrors/archive.umich.edu.)

NCSA Telnet

NCSA Telnet es el programa más antiguo de telnet para Macintosh, y el más usado; brinda FTP de entrada y salida. Se consigue por medio de FTP. A diferencia de otras aplicaciones en esta lista, funciona con o sin MacTCP. Cuando funciona sin MacTCP, NCSA Telnet contiene su propio paquete de (marcado) de SLIP.

Comet (Cornell Macintosh Terminal Emulator)

Contiene telnet y TN3270. Se consigue por FTP de `comet.cit.cornell.edu` en `pub/comet`.

Hytelnet

Hytelnet es una versión Hypercard de telnet. Enviar mensajes de correo electrónico a Charles Burchill a la dirección `burchil@ccu.umanitoba.ca`.

Eudora

Eudora es el paquete de correo más usado: es flexible y completo y la versión shareware es gratis. ¿Qué más se puede desear? Se obtiene por FTP de `ftp.cso.uiuc.edu` en mac/eudora; puede preguntar por correo electrónico a `eudora-info@qualcomm.com`.

NewsWatcher

NewsWatcher, un programa de noticias de Usenet, se consigue por FTP y es gratuito. Los fanáticos pueden obtener el código de fuente de `ftp.apple.com`.

Nuntius

Nuntius es un lector de gráficas de Usenet muy popular. Contacte al autor, Peter Speck, en `speck@dat.ruc.dk`.

SU-Mac/IP

Este conjunto de aplicaciones para la red (telnet. FTP, impresión remota y mucho más) viene de la Universidad de Stanford. Sólo está a disposición de "instituciones de educación superior que otorguen títulos" y cuesta muy poco o nada. Llame al (415) 723-3909 o envíe correo electrónico a `macip@jessica.stanford.edu`

TCP/Connect II

Este conjunto comercial y con todas las características (telnet, FTP, noticias y más) de aplicaciones de Internet se consigue con InterCon Systems. Llame al (703) 709-9890 o envíe correo electrónico a `sales@intercon.com`.

VersaTerm

VersaTerm es un paquete comercial de Synenergy Software, brinda versiones flexibles de telnet y FTP. También se consigue (marcado) SLIP. Llame al (215) 779-0522.

Capítulo 22
Quiero saber más

● ●

En este capítulo:

▶ Boletines en línea

▶ Revistas

▶ Organizaciones

● ●

Internet está creciendo tan rápido que no hay ningún ser humano que sea capaz de seguir ese ritmo. Este capítulo presenta algunos recursos para mantenerse enterado de las novedades.

Guías en línea

Internet es la mejor fuente de información sobre sí misma. Aquí presentamos algunos lugares que se pueden consultar para enterarse de lo que hay de nuevo.

Everybody's Guide to the Internet

Everybody's Guide es una introducción a la red, escrita y actualizada por Adam Gaffin. Se consigue tanto en línea como en forma de libro, publicado por MTI Press. Se publica mensualmente una actualización, Everybody's Internet Update por la Electronic Frontier Foundation.

Las actualizaciones se envían al grupo de Usenet `alt.internet.services`. Si se pierde una o quiere ejemplares viejos, están archivados en el mismo lugar que el documento principal.

 FTP: Conéctese con `ftp.eff.org` y vaya al directorio `pub/Net_info/EFF_Net_Guide/Updates`. Hay diferentes versiones para diferentes tipos de computadores (PostScript, Windows Help, etc., etc.), pero el archivo `netguide.eff` es la versión genérica de texto.

Gopher: Busque en `gopher.eff.org` y elija Net Info y luego EFF Net Guide. Para actualizaciones, elija Updates.

WWW: En su programa de Web, señale `http://www.eff.org/pub/Net_info/ EFF_Net_Guide`.

Nota: Everybody's Guide solía tener el nombre de Big Dummy's Guide to the Internet. Cambiaron el nombre para evitar ser confundidos con ciertos libros.

Special Internet Connections (Conexiones especiales de Internet)

Scott Yanoff, de la Universidad de Wisconsin, publica dos veces al mes una lista de las conexiones especiales de Internet ("Special Internet Conections") a servicios en todo el mundo. Aparece en los grupos de Usenet `alt.internet.services`, `comp.misc`, `alt.bbs.internet`, `news.answers` y `comp.answers`. También se consigue de otras millones de maneras:

FTP: Conéctese con `ftp.csd.uwm.edu` y obtenga `/pub/inet.services.txt`.

Gopher: Conéctese con `gopher.csd.uwm.edu` y elija Remote Information Services (Servicios de información remota).

Correo electrónico: Envíe un mensaje sin texto a `bbslist@aug3.augsburg.edu` y le enviará automáticamente la lista.

WWW: Conéctese con `http://www.uwm.edu/Mirror/inet.services.html`.

Global Network Navigator

GNN es una revista de Web en línea publicada por America Online (AOL) en la World Wide Web. AOL la adquirió recientemente del editor O'Reilly y Asociados. No hay ningún recargo por usar esta revista (tiene apoyo publicitario), pero hay que registrarse en línea. AOL tiene otro servicio en línea que es más o menos como GNN, pero no hay que suscribirse en línea para usar la parte de Web del servicio.

WWW: Para registrarse, conéctese con `http://gnn.com/`.

Cool Site of the Day

El Cool Site of the Day en World Wide Web resalta diariamente una nueva locación llamativa e interesante. Mire esta revista cada día. En un día común y corriente nos mostró la Frog Page de la Universidad de Yale con imágenes, sonidos ("ribbit" digital, por ejemplo), cuentos y muchas otras cosas sobre nuestros amigos los batracios.

WWW: Conéctese con `http://cool.infi.net/`.

Boletines

Hay cantidades de boletines en línea. Estos son algunos de los que leemos. Puede encontrar muchos más si busca `Magazines` en Yahoo o Infoseek.

The Scout Report

InterNIC publica semanalmente un Scout Report que presenta la lista de nuevas fuentes de información interesantes en Internet. Tiene, sobre todo, fuentes de WWW, pero también algunas de recursos de Gopher, telnet y correo electrónico.

Este informe se consigue prácticamente en cualquiera de las formas posibles en Internet:

Por correo electrónico. Para entrar a una lista de correo electrónico, envíe un mensaje a `majordomo@ilists.internic.net` y asegúrese de que el mensaje contenga en el texto la siguiente línea:

```
subscribe scout-report
```

Para retirarse de la lista, repita este procedimiento y sustituya la palabra *subscribe* por *unsubscribe*.

WWW: Indíquele a su programa de Web que vaya a `http:// rs.internic.net/ scout_report-index.html`.

Yahoo Picks

Este boletín semanal de Yahoo describe las nuevas páginas favoritas en Web de esa semana. Se parece bastante a Scout Report.

Para suscribirse, envíe un correo electrónico a `yahoo-picks-request@yahoo.com` con un mensaje de una línea que contenga `subscribe su-dirección`. (Utilice su dirección de correo electrónico, y no su dirección.)

WWW: Conéctese con `http://www.yahoo.com/picks/`.

WEBster

Este boletín semanal discute asuntos particulares de Web y de Internet en general. Se supone que hay que pagar por esto, pero suelen ser muy generosos con las suscripciones gratuitas de prueba.

Para una suscripción de prueba, envíe un mensaje de correo electrónico a `4free@webster.tgc.com`.

WWW: Conéctese con `http://www.tgc.com/webster.html`.

Watch Digest

Digest es otro boletín que informa sobre cosas nuevas e interesantes en Internet.

Envíe un mensaje de correo electrónico a `listserv@garcia.com` con una línea de texto que diga `SUBSCRIBE` I`watch` *`Su nombre completo`*.

Online Business Today

Este boletín semanal se ocupa de negocios en Internet. Se consigue tanto como texto sencillo y como PDF uuencoded (presentado en una letra muy hermosa pero es mucho más largo y sólo se puede leer si tiene el programa de lectura Adobe Acrobat).

Para suscribirse a la versión de texto, envíe un mensaje de correo electrónico a `obt.text@ahpp.com`; Para obtener la versión de PDF, envíe un mensaje de correo electrónico a `obt.pdf@hpp.com`.

Net Happenings

La lista de correo de Net Happenings tiene cantidades de páginas de Web y otras cosas interesantes sobre Internet. El volumen es monumental, con frecuencia tres o cuatro resúmenes por día.

Envíe un mensaje de correo electrónico a `majordomo@lists.internic.net` con un mensaje de una línea que diga `subscribe` *`su dirección`*. (Utilice su dirección de correo electrónico, y no *`su-dirección`*.)

Publicaciones

Hay una cantidad de revistas y boletines que rastrean el crecimiento y uso de Internet. Dos de estas publicaciones se consiguen tanto en versiones impresas en papel como en electrónicas en Internet.

*I*Way*

I*Way es una nueva publicación bimensual, muy vistosa, destinada a usuarios no técnicos de Internet. El nombre de uno de los editores le parecerá sospechosamente conocido a los lectores de este libro. Contacte a I*Way, Business Computer Publishing, 86 Elm St., Peterborough, NH 03458. Teléfono (800) 349-7327.

WWW: Conéctese con `http://www.cciweb.com/iway.html`.

Internet World

Esta vistosa revista bimensual es para usuarios de Internet. Los artículos incluyen indicaciones, historias de caso, entrevistas con Internautas notables, así como reseñas de productos y servicios. Contacte a Internet World, P.O. Box 713, Mt. Morris, IL 61054, Teléfono (800) 573-3062 (Estados Unidos y Canadá); correo electrónico: `iwsubs@kable.com`.

WWW: Conéctese con `http://www.mecklerweb.com/mags/iw/ihome.html`.

Matrix News

Matrix News, un boletín mensual acerca de redes, incluye pero no se limita a Internet; se consigue tanto en papel como por correo electrónico. Cuesta $25 dólares por año si se recibe en línea; $30 dólares anuales en papel; cuesta $10 dólares menos para estudiantes. Contacte a Matrix Information and Directory Services, 1106 Clayton Lane, Suite 500W, Austin, TX 78723. Teléfono (512) 451-7602; correo electrónico: `mids@tic.com`.

Internet Business Report

Este boletín le sigue el rastro al uso para negocios y a las oportunidades de negocios en Internet. Está bien enfocado, pero es caro. Contacte a Internet Business Report, Jupiter Communications, 627 Broadway, New York, NY 10012. Teléfono (800) 488-4345. Fax: (212) 780-6075.

WWW: Conéctese con `http://www.jup.com`

Internet Business Journal

El Journal cubre asuntos de negocios en una naciente Internet comercial; presenta historias de caso, estudios y cosas por ese estilo. Se consigue tanto en línea y en papel. Contacte a Michael Strangelove, Publisher, The Internet /NREN Business Journal, 1-60 Springfield Road, Ottawa, Ontario, Canadá, K1M aC7. Teléfono (613) 747-0642; Fax: (613) 564-6641; correo electrónico: `441495@acadvm1.uottawa.ca`

Scott and Gregg's The Internet Notice

Dos hermanos publican este boletín para novatos de Internet. Scott es el encargado de DOS; Gregg es el encargado de la parte de Macintosh. Cuesta $17,50 por año (en Estados Unidos) y $25 por año (en otras partes). Contacte a CompuTate, Inc. Box 3474, Arlington, VA 22203. Correo electrónico: `tates@access.digex.net`.

Inside the Internet

Este boletín mensual tiene indicaciones y trucos sobre Internet. El precio es de $69 dólares por año en los Estados Unidos y de $89 dólares en otros países. Contacte a Inside the Internet, The Cobb Group, Customer Relations, 9420 Bunsen Parkway, Suite 300, Louisville KY 40220. Teléfono (800) 223-8720 o (502) 493-3300; correo directo: `ineteditor@merlin.cobb.ziff.com`

The Cook Report

The Cook Report es un boletín en línea que mira los desarrollos en Internet, especialmente los asuntos políticos y de infraestructura, y le dedica bastante reportaje investigativo. Contacte a The Cook Report on Internet, 431 Greenway Ave, Ewing, NJ 0861. Teléfono: (609) 882-2572. Correo electrónico: `cook@cookreport.com`

WWW: Conéctese con `http://www.netaxs.com/-cook`

Wired

Es la revista más actual y vistosa de la cibergeneración. Si logra encontrar su camino en la selva de gráficas impresionantemente feas al principio, algunos de los artículos son realmente interesantes. Tiene también una versión en línea llamada HotWired, en la que hay que registrarse, pero es gratis.

WWW: Conéctese con `http://www.hotwired.com`.

Internet.Com

Ésta es la primera revista en América Latina sobre el universo de Internet. Para suscripciones comuníquese con Revista INTERNET.COM, Carrera 14 No. 91-04, Bogotá, Colombia. Tel: (571) 6107107. Correo electrónico: `internet.com@colomsat.net.co`.

WWW: Conéctese a `http://www.colomsat.net.co/internetcom`

Organizaciones

Cada una de las siguientes organizaciones también publica una revista.

Internet Society

The Internet Society está dedicada a apoyar el crecimiento y la evolución de Internet. Apoya el desarrollo y la evolución de las normas y niveles de Internet para que siga funcionando a medida que crece. Esta sociedad publica una revista interesante y llamativa, organiza encuentros y tiene muchos recursos en línea. Se puede ser socio individualmente o por medio de una organización. Contacte a Internet Society, Suite 100, 1895 Preston White Drive, Reston, VA 22091. Fax : (703) 620-0913. Correo electrónico: `membership@isoc.org`.

WWW: Conéctese con `http://www.isoc.org`.

Electronic Frontier Foundation (EFF)

La EFF trabaja en la frontera electrónica en asuntos de libertad de expresión, acceso equitativo y educación en el contexto de la red. Ofrece servicios legales en casos en que las libertades civiles de los usuarios en línea sean violadas.

Publica una revista, tiene un grupo de Usenet, mantiene archivos en línea y recursos humanos. Contacte a Electronic Frontier Foundation, P.O. Box 17, San Francisco CA 94117. Teléfono: (415) 668-7171. Fax: (415) 668-7007 Correo directo: `ask@eff.org`; Usenet: contactar a `comp.org.eff.news` y `comp.org.eff.talk`.

WWW: Conéctese con `http://www.eff.org`

Society for Electronic Access (SEA)

La SEA trabaja para promover los derechos civiles y la civilización en el mundo digital de la red, en primer lugar por medio de la investigación y la educación. Contacte a Society for Electronic Access, P.O. Box 3131, Church Street Station, New York, NY 10008-3131; correo electrónico: `sea.member@sea.org`.

Glosario

· ·

alt. Tipo de grupos de noticias que discute temas de caràcter alternativo. Los grupos de alt no son grupos oficiales de noticias, pero muchas personas los leen de todas maneras. Nos gustan especialmente `alt. folklore.urban` y `alt. folklore.suburban`. Vea el capítulo 9 para enterarse más acerca de cómo leer grupos de noticias de Usenet.

America Online(AOL). Un proveedor público de Internet. Si tiene una cuent<a en AOL, su dirección de Internet es `nombre de usuario@aol.com`, donde nombre de usuario es su nombre de cuenta. Vea el capítulo 13 para más información acerca de cómo utilizar America Online como acceso a Internet.

Archie. Un sistema que le ayuda a localizar archivos en cualquier lugar de Internet. Una vez Archie le haya ayudado a encontrar el archivo, utilice FTP para obtenerlo. Archie es tanto un programa como un sistema de servidores (es decir, computadores que contienen índices de archivos). Vea el capítulo 11 para más información.

archivador. Un archivo que contiene un grupo de archivos que han sido comprimidos y organizados para guardarse más eficientemente. Tiene que utilizar un programa de archivador para obtener los archivos originales de nuevo. Los programas que más se usan son compress, tar, cpio, y zip (en sistemas de UNIX) y PKZIP (en sistemas DOS). Vea el capítulo 18 para aprender a utilizarlos.

archivo. Una colección de información (datos o un programa de software, por ejemplo) que es tratada como una unidad por los computadores.

archivo binario. Un archivo que contiene información que no consiste únicamente de texto. Por ejemplo, un archivo binario puede contener un archivador, una imagen, sonidos, una hoja de despliegue o un documento de procesador de palabra (que incluye códigos de formato además de los caracteres).

archivo de password. El archivo en el cual se encuentran guardadas todas las contraseñas del sistema. La mayoría de los sistemas son lo suficientemente inteligentes para tener sus contraseñas codificadas, de tal manera que si alguien logra entrar a este archivo, no le sirve de mucho hacerlo.

archivo de texto. Un archivo que contiene sólo caracteres de texto, sin caracteres especiales de formato, ni información gráfica, clips de sonido, video o todas las otras posibilidades. La mayoría de los computadores que no sean mainframes de IBM guardan sus textos usando un sistema de códigos llamado ASCII, y por eso este tipo de archivo también se conoce como archivo ASCII de texto (ver capítulo 18).

archivo global de kill. Un archivo que le indica a su lector de noticias de Usenet cuáles son los artículos que siempre quiere saltarse. Este archivo se aplica a todos los grupos de noticias a los cuales usted se suscriba.

archivo ZIP. Un archivo creado por medio del uso de WinZip, PKZIP o un programa compatible. Contiene uno o más archivos comprimidos para ahorrar espacio. Para acceder a los archivos en un archivo ZIP, se necesita WinZip, PKUNZIP o un programa compatible. En ocasiones puede suceder que el archivo se extrae a sí mismo; se trata de un archivo de Zip que contiene el programa de descompresión incorporado. Sólo hay que ejecutar el archivo (escribir el nombre del archivo en la línea de comando), y se descomprime sólo.

Vea el capítulo 10 para obtener información acerca de cómo se obtiene e instala WinZip en un computador de Windows; vea el capítulo 10 de este libro y el capítulo 9 de MORE Internet for Dummies.

ARPANET. Una red de computadores que se inició en 1969 (el ancestro originario de Internet) y que fue creada por el departamento de defensa de los Estados Unidos; fue desmantelada hace algunos años.

artículo. Lo que se envía a un grupo de noticias. Es decir, un mensaje que alguien envía al grupo de noticias para que se pueda leer por todos parte de todos los miembros de ese grupo. Vea el capítulo 9 para más información general acerca de grupos de noticias.

ASCII. Es el American Standard Code for Information Interchange (código estándar americano para intercambio de información). Es básicamente el código que utilizan los computadores para representar letras, números y caracteres especiales.

AT&T Mail. Un sistema comercial de correo que lo conecta a Internet. Si tiene una cuenta con AT&T Mail su dirección de Internet es: nombre de usuario@attmail.com, donde nombre de usuario es su nombre de cuenta.

AUP Acceptable use policy (política aceptable de uso). Un conjunto de normas que describen qué tipo de actividades se permiten en la red. La AUP más restrictiva fue la de NSFNET que prohibía muchos de los usos comerciales y no académicos. La AUP de NSFNET ya no tiene validez alguna, aunque muchas personas creen equivocadamente que la sigue teniendo.

baud. El número de símbolos por segundo que envía un módem por la línea telefónica. Baud se confunde muchas veces, erróneamente, con bps (bits por segundo). Un módem de 14,400 bps transmite a una velocidad de 2,400 baud, porque cada símbolo del módem representa 6 bits.

BBS. Bulletin board system (sistema de carteleras); un sistema que le permite a la gente leer los mensajes de otros y enviar nuevos. El sistema Usenet de grupos de noticias es, de hecho, el BBS más grande que se distribuye en el mundo.

bionet. Un tipo de grupos de noticias que discute temas de interés para biólogos. Si no es un biólogo, no lo lea (vea el capítulo 9).

bit. La unidad más pequeña de medida de datos de computador. Los bits pueden encenderse y apagarse y se utilizan en varias combinaciones para representar distintos tipos de información. Muchos bits conforman un byte. Los bytes forman palabras. ¿Le importa todo esto? Bit también es un tipo de grupo de noticias que es una lista de correos de BITNET camuflada.

BITFTP. El servidor más ampliamente utilizable de FTP. Ver también FTP por correo.

bitmap. Cantidades de puntos diminutos, puestos todos juntos, construyen una imagen. Las pantallas (y el papel) están divididos en miles de pequeños diminutos bits, cada uno de los cuales puede activarse o desactivarse. Estos pequeños bits se combinan para crear representaciones gráficas. Los archivos GIF y JPG son los tipos más populares de archivos de bitmap en la red.

BITNET. Una red que consiste, sobre todo, en marcos principales de IBM que conectan a Internet. Si tiene una cuenta en la máquina xyzvm3 en BITNET y su nombre de usuario en la máquina es abc, su dirección de correo electrónico en Internet es: abc@xyzvm3.bitnet; si su sistema no tiene una información clara acerca de BITNET, la dirección será: abc%xyzvm3.bitnet@cunyvm.cuny.edu. Vea el capítulo 17 para obtener más información acerca de BITNET.

BIX. Un sistema comercial que solía ser manejado por la revista Byte y que ahora funciona bajo Delphi. Si tiene una cuenta de BIX, su dirección de Internet es: nombre de usuario@bix.com, donde nombre de usuario es su nombre de cuenta.

biz. Un tipo de grupos de noticias de Usenet que discute negocios y temas comerciales. Se supone que laa mayoría de los grupos de noticias se abstienen de incluir mensajes comerciales. Vea el capítulo 9.

bps (bits por segundo). Una medida utilizada para medir la velocidad de trasmisión de los datos. Generalmente se utiliza para describir la velocidad de un módem (no es lo mismo que un baud).

browser. Un maravilloso, estupendo, magnífico programa que le permite leer la información en World Wide Web. Netscape Navigator es el más conocido (vea el capítulo 4).

byte. Una serie de bits de una longitud específica, generalmente ocho. La capacidad de memoria de un computador se mide generalmente en bytes.

Caracteres de interrupción. Una tecla o combinación de teclas que se pueden presionar para interrumpir lo que esté sucediendo en el computador. Puede suceder que ha iniciado algo que no deseaba abrir y no quiere esperar a que termine. Los caracteres de interrupción más comunes son **Control-C** y **Control-D**. El caracter de interrupción de Telnet generalmente es **Control-Paréntesis cuadrado**.

Cello. Un programa escrito en la escuela de leyes de Cornell, que le permite entrar al World Wide Web desde su computador utilizando Windows. Nada maravilloso comparado con Mosaic y Netscape.

CERFnet. Una de las redes regionales que se instaló originariamente junto con NSFNET; tiene sus oficinas principales en California.

Chameleon. Software comercial para Windows que le permite conectarse directamente a Internet por medio de un proveedor de Internet de SLIP/PPP (vea el capítulo 21).

charla. Hablar en vivo con otros usuarios de la red desde cualquier parte del mundo. Para hacer esto hay que usar Internet Relay Chat (IRC).

CIX. Es el Commercial Internet Exchange (Intercambio comercial en Internet), una asociación de proveedores de Internet que acordaron intercambiar lo que pase por sus líneas sin restricciones del tipo AUP.

ClariNet. Grupo de noticias de Usenet que contiene varias categorías de noticias, entre las que se cuentan los cables de noticias de AP, distribuidos por una tarifa modesta. No todos los sistemas transportan grupos de noticias de Clarinet porque cuestan algún dinero. También puede suscribirse directamente a algunos de ellos y enviar mensajes de correo electrónico a info@clarinet.com para pedir información.

cliente. Un computador que utiliza los servicios de otro computador (tal como Usenet, Gopher, FTP, Archie o World Wide Web). Si su computador es un PC o un Macintosh y entra por marcado o discado a otro sistema, su computador se convierte en *cliente* de los sistemas a los cuales haya ingresado.

com. Cuando estas letras aparecen en la última parte de una dirección (`ninternet@dummies.com`, por ejemplo), indica que el computador anfitrión es manejado por una empresa y no, por ejemplo, por una universidad o una agencia gubernamental. También indica que el computador anfitrión probablemente está en los Estados Unidos.

comp. Un tipo de grupo de noticias que discute temas acerca de computadores,

tal como el comp.lang.c (que discute el lenguaje de programación C) o `comp.society.folklore` (que cubre el folclor y la cultura de los usuarios de computador). Vea el capítulo 9 para conocer listas de grupos interesantes de los grupos de noticias.

CompuServe. Un proveedor de información en línea que le brinda algún acceso a Internet. Realmente, a estas alturas casi todo el mundo ha oído hablar de CompuServe. Brinda muchos foros, que son similares a los grupos de noticias, entre los que se incluyen muchos que brindan un respaldo técnico excelente para una amplia gama de software tanto para PCs como Macintosh. Si su número de cuenta de CompuServe es 7123.456, su dirección de Internet es: 7123.456@compuserve.com (note el punto en el número de cuenta). El capítulo 12 de le indica cómo utilizar los servicios de Internet de CompuServe.

código de país. La última parte de una dirección geográfica, que indica en qué país se encuentra el computador anfitrión. Una dirección que termine en *ca* es canadiense, y una que termine en *us* es de los Estados Unidos.

correo. Pedazos de papel que se meten en sobres en cuyo exterior se pegan estampillas. Este tipo de correo, algo pasado de moda, se conoce entre los internautas como correo tortuga, que hace alusiones poco amables acerca de su cartero. Otros tipos de correo son el *correo de voz*, el cual ya probablemente conoce y odia, y el *correo electrónico*, que es un servicio maravilloso que brinda Internet. Una introducción al correo electrónico aparece en los capítulos 6 y 7.

correo electrónico. Los mensajes de correo electrónico que se envían por medio de Internet a una persona en particular. Para enterarse de los elementos básicos de cómo enviar y recibir correo elctrónico, ver el capítulo 6.

cuenta. Como en un banco, los computadores que son utilizados por más de una persona usan cuentas para tener un rastro (y una cuenta de cobro) de lo que se está haciendo en su sistema y de quien lo está haciendo. Cuando usted se inscribe a un proveedor de servicio de Internet, se le dará un nombre de cuenta que le permitirá el acceso.

daemon. Un pequeño y misterioso programa que funciona mientras uno no está mirando y se encarga de una cantidad de cosas de las cuales uno no quisiera saber nada.

DARPA, *Defense Advanced Research Projects Agency* (agencia de investigación de proyectos en defensa avanzada). La agencia fundadora de la ArpaNet original, la precursora del Internet actual.

Delphi. Un proveedor de información en línea que incluye acceso a muchos servicios de Internet. Si tiene una cuenta en Delphi, su dirección de Internet será: `nombredeusuario@delphi.com`, donde nombre de usuario es su nombre de cuenta.

Digest. Una compilación de mensajes que han sido enviados a una lista de correo en los últimos días. Muchas personas consideran más conveniente recibir un mensaje muy grande que una serie de mensajes individuales (ver capítulo 8).

dirección. Código secreto por medio del cual Internet identifica a la persona para que otros puedan enviarle correo. Generalmente tiene un aspecto como nombre de `usuario@nombre del anfitrión`, donde nombre de usuario es su nombre de usuario, nombre de login o número de cuenta, y el nombre de `anfitrión` es el nombre que le da Internet al computador o al proveedor de Internet que el usuario utiliza. El nombre del anfitrión puede consistir en unas cuantas palabras unidas por puntos. La dirección oficial de INTERNET FOR DUMMIES, por ejemplo, es `ninternet@dummies.com`, porque su nombre de usuario es `ninternet` y se encuentra en un computador llamado `dummies.com`.

Vea el capítulo 6 para obtener más información acerca de las direcciones, incluyendo la suya propia, y el capítulo 7 para saber cómo averiguar la dirección de otras personas.

dirección de ruta bang. Un método anticuado de escribir direcciones de red. UUCP, un sistema viejo y burdo de correo, utilizaba direcciones que contenían bangs (signos de exclamación) para unir las partes de la dirección. Olvídese de esto.

directorio. Una estructura parecida a un fólder de archivo (y llamada fólder en el mundo de los Macintosh). Un tipo especial de archivo utilizado para organizar otros archivos. Los directorios son listas de otros archivos y pueden contener otros directorios (conocidos como subdirectorios) que contienen aún más archivos. Los sistemas de Unix, DOS y Windows usan las estructuras de directorio. Entre más material tenga, más necesitará de los directorios para organizarlo. Los directorios le permiten organizar archivos en forma jerárquica.

dominio. El nombre oficial en Internet de un computador en la red. Es la parte de la dirección de Internet que se encuentra inmediatamente después de la arroba. La central de *Internet para dummies* es `ninternet@dummies.com` y su nombre de dominio es `dummies.com`.

download (copiar). Traer Software de un computador remoto a su propio computador.

dynamic routing. Un método de dirigir información en Internet (no sólo mensajes de correo, sino todo tipo de información), de tal manera que si una ruta está dañada o bloqueada, la información puede tomar una ruta alternativa. Es muy ingenioso. El departamento de defensa de los Estados Unidos construyó este método en el diseño de Internet para usos militares, en caso de un ataque enemigo. También es muy útil cuando las redes no militares han sido atacadas por topos errantes.

easylink. Un servicio de correo electrónico que solía pertenecer a la Western Union y ahora se encuentra en manos de AT&T (no es muy ampliamente conocido, pero es más grande que AOL). Si tiene una cuenta de Easylink, su dirección de Internet es: `1234567@eln.attmail.com`, donde `1234567` es su número de cuenta.

edu. Cuando estas letras aparecen en la parte final de una dirección (como por ejemplo en `info@mit.edu`), se indica que el computador anfitrión es manejado por una institución educativa, probablemente un *college* o una universidad.

También indica, pero no siempre, que el computador anfitrión se encuentra en los Estados Unidos.

elm. Un lector de correo de UNIX, fácil de utilizar, que preferimos muy por encima de mail. Otro lector bueno es Pine.

emulador de terminal. Ver programas de comunicaciones y también terminal.

envío (posting). Un artículo en un grupo de noticias de Usenet.

estación de trabajo. Aunque este término se usa en una cantidad de contextos diferentes, cuando lo usamos nos referimos a microcomputadores de alta potencia con pantallas grandes, algo un tanto exagerado para el usuario normal de PC. Nos referimos a cosas tales como las SPARCstations y otras máquinas para un sólo usuario, pero muy poderosas, que generalmente usan UNIX.

Ethernet. Un cable que conecta las partes de una red local en un patrón específico. Fue desarrollado por Xerox, y también se le conoce como IEEE802.3, lo que se refiere al estándar que lo define.

Eudora. Un programa para manejar correo que funciona en Macintosh y en Windows. Originalmente era un programa de shareware, pero ahora se consigue comercialmente vendido por Qualcomm. Vea el capítulo 6 y 7 en este libro, y el capítulo 10 en *Más Internet para dummies*.

expresión corriente. No es lo que uno generalmente entiende por corriente. Es algo para piratas de UNIX y para aque-

llos a los que les gusta codificar lo común en representaciones matemáticas.
Muchas formas de búsquedas condicio-
nales (del tipo "bajo estas condiciones,
haga esto") se pueden representar con
expresiones matemáticas. Si no ha estu-
diado bastante matemática o lógica,
haga caso omiso de esto.

FAQ, *Frequently asked questions* (preguntas más frecuentemente plantea-
das). Este artículo de Usenet envía regularmente respuestas a las preguntas
que aparecen con más frecuencia en un
grupo de noticias. Antes de hacer una
pregunta en un grupo de noticias, asegúrese de haber leído FAQ, porque bien
puede contener la respuesta. A la gente
le molesta que le hagan preguntas que
ya han sido contestadas en el FAQ del
grupo de noticias, sobre todo porque es
probable que ya la hayan tenido que
contestar unas 150 veces.

Se envía regularmente los FAQ, una vez
por semana, algunas veces una vez al
mes. Para leer los FAQ que se envian
regularmente a todos los grupos de
noticias, lea el grupo de noticias
`news.answers`.

FAX módem. Son módem (que en realidad se deberían llamar fax-módem de
datos) que le permiten enviar y recibir
faxes además de datos corrientes del
tipo que envían los computadores. Fax
es una forma corta de la palabra facsí-
mil o copia exacta, y la tecnología de
fax utiliza líneas telefónicas corrientes
para enviar copias de material impreso
de un lugar a otro. Si incorpora tecnología de fax a su computador, aquello que
envíe puede no tocar jamás el papel.
Puede ir de un computador a otro o a la
máquina de fax de la persona que no
tenga el sistema incorporado a su computador.

FIDONET. Una red mundial de sistemas
de carteleras (BBS). Cada BBS individual en FIDONET se llama un nodo y
tiene una dirección numérica de tres o
cuatro partes de la siguiente forma 1:2/
3 o 1:2/3.4 (¿quién se inventó esto?)
Para enviar correo de Internet a alguien
en FIDONET, diríjalo a: `nombre.`
`apellido@p4.f3.n2.z1.fidonet.org`
(para los nodos con nombres de cuatro
partes), o `nombre.apellido`
`@f3.n2.z1.` (para nodos con nombres
de tres partes), colocando el nombre de
usuario de la persona a quien se dirige
en lugar de nombre.apellido.

finger. Un programa que presenta información acerca de alguien en la red. En
la mayoría de los sistemas de UNIX,
este comando le indica quién está en
este momento en la línea. En muchos
anfitriones de Internet le indica el nombre real y tal vez alguna otra información, con base en la dirección de Internet de esa persona y la última vez que
ésta entró al sistema. Vea el capítulo 17
para aprender a utilizarlo.

firewall (muro contra incendios). Un
sistema tiene un muro contra incendios
a su alrededor si sólo permite que entren y salgan cierto tipo de mensajes de
Internet. Si una organización quiere
intercambiar correo con Internet, pero
no desea que una cantidad de estudiantes universitarios entren por medio de
telnet y lean los archivos de todo el
mundo, su conexión a Internet puede
instalarse de tal manera que evite que
entren los telnets o los FTPs.

fólder. Una estructura, que se parece a
un archivador, utilizada para agrupar
elementos de naturaleza similar. Los
programas de correo electrónico le

permiten guardar su correo en fólderes para recuperarlos fácilmente.

freenet. Un sistema en línea gratuito. Qué maravilla. El primero, creado en la universidad de Cleveland, se llama Cleveland Freenet; ofrece información local a la comunidad y un acceso limitado a Internet. Ha surgido una cantidad enorme de freenets y gracias a que se puede pasar de una a otra por medio de telnet, se puede entrar a cualquiera si se tiene acceso a una de ellas. Una lista de freenets aparece en el capítulo 20.

FTP, *File- transfer protocol* (protocolo de transferencia de archivos). Es también el nombre de un programa que utiliza el protocolo para transferir archivos por toda la Internet. Para instrucciones acerca de cómo utilizar FTP, vea el capítulo 10.

FTP anónimo. Un método para utilizar el programa de FTP a fin de entrar a otro computador y copiar archivos, aun cuando no tenga una cuenta en ese otro computador. Para entrar, se utiliza como nombre de usuario anonymous (anónimo) y la dirección del usuario como contraseña; se obtiene así un acceso a los archivos abiertos al público. Vea el capítulo 10 para más información acerca del uso de FTP en general y de FTP anonymous en particular.

FTP por correo. Un método por medio del cual puede enviar un mensaje de correo electrónico a un computador servidor para pedirle que le devuelva por correo electrónico un archivo. Esta manera de obtener archivos en la red es lenta, y sirve si sólo se tiene acceso al correo electrónico (vea el capítulo 10 para obtener más información).

gateway. Un computador que conecta una red con otra cuando las dos redes utilizan protocolos distintos. El computador de UUNET conecta a la red UUCP con Internet, por ejemplo, brindando una vía para mensajes de correo que se mueven entre las dos redes. Para más información acerca de cómo funcionan las gateways, vea el capítulo 2 de *Más Internet para dummies.* Es también un nombre anticuado de lo que ahora se llama router.

GEnie. Un servicio en línea de General Electric. Si tiene una cuenta con GEnie y su nombre de correo (no su nombre de usuario) es ABC, su dirección de Internet será entonces:

ABC@genie.geis.com.

GIF. Un tipo de archivo de gráficas que se definió originalmente en CompuServe y ahora se consigue en toda la red (GIF significa *Graphics Interchange Format-* Formato de intercambio de gráficas). Vea el capítulo 18 para encontrar sugerencias acerca de cómo manejar los archivos de GIF.

gopher. Un sistema que le permite encontrar información utilizando menús. Para utilizar gopher, generalmente se entra por medio de telnet a un servidor de gopher y comienza a hacer un browsing de los menús.

Gopherspace. El mundo de los menús gopher. A medida que uno se mueve de menú en menú dentro de gopher, se dice que se está moviendo en el *gopherspace*, el espacio gopher.

gov. Cuando aparecen estas letras al final de una dirección (cu.nih.gov, por ejemplo), indica que el computador anfitrión es manejado por algún organismo gubernamental, probablemente del gobierno federal de los Estados Unidos, y no por una empresa o una universidad (es decir que son sus impuestos los que se están usando aquí.) La mayoría de las locaciones gov se encuentran en los Estados Unidos.

grupo de noticias. Un sistema de carteleras ampliamente distribuido acerca de un tema en particular. El sistema de noticias de Usenet (también conocido como net news- noticias en la red) distribuye miles de grupos de noticias a todos los lugares de Internet.

Vea el capítulo 9 y los capítulos en la parte cuatro para obtener una descripción de cómo leer grupos de noticias y listas de los grupos de noticias más interesantes. Y si quiere seguir informándose, vea el capítulo 11 de *Más Internet para dummies* para ver cómo se pueden leer grupos de noticias utilizando programas para Windows.

grupo de noticias moderado. Un grupo de noticias controlado por un moderador. En el capítulo 9 encontrará más información.

hardware. El computador real y físico y todos sus cables y cosas, tales como la impresora, el drive del disco y el módem. No sirve para nada sin software.

HGopher. Un programa de Microsoft Windows que le permite ver la información de gopher e incluye la posibilidad de ver gráficas en la pantalla. Está descrito en detalle en el capítulo 12 de *Más Internet para dummies*.

Hipermedios. Ver hipertexto, pero piense en otros tipos de información tal como imágenes y sonido, y no tan sólo texto.

hipertexto. Un sistema de escribir y presentar el texto que permite que éste sea unido en formas múltiples, y que esté disponible en distintos niveles de detalle; le permite también realizar vínculos con documentos relacionados. Hipermedia también puede tener imágenes, sonidos, video, lo que quiera. En el World Wide Web se usa el hipertexto. Ambos, hipertexto e hipermedia, se encuentran en los capítulos 4 y 5.

home page. La página primaria en Web de un individuo, una aplicación de software o una organización. Las *home pages* le muestran a los visitantes los nexos con otras páginas relacionadas con esa locación. Para visitar la home page de *Para Dummies*, indíquele a su Web browser que vaya a `http://dummies.com` (vea el capítulo 4).

host. Un computador en Internet al cual se puede entrar utilizando telnet, de donde se pueden obtener archivos utilizando FTP. Se puede utilizar de muchas otras maneras.

HTML, *Hypertext markup language* (lenguaje para creación de hipertextos). Se utiliza para escribir las páginas del World Wide Web. Le permite incluir en el texto códigos que definen el tipo de letra, el formato, insertar gráficas y vínculos de hipertexto. No se preocupe: no tiene que saber nada de esto para utilizar World Wide Web (vea los capítulos 4 y 5).

HTTP *Hypertext transfer protocol* (protocolo de transferencia de hipertexto). La forma en que las páginas de World Wide Web se transfieren en la red (vea los capítulos 4 y 5). Vea también el capítulo 8 de Más *Internet para dummies* para conocer más detalles acerca de cómo

leer World Wide Web en un PC de
Windows.

ICMP *Internet control message protocol*
(protocolo de mensajes de Internet). Un
protocolo de bajo nivel que no tiene
nada de interesante y que usan los computadores de Internet. Utilizado por
ping.

icono. Una pequeña imagen que quiere
representar algo más grande, tal como
un programa o una opción de acción o
un objeto.

InfoSeek. Un servicio que busca en el
World Wide Web las páginas que mencionan la palabra o la frase que uno
especifique (ver capítulo 11).

Internet. No puede ser que todavía no
sepa qué es y ya llegó al glosario. Debemos haber hecho un trabajo muy malo
explicando toda esta cuestión. Es un
conjunto de redes de computadores
interconectadas, que incluyen las redes
en todas partes del mundo.

Internet Explorer. Es el browser de
Web de Microsoft. Si tiene una cuenta
en Microsoft Network, puede copiarlo;
si no, lo puede copiar como parte de
Microsoft PLUS (ver capítulo 14).

Internet Relay Chat (IRC). Un sistema
que le permite a estudiantes universitarios que están muy aburridos, y de vez
en cuando también a otras personas,
hablar en tiempo real en Internet (a
diferencia de la demora que hay en los
mensajes de correo electrónico). El
capítulo 19 de *Más Internet para
dummies* describe cómo ingresar a esta
opción.

Internet Society. Una organización
dedicada a apoyar el crecimiento y la
evolución de Internet. La puede contactar en `isoc@isoc.org`.

InterNIC. El centro de información de la
red Internet, un depósito de información acerca de Internet. Está dividido
en dos partes: un servicio de directorio,
que lo maneja AT&T, en New Jersey, y
un servicio de registro, que lo maneja
Network Solutions, en Virginia. Es finan-
ciado en parte por la Fundación Nacional de las Ciencias y en parte por las
tarifas que se le cobran a los dominios
de Internet por el registro.

Para averiguar más acerca de esto, vaya
con su browser de Web a `http://`
`rs.internet.net`. Para obtener por
FTP información de InterNIC, ensaye
`ftp.internic.net`.

IP Internet Protocol (protocolo de
Internet). Un sistema que permite que
la información se envíe de la ruta de
una red a otra en caso de ser necesario.
Pero no se preocupe: no tiene que saber nada acerca de esto. Si le interesa
una discusión larga y tediosa vea el
capítulo 2 de *Más Internet para dummies*

IRC. Ver Internet Relay Chat.

Jughead (Torombolo). Un programa
que le ayuda a buscar en Gopher recorriendo sus directorios en busca de la
información que se especifique; se parece a Verónica (ver capítulo 11).

k12. Un tipo de grupo de noticias de
Usenet que contiene información para
estudiantes y profesores desde escuela
elemental hasta educación superior.

Kermit. Un protocolo de transferencia de archivos desarrollado en la Universidad de Columbia y que se consigue para una variedad de computadores que va desde los PC hasta los marcos principales. Vea el capítulo 4 de *Más Internet para dummies* para averiguar más información acerca de los protocolos de transferencia de archivos.

kill file. Un archivo que le indica a su lector de noticias cuáles artículos de grupos de noticias quiere saltarse cada vez que lea la lista. Vea el capítulo 15 en este libro para aprender cómo hacer *kill files* utilizando trn.

kill file de grupo de noticias. Un archivo que le indica a su lector de noticias cuáles son los artículos que desea siempre saltarse. Este archivo sirve sólo para un grupo de noticias específico (ver también archivo global de kill). Vea el capítulo 15 de este libro para averiguar más sobre cómo hacer *kill files* utilizando trn.

lector de noticias. Un programa que le permite leer los mensajes en un grupo de noticias de Usenet y responder si está absolutamente seguro de que tiene algo nuevo e interesante que decir. Vea el capítulo 9 en este libro y el capítulo 11 de *Más Internet para dummies* para averiguar cómo utilizar el lector de noticias de Trumpet en su PC; vea el capítulo 14 para enterarse de cómo utilizar los dos lectores de noticias de UNIX, trn y nn.

lector de noticias por thread. Un lector de noticias que le permite elegir los artículos según thread. En el capítulo 9 hay una descripción de Free Agent; el capítulo 12 de *Más Internet para dummies* tiene una descripción de

vnews, un lector de noticias por thread para Windows; y el capítulo 15 de este libro contiene más información acerca de trn, un lector de noticias por thread para UNIX.

línea de serie. Una conexión entre computadores usando un protocolo de serie.

link. Una conexión o vínculo. Dos computadores pueden estar conectados. También puede referirse a un indicador de un archivo que se encuentra en otra parte. En lugar de tener, por ejemplo, una copia de un archivo en particular residiendo en muchos lugares distintos, algunos sistemas de archivo (como los de UNIX, por ejemplo) posibilitan que un nombre de archivo indique otro archivo. Por último, puede referirse a un link (vínculo) de un hipertexto en una página de Web que conecta una página a otra.

lista automática de correo. Una lista de correo sostenida por un programa de computador, generalmente uno que se llama *list serve* o *mayordomo*. Vea también lista de correo. El capítulo 8 le brinda información acerca de cómo utilizar estas listas de correo.

lista de correo. Una dirección de correo electrónico de tipo especial que dirige cualquier correo que entre a una lista de suscriptores a la lista de correo. Cada lista de correo tiene un tema específico y uno se suscribe a aquellas que le interesan (ver capítulo 8).

lista de correo moderada. Una lista de correo manejada por un moderador. Vea el capítulo 8 para más detalles.

LISTSERV. Una familia de programas

que maneja automáticamente listas de correo. Distribuye los mensajes que se envían a la lista, suscribe y retira miembros y todo lo que de otra manera debería hacer una persona. Los nombres de las listas de correo que administra LISTSERV suelen tener la terminación -l (esto es una ele y no un uno). Ver el capítulo 8 para más información acerca de cómo inscribirse y retirarse de las listas de correo de LISTSERV.

locación (*site*) **de Web.** Un lugar o una posición en World Wide Web . Es lo mismo que decir página de Web o servidor de Web, según a quién se le pregunte.

Lynx. Un programa cliente de World Wide Web que funciona con terminales sencillas; esto quiere decir que suele funcionar con cuentas de proveedor de shell (ver capítulos 4 y 5).

MacTCP TCP/IP para Macintosh. No es muy interesante, pero no se puede entrar a Internet·con un Macintosh si no se tiene.

Majordomo. Es, como LISTSERV, un programa que maneja listas de correo. Vea el capítulo 8 en este libro.

mainframe. Un computador muy grande, que se vende completo con todas sus periféricos y con frecuencia también con arquitectura cerrada (es decir, que no acepta productos de otros fabricantes). Se refiere ante todo a grandes computadores de IBM.

Mbone (Multicast backbone -espina dorsal de manifestaciones múltiples). Una subred especial que respalda video en vivo y otras formas de multimedia.

MCI Mail. Un sistema comercial de correo electrónico conectado a Internet. Si tiene una cuenta de MCI Mail, tiene un nombre de usuario y un número de usuario de siete dígitos. Su dirección de Internet es `1234567@mcimail.com` o `nombredeusuario@mcmail.com`, en donde nombre de usuario es el suyo.

Hay que tener cuidado cuando se esté enviando correo a MCI Mail usando un nombre; muchas personas pueden tener el mismo nombre. Los números son más seguros. Si el nombre es ambiguo, MCI Mail se lo devuelve con algunas indicaciones acerca del posible nombre del destinatario que busca.

mensaje. Un composición de correo electrónico o un envío a una lista de correo.

MERIT. Una red regional en Michigan. Afiliada a ANS.

método regex. Criterio de búsqueda para obsesivos avanzados. Ver expresión corriente.

Microsoft Network (MSN). Un servicio comercial en línea manejado por Microsoft y que sólo se puede usar con Windows 95. Si su nombre de usuario es Bill Gates, su dirección de Internet es `billgates@msn.com`. Vea el capítulo 14 para aprender a usar los servicios de Internet de MSN.

mil. Cuando aparecen estas letras en la última parte de una dirección (`wsmr-simtel20@army.mil`, por ejemplo), indica que el computador anfitrión es manejado por alguna agencia de los militares norteamericanos y no por un servicio comercial o universitario.

MIME. La extensión de Multipurpose Internet Mail (correo de Internet de propósitos múltiples) que se usa para enviar cualquier cosa que no sea puro texto a través de correo electrónico. Eudora y Pine y otros programas de correo electrónico sofisticados respaldan MIME.

mirror. Un servidor de FTP que suministra copias de los mismos archivos que otros servidores. Algunos servidores de FTP son tan populares que otros servidores se han instalado para reflejar lo que tienen y diseminar la carga de FTP en más de una locación (ver capítulo 21).

misc. Un tipo de grupo de noticias que discute temas que no caben en otro tipo de grupos de noticias, tales como `misc.forsale`, `misc.jobs.offered` y `misc.kids`. Ver capítulo 9 para una lista de grupos de noticias interesantes.

modelo cliente/servidor. Una división del trabajo entre computadores. Los computadores que brindan un servicio que otros computadores pueden usar se conocen como servidores. Los servidores brindan servicios como son FTP, Archie o World Wide Web. Si no tiene estos servicios en su propia máquina, puede conectarse con estos computadores y usar esos servicios, con lo que se convierte en cliente.

módem. Un aparato que permite que su computador hable por teléfono. Un módem puede ser interno (una tarjeta que vive en el interior de su computador) o externo (una caja que se conecta al puerto de serie de su computador). Como quiera que sea, necesitará un cable telefónico para conectar el módem a la conexión telefónica.

moderador. Alguien que mira primero los mensajes que se han enviado a una lista de correo o a un grupo de noticias, antes de hacerlos llegar al público. El moderador puede eliminar mensajes tontos (según su criterio, por supuesto), repetitivos o inapropiados para la lista o el grupo de noticias (los que se alejan demasiado del tema o son insultantes, por ejemplo). Sí, esto es censura, pero Internet está creciendo tanto y se ha congestionado de tal manera que las discusiones no moderadas pueden generar un número gigantesco de mensajes que no interesan a nadie. (Ver también *listas de correo moderadas* y *grupos de noticias moderados*.)

Monsterboard. Un gigantesco recurso de Web para buscar empleo.

Mosaic. Un maravilloso programa, capaz de hacer muchas cosas y que le permite leer información en World Wide Web. Viene en versiones para Windows, Macintosh y UNIX. Vea el capítulo 14 de *Más Internet para dummies* acerca de cómo obtener, instalar y usar este programa. Se parece a Netscape.

Motif. Un interface de gráficas para computadores UNIX, algo así como Windows para PC. Se dice que es feo.

MSN. Ver Microsoft Network.

MUD (*Multi-user dungeon*). Un tipo de juego como "dungeons and dragons" (calabozos y dragones) que juegan muchas personas a la vez. Estos juegos se pueden volver tan complejos y absorbentes que los jugadores se sumergen en sus computadores durante días y semanas. Para obtener información acerca de cómo ingresar a MUD, consulte el grupo de noticias rec.games.mud.announce o envíe un mensaje a la lista de correo mudlist@glia.biostr.washington.edu pidiendo que se le ingrese.

NetLauncher. Un paquete de software de CompuServe que le permite conectarse con su cuenta de CompuServe como si fuera una cuenta de PPP. NetLauncher incluye Spry Mosaic, un browser de Web.

Netscape. La primera empresa que ha logrado asustar a Microsoft. El magnífico browser para World Wide Web de Netscape ha invadido el planeta. Todo lo que desee saber está en los capítulos 4 y 5.

NIC, *Network Information Center* (Centro de Información sobre la Red). La dirección para la parte de Internet que corresponde a los Estados Unidos es internic.net. Un NIC se hace cargo de coordinar una serie de redes para que los nombres, los números de red y otros detalles técnicos sean consistentes de una red a otra.

NIS. Se le conocía como *Yellow Pages* (Páginas Amarillas) hasta que un abogado de patentes en el Reino Unido protestó. NCI es una aplicación que se usa en algunas redes de TCP/IP para administrar un grupo de computadores (generalmente estaciones de trabajo de UNIX y PC), para que funcionen como un gran computador. Pero, para efectos de Internet, ¿a quién le importa? Bueno, NIS sortea el correo entrante en algunos sistemas de UNIX y puede usar direcciones de correo electrónico de aspecto muy curioso.

nodo. Un computador en Internet, también conocido como *host*. Los computadores que brindan un servicio como locaciones de FTP o lugares de Gopher, se conocen también como servidores.

news. Un tipo de grupo de noticias de Usenet que contiene discusiones sobre los grupos de noticias, tal como news.announce.newusers (anuncios de interés para los nuevos usuarios). También se utiliza para referirse a Usenet.

NSFNET. La red que solía tener la National Science Foundation (Fundación Nacional de las Ciencias); una parte de Internet dedicada a la investigación y la educación y financiada con dineros del gobierno. Ya no existe y ha sido reemplazada por pedazos de redes comerciales. ANS, que solía ser manejada por NSFNET ahora pertenece a America Online.

número de puerto. En un computador conectado a una red, es el número que se le asigna a cada programa que está conversando en Internet. El programa que maneja las sesiones de telnet entrantes, por ejemplo, usa el puerto 23, y el programa que maneja otros servicios tiene otro número. Casi nunca hace falta saber estos números; los programas de Internet arreglan estos asuntos entre ellos.

Open Book Repository (depósito abierto de libros). Una colección de texto en línea, dentro de la cual se cuentan el texto de libros, revistas y otros materiales de consulta, manejada por la Online Book Initiative (Iniciativa de libros en línea) en obi.std.com.

packet driver. Un pequeño programa que se usa en PC con DOS o Windows para conectar el software de la red a una tarjeta específica de la red. Es como el driver NDIS y el ODI.

página. Un documento, o cualquier información, que se consiga en World Wide Web. Para que haya información disponible en World Wide Web, se organiza en una o más páginas. Cada página puede contener un texto, archivos de gráficas, archivos de sonido, lo que quiera. No se preocupe, no tiene que crear páginas de Web, basta con leerlas.

página de Web. La unidad básica de construcción de World Wide Web. En una página de Web pueden aparecer gráficas muy sofisticadas, audio y video, puede ser el lugar de la creatividad hoy en día. Las páginas de Web están concatenadas entre sí (por medio de links) para conformar la World Wide Web.

paginador. Un característica de Archie (y otros programas) que reparte los datos que despliega Archie en pedazos que ocupan tan sólo una pantalla a la vez, permitiéndole leer la información antes de hacer rodar la pantalla.

paquete. Un bulto de información enviada a través de la red. Cada paquete contiene la dirección a la que se está enviando, la dirección de quien lo envía y alguna otra información. Si quiere leer más de lo que realmente desea saber acerca de cómo maneja Internet los paquetes, vea el capítulo 2 de este libro y el capítulo 2 de *Más Internet para dummies* .

parámetro. Un valor que debe conocer un programa de computador para comportarse correctamente.

password (contraseña o palabra clave).

Un código secreto que se usa para mantener las cosas privadas. Su cuenta en el sistema que lo conecta a Internet está protegida muy seguramente con una contraseña. Tenga cuidado de elegir un código que no sea demasiado obvio, preferiblemente combinando letras y números para evitar cualquier intervención desagradable.

pine. Un programa de correo para UNIX que se basa en elm. Pine es fácil de usar, por lo menos en un programa UNIX; se describe en los capítulos 6 y 7.

ping. Un programa que verifica si el usuario se puede comunicar con otro computador en Internet. Envía un corto mensaje al cual responde automáticamente el otro computador. Si no se puede hacer "ping" a otro computador, probablemente no se podrá comunicar tampoco de otra manera con ese computador.

El capítulo 8 de *Más Internet para dummies* describe cómo obtener y utilizar un programa llamado Pingw para sistemas de Windows conectados a Internet por medio de SLIP.

Pipeline. Un proveedor de Internet en la ciudad Nueva York (cuya dirección es pipeline.com) que funciona con un programa especial de Windows para comunicaciones, que también se llama pipeline. Utiliza su propio protocolo para hablar con este programa, que le permite exponer todo en una forma agradable, al estilo de Windows. Algunos otros proveedores en el resto del país usan el programa Pipeline, dándole distintos nombres para que no se sepa que es el mismo y las cosas se compliquen un poquito.

PKZIP. Un programa de compresión de archivos que funciona para PC. PKZIP crea un archivo Zip que contiene las versiones comprimidas de uno o más archivos. Para ponerlos en su forma y tamaño anteriores, se usa PKUNZIP. PK quiere decir Phil Katz, el nombre de quien creó el programa. PKZIP y PKUNZIP son programas de shareware que se consiguen en muchas locaciones de FTP. Si utiliza estos programas, es una cuestión de honor enviarle al señor Katz una donación (el programa le indicará la dirección).

Si utiliza un computador con Windows, preferirá WinZip, que tiene agradables menúes y botones de Windows. Puede obtenerlo por FTP en `ftp.winzip.com` en el directorio /winzip (ver capítulo 18).

POP, *Post Office Protocol* (rotocolo de oficina de correos). Un sistema por medio del cual un servidor de correo en Internet le permite recoger su correo y copiarlo a su PC o Macintosh. Ver capítulos 6 y 7 en este libro y el capítulo 10 en *Más Internet para dummies* para aprender a instalar y manejar Eudora, que requiere de POP.

PPP, *Point-to-point protocol (protocolo de punto a punto).* Un sistema para conectar dos computadores por medio de una línea telefónica (o una conexión de red que opera como una línea telefónica). Se parece a SLIP, sólo que es mejor. Ver el capítulo 2 de *Más Internet para dummies* .

Prodigy. Un extenso sistema en línea manejado por IBM y Sears. Si tiene una cuenta en Prodigy, su dirección de Internet es `nombredeusuario @prodigy.com` (donde dice `nombredeusuario`, ponga el suyo).

programa de compresión. Un software que se utiliza para comprimir archivos con el fin de que ocupen menos espacio y sean más fáciles de transferir de un lugar a otro. Entre los programas de compresión más populares se cuentan ZIP y Stuffit. El opuesto de compresión es expansión.

programa de comunicaciones. Un programa que funciona desde su computador personal y le permite llamar y comunicarse con otros computadores. Es un término bastante amplio, pero la mayoría de la gente lo usa para denominar el programa que hace que su computador funcione como si fuera un terminal (por esto también se les conoce como programas de terminal o emuladores de terminal). Los programas de comunicaciones más usados en PC son el Windows Terminal (porque viene incorporado a Windows), Crosstalk y Procomm, pero hay muchos otros.

programa de expansión. Software que se utiliza para expandir un archivo que ha sido comprimido. Entre los programas de expansión más populares se cuentan UNZIP y Unstuffit.

programa de terminal. Ver programa de comunicaciones y también terminal.

protocolo. Un sistema en el cual se ponen de acuerdo dos programas. Cuando utiliza un protocolo de transferencia de archivos, por ejemplo, los dos computadores implicados (el emisor y el receptor) se ponen de acuerdo en un conjunto de señales que quieren decir "adelante", "lo recibí", "no lo recibí, favor enviar de nuevo" y "todo listo".

En Internet hay miles de miles de protocolos distintos para los muchos tipos diferentes de computadores que interactúan en Internet.

Protocolo de Internet. Ver IP.

protocolo de serie. La manera más sencilla de enviar información a través de un cable, un bit a la vez.

protocolo de transferencia de archivos. Un método para transferir uno o más archivos de un computador a otro en una red o en una línea telefónica. La idea de usar un protocolo es que los programas que se reciben y envían pueden revisar que la información se haya recibido correctamente. Los protocolos de marcado más comúnmente usados son Xmodem, Ymodem, Zmodem y Kermit. Internet tiene su propio protocolo de filtro de transferencia, llamado FTP (qué ingenioso, ¿verdad? Quiere decir protocolo de transferencia de archivos), para transferir archivos de un computador a otro en la red (ver capítulo 10).

protocolo a nivel de link *(link-level protocol).* Uno de los siete niveles de protocolos definidos por ISO. También se le conoce como data link layer (capa de conexión de datos). En realidad, no importa.

proveedor de servicio. Una organización que suministra acceso de Internet. Su proveedor de servicio puede ser un servicio comercial en línea, como America Online o CompuServe, un proveedor shell o su lugar de estudio o trabajo.

proveedor de servicio público. Un servicio de tiempo compartido o de SLIP que le permite utilizar Internet por

una tarifa (por mes o por hora). El capítulo 20 presenta una lista de algunos.

pseudoterminal. Una terminal falsa. En muchos sistemas, telnet usa una pseudoterminal para ingresar y ejecutar los comandos que le dé el usuario.

puente. Algo que conecta dos redes para que parezcan una sóla y más amplia.

puerto de serie. El lugar en su computador en donde se puede conectar una línea de serie.

RCP, *Remote copy* (copia remota). Un comando de UNIX que le permite copiar archivos de un computador a otro. Es como FTP, pero algo distinto.

rec. Un tipo de grupo de noticias que discute temas recreacionales, como `rec.humor.funny` (chistes, algunos incluso son buenos) y `rec.gardens` (jardines). Ver capítulo 9 para una lista interesante de grupos de noticias.

red. Bueno, hay miles de cosas que se llaman red, pero para nuestro propósito aquí una red es una cantidad de computadores conectados entre sí. Aquellas que se encuentran en el mismo edificio o en edificios cercanos se llaman redes de área local; aquellas que se encuentran más alejadas se llaman redes de área amplia, y cuando se interconectan muchas redes en todo el mundo lo que se obtiene es Internet.

red de banda amplia (broadband network). Una red que puede manejar al mismo tiempo muchas señales separadas. Las redes de banda amplia usan diferentes canales para transferir distintas formas de información, tal como datos, voz, video, etc.

router. Este sistema conecta dos o más redes, incluso redes que utilizan distintos cables y velocidades de transmisión. Todas las redes tienen que usar el mismo IP (Protocolo de Internet). Si no lo hacen, tienen que usar una gateway.

sci. Un tipo de grupo de noticias de Usenet que discute temas científicos.

search engine (motor de búsqueda). Un software utilizado para encontrar cosas especialmente en WAIS y World Wide Web.

seguridad. En el mundo de los computadores, es un medio para permitir el acceso sólo a aquellos que deben tenerlo. La seguridad implica además el uso de contraseñas para proteger su cuenta.

servidor. Un computador que brinda un servicio a otros computadores en una red. Un servidor de Archie, por ejemplo, le permite a las personas en Internet usar Archie.

servidor de correo. Un computador en Internet que suministra servicios de correo. Un servidor de correo suele enviar el correo (usando un sistema llamado SMTP) y le permite también copiar su correo en un PC o Macintosh usando el protocolo llamado POP. Ver los capítulos 6 y 7 en este libro y el capítulo 10 de *Más Internet para dummies* para aprender a usar Eudora para recoger el correo del servidor de correo.

servidor de FTP. Un computador anfitrión de Internet que guarda archivos que pueden ser obtenidos por medio de FTP. Los servidores de FTP también aceptan que se les envíen archivos. En el capítulo 10 puede ver cómo usar FTP.

servidor de lista. Un programa que maneja automáticamente las listas de correo. Ver también LISTSERV.

servidor de NNTP. Ver servidor de noticias.

servidor de nombres de dominio (sencillamente servidor de nombre; abreviado como DNS - domain name server). Un computador en Internet que traduce entre nombres de dominio de Internet, como `xuxa.iecc.com`, y una dirección numérica de Internet, como 140.186.81.2.

servidor de nombres. Ver servidor de nombres de dominio.

servidor de noticias. Un computador en Internet que no sólo obtiene los grupos de noticias de Usenet, sino que también le permite leerlos. Los programas como Free Agent, Trumpet y Cello usan un servidor de noticias para obtener los artículos del grupo de noticias que se solicite. Ver capítulo 9 en este libro para información sobre Free Agent.; ver capítulo 11 de *Más Internet para dummies* para aprender a instalar Trumpet con el fin de que pueda leer las noticias suministradas por un servidor de noticias.

servidor de Web. Un computador anfitrión de Internet que archiva páginas de Web y responde cuando recibe una petición de alguien que quiere verlas. Los servidores de Web se comunican con los browsers de Web usando un lenguaje que se llama HTTP (ver capítulo 5).

shareware. Programas de computador que se consiguen fácilmente para que el usuario pueda ensayarlos, sobre la base de que si desea conservar el programa tendrá que pagar y enviar la suma de dinero requerida al proveedor del shareware que se especifica en el programa. En este sistema de honor se consigue una gran cantidad de cosas y el que todos se acojan a las reglas del juego lo hace posible.

SimTel. Un computador que solía tener un impresionante archivo de programas para MS-DOS, Macintosh y UNIX. Lo maneja el ejército norteamericano en New Mexico y fue cerrado en 1993. Por fortuna, sus archivos se encuentran en archivos mirror (duplicados) en oak.oakland. edu y en wuarchive.wustl.edu. Para obtener más información, ver la página de SimTel en Web: `http:// www.coast.net/SimTel`.

Ver capítulo 10 para otros lugares de archivos que se consiguen por FTP.

sistema de carteleras. Un sistema electrónico de mensajes que le permite leer y enviar mensajes. Ver también BBS.

Sistema 7.5. El último sistema operacional de Macintosh, lleno de características.

SLIP. Forma abreviada de *Serial Line Internet Protocol* (Protocolo de Internet de línea de serie), un software que conecta a un computador con Internet con una línea de serie. Por ejemplo, si tiene SLIP en su computador personal puede llamar a un proveedor de Internet que maneje SLIP y su computador queda conectado con Internet; no es apenas un terminal: no está directamente adentro. Puede entrar a otros computadores por medio de telnet y FTP; cuando obtiene archivos, entran a su PC y no al del proveedor de Internet.

SMTP, *Simple Mail Transfer Protocol* (Protocolo sencillo de transferencia de correo), el método de nombre optimista con el que se despacha el correo de un computador a otro en Internet.

soc. Un tipo de grupo de noticias que discute temas sociales y se ocupa de asuntos como hombres en soc.men o religión budista en `soc.religion.buddhist` o cultura canadiense en soc.culture.canada. Ver capítulo 9 para una lista interesante de grupos de noticias.

socket. Un "puerto" lógico que es utilizado por un programa para conectarse con otro que funciona en otro computador de Internet. Se puede tener un programa de FTP utilizando sockets para sus sesiones de FTP, por ejemplo, mientras Eudora se conecta por otro socket para recoger el correo.

software. Programas de computador que permiten que se puedan utilizar los computador para algo distinto que un pisapapeles. Ver también hardware.

Spam. Solía ser un producto derivado de la carne que se usaba para hacer sandwiches. La palabra se refiere hoy en día al acto de enviar mensajes comerciales inapropiados a una gran cantidad de grupos de noticias de Usenet que no tienen nada que ver con eso y no les interesa saberlo tampoco (ver capítulo 19). Ver el recuadro "Guerras sucias", en el capítulo 9.

Sprintlink. Una de las redes comerciales extensas en Internet, manejada por Sprint (la compañía telefónica).

SprintMail. Un sistema de correo electrónico que brinda Sprintnet y que se llamaba anteriormente Telemail. Aunque no lo crea, si tiene una cuenta de SprintMail, su dirección de Internet es /G=nombre/S=apellido/O=empresa/C=código de país /A=TELEMAIL/@sprint.com. Ponga su nombre, apellido, nombre de empresa y código de país (us para los habitantes de Estados Unidos).

String (cuerda). Una serie de caracteres todos juntos formando una línea (o cuerda), como por ejemplo "Internet para dummies". Las cuerdas se componen con los caracteres disponibles en el conjunto de caracteres que se está usando, generalmente todas las letras, dígitos y signos de puntuación.

StuffIt. Un programas de compresión para Macintosh.

subdirectorio. Un directorio dentro de un directorio.

substring. Un pedazo de cuerda; ver string.

SURAnet. Una de las redes regionales que se instaló originariamente para funcionar con NSFNET; su cuartel general está en Florida.

SurfWatch. Un programa que censura su cuenta de Internet. Es utilizado por padres que quieren controlar lo que ven sus hijos en la red. (Ver capítulo 3.)

talk. Un tipo de grupo de noticias que contiene discusiones interminables acerca de una gama amplia de temas, tal como el aborto en talk.abortion y chismes como en talk.rumors. Ver capítulo 9 para una lista de grupos de noticias interesantes.

TCP/IP. El sistema que utilizan las redes para comunicarse entre sí en Internet. Si desea saberlo, quiere decir Transmission Control Protocol/Internet Protocol (Protocolo de control de transmisión/Protocolo de Internet). Ver capítulos 2 y 3 de More Internet for Dummies, para todos los detalles.

telnet. Un programa que le permite entrar a otros computadores en Internet.

terminal. En los viejos tiempos, un terminal era una cosa que consistía en una pantalla, un teclado y un cable que lo conectaba al computador. Hoy en día no hay mucha gente que use terminales (por lo menos, no entre la que nosotros conocemos), pues los computadores personales son muy baratos. ¿Para qué tener una pantalla y un teclado sin cerebro si puede tener su propio computador en su escritorio?

Por supuesto, sigue habiendo situaciones en las que se quiere conectar a un computador grande en otra parte. Si tiene un computador personal puede poner a funcionar un programa que hace que funcione como si fuera una pantalla y un teclado sin cerebro propio. Este programa se llama emulador de terminal, programa de terminal o programa de comunicaciones.

terminal tonto. Una pantalla, un teclado y nada más. Se parece a un PC sin computador. Los terminales tontos se conectan a otros computadores y usan sus datos y su sistema de computación. Cuando utiliza su computador para conectarse a otro computador (haciendo caso omiso, por el momento, de conexiones SLIP y PPP), su computador actúa generalmente como un terminal tonto y se apoya en el computador al cual ha ingresado para procesar lo que le haya pedido.

terminal X. Un terminal que utiliza el interface gráfico X. Este interface le permite abrir muchas ventanas en su pantalla y hacer todo tipo de cosas al mismo tiempo. Muy popular en el mundo de UNIX.

thread. Un artículo enviado a un grupo de noticias junto con todos los artículos que llegaron en respuesta, la respuesta a la respuesta, etc. La organización de artículos en threads facilita la elección de los artículos que desee leer en un grupo de noticias. Los capítulos 9 y 15 en este libro y el capítulo 16 de *Más Internet para dummies* presentan una descripción de los lectores de noticias que le permiten elegir threads de artículos.

TIA, *The Internet Adaptor* (el adaptador de Internet). Un simpático software que hace que su cuenta de marcado corriente funcione como si fuera una cuenta SLIP o PPP.

Trumpet. Un lector de noticias, no muy espectacular, que funciona en computadores con Windows. El capítulo 11 de *Más Internet para dummies* le informa más acerca de él. Nos gusta más Free Agent. Trumpet se relaciona tan sólo ligeramente con Trumpet WinSock (en la medida en que ambos fueron escritos por la misma persona), pero este último es un programa separado que hace conexiones TCP/IP para PC con Windows.

UNIX. Un sistema de operaciones que todo el mundo odia. No, un sistema de operaciones que todo el mundo debiera

amar. No, es ambas cosas. Es un sistema de operaciones que puede ser confuso, pero es ciertamente poderoso. Los usuarios de Internet que tengan un proveedor shell van a encontrarse tarde o temprano con UNIX, o cuando se hace telnet a un computador UNIX. Toda la verdad sobre UNIX se encuentra en UNIX for Dummies, segunda edición.

upload (enviar). Poner sus cosas en el computador de otra persona (ver capítulo 14).

URL, *Uniform Resource Locator* (localizador uniforme de recursos). Una forma de llamar los recursos de la red y originalmente pensado para concatenar las páginas en World Wide Web. Por suerte, no hace falta saber nada acerca de esto Sólo en caso de que desee hacer páginas de WWW; entonces sí tendrá que saberlo (ver capítulos 4 y 5).

Usenet. Un sistema de miles de carteleras llamadas grupos de noticias. Para leer los mensajes se utiliza un programa llamado lector de noticias. En el capítulo 9 hay una introducción a los grupos de noticias y una lista de algunos que pueden ser de interés.

UUCP. Un sistema de correo algo viejo y quebradizo (pero barato) que aún es utilizado por muchos sistemas de UNIX. UUCP quiere decir Unix-to-Unix-copy (copia de Unix a Unix). UUCP utiliza direcciones de correo que tienen signos de exclamación entre las partes (que están en orden invertido) en lugar de puntos, un método conocido como Bang path adressing (direcciones de ruta bang). Siempre que sea posible, use direcciones corrientes de Internet.

uuencode/uudecode. Programas que

codifican archivos para que se puedan enviar como correo electrónico. Los mensajes de correo electrónico deben ser textos, y no información binaria; uuencode puede disfrazar archivos que no son de texto como si lo fueran y se pueden incluir en un mensaje de correo electrónico. Cuando se recibe un mensaje, el receptor puede utilizar uudecode para convertirlo de nuevo en el archivo original. Muy ingenioso. Más información en el capítulo 18.

UUNET. Una organización que solía ser sin ánimo de lucro y que, entre otras, tiene una locación de Internet que conecta la red de correo UUCP con Internet; además, tiene un archivador de FTP muy grande y útil. La puede encontrar en direcciones que lleven uunet.uu.net al final. La organización también maneja Alternet, uno de los más grandes proveedores comerciales de Internet.

V.32. La palabra en clave para designar un módem rápido y muy agradable (que transmite a una velocidad de 9.600 bits por segundo). Hay módems más rápidos (que van a 14.400 bits por segundo) y se llaman V.32bis, que significa en francés V.32 y otro.

V.34. La palabra en clave para designar módems muy veloces que van a 28.800 bps.

variable ambiental. Valores que se pueden incorporar para que su computador esté listo automáticamente para ser usado. Las variables ambientales son parte de las maquinaciones de su sistema operacional y son propias del sistema operacional que el usuario maneje.

VAX/VMS. La línea principal de computador de Digital Equipment en los últimos 15 años había sido VAX; su sistema de operaciones se conoce como VMS. (Vax está pasado de moda y está siendo reemplazado por la nueva línea Alpha de DEC.)

Verónica. Un programa que ayuda a encontrar cosas en Gopherspace (ver capítulo 11); una amiga de Archie (en el comic).

version creep. Un problema que se presenta cuando muchas personas agregan características a los programas que están usando. Si no se tiene cuidado de conservar la compatibilidad de los programas , tarde o temprano el programa que está usando no podrá hablar con la versión "nueva y mejorada"; tendrá que conseguir la última y más maravillosa versión que hará felices a todos, hasta que todos empiecen a añadirle nuevas características.

viewer. Un programa que utilizan los programas clientes de Gopher, Wais o World Wide Web para mostrarle archivos que contienen material que no es de texto. Los viewers muestran archivos de gráficas, ejecutan archivos de sonido o presentan archivos de video, por ejemplo.

virus. Es un software que infecta a otro software y causa daños al sistema en el que se ponga a nadar el software infectado. No se debe copiar software sino de servidores conocidos. Todos deben pensar en software seguro. Una infección viral puede ser mortal. No deje que le suceda.

VT100. El nombre parcial de un terminal que creó la Digital Equipment Corporation hace unos 15 años. ¿Por qué habría de importarle? Porque muchos computadores en Internet desean hablar con terminales del tipo VT100, y porque muchos programas de comunicaciones pueden simular terminales VT100. Hay más información sobre terminales y programas de comunicaciones en los capítulos 2 y 15. El VT102 fue una versión más barata que servía para casi los mismos fines.

WAIS, *Wide Area Information Servers* (Servidores de información de área extensa) –se pronuncia como "ways" en inglés. Es un sistema que le permite buscar documentos que contienen la información que está buscando. No es muy fácil de usar, pero lo lleva a donde quiere ir.

Web. Es World Wide Web. La "Web" es la forma corta y cariñosa que usan todos aquellos que conocen íntimamente la World Wide Web.

WELL. Es un proveedor local de Internet en Sausalito, California. Quiere decir (Whole Earth 'Lectronic Link - Nexo electrónico con el mundo entero). Se puede contactar en `info@well.sf.ca.us`.

whois. Un comando en algunos sistemas que le dice el nombre real de una persona con base en el nombre de usuario de la persona. Ver también *finger*. Puede usar whois en World Wide Web.

Windows. Un sistema de operaciones para PC que incluye un interface de gráficas; es también una especie de secta religiosa para los que creen que es lo más maravilloso del mundo.

Windows 95. Una nueva instancia de sistema de operaciones para PC que

tiene también un interface de gráfica. Se introdujo sin bombos ni platillos en 1995; trae incorporado el respaldo de TCP/IP, el sistema de conexión de Internet. Su nombre de código era Chicago.

WinGopher. Un programa de Windows que le permite ver páginas de Gopher. Vea el capítulo 8 de *Más Internet para dummies* para enterarse de cómo obtenerlo, instalarlo y usarlo.

WinSock (forma abreviada de Windows Sockets). Es una forma estándar para que funcione TCP/IP en los programas de Windows. Se usa si se conecta el PC con Windows directamente a Internet, bien sea con una conexión permanente o por medio de un módem usando SLIP o PPP. En el capítulo 21 aparece una lista de paquetes y programas que funcionan usando WinSock.

WinWAIS. Un programa con base en Windows que le permite usar WAIS para buscar información en Internet. Vea el capítulo 14 en *Más Internet para dummies* con información sobre WAIS y WinWAIS.

WinZip. Un programa con base en Windows para comprimir y descomprimir archivos ZIP, además de otros tipos estándar de archivos de archivador. WinZip es un shareware; por lo tanto, se puede obtener gratuitamente de la red en `http://www.winzip.com`. Vea el capítulo 10 de este libro y el capítulo 9 de *Más Internet para dummies* para enterarse de cómo obtener WinZip e instalarlo.

World Wide Web (WWW). Un sistema de hipermedios que le permite visitar mucha información interesante. Vea los capítulos 4 y 5, y el capítulo 14 de *Más*

Internet para dummies para enterarse de cuáles son los últimos programas de PC que hacen que la WWW sea aún más agradable. El mejor cliente de WWW es Netscape; Mosaic es el que le sigue muy de cerca.

X.25. Un protocolo que define el cambio de paquete. No se preocupe. Es aquello que no es tan bueno como TCP/IP.

X.75. La forma en que se unen las redes X.25. Tampoco debe preocuparle.

xarchie. Una versión de Archie que funciona en UNIX bajo X Windows. Si utiliza una estación de trabajo y Motif (u otro sistema de Windows), ensaye escribir xarchie para ver si tiene una copia. Vea el capítulo 11 para más información sobre Archie.

xgopher. Una versión de Gopher que funciona en UNIX bajo X Windows. Si utiliza una estación de trabajo y Motif, trate de hacer funcionar xgopher.

Xmodem. Un protocolo de transferencia de archivos que fue desarrollado hace mucho tiempo (1981?) por Ward Christiansen para revisar si había errores a medida que se transferían los archivos. Desde entonces ha sido superado por Ymodem y Zmodem, pero muchos programas (especialmente Windows Terminal) todavía lo usan.

Vea el capítulo 15 de este libro y el capítulo 4 de *Más Internet para dummies* para más información acerca de la transferencia de archivos.

xwais. Una versión de WAIS que funciona en UNIX bajo X Windows. Si utiliza una estación de trabajo y Motif, trate de hacer funcionar xwais.

Yahoo. Un índice en World Wide Web, en http://www.yahoo.com (ver capítulo 11).

Yellow Pages (Páginas Amarillas). Ver NIS.

Ymodem. Un protocolo de transferencia de archivos que es más rápido que Xmodem pero no tan poderoso, ni tan complicado como Zmodem (ver capítulo 4 de MORE Internet for Dummies).

Zmodem Un protocolo de transferencia de archivos muy rápido, definido por Chuck Forsberg y usado por muchos programas. Con Zmodem puede transferir varios archivos con un comando, y los nombres de los archivos van junto con ellos. Algunos programas de comunicaciones (como ProComm) pueden detectar cuando ha comenzado una transferencia de un Zmodem y comienzan a recibir automáticamente los archivos. Muy ágil.

Índice